SUPER SIMPLE
심리학

SUPER SIMPLE **심리학**

초판 1쇄 인쇄 | 2025년 10월 1일
초판 1쇄 발행 | 2025년 10월 5일

지은이 | DK 슈퍼 심플 편집위원회
옮긴이 | 임효진
펴낸이 | 조승식
펴낸곳 | 도서출판 북스힐
등록 | 1998년 7월 28일 제22-457호
주소 | 서울시 강북구 한천로 153길 17
전화 | 02-994-0071
팩스 | 02-994-0073
인스타그램 | @bookshill_official
블로그 | blog.naver.com/booksgogo
이메일 | bookshill@bookshill.com

ISBN 979-11-5971-681-2
정가 25,000원

• 잘못된 책은 구입하신 서점에서 교환해 드립니다.

SUPER SIMPLE
심리학

차례

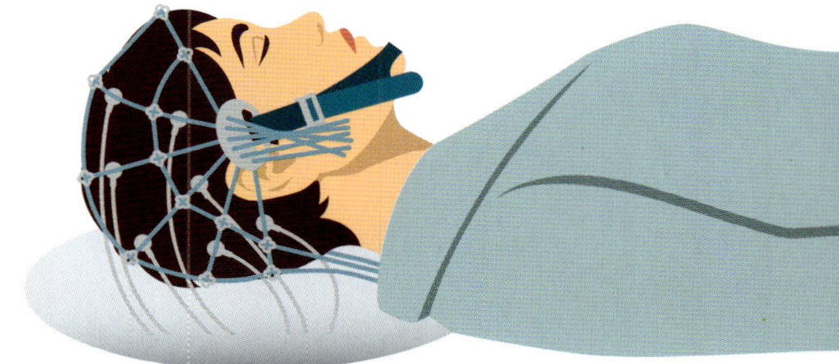

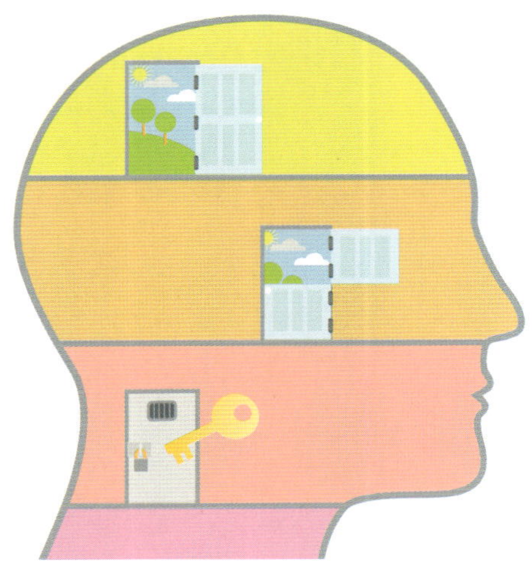

Chapter 12: 정서

Chapter 13: 임상심리학: 심리적 장애

Chapter 14: 임상심리학: 심리적 장애의 치료

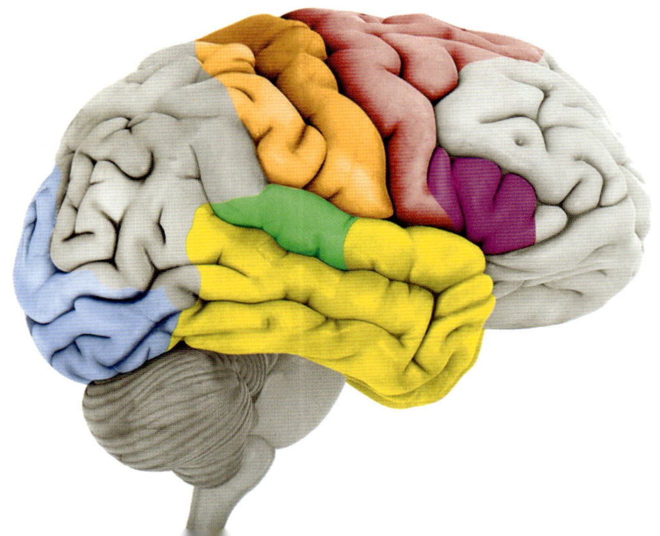

Chapter 1

과학으로서의 심리학

심리학의 역사

심리학은 마음에 대한 것들과, 마음이 어떻게 행동에 영향을 주는지에 대한 과학적 연구이다. 마음에 대한 관심은 고대 그리스 철학자들까지 거슬러 올라간다. 심리학(psychology)이라는 단어는 영혼과 마음을 의미하는 그리스어 프시케(psyche)에서 온 것이다. 그러나 심리학은 과학적 방법을 연구에 적용하기 시작한 1870년대가 되어서야 비로소 뚜렷한 학문으로 구분되었다.

핵심 요약

- ✓ 심리학(마음과 행동을 과학적으로 연구하는 학문)은 1870년대에 하나의 학문으로 등장했다.
- ✓ 심리학에 대해 접근하는 방식을 패러다임이라고 한다.
- ✓ 기존의 접근 방식이 새로운 접근 방식으로 대체되면 패러다임 전환이 발생한다.

심리학의 창시자

독일의 생리학자인 빌헬름 분트는 독일 라이프치히에 최초의 심리학 실험실을 설립하였다. 그는 참가자들에게 똑딱거리는 메트로놈 자극에 집중하는 동안 자신의 마음이 어떻게 바뀌는지 이야기해 보라고 시켰는데, 이 기법은 내성법이라고 알려져 있다.

행동분석

미국의 심리학자인 스키너가 쓴 『유기체의 행동』에서는 쥐를 이용한 실험을 통해 보상과 벌이 행동에 어떤 영향을 주는지 설명하였다. 스키너는 행동주의적 접근으로 매우 유명한 심리학자이다.

1879　　**1895**　　　　　　**1897**　　　　　　**1938**

정신역동적 접근

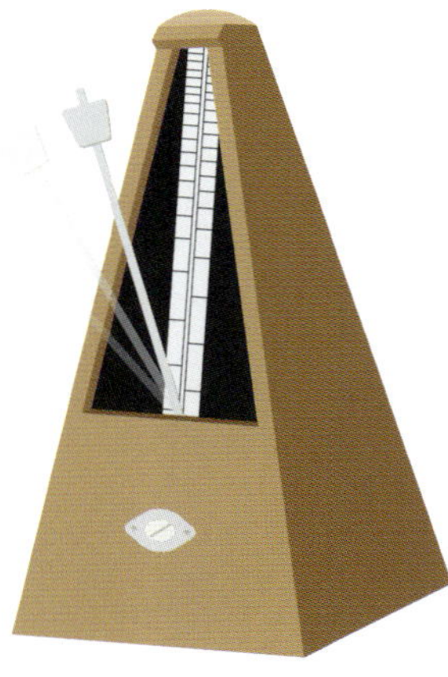

오스트리아의 신경학자인 지그문트 프로이트는 저서 『히스테리에 관한 연구』에서 자신의 환자에 대한 연구를 소개하였다. 그는 무의식의 탐구에 초점을 두는 정신역동적 접근 방식을 발전시켰다.

행동주의적 접근

러시아의 심리학자인 이반 파블로프는 개들이 음식과 종소리에 보이는 반응을 실험하며, 새로운 행동을 배우는 이유는 연합을 형성하기 때문이라고 설명하였다. 이는 행동주의적 접근, 즉 관찰 가능한 행동에 초점을 둔 심리학을 고무시켰다.

🔍 심리학적 접근의 변화

분트나 프로이트와 같은 초기 심리학자들은 패러다임이라고 알려진 자신만의 생각을 지녔고, 그들의 이론은 당시 심리학의 주류를 형성했다. 새로운 연구는 주류인 패러다임에 도전할 수 있고, 그 결과 아이디어도 바뀔 수 있다. 단, 패러다임의 전환이 이전의 모든 것들을 부정하는 것은 아니며, 현대 심리학에서는 여러 접근법을 동시에 취한다.

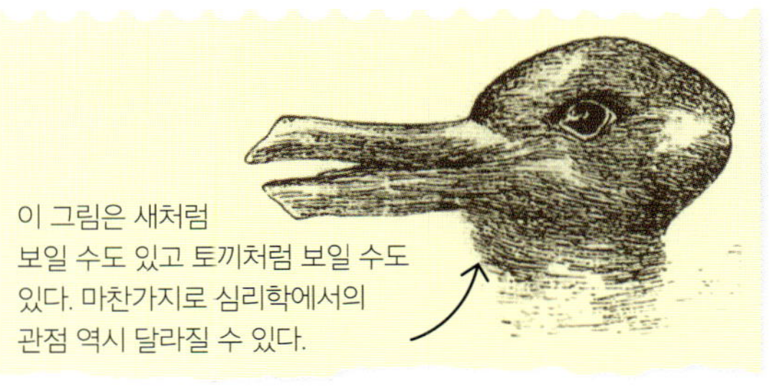

이 그림은 새처럼 보일 수도 있고 토끼처럼 보일 수도 있다. 마찬가지로 심리학에서의 관점 역시 달라질 수 있다.

인본주의적 접근

에이브러햄 매슬로우는 욕구 위계 이론을 소개하였다. 이 이론은 인간의 기본적인 욕구가 우선적으로 충족되어야 한다고 설명하였고, 인간의 마음과 행동을 전체적으로 보아야 한다는 인본주의적 접근을 태동시켰다.

자아실현 욕구

자존감 욕구

사랑과 소속감 욕구

안전 욕구

(음식과 물과 같은) 생리적 욕구

인지신경과학

인지주의적 접근과 생물학적 접근을 통합한 연구들은 인지신경과학이라는 학문으로 융합되었다. 인지신경과학은 사고와 기억과 같은 정신적 과정에 대한 생물학적 연구이다.

1943 — **1950년대와 1960년대** — **1980년대** — **1990년대**

인지주의적 접근

과학기술의 발전에 의해 심리학자들은 컴퓨터와 인간의 정신적 과정 사이에 유사점이 있음을 발견하였다. 인지심리학자들은 주로 컴퓨터 관련 용어를 사용하여 기억에 대한 이론적 모델을 제안하였다.

생물학적 접근

새로운 뇌 스캔 기술에 의해 심리학자들은 처음으로 두뇌 활동을 관찰하고 측정할 수 있게 되었다. 생물학적 접근은 유전자, 신경전달물질, 그리고 호르몬이 뇌와 신체에 어떤 영향을 주는지 알려 준다.

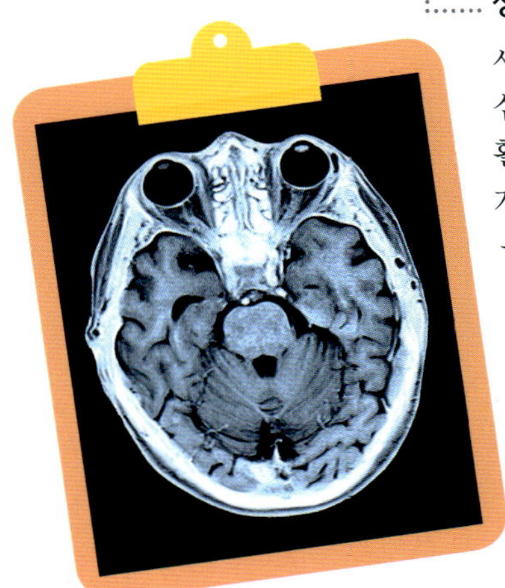

심리학의 기원

독일의 생리학자인 빌헬름 분트는 실험심리학의 창시자라고 불린다. 1879년 그는 통제된 조건에서 마음과 행동을 연구하기 위해 최초의 심리학 실험실을 만들었다. 증거에 기반하여 과학적으로 마음을 연구하는 방법을 제안한 분트는 심리학을 철학적 뿌리에서 벗어나게 하여 독자적인 학문으로 발전시켰다.

내성법

분트는 인간의 마음을 분석하고자 하였으나, 마음은 다른 사람이 아닌 오직 그 마음을 가진 사람만이 접근할 수 있다. 이 문제를 해결하기 위해 그는 마음에 접근할 수 있는 방법인 내성법을 개발하였다. 그는 참가자들이 자신의 생각을 표준화된 방법으로 기록할 수 있도록 훈련시켰다. 분트는 과학적인 방법으로 마음을 분석한 최초의 심리학자이다.

핵심 요약

- ✓ 분트는 통제된 조건에서 마음과 행동을 연구하기 위해 최초의 실험실을 만들었다.
- ✓ 분트는 마음을 연구하기 위해 과학적이고 증거에 기반한 접근법을 개척하였다.
- ✓ 그는 환경 자극이 어떻게 마음에 영향을 주는지 성찰하는 내성법의 과정을 사용하였다.

1. 집중

분트는 실험 참가자에게 똑딱거리는 메트로놈의 자극에 집중하면서 스스로의 정신적 과정을 살펴보라고 하였다. 모든 참가자들은 같은 시간 동안 같은 물체를 바라보았다.

2. 성찰과 기록

참가자들은 자극에 집중하는 동안 경험한 정신적 과정을 기록한 뒤, 사고, 감각, 감정 등의 범주로 분류하였다.

3. 비교와 분석

분트는 각각의 반응을 비교하고, 같은 자극에 대해 서로 다른 반응이 나타나는지 분석하였다. 그는 참가자로부터 직접 수집한 반응 결과를 증거로 마음에 대한 이론을 제안하였다.

실증주의

분트는 참가자들의 보고에 근거하여 마음에 대한 이론을 발전시키는 실증적 방법을 사용한 실증주의자이다. 실증적 방법은 직접적인 경험을 바탕으로 증거를 만들어 가는 기법을 사용한다. 실증적 방법에서는 근거가 없는 믿음에 의존하기보다는 증거를 통해 세계를 있는 그대로 보고하고자 한다.

믿음

증거

과학으로서의 심리학

심리학은 마음과 행동에 대한 과학적 학문이다. 모든 과학자들과 마찬가지로, 심리학자들은 편향으로 인해 결론이 왜곡되지 않도록 객관적인 방식으로 증거를 수집하는 것을 목표로 한다. 과학적 방법에서는 증거를 수집하여 검증할 수 있는 잠정적인 이론(가설)을 형성한다. 이러한 접근 방식을 통해 과학자들은 서로의 결과를 점검하여 지식을 축적한다. 심리학자들은 주로 다섯 가지의 연구 방법을 사용하여 증거를 수집한다.

핵심 요약

- ✓ 심리학에서의 연구 방법으로는 실험 연구, 상관 연구, 조사와 설문 연구, 관찰 연구, 그리고 사례 연구가 있다.
- ✓ 과학적 이론은 반증 가능해야 하며, 이는 검증을 통해 잠재적으로 틀렸다는 것이 입증될 수 있음을 의미한다.

방법	질적 혹은 양적	절차	장점	단점
실험 연구 (22쪽 참조)	양적	하나의 변수(독립변수)를 조작하고 그것이 다른 변수(종속변수)에 미치는 효과를 측정함	가장 과학적이며 원인과 결과를 추론하는 유일한 방법임	언제나 실용적이고 윤리적일 수 없음; 실험실 안에서의 실험 결과는 실생활에서 일반화되지 않을 수 있음
상관 연구 (23쪽 참조)	양적	서로 관련 있는 두 변수 간 상관의 정도를 계산함	실험이 불가능할 때 사용; 자료의 패턴을 발견할 때 유용함	혼재변수가 통제되지 않기에 원인과 결과를 보여 줄 수 없음
조사와 설문 연구 (26쪽 참조)	둘 다	참가자들을 면담하거나 설문에 응답하게 함	다수의 참가자들로부터 많은 양의 자료를 수집할 수 있음	통제변수가 없음; 부정확하거나 대표성이 없는 결과가 나올 수 있음
관찰 연구 (25쪽 참조)	둘 다	자연스러운 상황에서 행동을 관찰함	실험적으로 조작될 수 없는 행동에 대한 연구가 가능함	통제변수가 없음; 결과가 편향될 가능성이 있음; 다른 사례에 일반화하기 어려움
사례 연구 (29쪽 참조)	질적	한 명의 개인을 심층적으로 연구	한 명의 참가자만 필요함	통제변수가 없음; 표본 크기가 작음; 다른 사례에 일반화하기 어려움

🔍 반증 가능성

철학자 칼 포퍼는 잠재적으로 틀렸다는 것을 증명하거나 '반증'할 수 있는 이론만이 과학적이라고 주장했다. 과학자들은 대개 실험을 통해 자신의 이론을 검증함으로써 반증 가능성을 확인하려고 한다. 이는 변호사가 자신의 주장을 위해 치우친 증거만을 수집하는 것과는 다르다. 검증 과정을 거친 이론은 대부분 사실로 받아들여질 수 있지만, 그 이론이 의심의 여지가 전혀 없음을 입증할 수는 없다. 포퍼는 "모든 백조는 흰색이다"라는 은유적 이론을 사용하여 이를 설명했다. 검은 백조 한 마리를 발견하여 반박하기 전까지 이 이론을 증명하는 것은 불가능하다.

과학적 방법

모든 종류의 과학적 연구는 과학적 방법이라고 불리는 과정에 의존한다. 과학자들은 오직 과학적 방법에 따라, 의견이나 소문이 아닌 증거를 바탕으로 현상에 대한 객관적인 결론에 도달한다.

가설 검증

과학적 방법에서의 핵심은 검증 가능한 가설을 생성하는 것이다. 검증 가능한 가설이란, 실험 혹은 관찰에 의해 검증되어 잠재적으로 거짓임이 증명될 수 있는 가설을 말한다. 실험에서 가설은 변수를 조작함으로써 검증되고, 이것은 인과관계를 만들어 준다.

핵심 요약

- ✓ 과학적 연구는 과학적 방법에 의존한다.
- ✓ 과학적 방법은 과학자들이 증거에 기반하여 객관적인 결론을 도출하게 해 준다.
- ✓ 검증 가능한(반증 가능한) 가설은 과학적 방법에 필수적이다.
- ✓ 실험을 통해 변수들을 조작함으로써 인과관계를 설정할 수 있다.

1. 관찰

연구는 종종 관찰로부터 시작된다. 예를 들어 전날 밤에 잠을 자지 못한 학생들이 다음 날 IQ 검사에서 낮은 점수를 받는 것이 관찰된다.

2. 가설

검증 가능한 가설을 만든다. 이것은 두 변수 사이의 관계를 예상하는 것이며, 한 변수는 다른 변수에 따라 달라진다. 여기서의 가설은 'IQ 점수는 전날 밤의 수면 시간에 의존한다'는 것이 된다.

5. 동료 심사

실험 결과는 논문으로 발표하기 위해 작성된다. 그러나 출판되기 전, 논문이 학문적 기준을 충족하는지 확실히 하기 위해 그 분야의 전문가들이 논문을 평가한다. 이 과정을 동료 심사라고 한다.

6. 재확인

논문이 발표된 후 다른 과학자들이 그 실험을 반복할 수도 있다. 만일 그들이 비슷한 결과를 얻는다면 가설은 지지받는다. 어떤 가설은 다양한 실험을 거쳐 결국 더 광범위한 이론의 일부로 수용된다.

4. 결론

가설이 지지되는지 확인하기 위해 자료를 분석한다. 이것이 결론을 형성한다. 가설은 증거에 의해 지지될 수도 있고, 사실이 아니라고 기각될 수도 있지만, 의심할 여지 없이 진실이라고 증명될 수는 없다.

3. 실험

가설을 검증하기 위한 실험을 수행한다. 가설에 의하면 IQ 점수(종속변수)는 전날 밤의 수면 부족 이후 낮아질 것으로 예상된다. 따라서 의도적으로 수면 시간을 줄인 후(독립변수) IQ 검사를 실시한다. 나머지 다른 변수들은 모두 통제한다.

변수

변수란 키, IQ, 사회적 지위와 같이 다양하게 변화가 가능한 것들을 말한다. 심리학자들은 실험을 통해 한 변수가 다른 변수에 측정 가능한 영향을 미치는지 확인하기 위해 체계적으로 조작한다. 실험은 신중하게 통제된 조건에서 이루어져야 하며, 다른 변수들은 결과에 영향을 미치지 않도록 통제되어야 한다.

변수의 종류

실험에서 조작되는 변수를 독립변수라고 하고, 실험의 효과로 측정되는 변수를 종속변수라고 한다. 다른 변수들은 모두 외생변수라고 하며, 실험이 설계되고 수행되는 동안 일정하게 유지된다(이를 '표준화' 또는 '통제'된다고 한다). 통제되지 않고 결과를 왜곡시킬 수 있는 외생변수를 혼재변수라고 한다.

핵심 요약

- ✓ 조작되는 변수를 독립변수라고 한다.
- ✓ 결과를 얻기 위해 측정되는 변수를 종속변수라고 한다.
- ✓ 다른 모든 변수들은 외생변수라고 불린다.
- ✓ 혼재변수는 통제되지 않는 외생변수이다.

독립변수
음악을 듣는 것이 수학 실력을 향상시킬 수 있을까? 실험에서는 학생들을 두 집단으로 나뉘어 수학 시험을 치게 한다. 이때 음악을 듣는 것 혹은 조용히 하는 것이 독립변수가 된다.

종속변수
종속변수는 수학 점수이다. 연구자들은 두 집단의 점수를 비교하여 음악을 듣는 것이 효과가 있는지 확인한다.

외생변수
음악의 볼륨이나 시험 시간과 같은 다른 모든 변수들은 일정하게 유지한다. 그러나 음악에 대한 선호도 같은 혼재변수는 통제하기 어렵다.

🔍 오류의 원천

요구 특성

참가자들은 때때로 연구의 목적을 추측한 뒤, 연구자를 기쁘게 하거나 연구를 방해하기 위해 '옳은' 또는 '잘못된' 답변을 하려고 노력한다. 그러한 혼재변수의 원천을 요구 특성이라고 한다.

고정관념 위협

시험 직전에 부정적인 고정관념에 노출되는 것은 성적에 영향을 미칠 수 있다. 수학은 남자들이 더 잘한다는 말을 들은 후에 수학 시험을 친 여학생의 경우, 남학생보다 성적이 더 낮게 나왔다. 반면, 수학 성적은 성별과 무관하다고 들은 후에는 똑같은 성적을 보였다.

연구자 효과

연구자들은 의식적 또는 무의식적으로 혼재변수들을 만들 수 있다. 연구자의 성별, 억양 또는 목소리 톤은 참가자들이 반응하는 방법에 영향을 미칠 수 있다. 연구자에 의해 유발된 (실험자 편향도 포함하여) 오류의 원인을 연구자 효과라고 한다.

가설의 종류

과학자들은 실험 후 연구 보고서를 작성할 때 보통 목표와 가설을 언급하는 것으로 시작한다. 실험 목표는 실험 목적에 대한 일반적인 진술이다. 가설은 한 변수를 변화시켰을 때 다른 변수에 어떤 영향을 미칠 수 있는지에 대한 좀 더 구체적이고 실험 가능한 진술이다. 명확하게 진술된 목표와 가설은 좋은 연구를 위해 필수적이다.

핵심 요약

- ✓ 가설은 검증 가능한 진술 혹은 예측이다.
- ✓ 실험가설은 효과가 있다고 예측하는 반면, 귀무가설은 효과가 없다고 예측한다.
- ✓ 실험가설은 방향성(증가 또는 감소를 예측함) 또는 비방향성(어느 방향으로든 변화를 예측함)일 수 있다.

귀무가설

귀무가설(H_0)은 연구 변수들 사이에 관계가 없다는 진술이다. 예를 들어 기억력에 대한 신약의 효과 연구에서, 귀무가설은 신약 복용이 기억력 검사 결과에 유의한 영향을 미치지 않는다는 것이다. 과학자들은 귀무가설을 반증하고자 한다.

실험가설

실험(또는 대안)가설(H_1)은 귀무가설과 대비된다. 이 가설에서는 독립변수(예: 신약 복용)가 종속변수(기억력 점수)에 유의한 영향을 미칠 것으로 예측한다. '유의하다'란 말은 주어진 결과가 우연에 의해서 일어날 가능성이 얼마나 낮은지를 보여 주기 위해 통계적 분석을 수행한 결과를 의미한다.

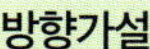

방향가설

특정한 방향으로의 변화를 명시하는 실험가설을 방향가설 또는 일방가설이라고 한다. 예를 들어 신약이 기억력을 향상시킬 것이라고 예측할 수 있다. 과거의 연구 결과를 통해 특정 방향을 예측할 수 있을 때, 연구자들은 종종 방향가설을 사용한다.

비방향가설

증가나 감소와 같이 특정한 방향으로의 변화를 예측하지 않고, 단지 변화가 있을 것으로 예측하는 가설을 비방향가설 또는 양방가설이라고 한다. 비방향가설은 효과가 있는지 쉽게 알아볼 수 있게 해주지만 예상과 어긋날 경우 결과를 해석하기가 더 어렵다.

🔍 변수의 조작화

가설이 검증 가능하고 따라서 과학적임을 보장하기 위해 변수를 '조작화'할 필요가 있다. 이는 추상적이거나 복잡한 특성을 가진 변수를 양적으로 측정 가능하도록 변환하여 수치로 확인할 수 있도록 하는 것을 의미한다. 예를 들어 사회경제적 지위라는 변수는 개인의 소득을 사용하여, 불안은 표준화된 불안 검사 점수를 사용하여 조작화될 수 있다.

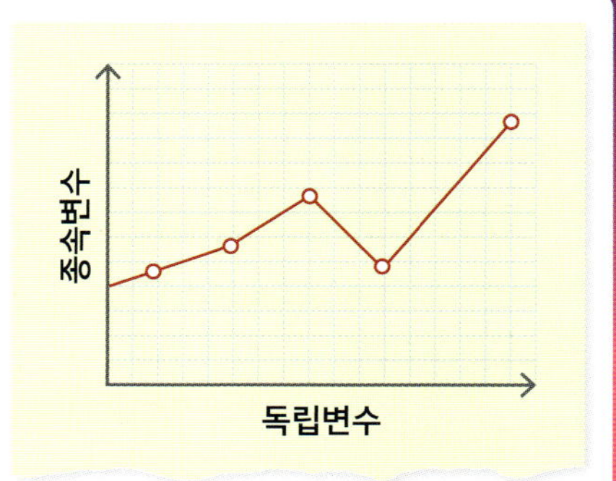

실험 유형

실험은 항상 완벽하게 통제된 실험실 조건에서만 수행할 수 있는 것이 아니다. 때로는 중요한 변수를 조작하는 것이 비현실적이거나 불가능하거나 비윤리적인 경우가 있다. 이 경우에는 다른 실험적 접근이 필요하다. 실험 유형들에는 각각 장단점이 있다.

핵심 요약

- ✓ 실험실 실험은 통제된 조건에서 수행된다.
- ✓ 현장 실험은 실제 환경에서 수행된다.
- ✓ 종단 연구는 장기간에 걸쳐 이루어진다.
- ✓ 횡단 연구는 한 시점에서 이루어진다.

실험실 실험

실험실 실험에서는 변수를 정확히 통제하여 원인과 결과에 대한 객관적인 결론을 도출할 수 있다. 이 방법은 내적 타당도(18쪽 참조)가 높고 반복이 가능하여 다른 과학자들이 이 결과를 확인할 수 있다. 그러나 참가자가 자연스럽게 행동하지 않거나 조작화된 변수(16쪽 참조)가 실제 상황을 반영하지 않는 경우, 결과가 일반화되지 않을 수 있다.

현장 실험

실세계 실험이라고도 불리는 이 연구들은 일상적인 환경에서 수행된다. 독립변수를 조작할 수는 있지만, 실험실 실험보다 다른 변수들을 통제하기가 어렵다. 이 결과는 생태학적 타당도가 높기 때문에 실험실에서의 결과보다 실제 상황에 더 쉽게 일반화할 수 있다.

자연 실험

자연 실험에서는 자연 상황에서 독립변수에 다르게 노출된 집단들을 비교한다. 예를 들어 환경 오염이 정신 건강에 미치는 영향을 조사할 때, 오염에 높은 수준과 낮은 수준으로 노출된 사람들을 비교할 수 있다. 이렇듯 참가자를 실험 조건에 할당할 수 없는 연구를 준 실험이라고도 한다. 독립변수는 조작할 수 없으며, 결과는 상관관계를 보여 줄 뿐이다.

🔍 예비 연구

규모가 크거나 비용이 많이 드는 연구 프로젝트를 진행하기 전에 예비 연구를 수행할 수 있다. 예비 연구를 통해 실험 설계나 절차에 문제가 있는지 사전에 확인할 수 있다. 예를 들어 참가자들에게 설문지를 주고 성격의 어떤 측면을 측정하고 있는지 추측할 수 있냐고 물어본다. 만약 참가자들이 추측할 수 있다면, 솔직하게 답하지 않을 가능성이 있으므로 연구에 앞서 설문지를 바꿀 수 있다.

🔍 종단 연구와 횡단 연구

종단 연구는 동일한 사람들의 장기간에 걸친 변화를 측정한다. 이러한 연구는 시간이 많이 걸리고 참가자들이 중도에 탈락할 수 있다. 종단 연구의 대안은 한 시점에서 다른 연령대의 사람들을 비교하는 횡단 연구이다. 횡단 연구는 서로 다른 시점의 서로 다른 연령대를 비교하기 때문에 혼재변수가 발생할 수 있다는 단점이 있다.

타당도

심리학자들이 신뢰할 수 있는 결론을 도출하기 위해서는 연구 결과가 타당도를 가지는 것이 중요하다. 타당도는 정확성을 의미한다. 만약 어떤 검사가 타당도를 가졌다면, 그것은 검사하려는 대상을 정확하게 측정하고 있다고 말할 수 있다. 예를 들어 IQ 검사 결과가 신뢰할 수 있는 다른 지능 검사의 결과와 일치하면 그 IQ 검사는 타당하다. 타당도에는 내적 타당도와 외적 타당도가 있다.

핵심 요약

- ✓ 타당도는 정확성을 의미한다.
- ✓ 내적 타당도를 확보하기 위해서는 통제된 조건에서 객관적인 방법으로 과학적 연구가 수행되어야 한다.
- ✓ 외적 타당도는 결과를 다른 상황으로 일반화할 수 있음을 의미한다.

내적 타당도

과학적 연구는 내적 타당도를 얻기 위해 신중하게 통제된 조건에서 수행되어야 한다. 대부분의 실험은 한 변수가 다른 변수에 영향을 미치는지 알아보기 위한 실험이다. 예를 들어 수면 부족이 반응 시간에 영향을 미치는지 실험을 통해 알아보고자 하는 경우, 원인과 결과에 대한 타당한 결론은 다른 변수들이 통제된(일정하게 유지된) 경우에만 도출될 수 있다. 실험이 잘 설계되었다면 높은 내적 타당도를 가진다.

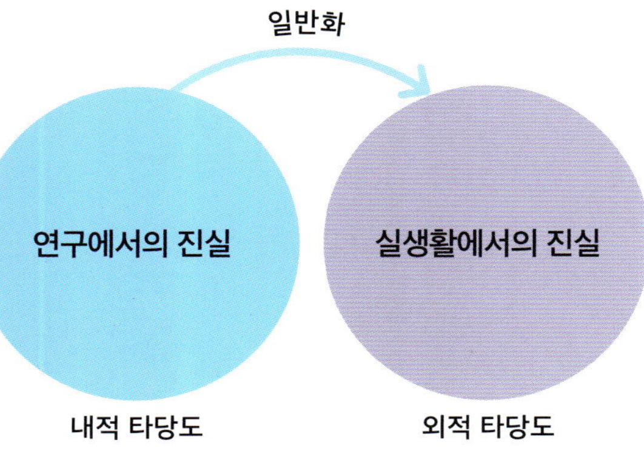

외적 타당도

실험실 실험은 실제 상황과 다른 부자연스러운 조건에서 이루어진다. 연구는 그 결과가 다른 상황에 일반화될 수 있는 경우에만 외적 타당도를 가진다. 생태학적 타당도는 결과가 실제 상황에 일반화되는 것을 의미한다. 모집단 타당도는 결과가 다른 집단의 사람들에게도 적용될 수 있는 것을 의미하고, 시간 타당도는 결과가 다른 시간대에도 적용될 수 있는 것을 의미한다.

🔍 타당도와 신뢰성 평가

타당도를 평가하는 가장 간단한 방법은 "그 연구가 보기에 타당한가?"에 대한 주관적인 판단을 사용하는 것이다. 이를 안면 타당도라고 한다. 더 엄격하게는 검사 결과가 다른 검사들과 상관이 높은지 확인하는 방법이 있다. 만일 새로운 검사가 그 영역에서 '최고 기준'으로 여겨지는 다른 검사와 상관관계가 있다면, 새로운 검사는 동시 타당도를 가진다. 타당도는 모든 연구 참가자들에게 일관된 절차를 사용함으로써(표준화), 그리고 참가자들을 조건에 무작위로 할당함으로써(무선화) 향상될 수 있다. 심리학자들은 양적 연구뿐만 아니라 면담이나 사례 연구와 같은 질적 연구의 신뢰성(믿음성)도 평가해야 한다. 신뢰성은 연구가 참가자들의 인식과 의견을 얼마나 진실되게 그려내고 있는지를 보여 주는 정도를 말한다.

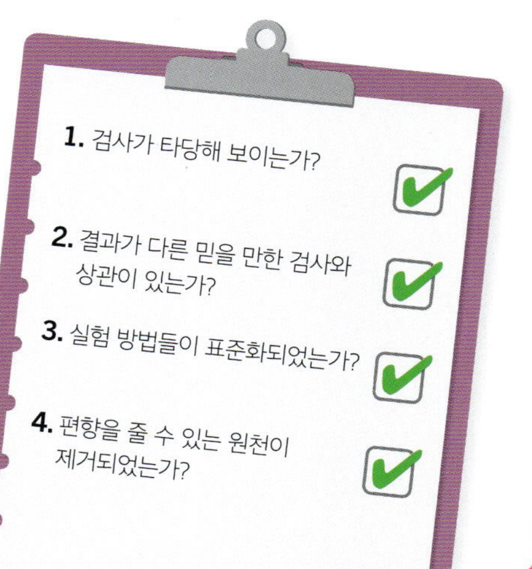

신뢰도

심리학자들은 연구에서 타당도(18쪽 참조)뿐만 아니라 신뢰도를 확보하기 위해 노력한다. 반복되는 검사의 결과가 일관되게 동일하거나 유사한 결과가 나온다면 신뢰할 수 있다. 예를 들어 동일한 성격검사를 두 번 실시하였을 때 비슷한 점수가 나왔다면, 그 검사는 신뢰할 수 있다.

핵심 요약

✓ 반복 측정 시 동일하거나 유사한 결과가 일관성있게 나오는 검사는 신뢰할 수 있다.

✓ 타당하지 않은 검사라도 신뢰할 수는 있다.

✓ 신뢰도를 평가하는 방법에는 검사-재검사, 반분 검사 및 평정자 간 신뢰도가 있다.

신뢰도와 타당도의 비교

신뢰도는 실험, 설문, 조사, 그리고 질병 진단과 같은 심리학의 많은 분야에서 중요하다. 타당하지 않은 검사라도 신뢰도는 높을 수 있다. 예를 들어 모든 온도를 5도씩 낮게 측정하는 온도계는 비록 틀렸지만 일관된 결과를 준다. 심리학자들은 신뢰도와 타당도를 모두 얻기 위해 노력한다.

다트판은 신뢰도와 타당도를 설명하기 위한 시각적 비유로 자주 사용된다. 여기서 검은 점들은 반복된 검사 결과를 가리킨다.

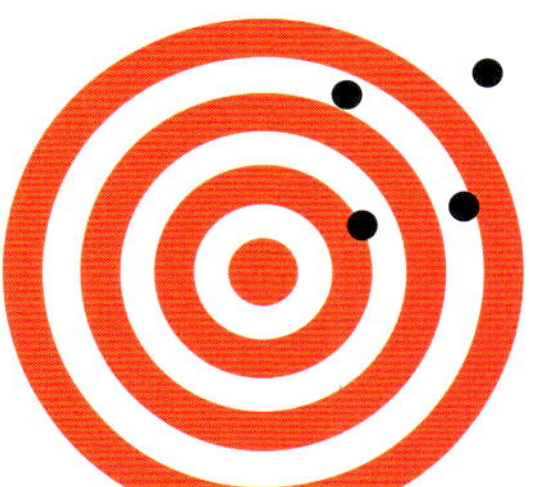

타당하지 않고
신뢰할 수 없음

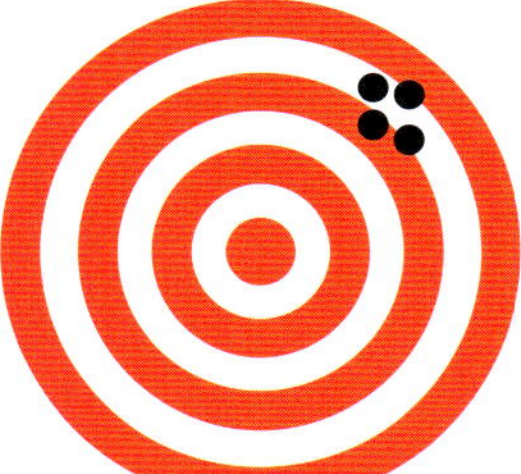

신뢰할 수 있으나
타당하지 않음

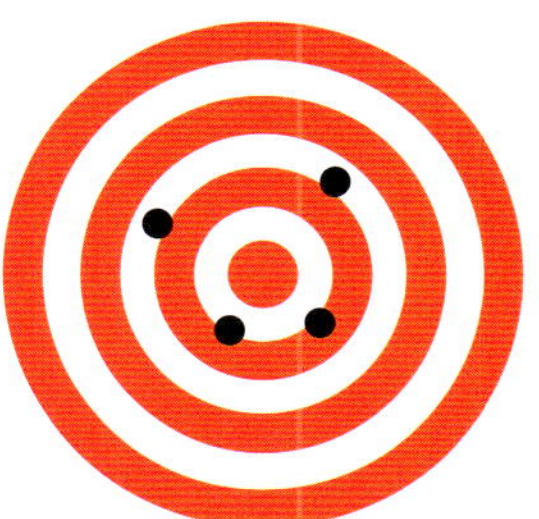

타당하나 신뢰할 수
없음

타당하고
신뢰할 수 있음

신뢰도 평가

신뢰도는 여러 가지 방법으로 평가될 수 있다. 검사-재검사 방법은 동일한 참가자에게 같은 검사를 여러 번 실시하여 확인한다. 검사 결과끼리 상관이 높은 검사는 신뢰할 수 있다. 반분 검사 방법은 검사를 무작위로 두 부분(예를 들어 홀수 문항과 짝수 문항)으로 나누어 이들의 상관관계(내적 신뢰도)가 있는지 확인한다. 평정자 간 신뢰도 방법은 검사가 동일한 결과를 나타내는지 서로 다른 평정자들끼리 확인하게 하는 것이다. 예를 들어 같은 진단 기준에 의해 서로 다른 의사들이 동일한 진단을 내린다면, 그 진단 기준은 신뢰할 수 있다. 신뢰도는 일관된 측정 형태 및 명확하게 정의된 행동 범주를 사용함으로써 향상될 수 있다.

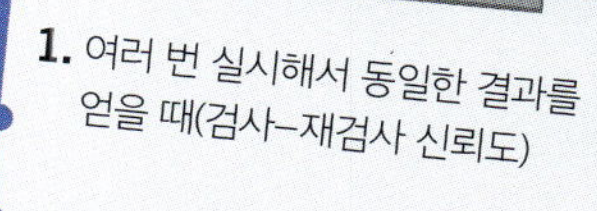

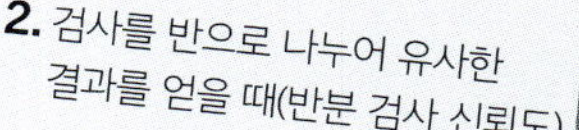

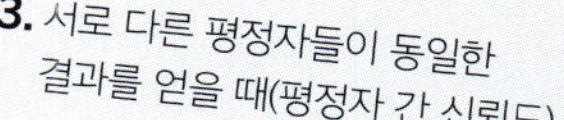

표집 기법

모집단에 속한 모든 사람을 대상으로 연구하는 것은 비현실적이다. 심리학자들은 모집단 대신 표본이라고 알려진 더 작은 대표 집단을 선정하고, 연구 결과는 광범위한 모집단에 일반화된다. 완벽하게 대표성을 가지는 표본을 선택하기란 불가능하다. 그 이유는 대부분의 표집 기법이 편향, 즉 어떤 사람들이 다른 사람들에 비해 표본에 더 뽑히거나 덜 뽑힐 가능성이 있기 때문이다.

- 표본은 더 큰 대상 모집단에서 추출한 작은 집단이다.
- 표본은 더 큰 대상 모집단을 대표하기 위한 것이다.
- 표집 기법은 표본이 얼마나 정확하게 대상 모집단을 대표하는지, 얼마나 편리하게 구성되는지에 따라 다양하다.

기회 표집

편의 표집이라고도 알려진 기회 표집은, 예를 들어 거리의 사람들에게 다가가 참가자를 선정하는 방식이다. 표본은 빠른 시간 내에 구성되나, 접근 가능한 사람들이 반드시 모집단을 대표하는 것은 아니다. 또한 연구자들이 우연히 특정 유형의 사람들에게만 접근하는 경우 선택 편향을 유발할 수도 있다.

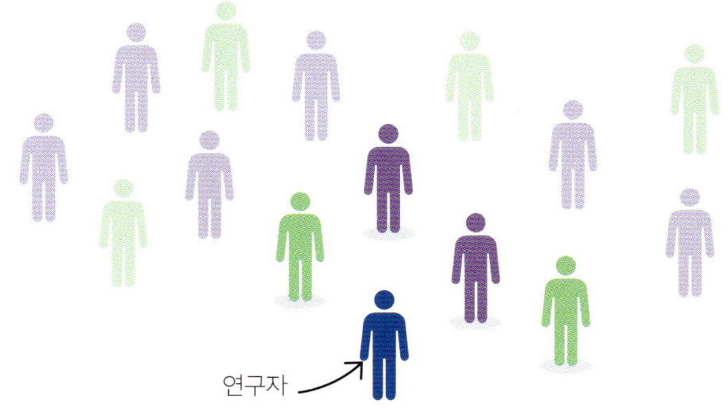

지원자 표집

지원자 표집은 광고 모집을 통해 연구에 참여할 지원자를 선택하는 것을 말한다. 이 방법은 모집단 자체가 거의 드물 때(예를 들어 희귀한 질환을 가진 사람들) 유용하다. 그러나 대체로 지원자는 비지원자보다 동기가 더 높을 수 있어, 표본이 특정 집단에 편향될 수 있다.

무작위 표집

무작위 표집은 무작위로 사람들을 선택하는 것으로, 편향되지 않고 대표성이 높은 표본을 만드는 가장 좋은 방법이다. 예를 들어 모집단의 모든 사람에게 번호를 부여한 뒤, 무작위로 숫자를 뽑는 방식으로 참가자를 선정한다. 표본이 작다면 우연히 뽑힐 가능성이 높아지기 때문에 대표성이 떨어질 수 있으나, 표본이 크면 이 문제는 해결된다.

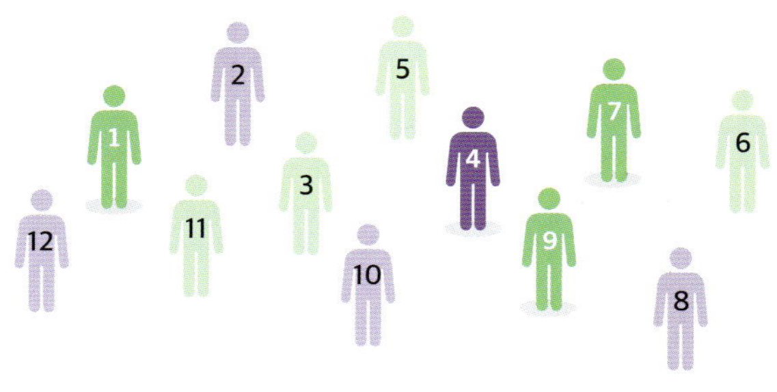

목적 표집

목적 표집은 연구자가 관심을 가지고 있는 특성을 가진 참가자들을 의도적으로 선택하는 것이다. 표본에는 한 사람만 포함될 수도 있다.

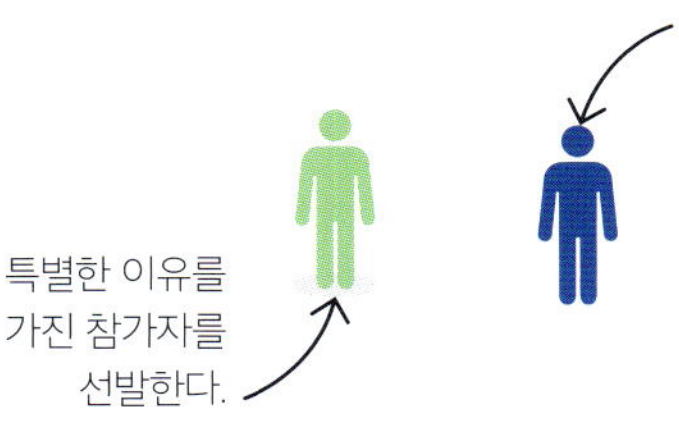

> ### 🔍 표집에서의 편향
>
> - **연구자 편향**은 연구자의 의견이나 신념이 연구의 결론에 영향을 미치는 것이다.
> - **참가자 편향**은 참가자가 연구자가 기대하는 방식으로 행동하는 것이다.
> - **표집 편향**은 표본이 대상 모집단을 대표하지 않는 것이다.

층화 표집

층화 표집은 모집단에서의 비율을 반영하여 부분 집단을 만든 다음, 각 집단에서 모집단에 비례하여 무작위로 선택하는 것이다. 이 방법은 모집단을 대표할 가능성은 높지만 구성하기 복잡하다.

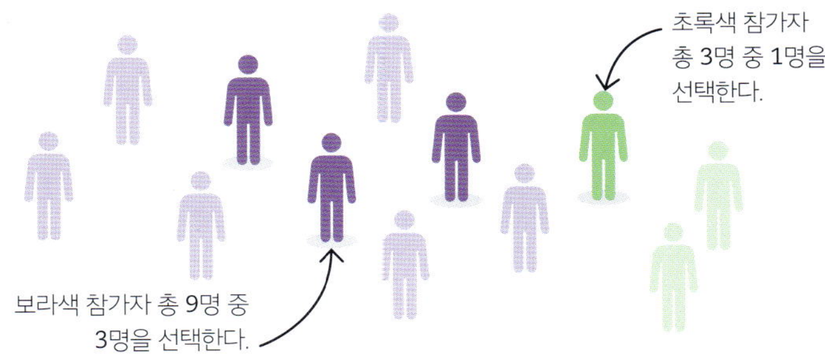

체계적 표집

체계적 표집은 사람들을 목록 상의 위치에 따라 선택한다. 예를 들어 알파벳 순서로 배열된 목록에서 매 n번째 사람을 추출하는 것이다. 참가자를 의도적으로 선택하지 않기 때문에 연구자의 편향을 줄일 수 있다.

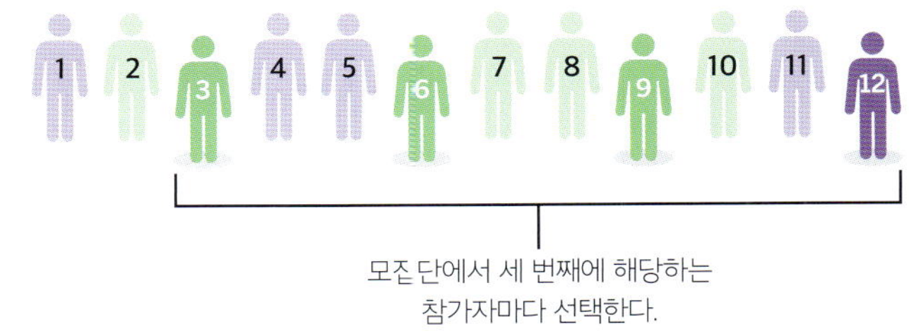

눈덩이 표집

기존의 참가자들을 통해 연구에 참여할 수 있는 다른 사람들을 찾을 수 있다. 눈덩이 표집은 접근하기 어려운 모집단에서 표집하거나 민감한 주제에 대한 연구를 수행할 때 유용한 방법이다.

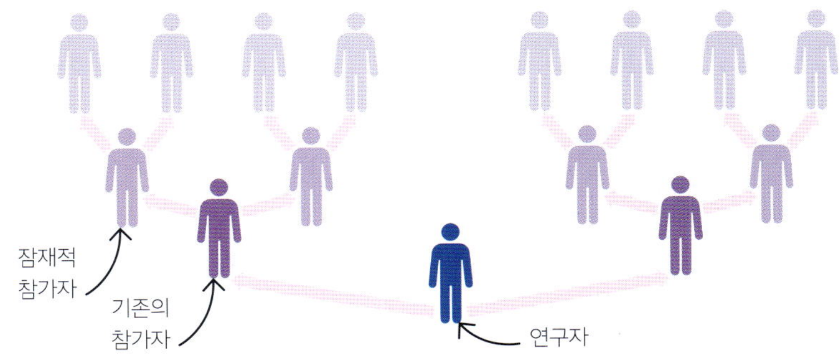

실험 설계

심리학 실험은 외생변수로 인해 타당하지 못한 결론에 도달하지 않도록 신중하게 설계되어야 한다. 실험 설계에서 중요한 부분은 참가자들이 서로 다른 조건(처치)에 할당(배치)되는 것이다. 예를 들어 실험 집단에는 실험 약을, 통제 집단에는 위약을 투여한다. 일반적으로 사용되는 세 가지 실험 설계는 독립 집단 설계, 짝짓기 설계, 반복 측정 설계이다.

핵심 요약

✓ 독립 집단 설계에서는 참가자를 서로 다른 집단에 임의로 할당한다.

✓ 짝짓기 설계에서는 연령과 같은 변수를 통제하기 위해 비슷한 연령의 참가자를 짝지은 뒤 서로 다른 집단에 할당한다.

✓ 반복 측정 설계에서는 각 참가자를 두 가지 실험 조건에 모두 노출시킨다.

독립 집단(독립 측정)

참가자들은 두 개의 독립 집단에 무작위 배정된다. 이 방법은 약물 실험에서 자주 사용되는데, 다른 조건은 동일하게 유지한 채 한 집단에는 실험 약이, 다른 집단(통제 집단)에는 효과가 없는 위약(플라시보)이 투여된다. 독립 집단 설계는 선택 편향을 피할 수 있지만, 작은 표본에서는 나이나 직업과 같은 변수에서 우연한 차이가 날 수 있기에 큰 표본이 필요하다.

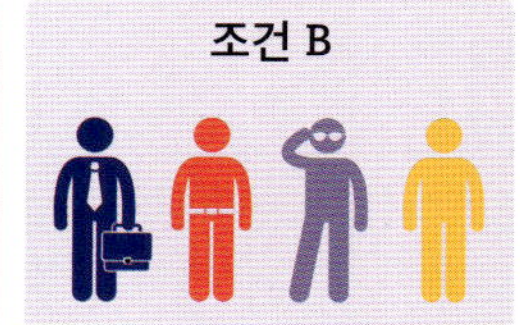

짝짓기

먼저 연령이나 직업과 같은 변수가 일치하도록 참가자들의 짝을 지은 다음, 두 집단에 무작위로 할당하여 집단 A의 각 사람이 집단 B의 각 사람과 동등한 조건을 가지도록 한다. 이 방법은 연령이나 직업과 같은 외생변수의 영향을 줄일 수 있어 독립 집단 설계보다 작은 표본을 사용할 수 있다.

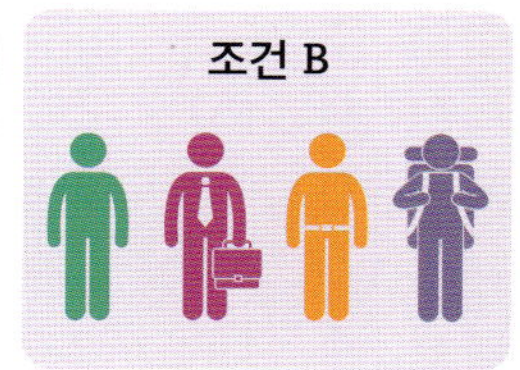

반복 측정

모든 참가자는 두 가지 실험 조건에 모두 노출된다. 예를 들어 카페인이 반응 시간에 미치는 영향에 대한 연구에서, 각 참가자는 한 번은 카페인, 한 번은 위약을 복용 후 검사를 수행한다. 반복 측정 설계에서는 독립 집단 설계보다 적은 수의 참가자가 필요하지만, 검사를 수행하는 순서가 결과에 영향을 미칠 수 있다(순서 효과).

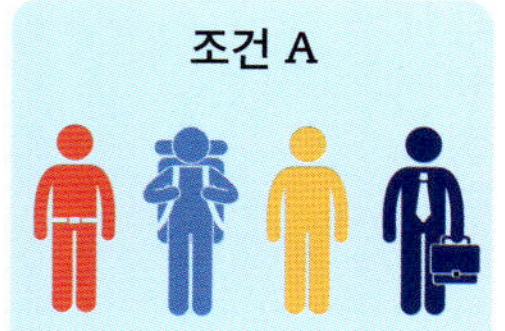

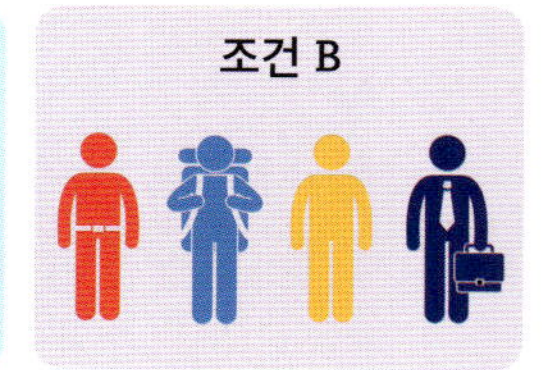

🔍 상대균형화

반복 측정 설계의 참가자들은 첫 번째와 두 번째 검사 사이에 피로, 지루함, 연습 등의 이유로 순서 효과를 일으킬 수 있다. 이 혼재변수를 제거하기 위해서는 상대균형화라고 불리는 방법이 필요하다. 만약 두 가지 실험 조건이 있다면, 참가자의 절반은 조건 A에 먼저 노출시키고, 절반은 조건 B에 먼저 노출시킨다.

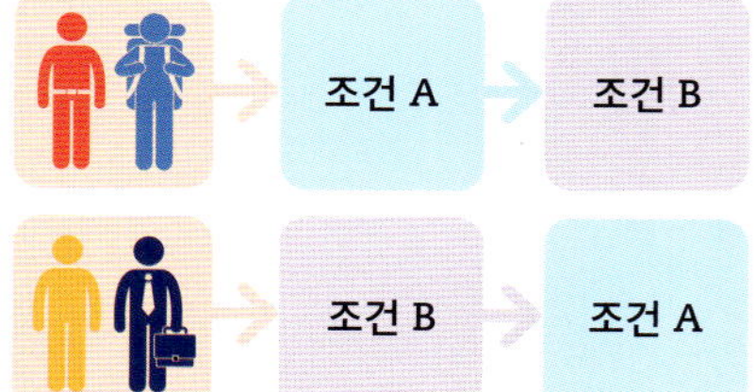

상관

상관에서는 변수들 사이의 연관성을 찾는다. 산포도(산점도)라고 불리는 그래프는 상관 결과를 표시하고 패턴을 쉽게 찾기 위해 사용된다. 산포도 그래프는 상관의 강도와 상관이 정적인지 부적인지를 보여 준다.

- 한 변수의 변화가 다른 변수의 변화와 연관되면 변수들은 상관이 있다.
- 상관은 정적(+) 또는 부적(-)일 수 있으며 강도가 다를 수 있다.
- 상관계수의 범위는 -1에서 1까지이다.

정적(+) 상관

한 변수가 증가할 때 다른 변수도 증가하면 정적 상관을 나타낸다. 아래의 예는 전날 밤의 수면 시간과 시험 성적이 정적 상관임을 보여 준다.

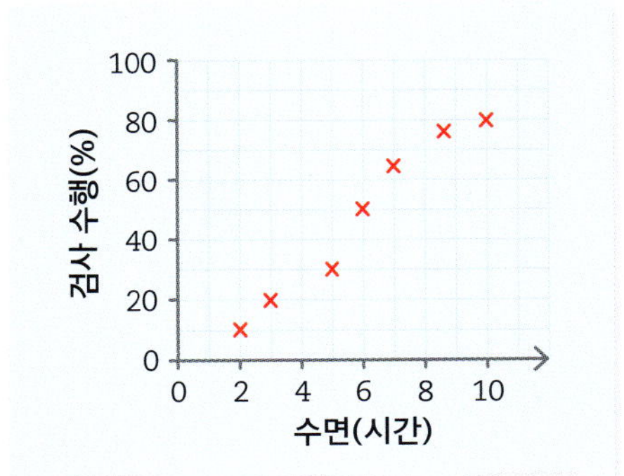

부적(-) 상관

한 변수가 증가할 때 다른 변수는 감소하면 부적 상관을 나타낸다. 예를 들어 인지 검사에서는 혈중 알코올 농도가 증가함에 따라 수행 능력이 감소한다. 부적 상관은 역상관이라고도 불린다.

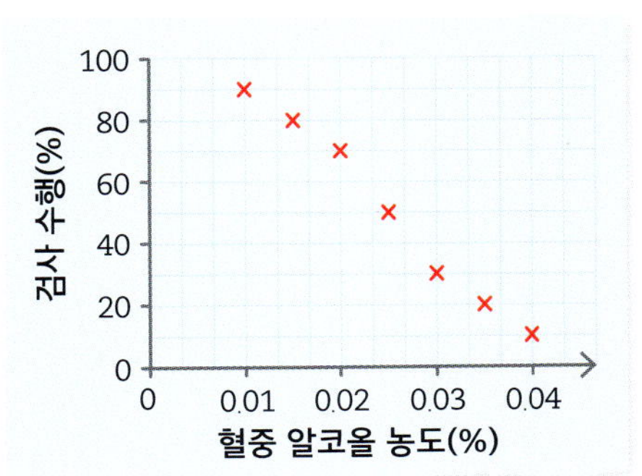

상관 패턴

산포도에 자료를 배열하면 상관의 강도와 방향을 알 수 있다. 무작위로 흩어진 점들은 상관을 보이지 않지만, 뚜렷한 선형 패턴은 강한 상관을 보인다. 단, 상관 패턴으로는 어느 변수가 원인이 되는지 알 수 없다.

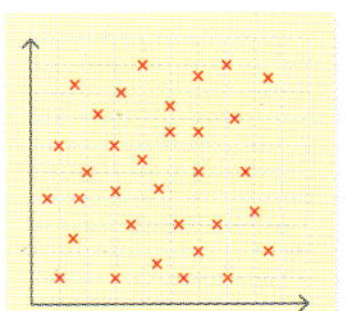

영(0) 상관

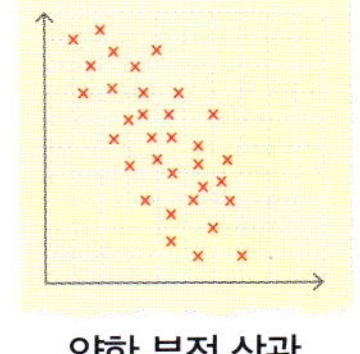

약한 부적 상관

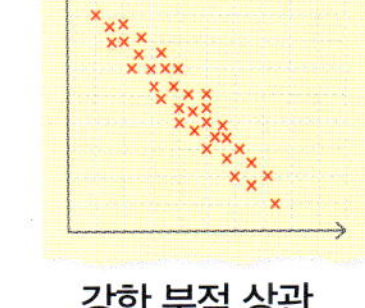

강한 부적 상관

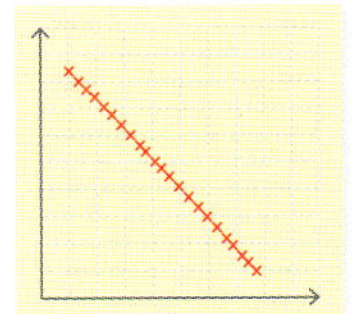

완전 부적 상관

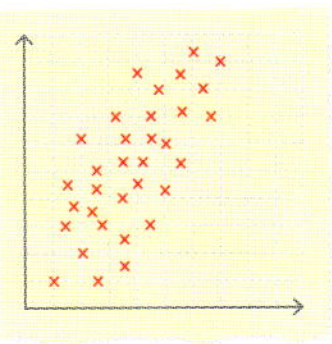

약한 정적 상관

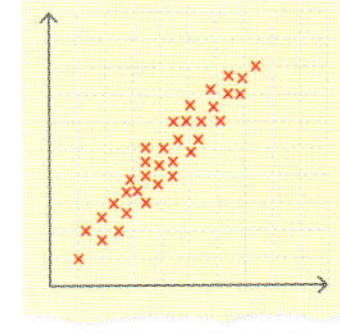

강한 정적 상관

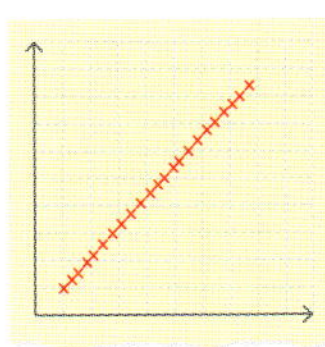

완전 정적 상관

상관계수

상관의 강도와 방향을 계산하여 숫자, 즉 상관계수로 나타낼 수 있다. 예를 들어 -0.9는 강한 부적 상관이고, 0.1은 약한 정적 상관이다.

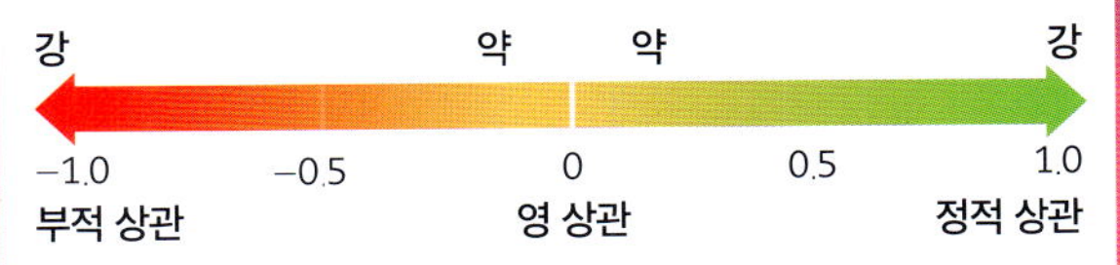

상관과 인과

두 변수 간의 상관이 원인과 결과를 보여 주는 것은 아니다. 한 변수의 변화가 다른 변수의 변화를 일으킬 수도 있지만, 때로는 알려지지 않은 제3의 변수가 작용하기도 한다. 인과를 규명하기 위해서는 모든 관련 변수를 통제하고 측정하는 과학적 실험이 필요하다.

인과관계 설정

햇빛에 화상을 입는 빈도는 아이스크림 판매량과 상관이 있다. 그렇다면 아이스크림이 햇빛 화상의 원인이 되는가? 혹은 다른 변수와 관련이 있는가? 이 질문에 답하기 위해서는 통제된 실험이 수행되어야 한다. 지원자들을 두 집단에 무작위로 할당하고, 그중 한 집단에만 아이스크림을 제공한다. 아이스크림 소비량은 독립변수이다. 이후 햇빛에 화상을 입는 비율(종속변수)을 측정한다. 햇빛 노출 수준과 같은 다른 모든 변수는 통제한다(일정하게 유지한다). 만약 아이스크림이 제공된 집단이 화상을 더 입었다면, 잠재적으로 인과적인 연관이 있음을 시사한다. 그렇지 않았다면, 다른 변수가 상관을 유발했다고 볼 수밖에 없다.

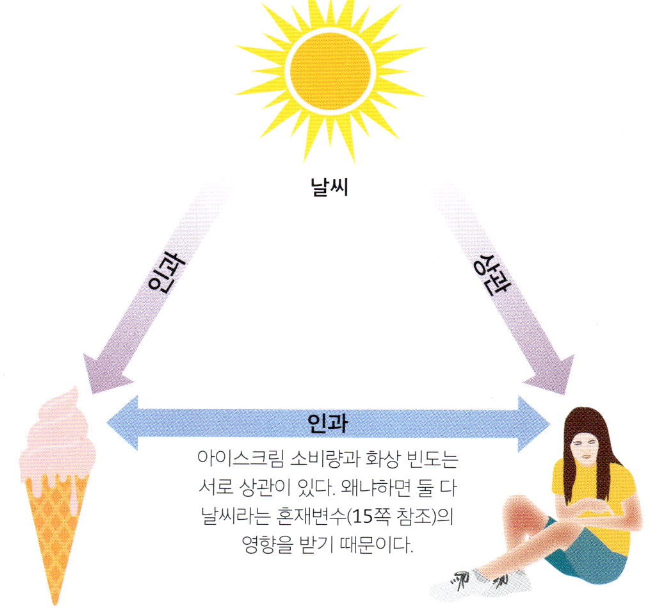

🔍 흡연과 정신 건강

심리학자들은 종종 원인과 결과를 확인하려 하지만, 항상 가능한 것은 아니다. 예를 들어 흡연율은 정신 질환과 관련된 심리적 고통과 상관이 있다. 우리는 정신 질환이 흡연을 증가시키는지 혹은 흡연이 정신 질환의 원인이 되는지, 아니면 다른 요인들이 작용하는지 알 수 없다. 이 경우 인과 설정을 위한 실험은 사람들에게 해로운 흡연을 요구해야 한다는 점에서 비윤리적이기 때문에 설계가 어렵다.

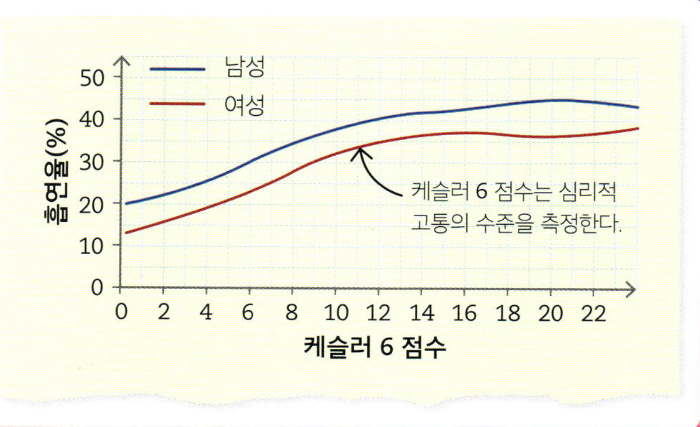

관찰 기법

자연스러운 환경에서 사람들이 어떻게 행동하는지 주의 깊게 살펴보는 것을 관찰이라고 한다. 훈련된 연구자들은 갈등, 놀이, 협력과 같은 특정한 행동들을 찾기 위해 관찰 기법을 사용하며, 양적, 질적 자료를 모두 수집할 수 있다. 관찰은 연구자에 따라 보는 것을 해석하는 방법이 달라질 수 있기 때문에 편향될 수 있다. 관찰 기법에는 여러 종류가 있다.

핵심 요약

- ✓ 연구자들은 종종 자연스러운 환경에서 행동을 관찰한다.
- ✓ 관찰은 양적 그리고/혹은 질적 자료를 수집하는 데 사용된다.
- ✓ 관찰자들이 참가자들에게 어느 정도 관여하느냐에 따라 다양한 관찰 기법들이 존재한다.

참여 관찰

연구자는 관찰하려는 집단에 합류하여 활동에 참여하며, 연구가 이루어지는 사회적 맥락(환경) 안에서 행동을 관찰한다.

비참여 관찰

연구자는 연구 대상의 사회적 맥락을 벗어나 멀리서 관찰하며, 관찰 대상이 되는 집단과 상호작용하지 않는다.

자연적 관찰

연구자는 참여자의 가정이나 학교 같은 환경에 자연스럽게 들어가되, 어떠한 방식으로도 참여자의 행동에 영향을 미치지 않는다.

통제된 관찰

연구자는 실험실과 같은 통제된 환경에서 참가자들을 관찰한다. 연구자는 실험 조건을 통제한다.

공개 관찰

참가자들은 연구자들이 자신들을 관찰하고 있음을 알고 있다. 관찰자는 활동에 참여할 수도 있고 참여하지 않을 수도 있다.

비공개 관찰

연구자는 실험실 스크린 뒤에 숨어서 관찰하고, 참가자들은 자신들이 관찰되고 있다는 것을 알지 못한다.

설문

설문은 참가자들이 응답할 수 있도록 만들어진 질문들이다. 설문은 온라인이나 종이로 작성하거나 전화나 대면으로 진행할 수 있다. 설문은 태도, 느낌, 사실, 의견을 포함한 많은 양의 자료를 수집하는 데 유용하다. 설문의 단점으로는 경험에 대한 심층적인 정보의 부족, 선행 질문에 의해 답변이 유도될 가능성, 표본이 편향될 가능성 등이 있다. 설문과 면담(28쪽 참조)은 자기보고 기법으로도 알려져 있다.

핵심 요약

✓ 설문은 참가자에게 제공되는 질문들이다.

✓ 설문은 빠르고 쉽게 수집할 수 있으며, 온라인 또는 종이로 작성하거나 전화 또는 대면으로 진행할 수 있다.

✓ 설문은 많은 양의 광범위한 자료를 얻고자 할 때 유리하다.

개방형 질문과 폐쇄형 질문

설문 유형에는 개방형 질문과 폐쇄형 질문 두 가지가 있다. 자료 수집에서는 종종 두 가지를 모두 사용하는데, 양적 자료와 질적 자료를 모두 얻을 수 있기 때문에 유용하다.

개방형 질문

단순히 예 또는 아니오로 대답할 수 없는 질문을 개방형 질문이라고 한다. 참가자는 자신의 말로 이야기하고 생각을 자세히 설명해야 한다. 이 질문은 질적 자료로 사용된다.

평소 스트레스에
어떻게 대처하시나요?

무엇이 당신의 삶을 더 좋게
바꿀 수 있나요?

폐쇄형 질문

폐쇄형 질문은 답이 정해져 있거나 선택지를 주는 질문을 말한다. 예 또는 아니오, 참 또는 거짓, 객관식, 리커트 척도와 같은 평정 척도 질문 등이 여기에 해당한다. 이 질문은 양적 자료로 사용된다.

당신은 항상 걸어서 학교에
갑니다. 참입니까? 거짓입니까?

당신은 오늘 어느 정도로
행복합니까? 1에서 10까지의
숫자로 답하세요.

🔍 개방형 질문

장점:
- 정해진 답변이 아닌 자신의 말로 자유롭게 답변할 수 있다.
- 예상치 못한 결과를 가져올 수도 있는 다양한 응답까지도 수용한다.
- 참가자의 감정과 의견이 포함될 수 있는 보다 심층적인 정보를 얻을 수 있다.
- 이미 정해진 응답이나 척도로는 분류할 수 없는 내용을 반영하는 자료까지도 수용한다.

단점:
- 시간이 많이 소요될 수 있으며, 참가자의 노력과 동기가 필요하다.
- 시간을 투자할 수 있는 사람만 참여하는 경우 표본이 편향될 수 있다.
- 자료의 분석 및 해석이 어렵고 비용이 많이 든다.
- 질문 그리고/혹은 답변이 너무 모호하거나 광범위한 경우 관련이 없거나 좋지 않은 자료가 될 수 있다.

🔍 폐쇄형 질문

장점:
- 미리 정해진 응답 양식으로 제한하여 초점을 좁힐 수 있다.
- 비교가 쉽고, 일정한 형식으로 표준화된 자료를 생성한다.
- 쉽고 빠르게 응답할 수 있다.

단점:
- 응답의 범위와 깊이를 제한할 수 있다.
- 선택지에 반영되지 않은 중요한 정보가 누락될 수 있다.
- 응답이 선행 질문에 의해 영향을 받을 수 있다.
- 응답자가 완전히 동의하지 않는 답변을 선택하게 될 수도 있다.

설문 설계

많은 연구자들이 심리적 현상을 평가하기 위해 폐쇄형 질문을 사용한다. 설문을 설계할 때 선택할 수 있는 폐쇄형 질문 유형은 객관식, 순위식, 리커트식 등 다양하다.

핵심 요약

✓ 설문은 대개 선택할 수 있는 제한된 수의 폐쇄형 질문을 가지고 있다.

✓ 설문의 질문 유형에는 객관식, 순위식 및 리커트식이 있다.

객관식

객관식 질문은 제한된 선택 목록에서 하나 이상의 선택 사항을 고르도록 한다.

당신의 연령대를 고르세요.

- ☐ 18~24세
- ☐ 25~34세
- ☑ 35~44세
- ☐ 45~54세
- ☐ 55세 이상

장점:
- 직관적이고 사용하기 쉽다.
- 빠르고 간단하게 대답할 수 있다.
- 쉽게 분석하고 비교할 수 있는 자료를 제공한다.
- 연구자가 원하는 정보를 확실히 제공한다.

단점:
- 답변한 이유에 대해 깊이 생각할 수 없다.
- 선택지 중에서 적절한 답변을 찾지 못할 경우, 답변이 제한될 수 있다.

순위식

순위식 질문은 가장 선호하지 않는 것부터 가장 선호하는 것의 순서대로 리스트를 만들도록 한다.

새로운 휴대폰을 고를 때 고려하는 요소 중 중요한 순서대로 답하세요.

항목	순위
배터리의 수명	3
외관	1
가격	4
카메라의 질	2

장점:
- 쉽게 비교할 수 있는 일정한 형식으로 표준화된 자료를 제공한다.
- 이해와 사용이 쉽다.

단점:
- 순위를 매기는 이유를 밝히지 않으면 기준이 모호하다.
- 각 항목이 똑같은 중요성을 지닐 때에도 같은 등급을 부여하지 못한다.
- 순서 편향이 발생하여, 목록에서 뒤의 항목들보다 앞의 항목들의 순위를 더 긍정적으로 표시할 수 있다.

리커트식

이 척도는 5점 또는 7점 평정 척도의 진술에 동의하는 정도를 나타낸다.

오늘 점심에 대해 어떻게 생각하나요?

장점:
- 빠르게 설문을 완성할 수 있다.
- 높은 응답률을 보인다.
- 쉽게 비교 가능한 자료를 만들 수 있다.

단점:
- 솔직하게 응답하기보다 자신이 응답해야 한다고 생각하는 방식으로 답할 수 있다.
- 반복되는 질문은 지루함을 불러일으켜 부정확한 응답을 하게 할 수 있다.
- 제한된 선택지로 인해 솔직하지 않은 응답을 고를 수도 있다.

면담

면담에서는 한 명 이상의 참가자로부터 목표로 한 (특정한) 정보를 얻으려는 의도를 가지고 대화한다. 그 정보는 보통 참가자의 경험, 감정 혹은 생각에 관한 것이다. 면담 질문은 참가자가 자신의 말로 답하는 개방형 질문일 수도 있고, 예 또는 아니오와 같이 정해져 있는 답에서 선택하는 폐쇄형 질문일 수도 있다.

면담의 종류

수집된 자료는 대개 질적(자세한 기록이나 녹음 자료)이지만 때로는 양적(수치)일 수도 있다. 면담에 따라 구조화의 정도와 참가자의 수가 다양하다.

핵심 요약

- ✓ 면담은 한 명 이상의 참가자로부터 목표로 하는 정보를 얻는 방법이다.
- ✓ 면담은 질적 연구에서 세부적인 자료를 얻기 위해 가장 보편적으로 사용된다.
- ✓ 면담자의 특성은 참가자들의 반응에 영향을 미칠 수 있다.

비구조화된 면담은 미리 정해진 질문을 따르지 않는다. 이러한 유형의 면담은 자연스러운 대화와 가장 유사하다. 대화의 방향은 전적으로 토론 그 자체와 참가자가 말하는 내용에 의해 주도된다. 이러한 방법은 면담자와 참가자가 긍정적인 관계를 설정하기 위해 연구 초기에 자주 사용된다.

반구조화된 면담은 토론이 특정 주제로 자연스럽게 흐르도록 면담을 계획한다. 면담자는 구체적인 질문을 하되, 보다 자세한 정보를 얻기 위해 추가 질문을 할 수도 있다.

구조화된 면담은 엄격한 면담 프로토콜을 따른다. 이 방법은 정해진 질문만 허용한다. 구조화된 면담은 시간이 제한되어 있을 때 특히 유용하다.

초점 집단은 하나 이상의 주제에 대해 공개적으로 이야기할 사람들의 집단을 선택하여 진행한다. 면담자는 참가자들이 주제에 초점을 맞추도록 대화를 유도한다. 이러한 면담에서는 서로 다른 주제에 대해 다양한 견해를 포함하는 양질의 자료를 수집할 수 있다.

🔍 면담자 특성

면담은 기술이다. 면담의 목표 중 하나는 참가자가 더 많은 이야기를 할 수 있도록 편안한 분위기를 조성하는 것이다. 그러나 나이, 성별, 혹은 인종과 같은 면담자의 특성이 참가자의 반응에 영향을 미칠 수 있다.

사례 연구

사례 연구는 개인, 집단, 기관 또는 사건을 심층적으로 조사하는 것이다. 여기에는 질적, 양적 자료를 모두 포함할 수 있으며, 다양한 방법(예: 면담, 심리검사)과 자료(예: 과거의 역사 및 의료 기록)를 사용한다. 심리학에서 가장 유명한 사례 연구 중 하나는 미국 뉴햄프셔 출신의 철도 노동자 피니어스 게이지에 대한 연구이다.

핵심 요약

- ✓ 사례 연구는 개인, 집단, 기관 또는 사건에 대한 심층적인 조사이다.
- ✓ 심리학자들은 자료를 수집하기 위해 다양한 방법과 정보원을 사용한다.
- ✓ 사례 연구는 질적 자료와 양적 자료를 모두 포함한다.

사례 연구: 피니어스 게이지

1848년 미국의 철도 노동자 피니어스 게이지는 작업 도중 폭발한 금속 막대에 머리를 관통당해 심각한 뇌 손상을 입었다. 게이지는 기적적으로 살아남았지만, 사고 후 그의 성격은 크게 변했다. 이는 뇌의 특정 부위에 손상이 가해지면 성격에 변화가 생길 수 있다는 것을 처음으로 보여 준 사례이다. 게이지는 사고 후 12년이 지난 1860년에 사망했다.

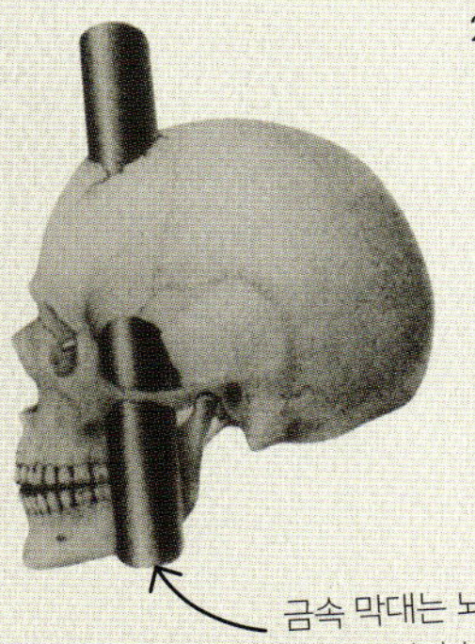

금속 막대는 게이지의 머리를 관통하여 약 25m 떨어진 곳에 박혔다.

금속 막대는 뇌의 왼쪽을 지나 눈 뒤쪽을 관통하였다.

의사와 친구들의 증언

사고 당일부터 게이지를 감독하고 치료하고 연구했던 할로 박사는 사고 이후 그가 훨씬 더 충동적이고 공격적으로 변했다고 보고했다. 그의 친구들은 "게이지는 사고를 당하기 전에는 건강한 정신을 가졌지만, 사고를 당한 후 더 이상 이전의 게이지가 아니었다"라고 주장했다.

자료의 기술

중심 경향(대푯값)이나 분산도(자료가 넓게 퍼져 있는 정도)를 계산한 수치는 자료를 요약하는 데 도움이 된다. 중심 경향을 나타내는 수치에는 평균, 중앙값, 최빈값의 세 가지가 있다. 분산도를 측정하는 수치에는 범위(최저값과 최고값의 차이)와 표준편차(평균으로부터의 떨어진 거리의 평균)가 있다.

핵심 요약

- ✓ 평균, 중앙값, 최빈값은 서로 다른 형태의 대푯값(중심 경향)을 나타내는 척도이다.
- ✓ 치우치거나 이상치를 포함한 자료에서는 평균보다는 중앙값을 확인하는 것이 더 좋다.
- ✓ 분산도를 나타내는 측정치에는 범위와 표준편차가 있다.

평균

평균을 계산하기 위해서는 자료의 모든 값의 합을 값의 개수로 나눈다. 계산된 평균값은 모든 수치를 대표하지만 이상치(극한 점수)에 의해 왜곡될 수 있다.

$$\frac{18 + 24 + 21 + 22 + 23 + 22 + 11 + 19}{8} = \frac{160}{8} = \mathbf{20}$$

중앙값

중앙값은 숫자들이 순서대로 배열되어 있을 때 중간에 있는 값이다. 자료에 이상치가 있거나 치우쳐 있을 경우의 평균값을 더 잘 나타낸다.

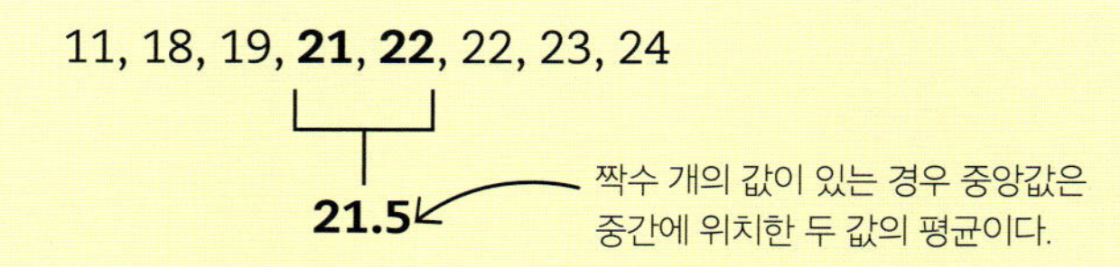

최빈값

가장 일반적이고 많이 관찰되는 값이다. 환자 모집단에서 가장 흔한 의학적 상태를 기술하는 것처럼, 양적 자료보다는 질적 자료에 유용하다.

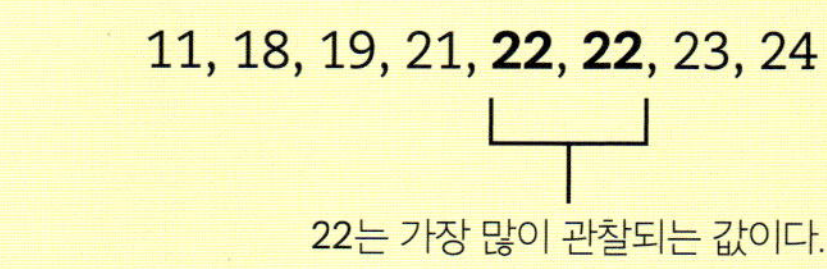

🔍 분산도의 측정

자료가 어떻게 분포되었는지 아는 것은 중요하다. 분산도를 측정하는 가장 간단한 측정치는 최고값과 최저값 사이의 차이를 나타내는 범위이다. 평균에서부터 떨어진 거리의 평균을 나타내는 표준편차는 더 많은 정보를 보여 준다. 정규분포(종 모양)에서 68%는 평균을 중심으로 1 표준편차 내에 있다. 표준편차가 작다는 것은 자료가 평균 주위에 빽빽하게 모여 있다는 것을 의미한다.

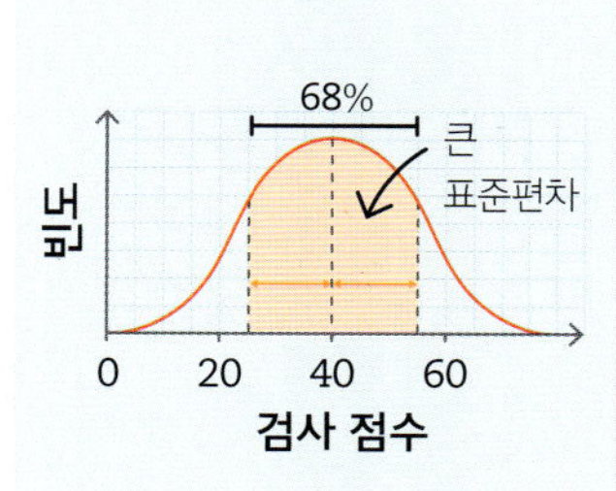

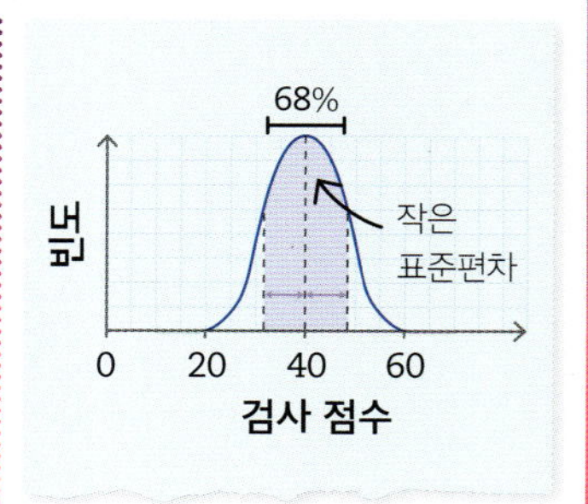

자료의 시각화

그래프나 차트처럼 시각적으로 제시한 자료를 통해 보다 쉽게 결과를 해석할 수 있다. 그래프와 차트는 수치만 봐서는 분명하게 알 수 없는 패턴이나 추세뿐만 아니라 변수 간 상호작용이나 관계의 특성까지 보여 줄 수 있다.

핵심 요약

✓ 막대 차트는 별개의 범주로 구성된 자료에 사용된다.

✓ 히스토그램은 연속되는 자료에 사용된다.

✓ 선 그래프는 시간에 따라 변화하는 자료를 표현하는 데 사용된다.

✓ 산포도는 상관을 나타내기 위해 사용된다.

막대 차트

막대 차트는 변수가 서로 구분되는 범주로 구성된 경우에 사용된다. 범주는 x축에 표시되고, 빈도는 y축에 표시된다. 아래 예시는 남성과 여성의 꿈속 경험이 어떻게 다른지를 보여 준다.

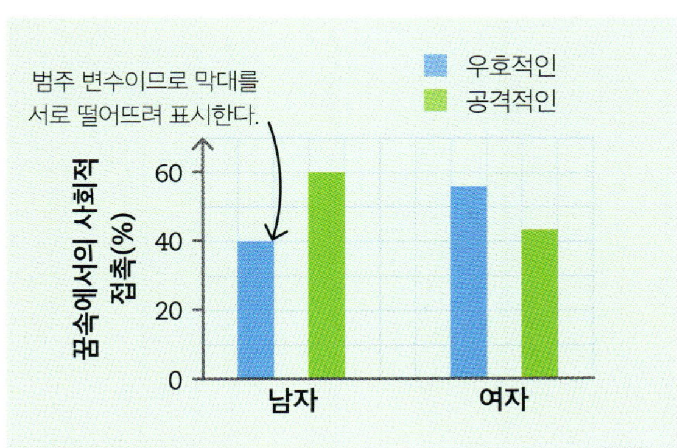

히스토그램

히스토그램은 막대 차트와 비슷하지만 x축의 변수는 연속형이므로 어떤 값이든 취할 수 있으며, 막대의 넓이는 다양하게 제시될 수 있다. y축은 빈도의 밀도를 나타내고, 각 막대의 면적은 빈도를 나타낸다.

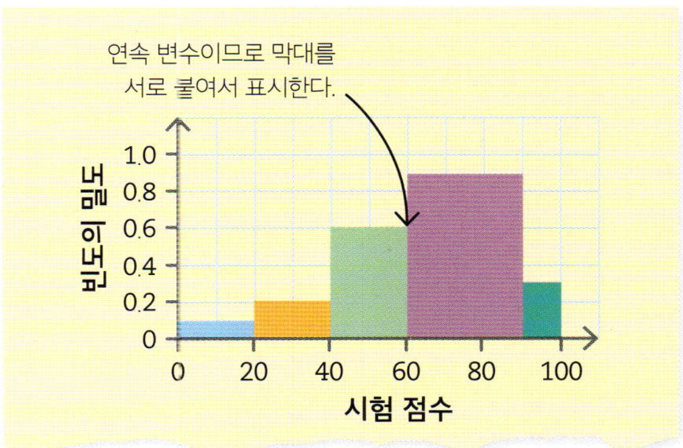

선 그래프

선 그래프는 연속적으로 변하는 두 변수 사이의 관계를 표시한다. 이 그래프들은 시간이 지남에 따라 변수가 어떻게 변하는지 보여 준다. 아래 예시는 약물의 효과를 보여 주는데, 파란선은 위약을 나타낸다.

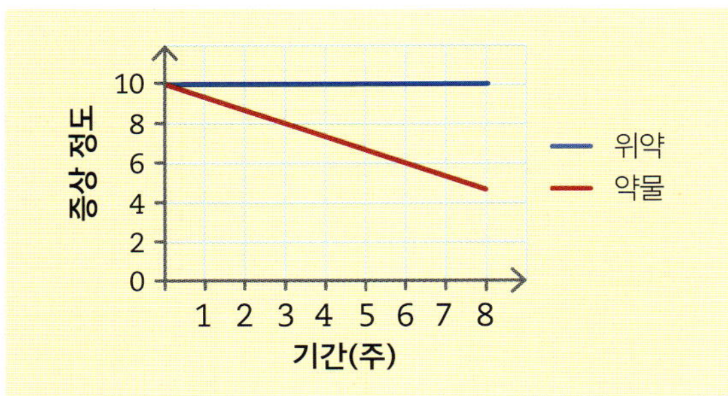

산포도

산란 그래프 또는 산점도라고도 하는 산포도는 두 변수의 상관 여부를 보여 준다. 자료의 특정 값(x축 아래)은 그래프에 표시된다. 점들이 명확한 패턴을 보이는 경우 가장 적합한 선을 그려 추세를 나타낼 수 있다.

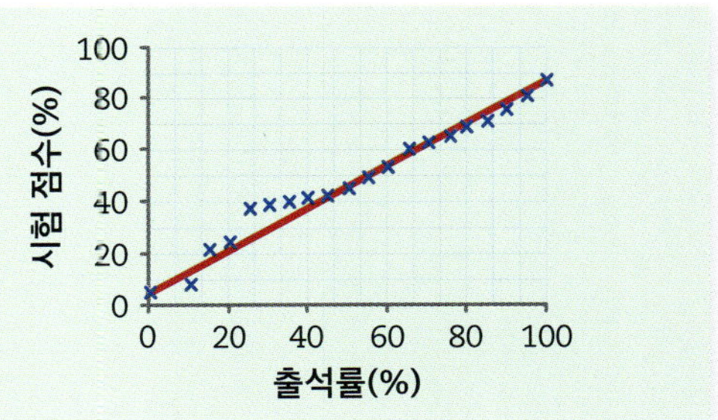

분포

특성을 정량화(수치로 측정)할 수 있을 때, 자료는 빈도 그래프로 나타낼 수 있다. 분포는 패턴을 찾기 위한 분석에 사용되는 시각적 표시이다. 분포에는 정규분포와 편포의 두 가지가 있다.

핵심 요약

✓ 정규분포는 대부분의 점수가 척도의 중간, 즉 정점을 중심으로 대칭을 이루고 있는 빈도 자료이다.

✓ 편포는 척도의 한쪽 빈도가 다른 쪽 빈도에 비해 높을 때 발생한다.

정규분포

빈도 자료가 대칭적이고 종 모양의 곡선을 이룰 때 정규분포라고 한다. 대부분의 점수는 중간에 몰려 있고, 양쪽에 점점 더 적은 수의 점수들이 있다. 예를 들어 빈도 그래프에 IQ 점수를 표시하면 100점을 중심으로 많은 사례가 있으며, 매우 낮거나 매우 높은 점수를 받는 사례는 점점 더 적어지는 것을 알 수 있다. 정규분포는 하나의 정점(봉)을 갖는다는 의미인 단봉분포이다. 일부 분포는 두 개의 정점을 가지며, 이를 쌍봉분포라고 한다. 이러한 분포는 자료 내에 서로 구분되는 두 집단이 있을 때 발생한다.

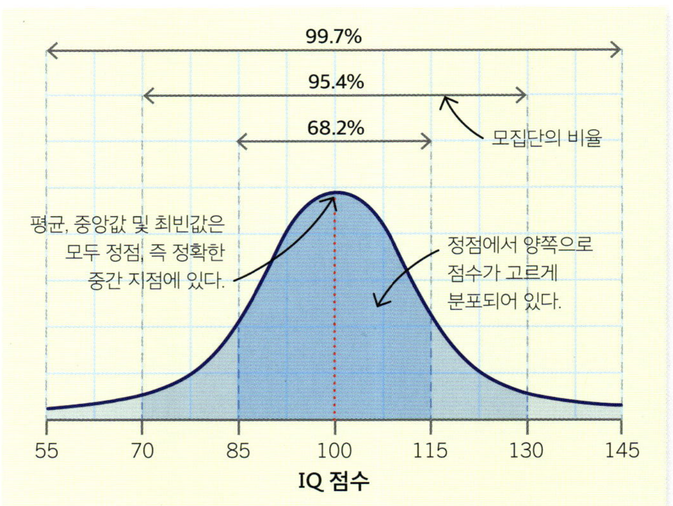

편포

빈도 자료가 양쪽에 대칭적으로 퍼져 있지 않을 때 편포가 발생한다. 편포는 척도의 한쪽에 점수가 몰려 있는 것을 말한다.

편포는 정적일 수도 있고 부적일 수도 있다. 최빈값(가장 빈도가 높은 점수)은 여전히 정점에 있지만, 극단 점수는 평균(산술평균 점수)과 중앙값(중간 점수)을 정점에서 멀어지게 한다.

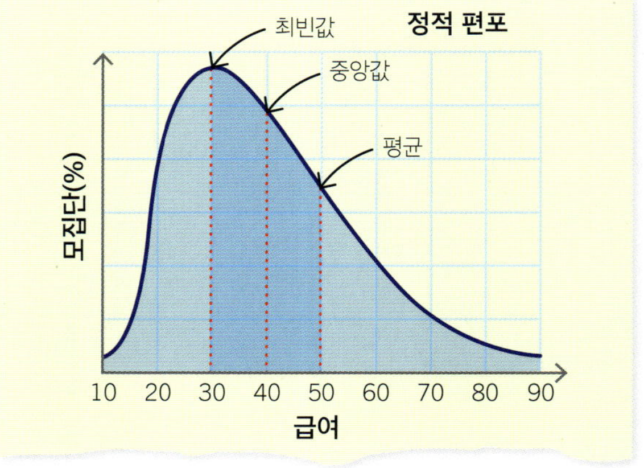

유의성 검정

실험으로부터 자료를 수집할 때에는 그 결과가 실제로 효과가 있다는 증거에 의한 것인지 아니면 단지 우연에 의한 것인지 알아야 한다. 통계적 유의성 검정을 수행하여 그 결과가 우연에 의해서 일어날 가능성이 5% 미만이면, 그 실험은 5% 수준에서 통계적으로 유의하다고 볼 수 있다. 통계적으로 유의한 결과는 실제로 그 효과가 있다는 증거를 제공한다.

맛 테스트

콜라에 들어 있는 새로운 성분이 맛에 영향을 미치는지 알아보기 위한 검정을 상상해 보자. 30명의 참가자들에게 각각 라벨이 붙지 않은 3개의 샘플을 주고, 새로운 성분이 들어 있는 샘플을 골라내도록 한다. 만약 그 성분이 효과가 없다면, 평균 10명은 우연히 골라낼 것이다. 만약 그 성분이 맛에 효과가 있다면, 유의하게 10명 이상이 골라낼 것이다. 적어도 15명까지는 우연히 샘플을 골라낼 것이고 그 확률은 5%이므로(통계학자들이 이항분포라고 부르는 것을 사용하여 계산), 15명 이상이 골라낸 결과는 5% 수준에서 통계적으로 유의하다.

핵심 요약

- ✓ 실험 자료가 실제로 효과가 있는지 확인하기 위해 통계적 유의성 검정을 수행한다.
- ✓ 결과가 5% 수준에서 유의하다는 것은 우연에 의해서 발생할 확률이 5% 이하라는 것이다.
- ✓ 실험 결과 통계적으로 유의한 결과가 나오면 귀무가설이 기각되고 대안가설이 지지된다.

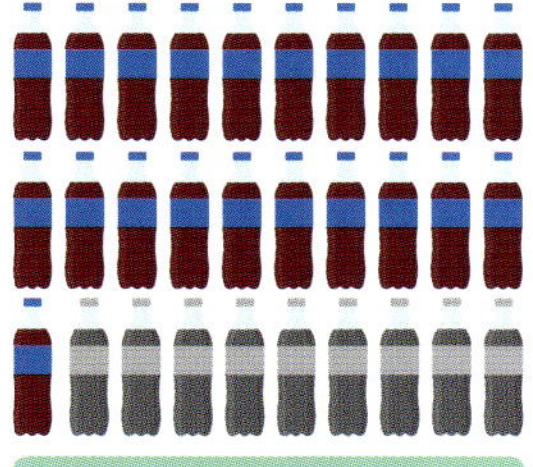

21 > 15

30명 중에 21명이 새로운 콜라를 골라냈다.

✔ 통계적으로 유의함

21명이 새로운 성분의 콜라를 선택한다. 이렇게 많은 사람이 우연히 선택할 확률은 5% 이하이므로 이 결과는 5%($p \leq 0.05$) 수준에서 유의하다. 실험의 귀무가설("새로운 성분은 효과가 없다")이 기각되고, 실험가설("새로운 성분은 맛을 바꾼다")이 지지된다.

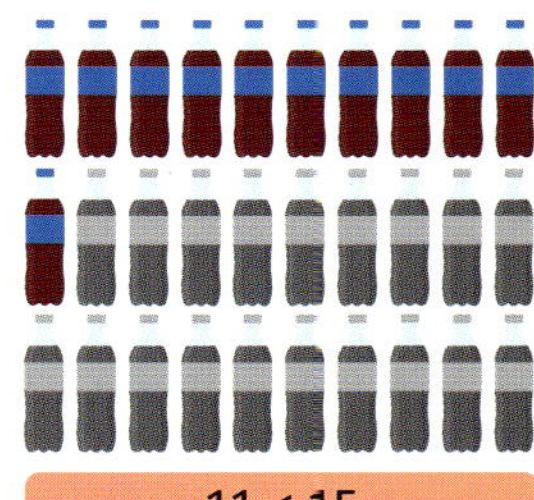

11 < 15

30명 중에 11명이 새로운 콜라를 골라냈다.

✖ 통계적으로 유의하지 않음

새로운 성분의 콜라를 선택하는 사람은 임계치인 15명보다 적은 11명뿐이다. 11명 혹은 그 이상이 우연히 콜라를 선택할 확률은 5%보다 크므로 이 결과는 5% 수준에서 유의하지 않다. 따라서 새로운 성분이 음료의 맛에 영향을 미친다는 증거는 없으므로 귀무가설이 지지된다.

🔍 1종 오류와 2종 오류

- **1종 오류**는 거짓 가설이 지지되는 낙관주의의 오류이다. 이를 거짓 긍정이라고도 한다.
- **2종 오류**는 참 가설이 기각되는 비관주의의 오류이다. 이를 거짓 부정이라고도 한다.

1종 오류(거짓 긍정)

2종 오류(거짓 부정)

연구 윤리

과거에는 오늘날 기준으로는 비윤리적이라고 여겨지는 실험이 인간 혹은 동물을 대상으로 실시된 적이 있다. 이제 심리학자들은 실험을 할 때 공식적인 승인을 받아야 하고, 관련된 사람들의 건강과 존엄성을 보호하는 윤리적이고 법적인 지침을 따라야 한다. 이 지침은 정보에 입각한 동의, 철회권, 속임수, 피해로부터의 보호 및 비밀 보장을 포함한다.

정보에 입각한 동의

연구자는 정보에 입각한 결정이 가능하도록 연구의 목적과 방법에 대해 충분한 정보를 제공한 후에 참가자(미성년자의 경우 부모)의 동의를 받아야 한다. 참가자는 정신적으로 정상이며, 알코올이나 약물의 영향을 받지 않는 경우에만 동의할 수 있다.

철회권

연구자는 참가자에게 그들이 설명할 필요 없이 언제든 참여를 그만두거나 혹은 그들의 자료를 철회할 권리가 있음을 알려 주어야 한다.

피해로부터의 보호

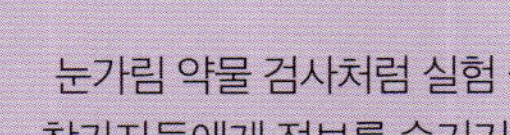

연구자는 신체적이든 정신적이든 항상 참가자들을 피해로부터 보호해야 할 의무가 있다. 일상적인 활동에서 나타날 수 있는 이상의 위해를 가하는 연구는 수행될 수 없다.

속임수

눈가림 약물 검사처럼 실험 설계에서 필수적인 부분이 아니라면 참가자들에게 정보를 숨기거나 오해를 불러일으키는 것은 피해야 한다. 속임수를 쓸 경우, 참가자들에게 사후 디브리핑 과정을 통해 알려야 한다. 실험을 하기 전, 추정에 의한 동의를 받을 수도 있다. 이는 참가자들과 비슷한 배경을 가진 사람들에게 연구에 참여할 것인지 혹은 반대할 것인지 묻는 것을 의미한다.

비밀 보장

참가자의 신분이나 개인적인 정보는 기밀로 유지되어야 하며, 연구를 발표할 경우 실명이 아닌 암호나 숫자를 사용해야 한다. 참가자에 대한 정보는 꼭 필요한 것만 수집할 수 있고, 이 정보는 안전하게 저장되어야 하며, 필요한 사람만이 접근할 수 있어야 한다.

 **핵심 요약**

- ✓ 심리학자는 연구를 수행할 때 반드시 지침을 따라야 하며 공식 승인을 받아야 한다.
- ✓ 연구자는 모든 참가자로부터 정보에 입각한 동의를 받아야 한다.
- ✓ 참가자에게는 철회권이 주어져야 한다.
- ✓ 참가자들은 모든 종류의 신체적, 정신적 피해로부터 보호받아야 한다.
- ✓ 속임수는 꼭 필요한 것이 아니라면 피해야 한다.

🔍 동물 실험

과학 연구에서는 동물의 복지를 보호하기 위한 엄격한 규제가 이루어진다. 연구자들은 동물 실험이 명확한 과학적 정당성이 있다는 것을 증명해야 한다. 동물들은 허가를 받은 공급자로부터 합법적으로 획득되어야 하고, 인도적인 환경에 수용되어야 하며, 실험에서 발생할 가능성이 있는 고통은 최소화되어야 한다. 영장류(원숭이와 유인원)의 사용은 이용 가능한 다른 대안이 없는 경우에만 허용된다.

심리학자의 유형

심리학자들은 연구, 정부, 기업, 법률, 보건, 스포츠, 교육 등 매우 다양한 분야에서 활동한다. 그들은 심리학에서 다루는 20개 이상의 하위 분야(연구 분야) 중 하나를 전문으로 한다. 일부는 아래에 나열되어 있다.

핵심 요약

- ✓ 심리학은 다양한 진로를 제공한다.
- ✓ 심리학자는 학교, 병원, 기업, 정부 기관, 연구 기관 등 다양한 분야에서 활동한다.

임상심리학자
심리적 장애를 가진 사람들을 진단하고 치료한다. 학교, 병원, 교도소를 포함한 다양한 환경에서 일한다.

인지심리학자
사고, 지각, 기억, 언어, 의사 결정, 문제 해결과 같은 정신 과정에 대해 연구한다.

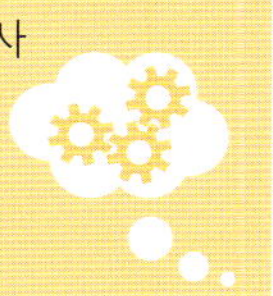

지역사회 심리학자
공중 보건 계통에서 일한다. 환경을 개선함으로써 지역사회의 정신 건강 문제를 다룬다.

상담심리학자
트라우마나 주요한 삶의 변화를 겪어 고민하는 사람들의 정신 건강과 복지를 향상시키는 데 도움을 준다.

발달심리학자
연령과 관련된 행동과 변화를 연구한다. 보육 혹은 교육 계통에서 일한다.

교육심리학자
학습이 어떻게 이루어지는지 연구한다. 학습 과정을 향상시키기 위한 교수 방법을 개발한다.

환경심리학자
사람들이 어떻게 환경의 영향을 받는지 연구한다. 사람들이 환경에 끼치는 영향을 살펴본다.

실험심리학자
학습, 동기, 언어와 같은 영역에서의 다양한 행동을 학문적으로 연구한다.

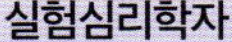

법의학 심리학자
법 분야에서 일한다. 범죄 행위를 연구하고, 범죄 조사, 평가, 배심원단 선정에 도움을 준다.

건강심리학자
금연 프로그램을 실시하는 등 사람들의 질병 관리를 도와 더 건강한 삶을 살 수 있도록 돕기 위해 노력한다.

산업 및 조직심리학자
작업 환경에 있는 사람들을 연구하여, 생산성과 노동자 복지를 최적화하는 것을 목표로 한다.

신경심리학자
뇌 손상 및 신경퇴행성 질환을 앓고 있는 사람들을 전문적으로 치료하고 재활시킨다.

심리측정학자
학교, 대학 및 정부 기관 등 다양한 장면에서 사용하기 위한 심리검사를 개발하고 해석한다.

사회심리학자
리더십, 공격성, 집단행동처럼 사람들이 어떻게 상호작용하는지 연구한다.

스포츠 심리학자
운동선수들의 훈련, 성적, 안녕감을 향상시키기 위해 애쓰며, 선수들이 압박에 잘 대처하도록 돕는다.

Chapter 2

행동의 생물학적 기초

신경계

신경계는 수십억 개 뉴런(신경 세포)의 복잡한 네트워크로 구성된다. 뉴런은 뇌와 척수, 그리고 신체의 나머지 부분에 정보를 전달한다. 뇌는 신경계를 통제하는 중심 역할을 하며, 호흡처럼 기본적인 기능뿐만 아니라 사고와 같은 복잡한 기능을 통제한다.

핵심 요약

- ✓ 신경계는 신체의 모든 부분과 연결되는 수십억 개 뉴런의 네트워크이다.
- ✓ 신경계는 중추신경계(CNS)와 말초신경계(PNS)로 구성된다.
- ✓ 중추신경계는 뇌와 척수로 구성되고, 말초신경계는 신체의 다른 모든 뉴런으로 구성된다.

신경계의 분화

신경계는 크게 두 부분으로 나뉘며, 각각 특정한 기능을 가지고 있다. 중추신경계는 뇌와 척수로 구성되고, 말초신경계는 척수로부터 신체의 모든 부분으로 연결되는 뉴런으로 구성되어 있다.

신경계의 작동 방식

감각수용기는 신체의 내외적 환경 변화를 감지한다. 입력된 감각 자극은 척수에서 뇌로 전기 신호를 전달하고, 뇌는 이에 대한 올바른 반응을 결정한 뒤, 근육과 같은 작동기에 신호를 보내 운동 반응을 일으킨다.

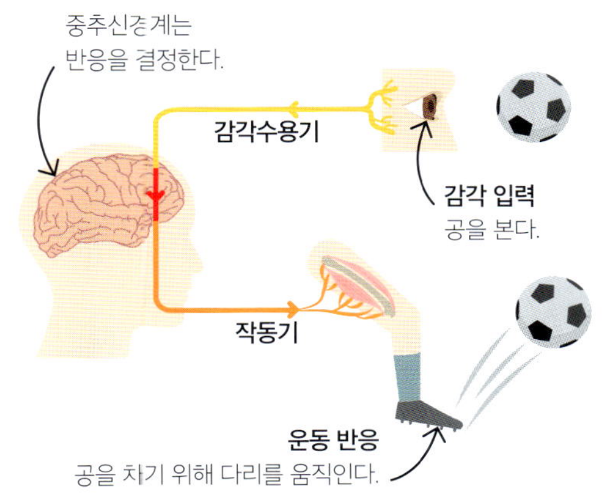

말초신경계

중추신경계(CNS)는 뇌와 척수로, 말초신경계는 나머지 신경 세포로 구성된다. 말초신경계는 신체로부터 중추신경계로 가는 신호를 전달한다. 말초신경계는 감각기관에서 들어오는 감각 신호와, 근육이나 다른 기관들이 어떻게 반응할 것인지 알려 주기 위해 나가는 운동 신호를 포함한다.

핵심 요약

✓ 말초신경계는 뇌와 척수를 제외한 신경계의 부분이다.

✓ 말초신경계는 체성신경계(자발적)와 자율신경계(비자발적)로 나뉜다.

✓ 자율신경계는 교감신경계와 부교감신경계로 나뉜다.

말초신경계

말초신경계는 신체의 모든 장기, 샘, 근육세포와 연결되어 있다. 크게 두 가지로 나뉜다.

체성신경계

이 부분은 의식적으로 통제 가능한 자발적 행동을 통제하는데, 대부분의 감각 신호는 체성신경계를 통해서 전달된다.

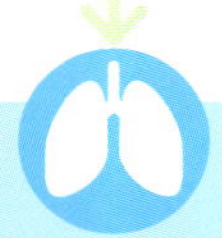

자율신경계

이 부분은 심장 박동, 호흡, 소화 등 비자발적인 기능을 조절한다. 자율신경계는 서로 구분되는 두 신경계로 나뉜다.

교감신경계

교감신경계는 신체의 행동을 준비시킨다.

부교감신경계

교감신경계와 반대로, 부교감신경계는 신체의 행동을 진정시키고 휴식을 취할 수 있도록 준비시킨다.

교감신경계와 부교감신경계의 비교

교감신경계와 부교감신경계는 신체에서 동일한 부분을 조절하지만 서로 반대의 영향을 미친다. 교감신경의 신호는 투쟁-도피 반응을, 부교감신경의 신호는 휴식-소화로 불리는 반응을 촉진한다. 부교감신경의 신호는 보통 활동을 감소시키지만, 소화기관에서만은 예외적으로 활동을 증가시킨다.

교감신경	부교감신경
동공 확장	동공 축소
빠른 호흡	느린 호흡
심박수 증가	심박수 감소
소화 위축	소화 활성

뉴런

신경계를 구성하는 세포들을 뉴런이라고 부른다. 뉴런은 신경 임펄스라고 불리는 고속 전기 신호를 통해 뇌와 신체에 정보를 전달한다. 뉴런은 시냅스로 연결되며, 시냅스에서는 신경전달물질에 의해 한 세포에서 다음 세포로 신호가 전달된다.

뉴런의 구조

뉴런은 핵을 수용하는 세포체와 전기 자극을 전달하는 가지를 가지고 있다. 전기 신호는 수상돌기라고 불리는 가지를 따라 들어오고, 축삭이라고 불리는 가지를 따라 나간다. 신호는 축삭 끝(축삭 말단)에 가면 시냅스를 통해 다음 뉴런으로 이동하는 신경전달물질을 내보낸다. 뉴런에는 크게 세 가지 유형이 있다.

감각뉴런

감각기관을 비롯한 몸 전체에 퍼져 있다. 자극을 감지하고 뇌와 척수(중추신경계)에 전기 신호를 보내 반응한다.

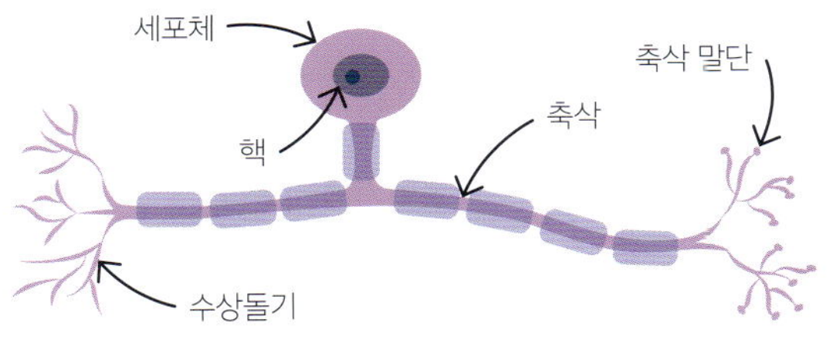

운동뉴런

중추신경계로부터 근육이나 분비샘과 같은 작동기관으로 신호를 전달한다. 운동 신호는 근육을 수축시켜 몸을 움직이게 하는 것과 같은 신체 반응을 유발한다.

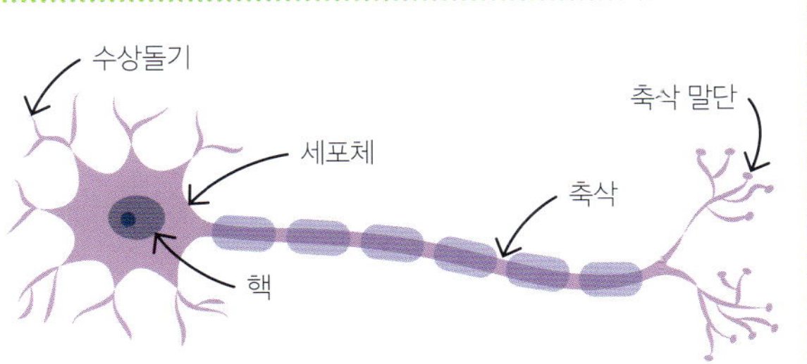

연결뉴런(중계뉴런)

뇌와 척수에 있는 뉴런은 대부분 연결뉴런이다. 감각뉴런 및 운동뉴런과 소통하며 뇌 내에서 복잡한 회로를 형성하여 대부분의 정신 과정을 처리한다.

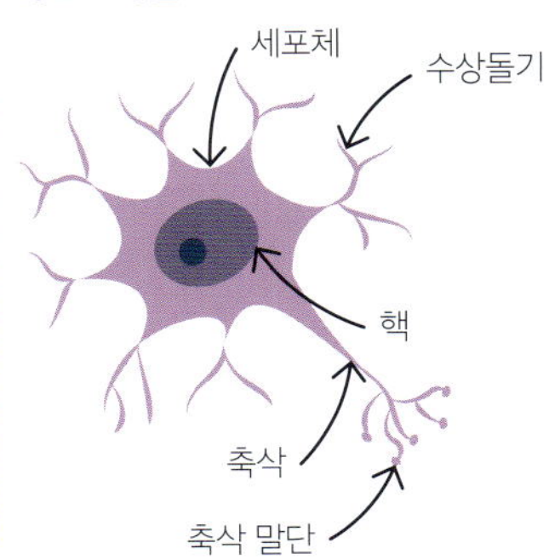

반사궁

반사 행동은 갑작스럽고 비자발적인 반응이다. 반사궁은 빠른 신경 경로를 통해 반사 행동을 통제한다. 예를 들어 감각뉴런이 고통을 감지하면, 축삭을 통해 척수에 있는 연결뉴런으로 전기 신호를 보낸다. 연결뉴런은 그 신호를 운동뉴런으로 전달하고, 근육의 수축을 유발한다. 이 빠른 회로는 신체가 뇌를 기다리지 않고 빠르게 반응할 수 있도록 해 준다.

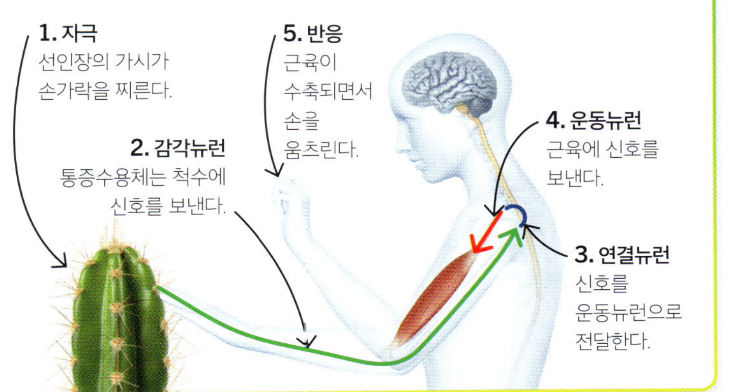

신경 임펄스

뉴런은 서로 소통하기 위해 전기 신호를 사용한다. 활동 전위 또는 신경 임펄스라고 불리는 작은 전기 자극은 최대 320kmph의 속도로 뉴런의 한쪽 끝에서 다른 쪽 끝으로 이동한다. 전기 신호가 뉴런의 끝에 도달하면 화학적 신경 전달물질의 방출을 유발하여 시냅스를 통해 연결된 뉴런으로 신호를 전달한다.

핵심 요약

- ✓ 뉴런은 활동 전위라고 불리는 고속의 전기 신호를 발생시켜 소통한다.
- ✓ 활동 전위는 뉴런 세포막에서 양이온의 출입에 의해 형성된다.
- ✓ 활동 전위는 '전부 아니면 전무' 과정이다.

활동 전위

뉴런은 화학반응을 통해 전하를 저장한다. 휴식기에는 양전하를 띤 나트륨 이온이 뉴런 외부로 흘러나가 세포의 외부는 양전하, 내부는 음전하를 띠게 된다. 뉴런이 발화되면 세포막의 문이 열리고 세포 내부의 음전하에 이끌려 외부의 나트륨 양이온이 내부로 들어간다. 이와 같이 세포를 통과하는 급격한 전하의 이동을 활동 전위라고 한다.

1. 휴식 전위: 휴식 상태에서 뉴런의 내부는 음전하를 띠고 외부는 양전하를 띤다. 이 차이를 휴식 전위라고 한다.

2. 흥분: 다른 뉴런에서 들어온 신호는 세포의 내부가 양의 전기를 띠게 한다. 임계치 이상으로 전압이 높아지면 뉴런이 발화한다.

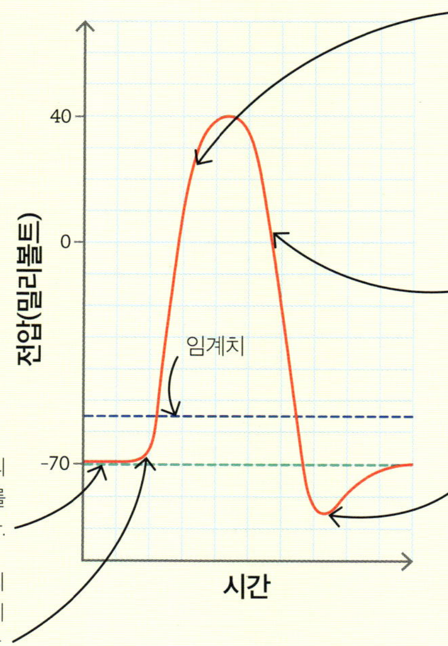

3. 탈분극: 뉴런의 세포막에서 문이 열리면 양이온이 들어온다. 세포의 이 부분은 빠르게 탈분극되고, 내부는 잠시 양전하 상태가 된다. 이 변화는 주변 세포막의 문을 더 많이 열게 하며 그 결과 탈분극이 도미노처럼 발생하여 세포 전체에 퍼진다.

4. 재분극: 연속된 탈분극 후에는 나트륨이 지나가던 문이 닫히고, 세포막의 펌프가 다시 양이온을 세포 밖으로 밀어내기 시작한다. 세포 내부는 다시 음전하를 띠게 된다.

5. 불응기: 재분극 후 세포 내부의 전하는 일시적으로 휴식 전위 아래로 떨어진다. 뉴런은 일시적으로 활동 전위를 생성하지 못한다. 이를 불응기라고 한다.

🔍 전부 아니면 전무

활동 전위는 때로 '전부 아니면 전무' 과정이라고도 불린다. 들어오는 신호가 임계치를 넘을 만큼 충분히 강하지 않으면 뉴런은 발화하지 않는다. 임계치를 넘으면 완전한 활동 전위가 발생한다. 강한 감각 자극은 개별 뉴런이 더 강하게 발화하게 만들지는 않지만, 더 많은 뉴런이 발화하도록 유도할 수는 있다.

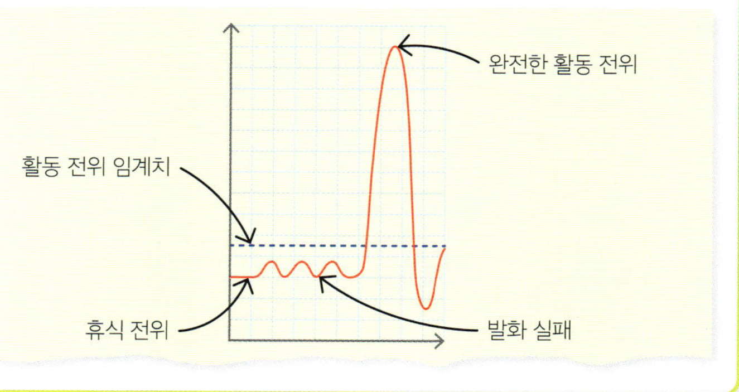

시냅스 전달

뉴런은 시냅스라고 불리는 교차점에서 정보를 주고받는다. 전기 신호가 시냅스에 도달하면, 신경전달물질 분자가 방출되어 다음 세포로 건너간다. 이 화학적 메시지는 수용세포를 흥분시키거나 억제시킬 수 있다. (여러 시냅스로부터 한꺼번에 혹은 한 시냅스로부터 빠르게 연속적으로) 수용뉴런이 충분한 흥분 신호를 받으면 새로운 전기 신호를 유발할 수 있다. 유입된 신호들이 서로 더해지는 과정을 가중(통합)이라고 한다.

핵심 요약

- ✓ 뉴런은 시냅스라고 불리는 교차점에서 정보를 주고받는다.
- ✓ 신경전달물질 분자는 신호를 전달하기 위해 시냅스를 건너간다.
- ✓ 신경전달물질은 시냅스-후 뉴런을 흥분시키거나 억제시킬 수 있다.
- ✓ 가중은 시냅스 신호가 결합하여 다음 뉴런에서 활동 전위를 유발하거나 유발하지 않는 과정을 말한다.

시냅스

시냅스는 한 세포의 축삭 말단과 다음 세포의 수상돌기 사이에 있는 공간이다. 뉴런은 수천 개의 시냅스를 가질 수 있으며, 보통 다른 뉴런과 연결된다.

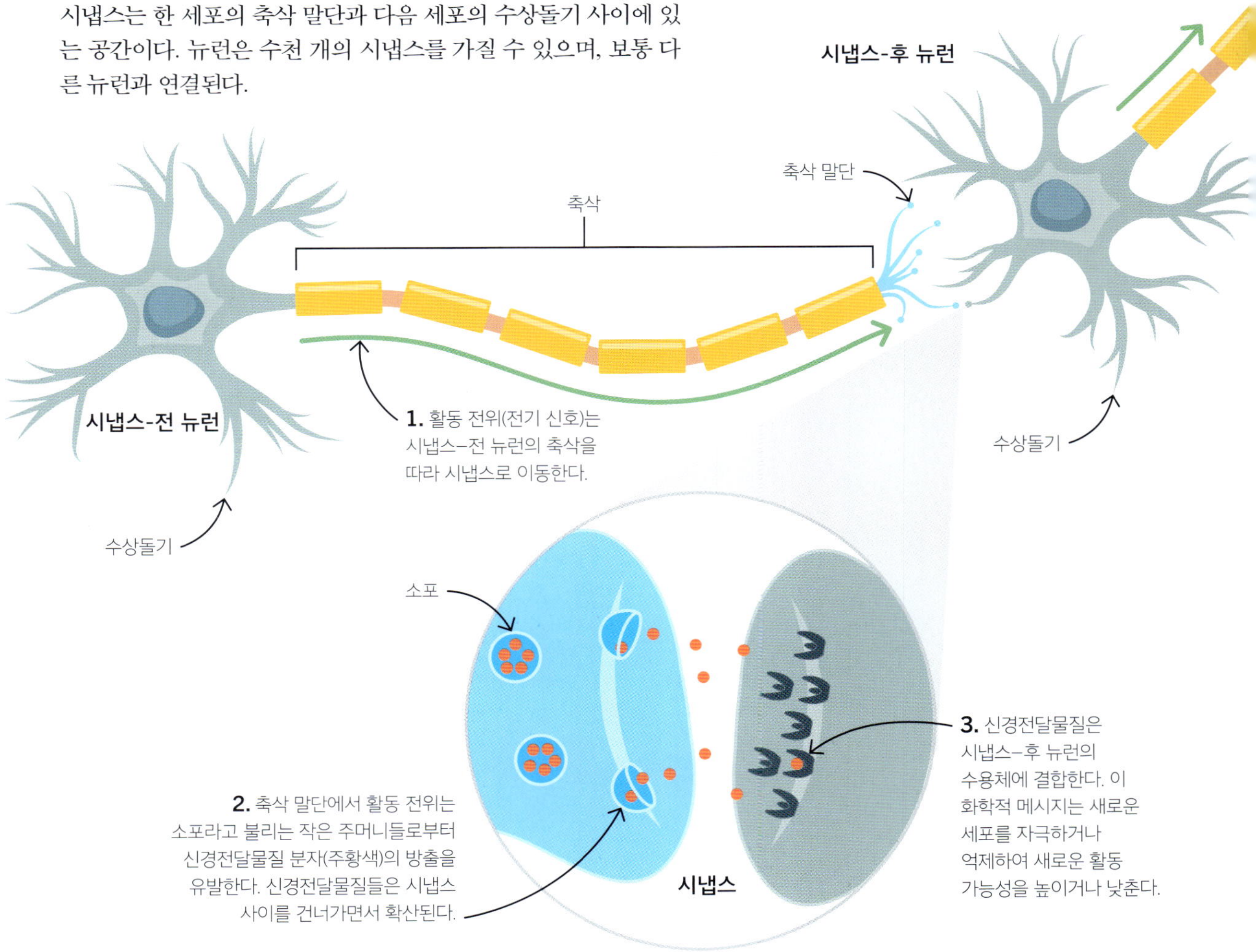

신경전달물질

신경전달물질은 신호를 전달하기 위해 시냅스(뉴런 사이의 교차점)의 사이를 넘나드는 화학물질이다. 신경전달물질에는 여러 종류가 있으며, 정서, 기억, 기분에 서로 다른 방식으로 영향을 미칠 수 있다. 정신 상태에 영향을 미치는 약물은 신경전달물질의 기능을 변화시켜 작용하는 경우가 많다.

핵심 요약

- ✓ 신경전달물질은 신호를 전달하기 위해 시냅스를 넘나드는 화학물질이다.
- ✓ 신경전달물질은 흥분성, 억제성 또는 둘 다일 수 있다.
- ✓ 정신 상태에 영향을 미치는 약물은 신경전달물질 기능을 변화시켜 작용하는 경우가 많다.

흥분성과 억제성

흥분성 신경전달물질은 수용뉴런이 새로운 활동 전위(전기 신호)를 생성할 가능성을 더 높인다. 억제성 신경전달물질은 수용뉴런이 발화할 가능성을 줄인다. 일부는 흥분성과 억제성 양쪽으로 작용한다. 흥분성 물질과 억제성 물질이 뉴런에 한꺼번에 유입되면, 발화할 가능성은 유입이 더해진 만큼(가중) 높아진다.

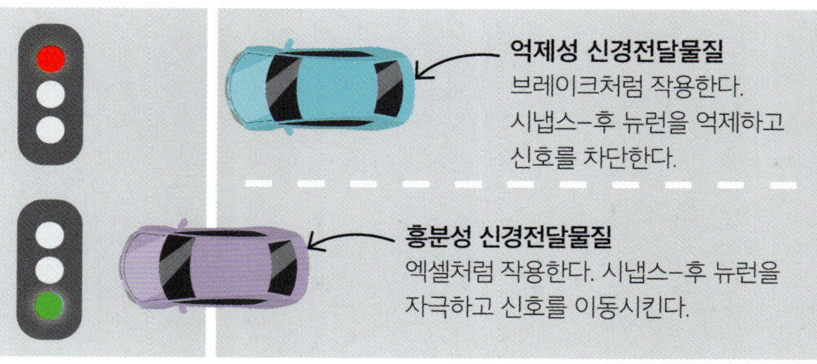

주요 신경전달물질	일반적인 효과	주요 기능	기능 장애의 예
아세틸콜린	대부분 흥분성	주의, 학습, 기억, 근육 통제	불균형 시 알츠하이머 질환과 파킨슨 질환 초래
도파민	흥분성 혹은 억제성	쾌락, 동기, 기분, 수면, 학습	과잉 시 정신병, 결핍 시 파킨슨 질환과 관련
엔도르핀	흥분성	쾌락, 통증과 스트레스 완화	부족 시 불안, 우울증, 스트레스
GABA (감마아미노부티르산)	억제성	운동 조절, 시각, 신경 활동 조절	높으면 집중력을 향상시키지만 낮으면 불안을 유발
글루타메이트	흥분성	기억과 학습 가장 흔한 신경전달물질	낮으면 집중력 저하, 높으면 편두통 유발
노르아드레날린 (노르에피네프린)	흥분성	각성, 인지 기능과 스트레스 반응 투쟁-도피 반응에 필수적	낮으면 무기력, 저혈압, 기억 문제 유발
세로토닌	억제성	수면 주기, 소화, 정서적 안녕감	낮으면 우울증 초래, 일부 우울증 치료제는 세로토닌을 증가시킴

약물의 기제

정신과 약물을 비롯한 신경계에 작용하는 약물들은 신경전달물질의 기능을 바꿈으로써 뉴런의 흥분이나 억제를 변화시키는 경우가 많다. 신경전달물질의 효과를 증가시키는 약물을 작용제라고 하고, 반대로 효과를 감소시키는 약물을 길항제라고 한다.

핵심 요약

✓ 신경계에 작용하는 약물은 신경전달물질의 기능을 변화시킴으로써 작용한다.

✓ 작용제는 신경전달물질의 생성을 높이거나, 신경전달물질이 시냅스에서 재흡수되는 것을 막거나 모방하는 방식으로 작용한다.

✓ 길항제는 신경전달물질의 생성을 억제하거나 수용체를 차단한다.

작용제

작용제 약물은 여러 방식으로 작용한다. 작용제는 신경전달물질의 생산을 증가시키거나, 시냅스에서 신경전달물질의 재흡수를 막거나, 같은 수용체에 결합함으로써 그 효과를 모방할 수 있다. 니코틴은 신경전달물질인 아세틸콜린의 수용체에 결합함으로써 그 수용체를 모방하는 작용제이다. 이는 신경전달물질인 도파민의 수치를 증가시켜 중독으로 이어질 수 있다.

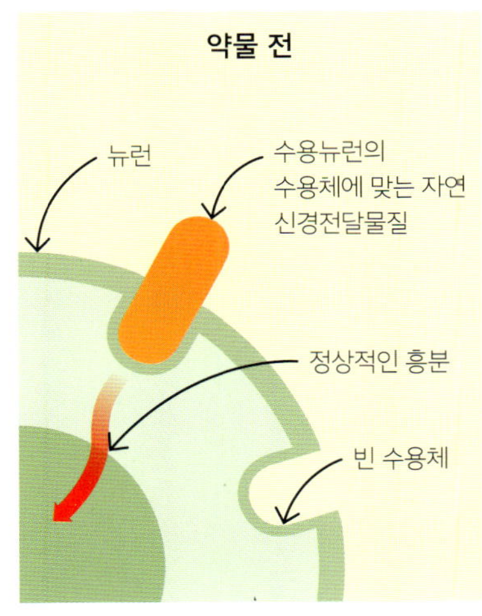

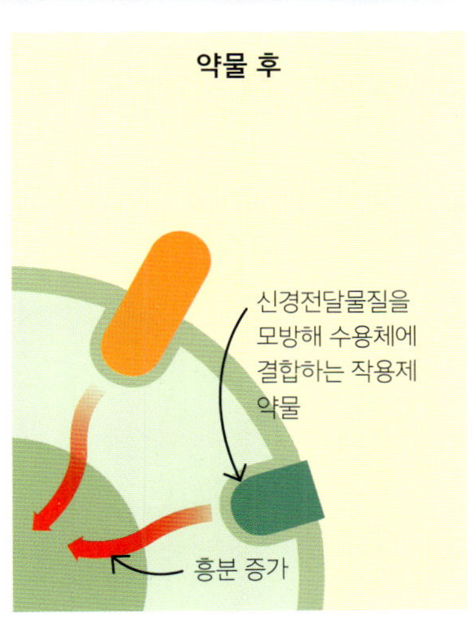

길항제

길항제 약물은 신경전달물질이 정상적으로 작동하지 못하도록 막는다. 이는 주로 신경전달물질의 생성을 억제하거나, 시냅스-후 뉴런을 자극하지 않은 채 수용체에 결합함으로써 이루어진다. 정신병은 신경전달물질인 도파민 과잉과 관련 있다. 도파민 길항제라고 불리는 항정신병 약물은 도파민 수용체를 차단하여 도파민이 시냅스-후 뉴런에 영향을 미치는 것을 막아 증상을 완화한다.

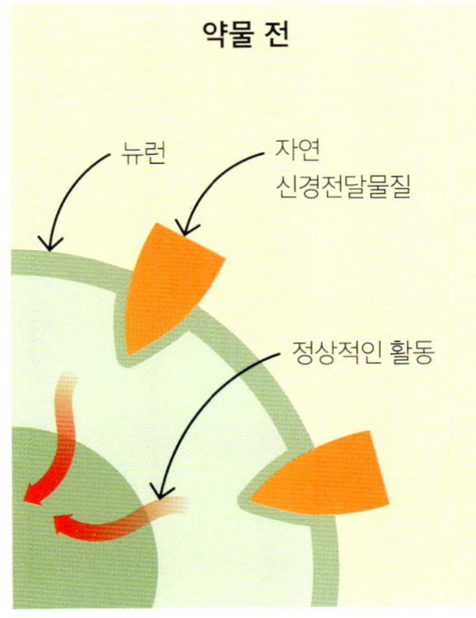

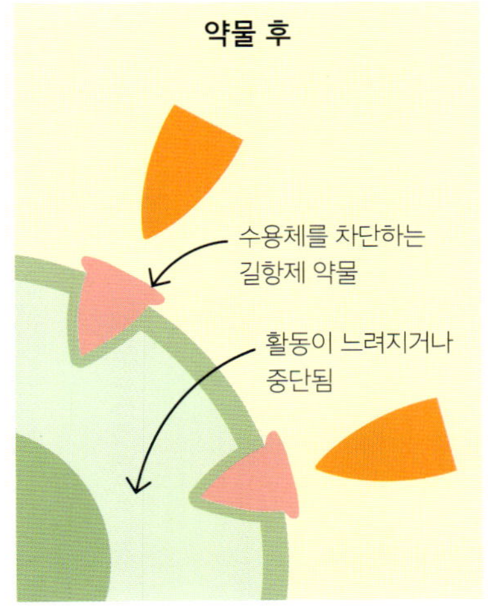

뇌

뇌는 주먹 두 개 정도의 크기로 핑크빛을 띤 회색의 부드러운 기관이다. 뇌는 두개골 안쪽에 위치하는데, 가장 큰 부분을 차지하는 곳은 바깥쪽 영역인 대뇌이다. 인간은 다른 동물에 비해 특별히 큰 대뇌를 가지고 있으며, 표면에는 깊은 주름들이 있다(대뇌피질). 이 주름진 부분은 신경 연결이 가능한 표면적을 넓혀서 뇌의 처리 능력을 높인다. 대뇌 내부와 하부는 다른 동물과 비슷한 원시적인 구조이다.

핵심 요약

- ✓ 뇌의 가장 큰 부분은 대뇌이고, 대뇌의 주름진 표면을 대뇌피질이라고 부른다.
- ✓ 많은 뇌 구조는 대칭적인 좌우의 쌍으로 존재한다.
- ✓ 뇌간은 호흡, 심박수, 수면과 같은 중요한 기능을 조절한다.

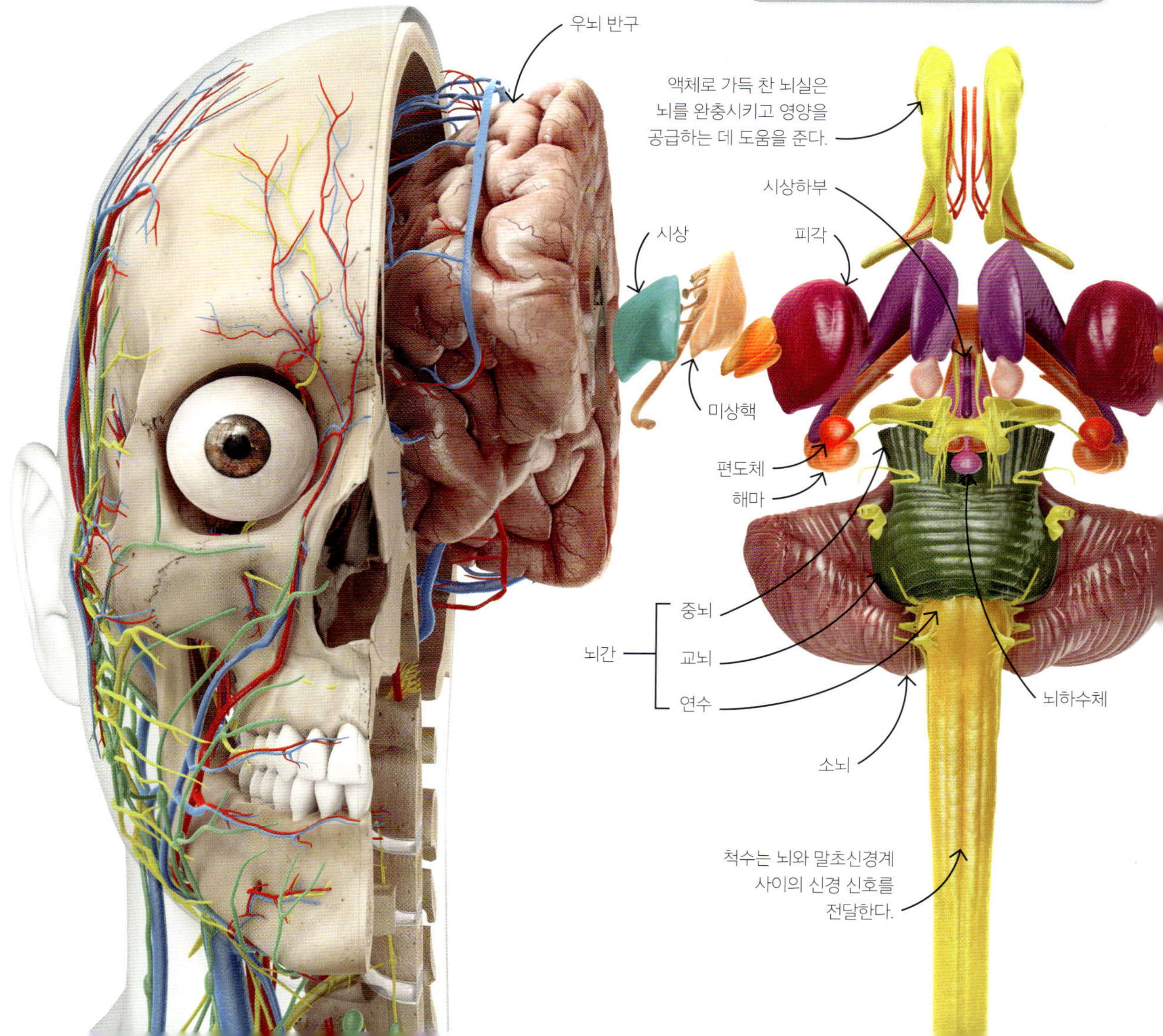

반구

신장, 폐, 눈 등 여러 기관과 마찬가지로, 대부분의 뇌 구조도 좌우 한 쌍으로 존재한다. 이러한 배치는 뇌의 일부가 손상됐을 때 반대쪽이 그 역할을 대신할 수 있는 경우가 많음을 의미한다. 대뇌는 대칭을 이루는 두 개의 반구로 나뉘는데, 이를 대뇌 반구라고 한다. 대부분의 고등 정신 기능은 두 반구에 걸쳐 있지만, 일부 기능은 분화되어 있다. 우반구는 신체의 왼쪽을, 좌반구는 오른쪽을 제어한다.

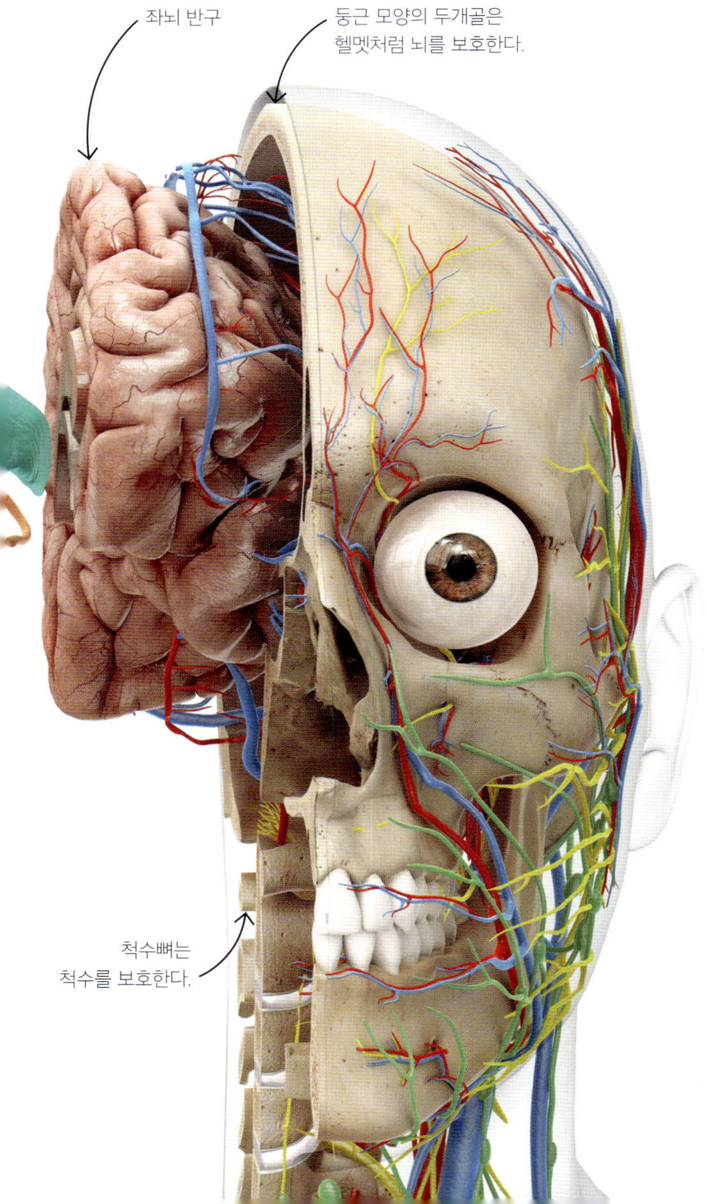

🔍 상부와 하부

위에서 볼 때 대뇌피질은 호두처럼 깊게 주름진 모습을 하고 있다. 이 접힌 부분(뇌구)은 엽이라고 불리는 피질 영역을 구분하고, 이 영역들은 서로 다른 기능을 한다. 예를 들어, 전두엽은 특히 계획이나 충동 억제에 중요하다. 아래에서 볼 때 뇌의 하부에는 뇌간과 같은 더 원시적인 구조들이 있다. 뇌간은 호흡, 심장 박동, 수면과 수면처럼 무의식적으로 이루어지지만 필수적인 기능을 유지하는 중요한 역할을 한다.

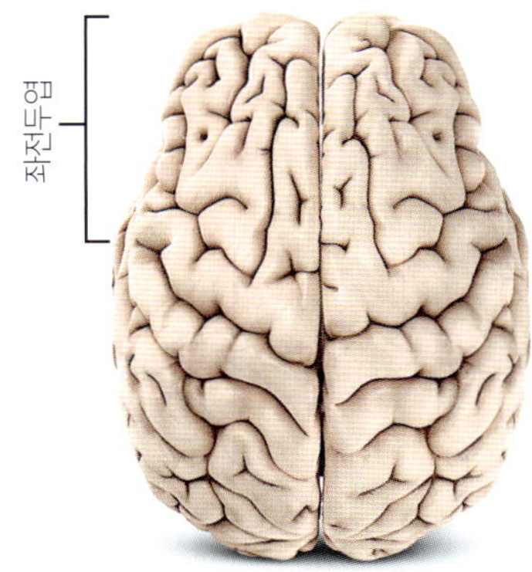

위에서 볼 때

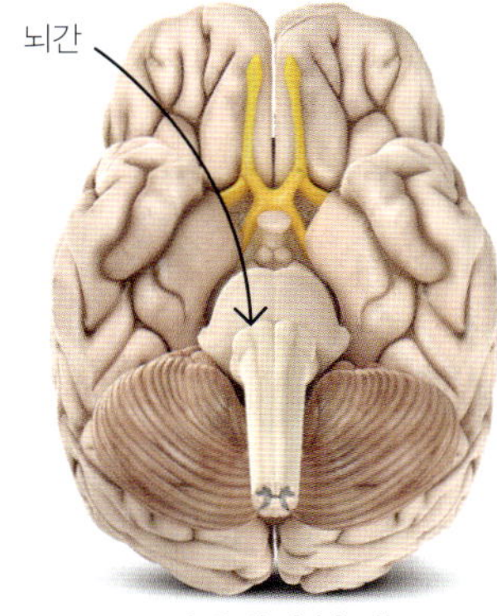

아래에서 볼 때

뇌 영상

인간의 뇌를 해부학적이고 기능적으로 시각화하는 데에는 많은 방법들이 있다. 임상의들은 다양한 장비와 기법을 사용하여 살아 있는 뇌를 연구한다. 뇌의 구조를 확인하거나 실시간으로 뇌의 활동을 관찰할 수 있는 여러 방법이 있다.

핵심 요약

- ✓ 뇌 스캔(뇌 영상) 기술은 질병 진단과 건강한 뇌 기능의 연구에 모두 사용된다.
- ✓ EEG와 ERP는 뇌 바깥 부분의 전기적 활동을 측정한다.

CT 스캔

컴퓨터 단층 촬영(CT) 스캔은 뇌를 통과하는 여러 개의 X선을 찍은 뒤, 컴퓨터를 활용하여 임의의 횡단면을 볼 수 있도록 3D 모델을 만드는 것이다. 뼈, 종양, 혈전을 영상화하는 데 유용하다.

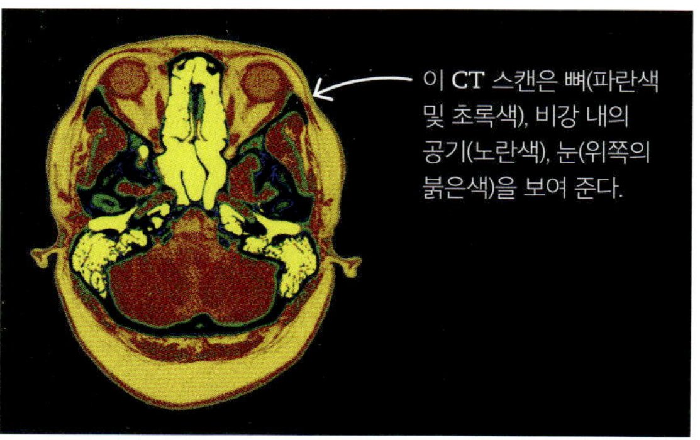

이 **CT** 스캔은 뼈(파란색 및 초록색), 비강 내의 공기(노란색), 눈(위쪽의 붉은색)을 보여 준다.

PET 스캔

양전자방출단층촬영(PET)은 방사성 표지 포도당을 감지함으로써 뇌의 어떤 부위가 활동하고 있는지를 보여 준다. 이미지가 선명하지는 않지만 뇌 기능을 실시간으로 연구하는 데에는 유용하다.

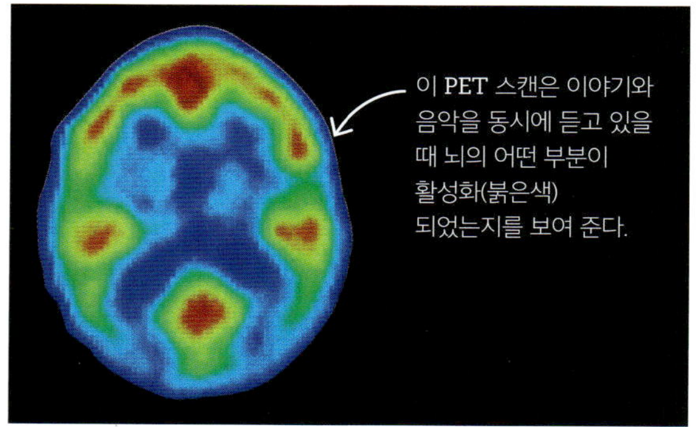

이 **PET** 스캔은 이야기와 음악을 동시에 듣고 있을 때 뇌의 어떤 부분이 활성화(붉은색) 되었는지를 보여 준다.

MRI 스캔

자기공명영상(MRI) 스캔은 뇌의 연조직에 해당하는 이미지를 CT 스캔보다 더 선명하게 제공한다. 스캔에서는 전자석을 사용하여 물 분자나 지방 분자 내의 수소 원자가 전파 신호를 방출하게 함으로써 이미지를 생성한다.

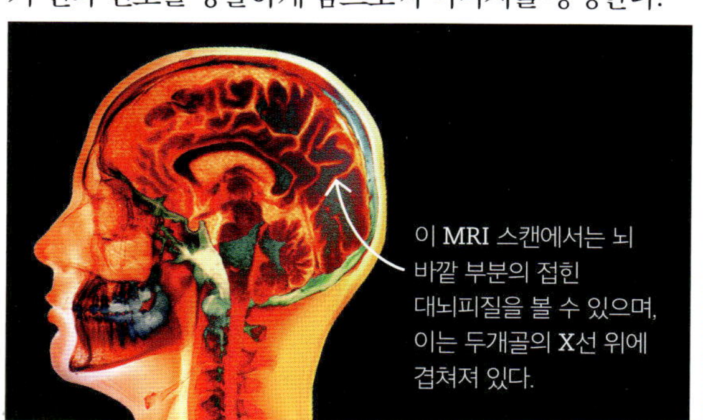

이 **MRI** 스캔에서는 뇌 바깥 부분의 접힌 대뇌피질을 볼 수 있으며, 이는 두개골의 **X**선 위에 겹쳐져 있다.

fMRI

기능적자기공명영상(fMRI)은 뇌 기능을 시각화하는 MRI 이다. 스캐너는 혈액 내 헤모글로빈 분자에서 나오는 전파 신호를 감지하여, 과제를 수행하는 동안 활성화된 뇌 영역의 실시간 영상을 만들어 낸다.

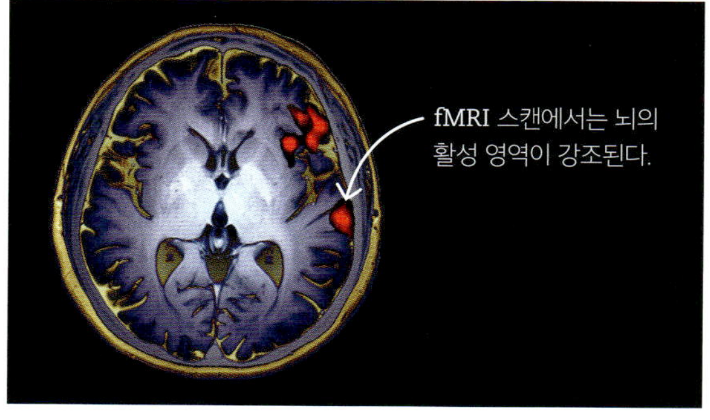

fMRI 스캔에서는 뇌의 활성 영역이 강조된다.

EEG

뇌전도(EEG) 기계는 두피에 부착된 전극을 통해 뇌의 가장 바깥 부분으로부터 오는 약한 전기 신호를 감지한다. 그 결과 만들어지는 리듬 패턴은 뇌파라고 불리며, 수면을 연구하거나 뇌전증 혹은 혼수상태를 진단하는 데 사용된다.

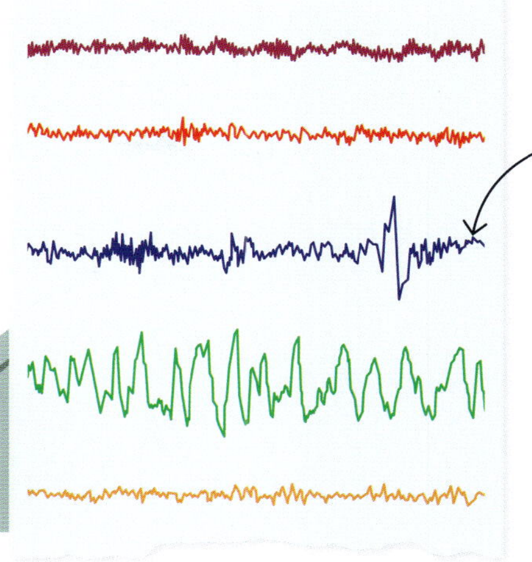

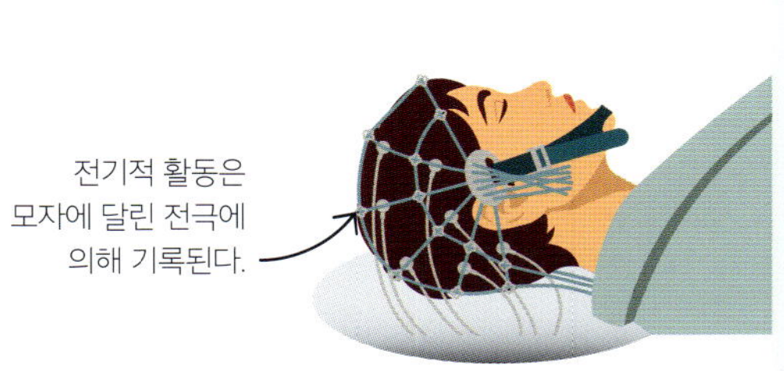

ERP

ERP(이벤트-관련 전위)는 특정 자극(이벤트)에 반응하여 뇌전도 기계가 만든 그래프이다. 원자료에는 많은 무작위 변동(잡음)이 포함되어 있으며, 명확한 신호를 감지하기 위해서는 잡음이 제거되어야 한다. 따라서 반복 시행 후 평균값을 사용한다.

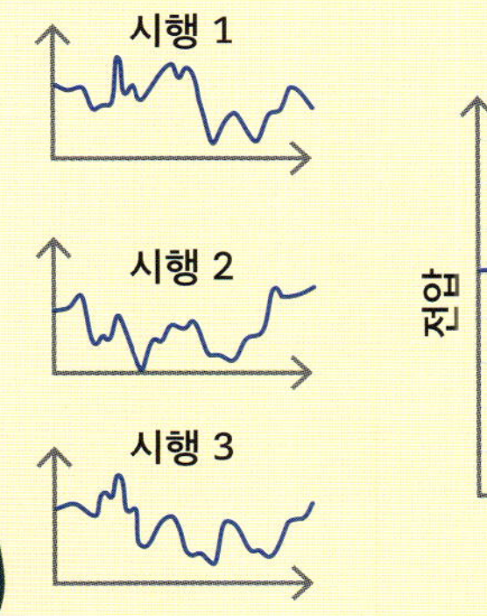

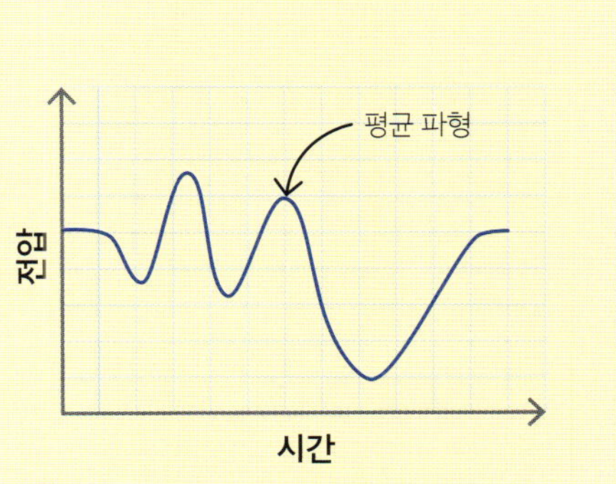

🔍 뇌 질환

과거에는 손상을 입거나 질병이 있는 뇌를 사후 연구하는 것이 주된 방법이었다. 현대에 와서는 다양한 기술에 의해 건강한 뇌의 기능을 실시간으로 연구할 수 있지만, 부상을 당했거나 질병이 있는 뇌 조직에 대한 연구는 여전히 중요하다. 그림에서 **PET** 스캔은 알츠하이머 질환의 뇌를 건강한 뇌와 비교한 것이다. 건강한 뇌는 피질에서 더 높은 수준의 대사 활동(붉은색)을 보인다.

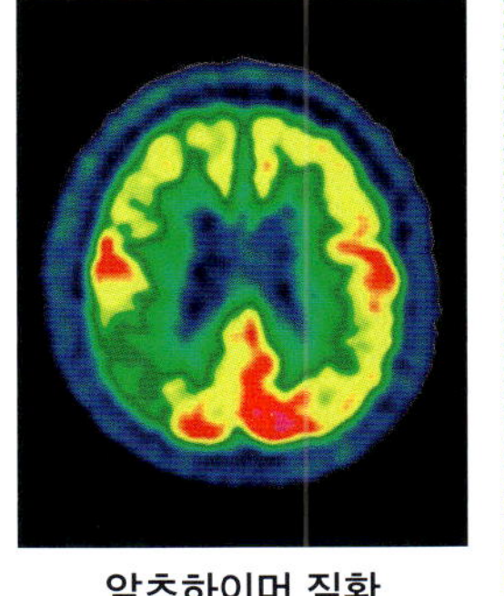

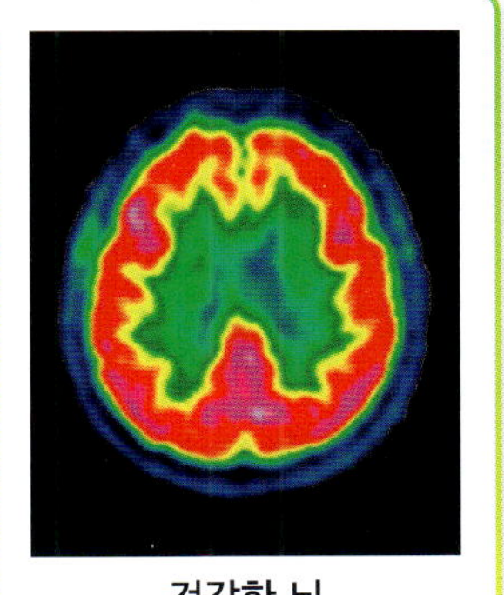

알츠하이머 질환   건강한 뇌

뇌간

뇌간은 뇌의 주요 부분인 척수와 대뇌가 만나는 뇌의 기저부에 있다. 뇌간은 심장 박동, 호흡, 체온 조절처럼 비자발적이지만 생명 유지를 위해 중요한 기능을 조절한다. 또한 연하(삼킴), 구토와 같은 비자발적 반사를 조절하고 시각, 청각, 균형, 수면-각성 주기에 영향을 준다. 뇌간에 생긴 사소한 손상도 심각한 결과를 초래할 수 있으며, 손상이 광범위할 경우 혼수상태와 뇌사를 일으킬 수 있다.

핵심 요약

- ✓ 뇌간은 심장 박동과 호흡을 포함한 중요한 기능을 제어한다.
- ✓ 뇌간은 뇌와 척수를 연결한다.
- ✓ 뇌간의 세 부분은 교뇌, 연수, 중뇌이다.
- ✓ 뇌간 손상은 심각한 결과를 초래할 수 있다.

뇌간의 주요 부분

뇌간은 변연계의 복잡한 구조 아래에 있다(49쪽 참조). 뇌간은 교뇌, 연수, 중뇌의 세 부분으로 구성된다.

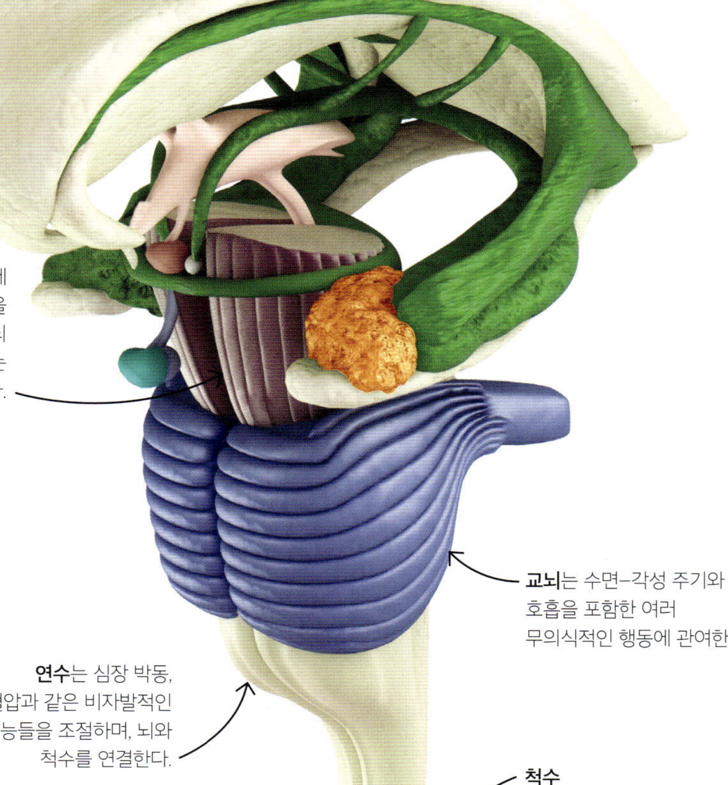

중뇌는 운동 기능을 조절하는 데 관여하며, 시각과 청각에 중요한 역할을 한다. 눈의 움직임을 조절하는 중뇌덮개와 의식과 각성을 조절하는 피개로 이루어져 있다.

교뇌는 수면–각성 주기와 호흡을 포함한 여러 무의식적인 행동에 관여한다.

연수는 심장 박동, 혈압과 같은 비자발적인 기능들을 조절하며, 뇌와 척수를 연결한다.

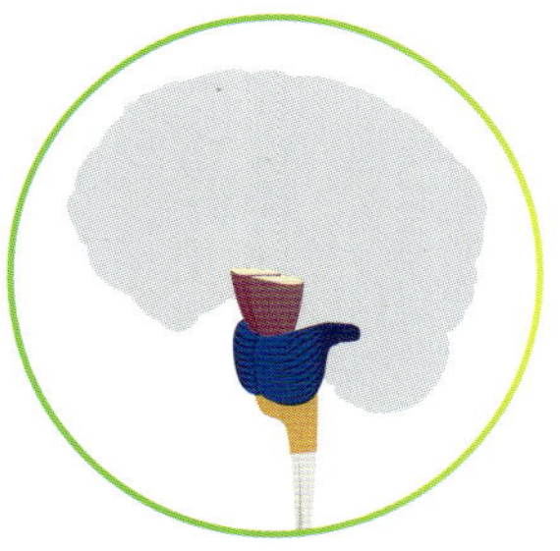

뇌에서의 위치
뇌간은 뇌의 아래쪽, 두개골의 뒤쪽에 위치하며, 대뇌와 척수를 연결한다.

변연계

뇌의 깊은 곳에는 변연계가 있는데, 이는 투쟁-도피 반응을 포함하여 강한 감정들을 처리하는 복잡한 구조로 되어 있다. 변연계는 흔히 정서적인 뇌라고 불린다. 변연계는 기억에서 중요한 역할을 하며, 특히 정서 상태와 관련된 장기 기억(기분과 일치하는 내용의 기억)의 형성을 돕는다.

핵심 요약

- ✓ 변연계는 정서 반응을 처리한다.
- ✓ 변연계의 주요 구조는 시상하부, 해마, 편도체이다.
- ✓ 편도체는 두려움, 불안, 공격성에 중요한 역할을 한다.

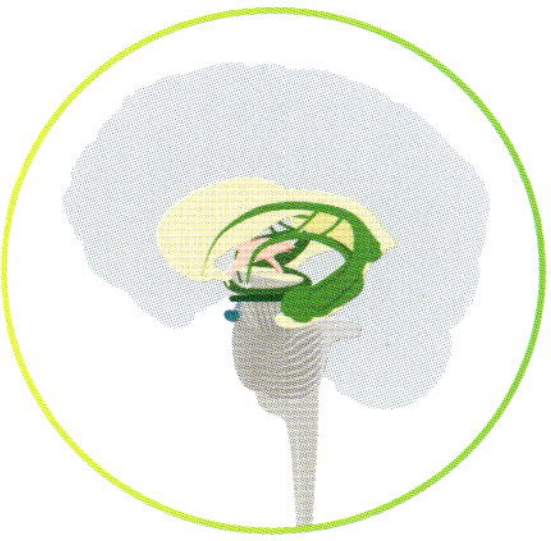

뇌에서의 위치
변연계는 뇌의 중심, 뇌간 위쪽에 있다.

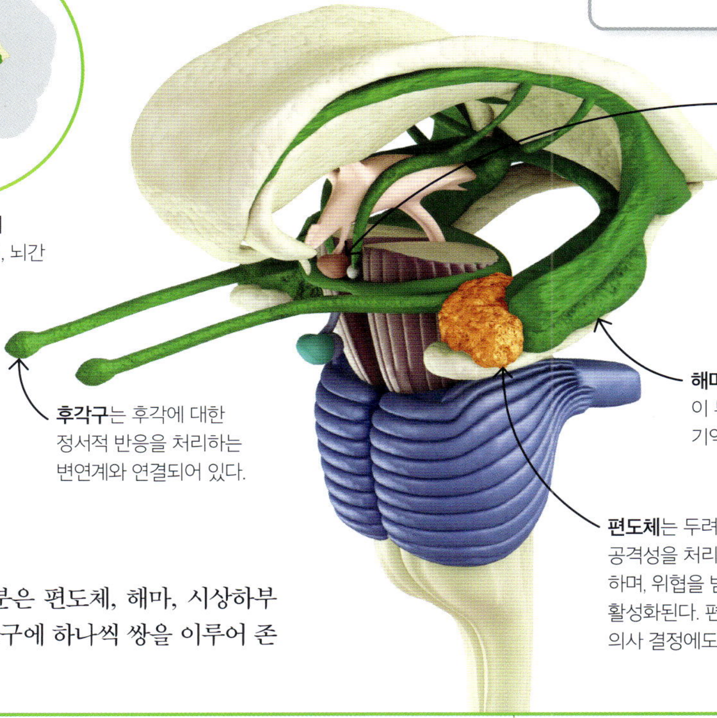

시상하부는 배고픔, 목마름, 체온 등을 포함한 많은 비자발적인 기능들을 담당하며, 시상하부 아래 위치한 뇌하수체와의 연결을 통해 호르몬 분비를 조절한다.

후각구는 후각에 대한 정서적 반응을 처리하는 변연계와 연결되어 있다.

해마는 장기 기억을 형성한다. 이 부분에 손상을 입으면 기억상실을 일으킨다.

편도체는 두려움, 불안, 분노, 공격성을 처리하는 데 중요한 역할을 하며, 위협을 받거나 불안을 느낄 때 활성화된다. 편도체는 또한 기억과 의사 결정에도 관여한다.

변연계의 부분

변연계의 주요 부분은 편도체, 해마, 시상하부이며, 뇌의 양쪽 반구에 하나씩 쌍을 이루어 존재한다.

🔍 위협 반응

편도체는 위협을 의식하기 전에 잠재적인 위협을 감지할 때마다 신체의 투쟁-도피 반응을 유발하는 경보 시스템의 역할을 한다. 과도한 편도체의 활동은 범불안 장애, 강박증, 공포증, 외상 후 스트레스 장애를 포함한 불안 관련 심리적 장애와 관련 있다. 편도체의 손상은 정서적 기능을 손상시켜 공감 능력이나 사회적인 신호를 알아차리는 능력을 감소시킬 수 있다.

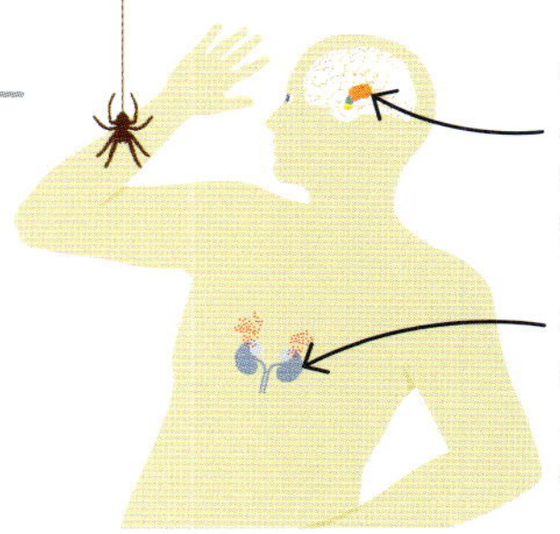

변연계는 시각피질이 사물을 인식하기도 전에 위험을 감지하게 한다.

부신에서 분비된 아드레날린 호르몬은 신체가 반응할 준비를 하게 한다.

피질

피질은 뇌의 바깥층이다. 피질에서는 의사 결정, 언어, 창의성과 같은 고차원적 기능들이 처리된다. 피질의 겉부분은 넓은 표면적을 만들기 위해 많은 주름이 있으며, 이는 처리 능력을 높이기 위한 것이다.

기능의 국소화

언어, 시각, 청각과 같은 특정한 기능은 뇌의 특정한 영역에 위치하는데, 이를 가리켜 기능의 국소화라고 한다. 뇌는 반구라고 부르는 동일한 크기의 두 부분으로 나누어져 있다. 일반적으로 우반구는 신체의 왼쪽 활동을, 좌반구는 신체의 오른쪽 활동을 통제한다. 이것을 대측성 구조라고 한다.

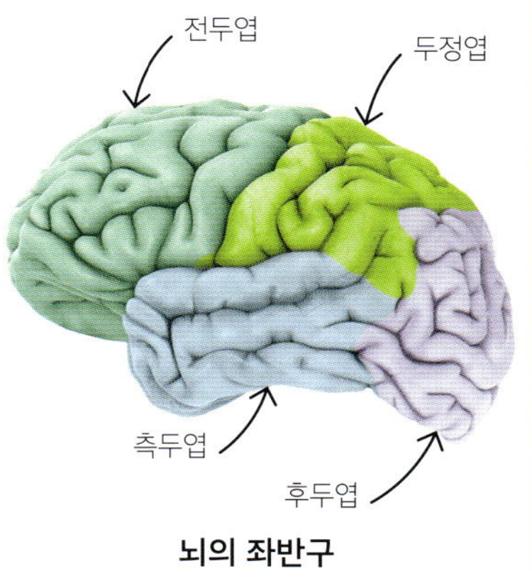

뇌엽

각 반구에는 엽이라고 알려진 네 개의 주요 영역이 있다. 각 엽은 서로 다른 기능을 하며, 엽은 심부구와 같은 뇌구로 구분된다.

뇌의 좌반구

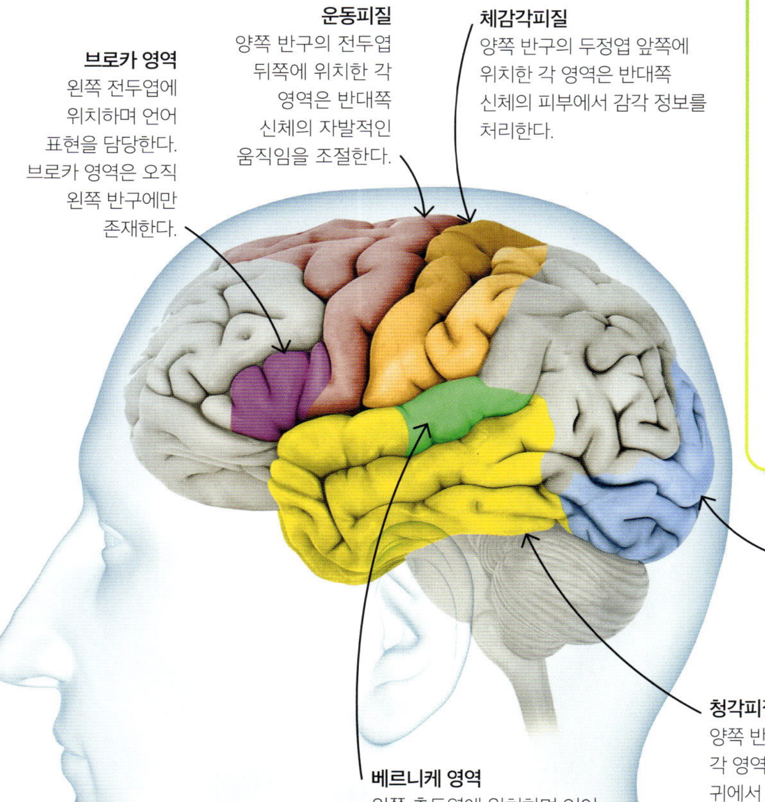

뇌의 좌반구

뇌 분리 연구

뇌량은 뇌의 두 반구를 연결하는 섬유 다발로 구성되어 있으며, 반구 사이의 정보 교환을 가능하게 해 준다. 1960년대 미국의 신경생물학자 로저 스페리는 의학적인 이유로 뇌량이 절단된 환자들을 연구했다. 스페리는 환자들에게 이미지, 단어, 그리고 사물과 관련된 과제를 제시하여 뇌의 두 반구가 서로 의사소통하지 못할 때 어떤 일이 발생하는지를 확인하였다.

핵심 요약

- ✓ 뇌량은 뇌의 두 반구를 연결한다.
- ✓ 뇌량이 절단되면 두 반구가 정보를 교환할 수 없다.
- ✓ 스페리는 뇌량이 절단된 환자들을 대상으로 실험을 진행했다.

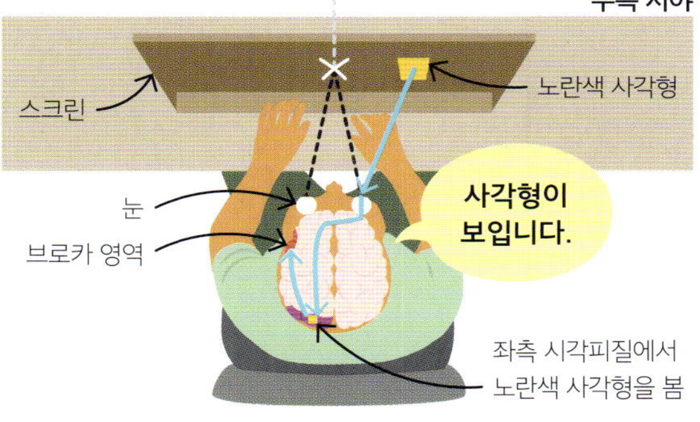

과제 1

환자가 정면에 보이는 ×표에 초점을 맞추는 동안 우측 시야에 영상이 제시된다. 우측 시야의 영상은 브로카 영역(언어 표현 담당)이 위치한 좌반구에서 처리되기에, 환자는 자신이 본 것을 언어로 표현할 수 있다.

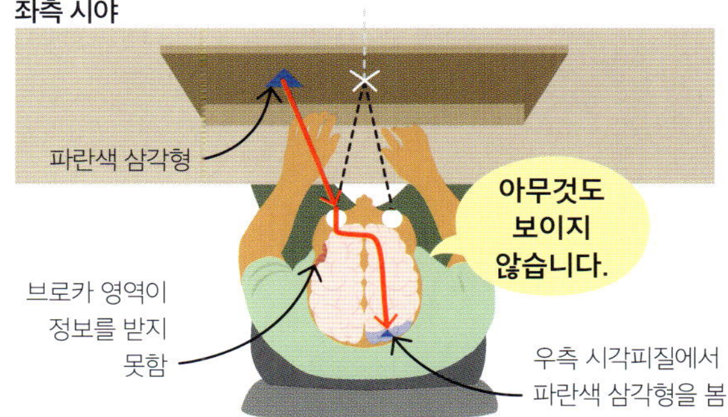

과제 2

좌측 시야에 영상이 제시된다. 좌측 시야의 영상은 우반구에서 처리되기에, 환자는 자신이 본 것을 언어적으로 표현할 수 없다. 정보가 우측 시각피질에서 좌반구의 브로카 영역으로 전달될 수 없었기 때문이다.

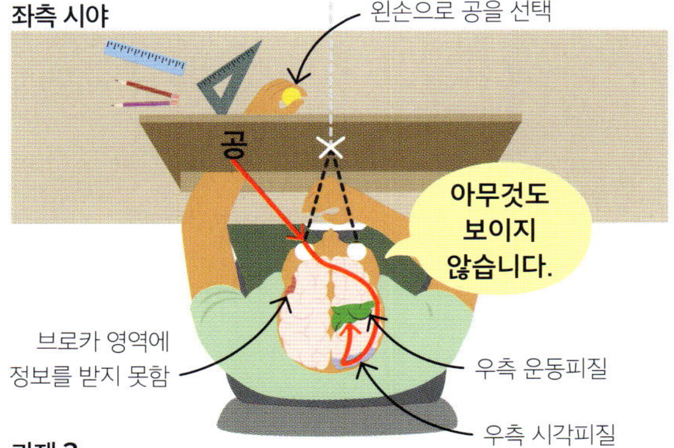

과제 3

좌측 시야에 단어("공")를 보여 준다. 환자는 우측 시각피질에서 단어를 보고 우측 운동피질(왼손을 통제함)에 지시한 대로 스크린 뒤에 있는 공을 선택할 수 있다. 그러나 브로카 영역은 좌반구에 있기 때문에 "공"이라고 말할 수 없다.

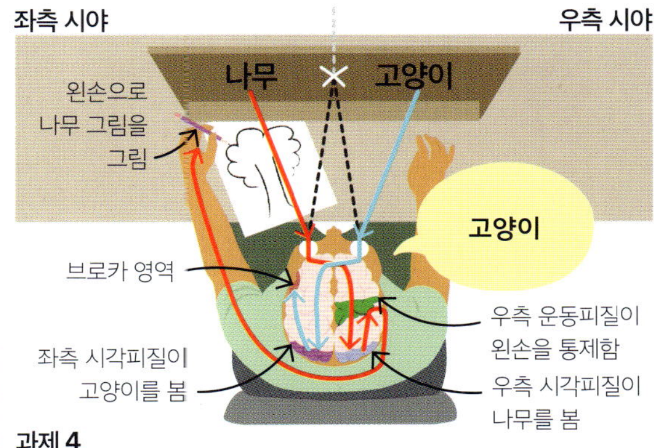

과제 4

환자는 좌측 시야의 단어("나무")를 그리고, 우측 시야의 단어("고양이")를 말한다. 우측 시각피질에서 단어("나무")를 보고 우측 운동피질에 그리기를 지시한다. 좌측 시각피질에서 "고양이"를 보고 정보를 브로카 영역으로 보낸다. 환자는 "고양이"라고 말한다.

신경가소성

뇌 발달은 성인 초기에 완성되지만, 뉴런은 평생동안 새로운 연결(시냅스)을 만들거나 사용하지 않는 연결을 제거하며 뇌의 신경망을 재구성한다. 이 역동적인 과정은 신경가소성이라고 불린다. 어린 시절에는 신경가소성이 가장 높기에 학습에 유리하다. 신경가소성은 또한 손상된 뇌가 잃어버린 기능을 회복할 수 있도록 도와준다.

핵심 요약

- ✓ 신경가소성이란 뇌에서 새로운 시냅스를 만들어 새로운 신경망을 형성하는 능력이다.
- ✓ 뇌는 기능적 가소성을 통해 새로운 영역에 기능을 재배치할 수 있다.
- ✓ 시냅스 가지치기는 사용하지 않는 시냅스를 제거한다.

기능적 가소성

신경가소성은 뇌가 완전히 새로운 영역에 기능을 재배치할 수 있게 해 준다. 이것은 기능적 가소성이라 불린다. 예를 들어 뇌졸중은 언어나 보행 능력에 심각한 손상을 주지만, 뇌는 손상되지 않은 부위를 통해 기능을 보완하려는 방식으로 다시 연결되기 때문에, 연습을 통해 어느 정도 회복될 수 있다. 기능적 가소성은 청각 장애인과 시각 장애인의 뇌에서도 볼 수 있는데, 일반적으로 청각이나 시각을 담당하는 대뇌피질의 일부가 다른 감각을 처리하도록 기능을 변경함으로써 부족한 기능을 향상시킨다.

작업치료

뇌 손상을 입은 환자들은 일상 활동에 필요한 잃어버린 운동 능력을 회복하도록 돕는 작업치료를 받는다.

🔍 시냅스 가지치기

생후 첫 몇 년 동안 영아의 뇌는 뉴런 당 약 15,000개의 시냅스를 생성한다. 성인이 되면 시냅스 가지치기라고 불리는 과정을 통해 이 숫자가 절반가량으로 줄어든다. 자주 사용하지 않는 시냅스는 제거되는 반면, 자주 사용하는 시냅스의 연결은 강화되어 정보 처리를 더 효율적으로 만든다. 시냅스 가지치기는 평생에 걸쳐 일어나지만, 유아기와 청소년기라는 두 핵심적인 발달 단계에서 가장 활발하게 일어난다.

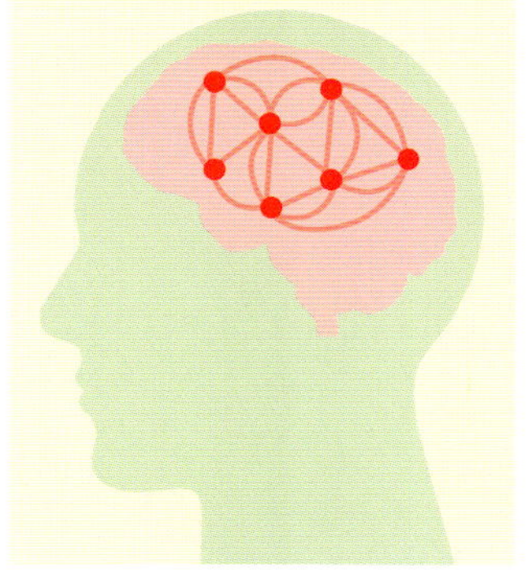

시냅스 가지치기 전

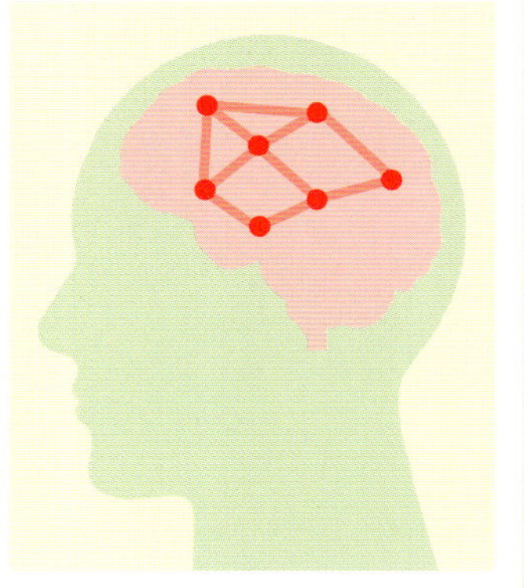

시냅스 가지치기 후

내분비계

내분비계는 분비샘이라 불리는 기관들로 이루어진 네트워크로, 호르몬(화학적 전달물질)을 혈류로 방출하여 신체 기능을 통제하고 조정한다. 혈액은 필요한 기관에 호르몬을 운반하여 반응을 유발한다. 호르몬 수치의 변화는 배고픔이나 포만감을 지각하고, 수면과 기상을 도와주며, 생리 주기와 생식에 중요한 역할을 한다.

핵심 요약

✓ 내분비계는 호르몬을 분비하는 분비샘 네트워크로 신체 기능을 통제하고 조정한다.

✓ 호르몬은 배고픔, 수면, 기상, 생식과 같은 다양한 기능을 조절하는 데 도움을 준다.

✓ 분비샘마다 다른 호르몬이 분비되고, 호르몬마다 다른 효과를 보인다.

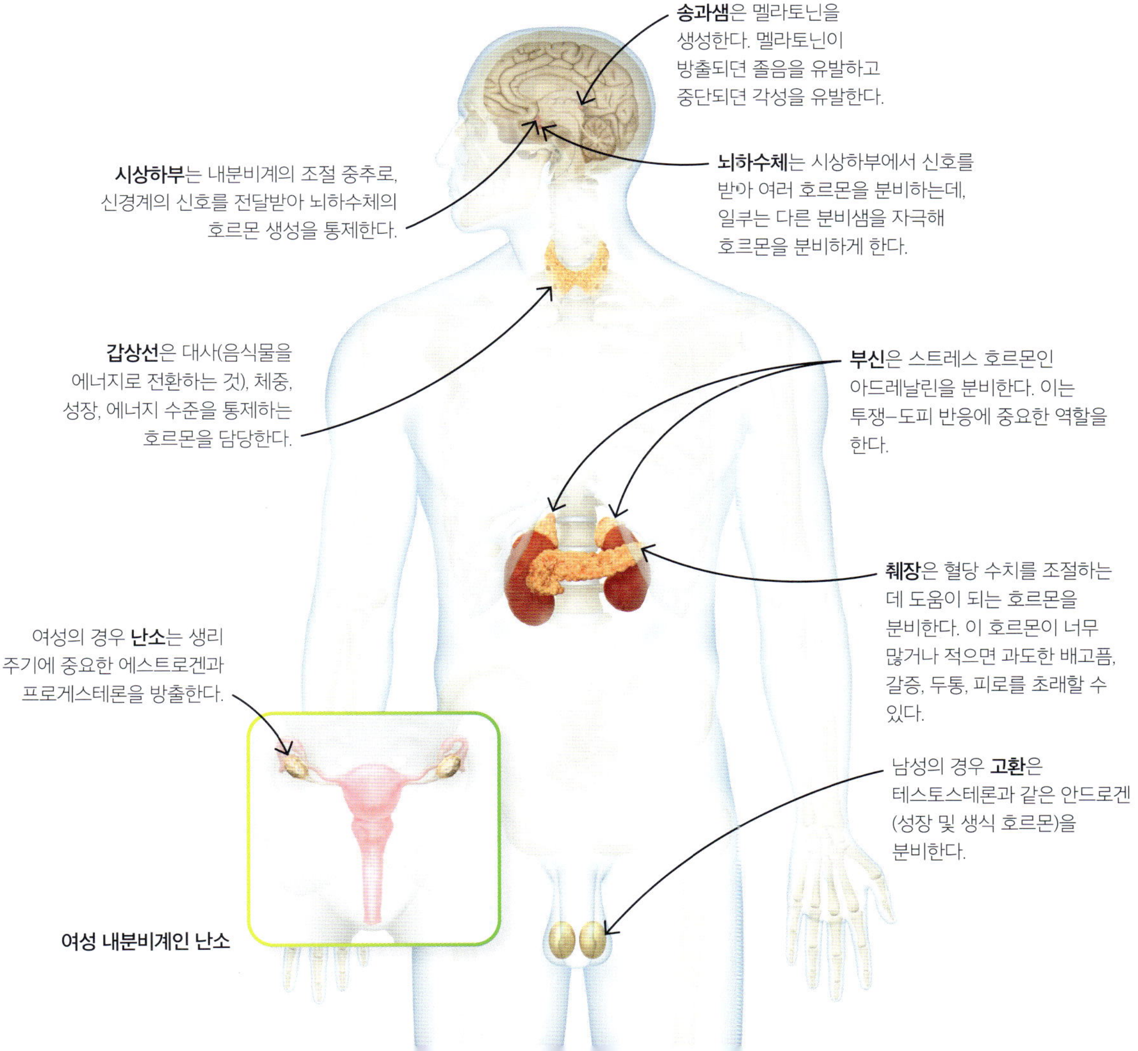

생체리듬

생체리듬은 생물학적 또는 심리적 활동이 반복되는 주기이다. 일주기 리듬은 24시간 지속되는 반면, 초일주기 리듬은 더 짧고 장일주기 리듬은 더 길다. 모든 생체리듬은 기분과 행동에 영향을 끼친다. 따라서 시차와 같은 장애는 건강에 부정적인 영향을 미칠 수 있다.

핵심 요약

- ✓ 생체리듬은 생물학적 또는 심리적 활동이 반복되는 주기이다.
- ✓ 세 가지 리듬 유형은 일주기, 초일주기, 장일주기이다.
- ✓ 생체리듬의 교란은 건강에 영향을 미친다.

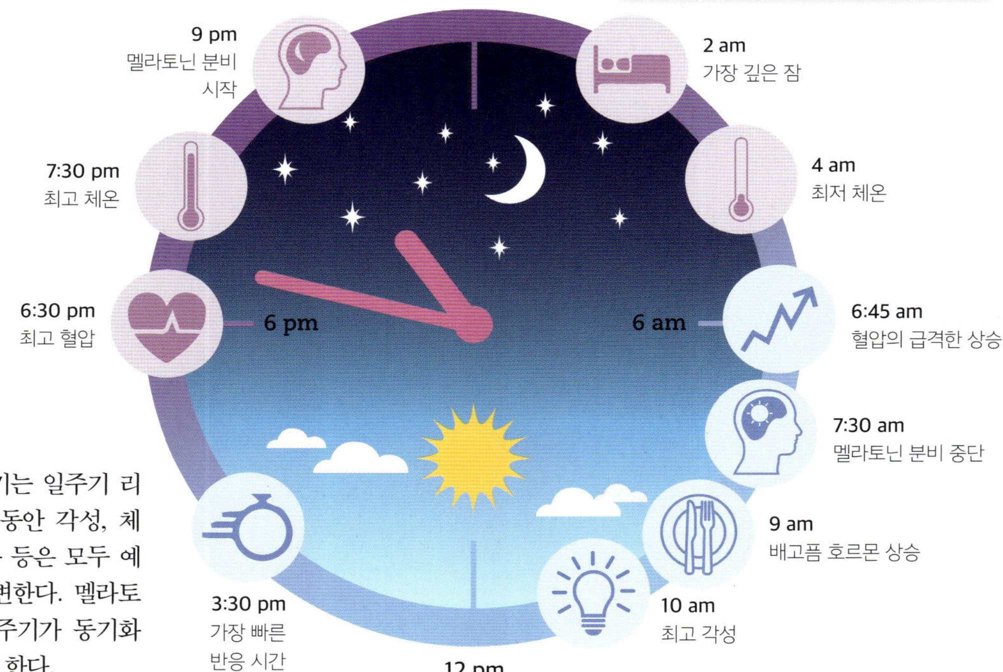

일주기 리듬

수면-기상 주기는 일주기 리듬이다. 하루 동안 각성, 체온, 혈압, 소화 등은 모두 예측 가능하게 변한다. 멜라토닌 호르몬은 주기가 동기화를 유지하도록 한다.

🔍 내생적 페이스메이커

생체리듬은 햇빛과 같은 외적인 (외생적) 요인과 내적인(내생적) 통제에 의해 만들어진다. 일주기 리듬은 뇌의 시교차상핵에 의해 통제된다. 이 자연적인 페이스메이커는 눈에 들어오는 빛을 받아 송과샘(멜라토닌의 생성, 방출) 으로 신호를 보낸다.

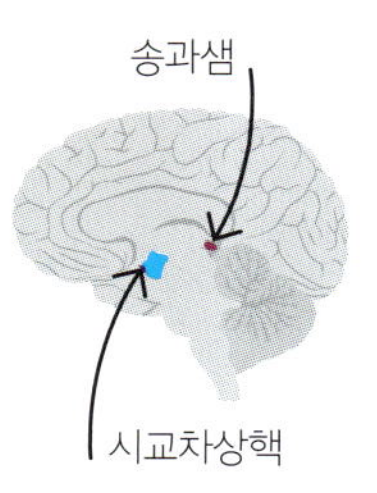

🔍 초일주기 리듬과 장일주기 리듬

초일주기 리듬

서로 다른 수면 단계의 주기와 같이 하루에 여러 번 반복되는 주기는 초일주기 리듬이다.

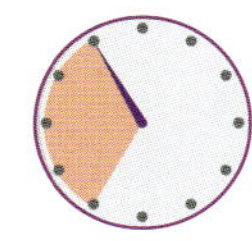

장일주기 리듬

생리 주기와 같이 하루 이상 걸리는 주기는 장일주기 리듬이다.

수면 중의 뇌

수면 중 뇌가 정확히 어떤 일을 하는지는 확실히 밝혀지지 않았지만, 많은 연구에 의하면 수면 중의 뇌는 신체적, 정신적 건강을 유지하는데 중요한 역할을 한다. 언제 잠이 들고 얼마나 오래 잠을 자는지는 나이에 따라 변하는데, 일반적으로 나이가 들수록 필요한 수면 시간은 줄어든다. 수면 중의 뇌는 여전히 활동적이며, 다양한 활동 단계를 반복한다.

수면 단계

뇌파 연구에 의하면 수면 중에는 서로 다른 단계가 있다. 이 단계들은 잠든 동안 네다섯 번 반복되는 주기를 따른다. 수면 주기는 초일주기 리듬(24시간보다 짧은 생물학적 주기)에 속한다.

핵심 요약

✓ 수면은 건강에 필수적이다.

✓ 수면 중에는 서로 다른 뇌파로 구분되는 수면 단계의 주기를 반복한다.

✓ 대부분의 꿈은 렘(REM, 급속안구운동)수면 중에 발생한다.

✓ 수면 주기는 초일주기 리듬에 속한다.

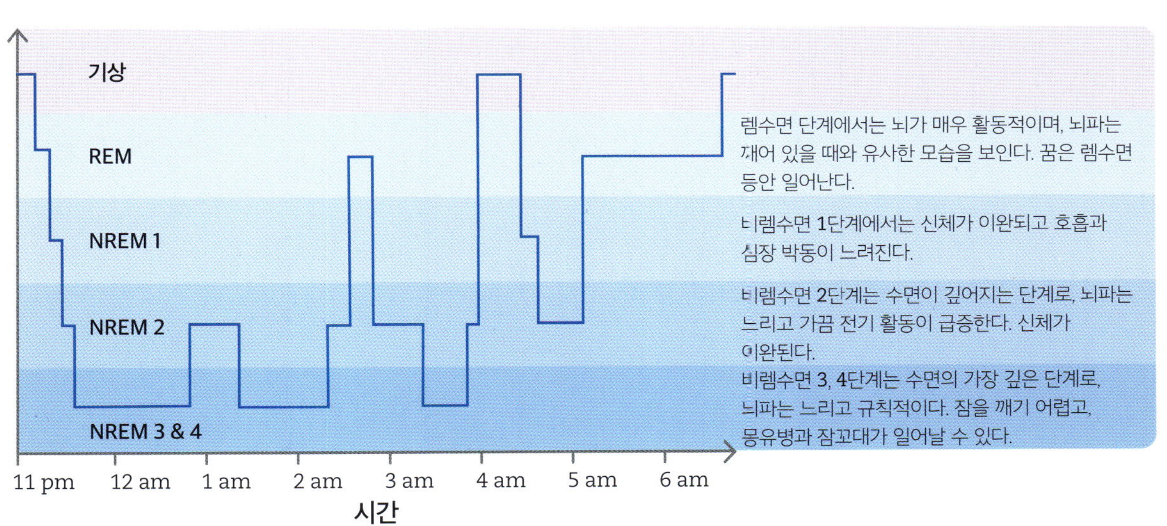

렘수면 단계에서는 뇌가 매우 활동적이며, 뇌파는 깨어 있을 때와 유사한 모습을 보인다. 꿈은 렘수면 동안 일어난다.

비렘수면 1단계에서는 신체가 이완되고 호흡과 심장 박동이 느려진다.

비렘수면 2단계는 수면이 깊어지는 단계로, 뇌파는 느리고 가끔 전기 활동이 급증한다. 신체가 이완된다.

비렘수면 3, 4단계는 수면의 가장 깊은 단계로, 뇌파는 느리고 규칙적이다. 잠을 깨기 어렵고, 몽유병과 잠꼬대가 일어날 수 있다.

🔍 수면 연구

수면을 연구하는 것은 어렵다. 수면 중에는 외부에서 관찰할 수 있는 것이 거의 없고, 의식이 없기 때문에 의사소통을 할 수 없다. 또한 잠을 깬 뒤에는 자는 동안 무슨 일이 있었는지 거의 기억하지 못한다. 그러나 수면 장애를 진단하기 위해 수면 중 뇌 혹은 신체 활동을 관찰할 수 있는 세 가지 방법이 있다.

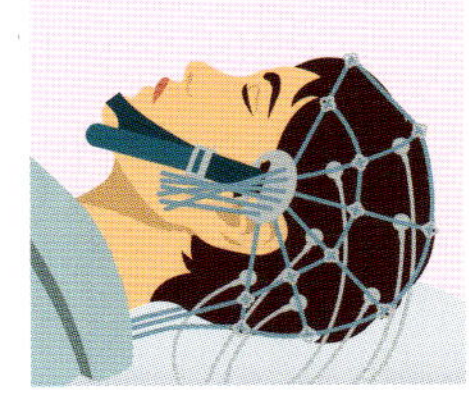

뇌전도
두피에 부착된 작은 센서가 뇌파를 감지한다.

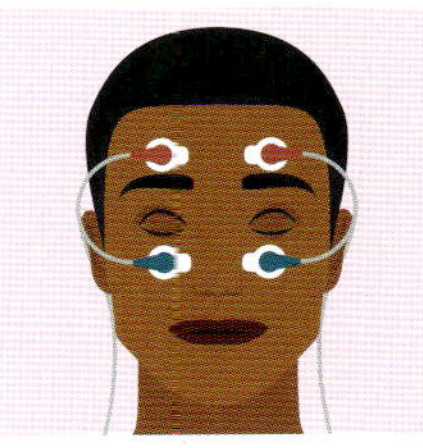

안구전도
렘수면 동안 안구의 움직임을 측정한다. 잠에서 깼을 때의 움직임과 비교한다.

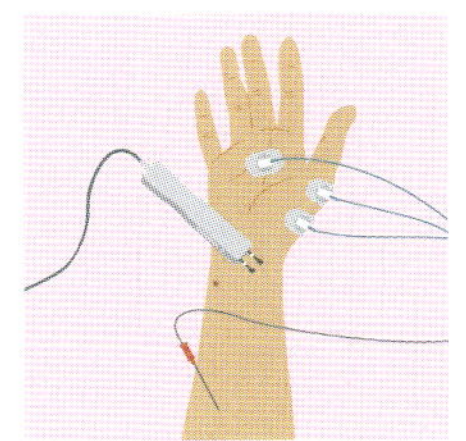

근전도
근전도로 근육의 활성도를 감지할 수 있다. 렘수면 중에는 근육이 비활성화되어 있다.

유전자와 유전율

부모로부터 물려받은 유전자는 눈의 색이나 곱슬머리와 같은 신체적 특징 중 많은 것을 결정한다. 키와 몸무게부터 성격과 지능에 이르는 특징들은 유전자에 의해 영향을 받지만, 유전자가 모든 것을 결정하지는 않는다. 과학자들은 어떤 특성이 환경(후천성)에 비해 유전자(선천성)에 어느 정도 더 기인하는지를 측정하기 위해 유전율이라고 불리는 수치를 사용한다.

핵심 요약

- 유전자는 DNA에 암호화된 화학적 지시이다.
- 어떤 특성은 유전자가 결정하지만, 다른 특성은 그렇지 않을 수도 있다.
- 유전율은 환경보다 유전자에 기인할 수 있는 특성의 비율이다.

유전자와 DNA

유전자는 분자 DNA 속에 암호화된 화학적 지시이다. 우리는 약 2만 5천 개의 유전자를 가지고 있다. 신체의 모든 세포핵 내에 유전자 세트가 있으며, 46개(모계로부터 23개, 부계로부터 23개)의 염색체에 저장되어 있다. 유전자는 염기(A, G, C, T)라고 불리는 네 가지 화학물질의 특정한 배열을 가진 DNA의 한 부분이다. 대부분의 유전자는 단백질 분자를 만들기 위한 암호를 전달하지만, 일부는 다른 유전자를 조절하는 스위치 역할을 한다. 유전형은 특성에 영향을 미치는 유전자의 조합을 말하고, 표현형은 그 유전자에 의해 영향을 받는 관찰 가능한 특성을 말한다.

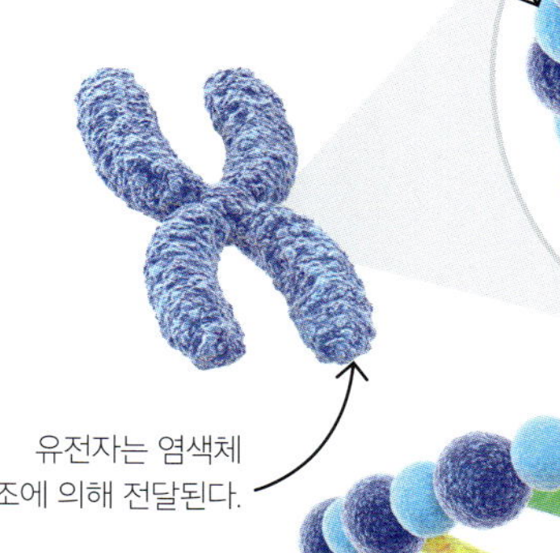

유전율

심리학자들은 모든 유전자를 공유하는 일란성 쌍둥이나 아무 유전자도 공유하지 않는 입양된 형제자매를 연구함으로써 유전율을 측정한다. 유전율은 종종 백분율로 표현된다. 예를 들어, IQ가 50%의 유전율을 가지고 있다는 말은 집단 분산의 50%가 유전자의 차이에 의해 발생한다는 것을 의미한다.

유전율은 개인이 아닌 집단에만 적용된다는 것이 중요하다. 또한 유전율은 고정되어 있거나 불변하지 않는다. 예를 들어 매우 유사한 환경에서 자라난 사람들은 환경에 의한 차이가 적기 때문에 유전율이 더 높다.

낮은 유전율 ← → **높은 유전율**

낮은 유전율		높은 유전율
종교	IQ	머리색
언어	성격	키

쌍둥이 연구

심리적 특성은 유전과 환경의 영향을 모두 받지만, 과연 둘 중 어느 쪽이 더 중요할까? 쌍둥이나 가족 연구는 유전적인 유사성이 다른 사람들을 비교함으로써 이 질문에 답하고자 한다. 일란성 쌍둥이는 유전자를 모두 공유한다. 이란성 쌍둥이와 일반 형제자매는 유전자를 절반씩 공유하고, 입양된 형제자매는 유전자를 전혀 공유하지 않는다.

핵심 요약

- ✓ 유전과 환경은 심리적 특성에 영향을 미친다.
- ✓ 일란성 쌍둥이는 유전자를 모두 공유하는 반면, 이란성 쌍둥이는 절반만 공유한다.
- ✓ 쌍둥이 연구를 통해 어떤 특성에 대한 유전 대 환경의 상대적 영향을 결정할 수 있다.

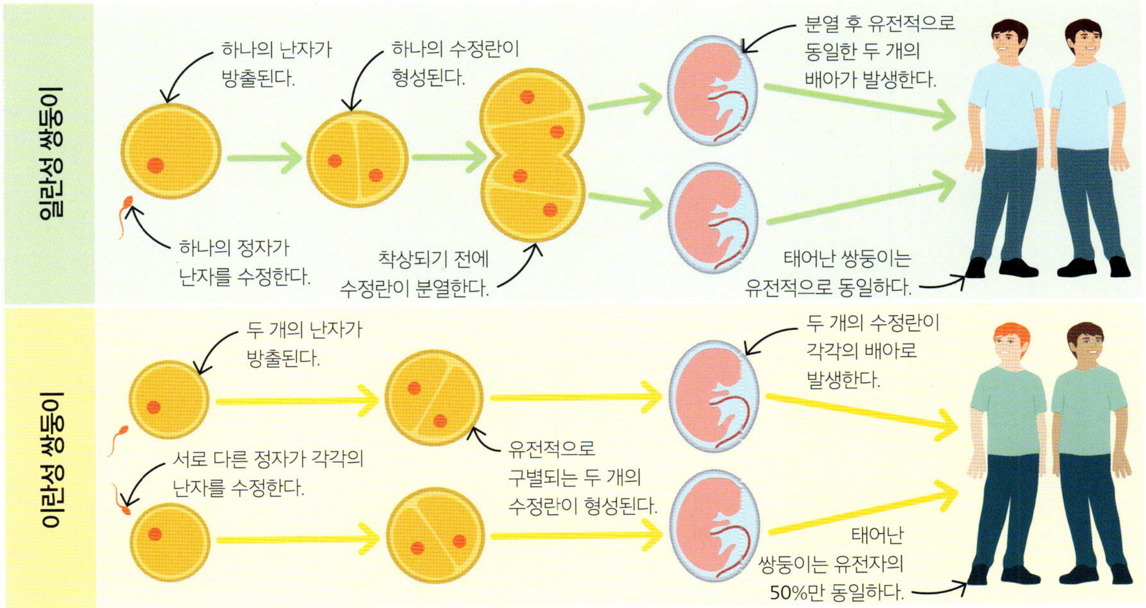

🔍 일치율

여러 쌍의 쌍둥이를 대상으로 한 연구에서 같은 특성을 공유하는 쌍둥이의 비율을 나타내는 것이 일치율이다. 예를 들어 일란성 쌍둥이의 눈 색깔 일치율은 거의 100%이다. 어떤 특성에 대해 일란성 쌍둥이와 이란성 쌍둥이의 일치율을 비교함으로써 유전자가 얼마나 영향을 미치는지 알아낼 수 있다. 일란성 쌍둥이가 이란성 쌍둥이보다 일치율이 더 높으면, 유전이 환경보다 더 중요한 역할을 한다고 볼 수 있다. 두 일치율의 차이가 작으면, 환경이 유전보다 더 중요한 역할을 한다고 볼 수 있다.

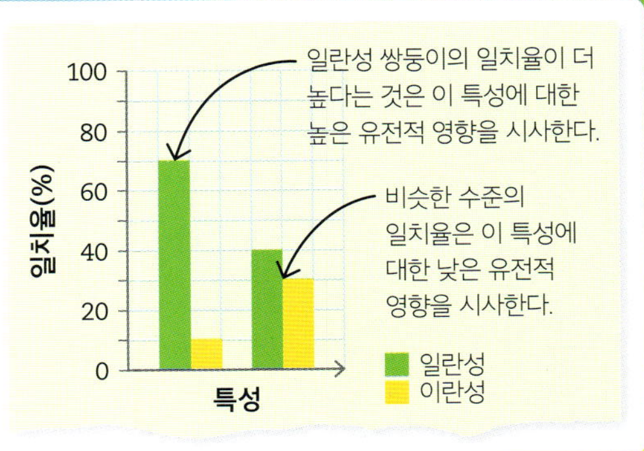

Chapter 3

감각과 지각

감각과 지각

감각은 눈이나 귀와 같은 감각기관을 통해 외부 세계와 신체 내부 상태에 대한 정보를 받아들이는 과정이다. 뇌에서 일어나는 지각은 이러한 감각 정보에 경험과 기대로부터 입력되는 것들을 결합하여 의미를 부여한다.

핵심 요약

- ✓ 감각은 감각기관이 자극을 감지하여 그 정보를 뇌에 전달할 때 발생한다.
- ✓ 지각은 뇌가 정보를 받고 그것을 이해할 때 발생한다.
- ✓ 다섯 가지 이상의 감각이 있으며, 각각 뇌의 다른 부분에서 처리된다.

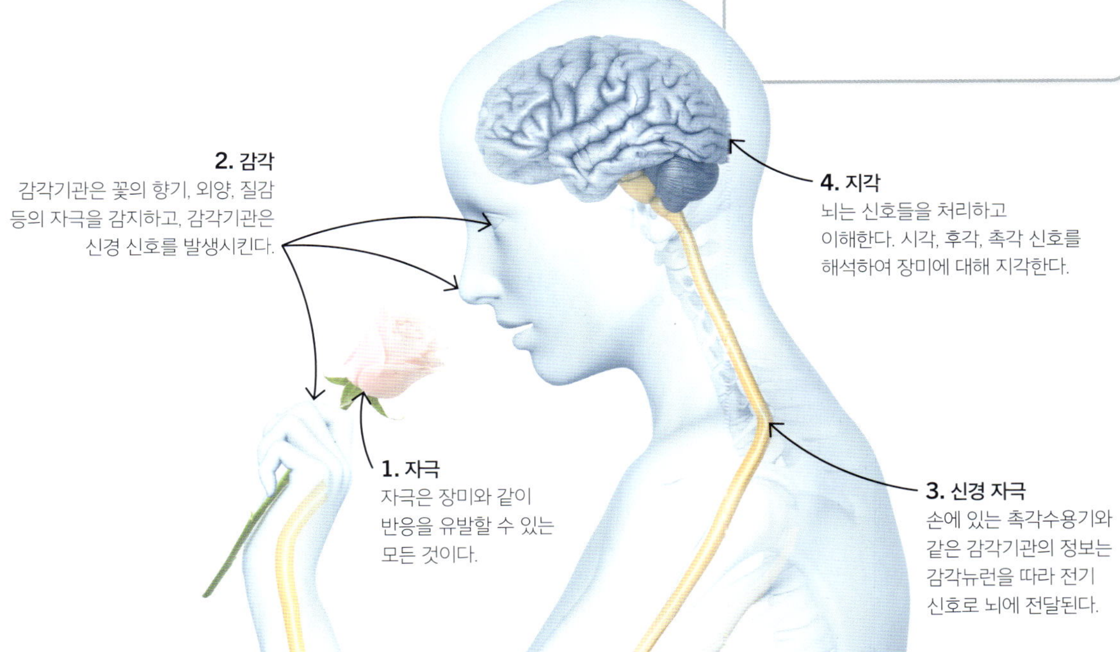

🔍 인간의 감각

인간은 다섯 가지 이상의 감각을 가지고 있다. 주요 감각기관을 통해 빛, 소리, 냄새, 맛, 촉감을 감지할 뿐만 아니라, 움직임, 중력, 온도, 통증, 근육과 관절의 위치나 상태(자기수용감z-)도 감지할 수 있다.

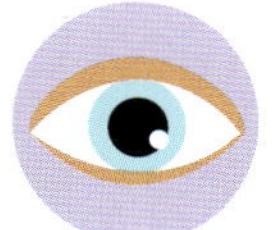

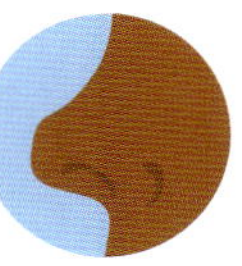
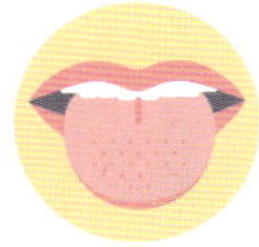

시각	청각	후각	미각	전정 감각	촉각	자기수용감각
(보는 것)	(소리)	(냄새)	(맛)	(균형)	(촉감)	(신체 인식)

정보 처리

상향식 처리와 하향식 처리는 뇌가 외부 자극에 관한 정보를 처리하는 데 사용하는 두 가지 주요 방법이다. 이 두 가지 방법을 통합하여 세상에 대한 경험을 만들어 낸다.

핵심 요약

- ✓ 외부 자극을 해석할 때에는 상향식과 하향식이라는 두 가지 처리 방법을 사용한다.
- ✓ 상향식 처리는 감각 정보를 사용하여 자극을 지각하는 것으로부터 시작한다.
- ✓ 하향식 처리는 자극에 대한 경험과 기대와 같은 사전 지식으로부터 시작된다.

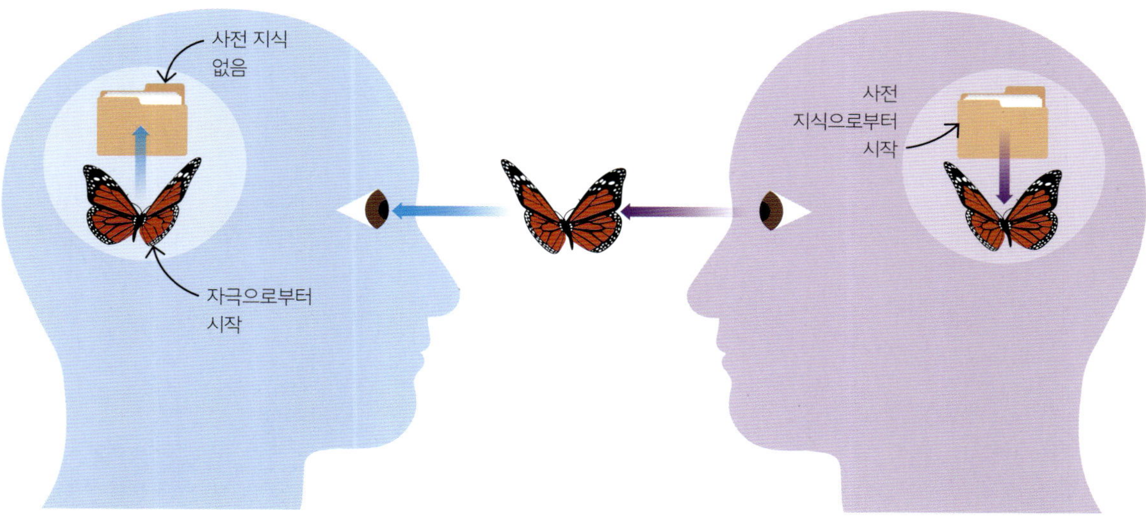

상향식 처리

신체 외부에서 시작된다. 뇌는 크고 화려한 색의 나비와 같이 외부 자극으로부터 받은 감각 정보를 분석하고, 이 정보를 이용해 해석하고 지각한다.

하향식 처리

신체 내부에서 시작되며, 사전 지식에 기반한다. 자극을 해석하기 위해 이미 알고 있는 것을 적용한다. 자극을 지각하는 방식은 그것에 대해 가지고 있는 지식, 경험, 기대에 의해 결정된다.

🔍 뒤죽박죽 문장

책을 읽을 때에는 하향식 처리를 사용한다. 뇌는 단어를 한 글자씩 인지하는 것이 아니라 사전 지식에서 얻은 지름길을 사용하여 전체적으로 단어를 읽는다. 사전 지식이 있기에 단어의 글자가 뒤섞인 문장을 읽는 것이 가능하다. 마찬가지로 착시 현상은 실제로는 그렇지 않더라도 보여질 것으로 기대하는 부분을 보도록 하기 때문에 나타난다.

Tihs snetnece si esay ot raed.
(이 몬장은 일기 쉽다)

선택적 주의

주의는 다른 정보를 의식적으로 배제하면서 특정 정보를 처리하는 과정이라고 정의할 수 있다. 매일같이 지나치게 많은 양의 감각 정보가 쏟아져 들어오기 때문에, 무엇에 주의를 기울이고 무엇을 걸러낼 수 있는지 알아내는 것이 필수적이다. 이러한 능력을 선택적 주의라고 한다.

칵테일 파티 효과

파티장이나 번화가처럼 큰 소리로 수다를 떨고 있는 사람들로 가득 찬 곳에서, 누군가 자신의 이름을 말한다면 어떨까? 소음에도 불구하고 자신의 이름을 들은 적이 있을 것이다. 자신과 관련된 정보를 듣거나 '선택'하는 현상을 칵테일 파티 효과라고 한다.

- 선택적 주의는 관련 있는 정보에 집중하고 관련 없는 정보는 무시하는 능력이다.
- 하나의 자극에 집중한 나머지 보다 뚜렷한 자극을 알아차리지 못하는 것을 부주의맹이라고 한다.

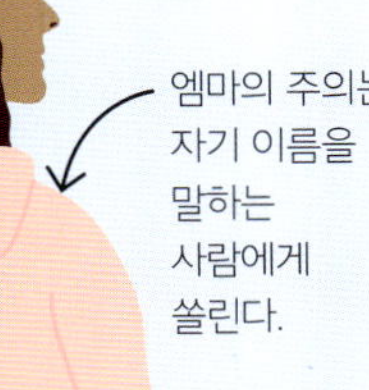

엠마의 주의는 자기 이름을 말하는 사람에게 쏠린다.

🔍 부주의맹

감각 입력의 한 부분에 집중한 나머지 다른 분명한 자극을 알아차리지 못하는 현상을 부주의맹이라고 한다. 미국의 심리학자 크리스토퍼 채브리스와 다니엘 시몬스 (1999)는 참가자들에게 비디오 화면 내의 사람들이 농구공을 몇 번 패스했는지 세어 보라고 하였다. 고릴라 인형 옷을 입은 사람이 왔다 갔다 하는데도, 참가자의 절반은 패스의 횟수를 세는 데 집중하느라 이를 알아차리지 못했다.

눈의 해부학

마치 카메라처럼, 눈은 들어오는 빛에 초점을 맞춰 빛에 민감한 표면 위에 선명한 이미지를 형성한다. 표면에서는 전기 신호를 발생시킨다. 눈은 두 단계로 빛에 반응하는데, 처음에는 앞쪽의 투명한 각막에, 이어 동공 뒤쪽의 조절 가능한 수정체에 초점을 맞춘다. 이미지는 망막이라고 불리는 조직층에 맺힌다. 뇌는 양쪽 눈의 신호를 결합하여 3차원의 이미지를 만든다.

핵심 요약

- ✓ 눈은 이미지를 만들기 위해 빛에 초점을 맞춘다.
- ✓ 전환은 빛에너지와 같은 감각 자극을 전기 신호로 변화시키는 것이다.
- ✓ 추상세포는 색을 감지하고 간상세포는 희미한 빛을 감지한다.

변환

감각기관은 (빛에너지와 같은) 자극을 뇌가 처리할 수 있는 전기 신호로 변환한다. 이 변환을 전환이라고 한다. 눈에서의 전환은 망막에 있는 간상세포와 추상세포라는 빛에 민감한 뉴런에서 일어난다. 이들은 시신경을 따라 뇌로 이동하는 전기 신호를 생성한다.

빛

눈으로 볼 수 있는 가시광선 스펙트럼은 훨씬 더 넓은 전자기 스펙트럼의 일부에 불과하다. 모든 형태의 전자기 복사는 에너지 파동과 같은 방식으로 이동하며 파동이 짧을수록 더 많은 에너지를 전달한다.

전자기 스펙트럼

전자기 파장은 수백 킬로미터에 이르는 전파에서부터 원자보다 작은 감마선에 이르기까지 다양하다. 파장이 다른 가시광선은 서로 다른 색깔로 나타난다. 예를 들어 적색광은 청색광보다 파장이 길다.

핵심 요약

- ✓ 빛은 전자기 복사의 한 형태이다.
- ✓ 전자기 스펙트럼은 가시광선뿐만 아니라 비가시적 형태의 복사를 포함한다.
- ✓ 모든 전자기 복사는 특정 파장 또는 파장 범위를 갖는다.
- ✓ 서로 다른 파장의 가시광선은 서로 다른 색을 나타낸다.

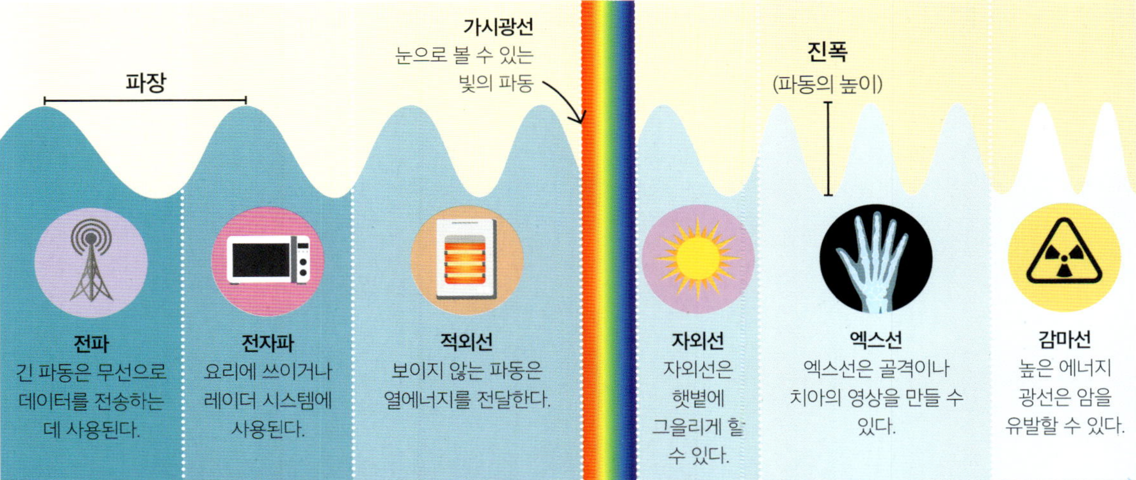

🔍 색을 보는 이유

백색광은 가시광선 스펙트럼에 있는 모든 색의 혼합이다. 빛이 물체에 닿으면 어떤 색은 흡수되고 다른 색은 반사된다. 색은 어떤 파장을 반사하느냐에 따라 달라진다.

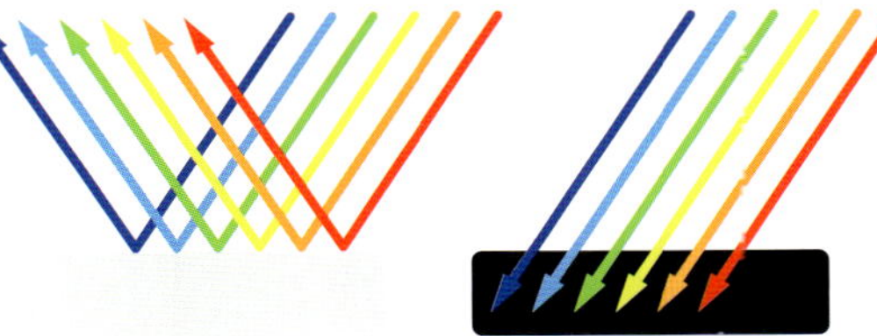

흰색 물체
스펙트럼의 모든 색이 반사되므로 물체는 흰색으로 보인다.

검은 물체
모든 색은 흡수된다. 빛이 거의 또는 전혀 반사되지 않아 물체가 검게 보인다.

유색 물체
녹색 물체는 녹색을 제외한 모든 파장의 가시광선을 흡수한다.

색각

가시광선에서 서로 다른 파장은 다른 색으로 지각된다. 예를 들어 더 짧은 파장은 청색으로, 더 긴 파장은 적색으로 보인다. 이러한 색상 체계는 눈에 있는 세 종류의 추상세포(색에 민감한 세포)에 기반한다. 세 가지 추상세포가 함께 작용함으로써 수백만 개의 색을 구별할 수 있다. 어떤 사람들은 추상세포의 결함으로 인해 색상을 지각하는 데 제한이 생기는데, 이를 색맹이라고 한다.

삼색 이론

삼색 이론(영-헬름홀츠 이론)에 따르면, 색은 적색, 청색, 녹색의 삼원색에 최대 민감도를 가지는 세 종류의 추상세포에 의해 감지된다. 추상세포끼리는 민감도가 겹치기 때문에 함께 작용할때 서로 다른 색을 감지할 수 있다. 예를 들어 황색은 적색과 녹색의 추상세포가 함께 활성화될 때 감지된다. 따라서 적색과 녹색이 섞이면 같은 추상세포에 자극을 주기 때문에 황색으로 지각된다. 컬러 화면은 이것을 이용하여 적색, 청색, 녹색의 화소를 통해 모든 색을 시뮬레이션한다.

- 서로 다른 파장의 가시광선은 서로 다른 색으로 지각된다.
- 삼색 이론에 따르면 지각되는 모든 색은 적색, 청색, 녹색에 최대 민감도를 가진 세 가지 추상세포에 의해 감지된다.
- 색상은 적색, 청색, 녹색을 혼합하여 시뮬레이션할 수 있다.
- 색맹은 색각 장애이다.

색맹

대부분의 색맹은 기능적인 추상세포를 만드는 데 필요한 유전자의 돌연변이로 인해 발생한다. 가장 흔한 적녹색맹에서는 적색과 녹색의 특정한 음영을 구별하기가 어렵다. 이시하라 검사에서는 색깔이 있는 점들의 패턴에서 숫자를 읽어 낼 수 있는지 확인하여 색맹 여부를 진단한다.

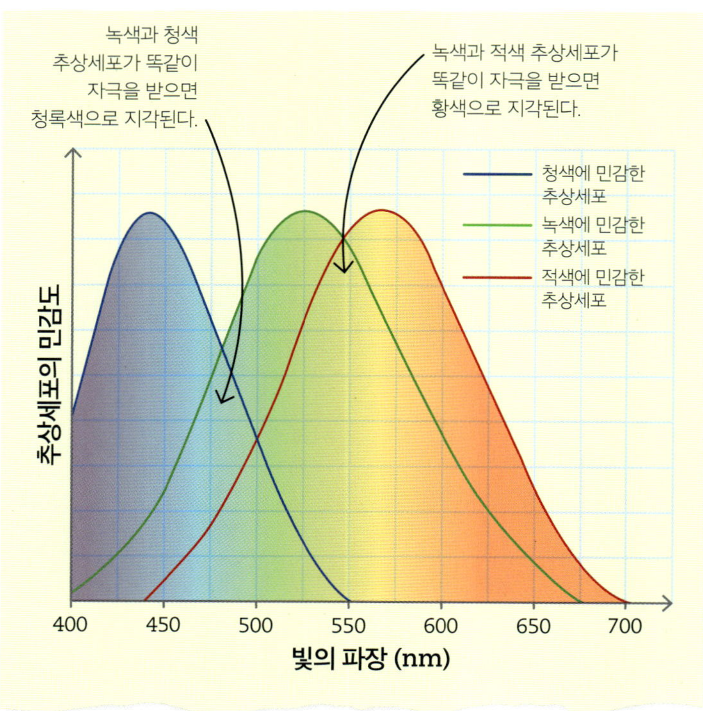

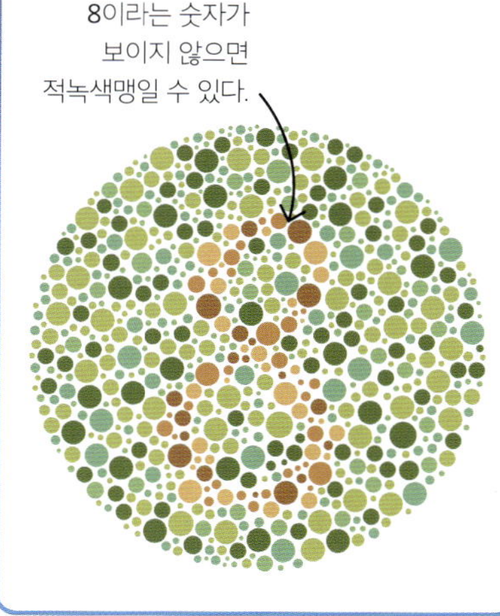

대립과정 이론

삼색 이론(64쪽 참조)이 색각을 완전히 설명하지는 못한다. 설명되지 않는 현상 중 하나는 잔상 효과라고 불리는 것인데, 이는 특정 색을 오랫동안 바라보게 되면 그 다음에 잠시 동안 그 보색이 지각되는 현상이다. 1892년, 독일의 생리학자 에발트 헤링은 이 효과를 설명하기 위해 삼색 이론을 보완한 대립과정 이론을 제시했다.

핵심 요약

- ✓ 잔상 효과를 설명하기 위해 대립과정 이론이 나타났다.
- ✓ 대립과정 이론은 적색-녹색, 황색-청색, 백색-흑색의 세 가지 보색으로 색각을 설명한다.
- ✓ 잔상 효과는 색상 패턴을 지속적으로 응시한 후 반대의 색(보색)이 잠시 지각될 때 발생한다.

잔상 효과

아래 이미지를 30초 동안 가까이 바라보다가 비어 있는 흰색 배경으로 시선을 이동하면, 올바른 색으로 된 성조기의 이미지가 나타날 것이다. 헤링은 반대의 색을 대립색이라고 표현했다. 그의 이론에 따르면, 색각은 적색-녹색, 황색-청색, 백색-흑색의 세 종류의 대립색에 기반한다. 한 가지 색을 오래 바라보면 눈의 광수용체(시신경 혹은 뇌의 색상 처리 뉴런)가 피로해진 나머지 대립색이 신호를 지배하게 된다.

1. 눈을 움직이지 않고 30초 동안 하얀 점을 바라본다.

2. 시선을 돌려 흰색 배경을 바라보면 잔상에 의해 성조기가 올바른 색상으로 나타난다.

깊이 지각

시각 시스템은 깊이 지각을 통해 주변의 3차원 공간에서 사물의 거리와 크기를 감지할 수 있게 한다. 깊이 지각의 일부는 양쪽 눈으로부터 오는 감각 정보의 통합(양안 단서)에 의존하고, 일부는 한쪽 눈에서 감지할 수 있는 깊이에 대한 정보(단안 단서)에 의존한다.

핵심 요약

- ✓ 깊이 지각은 양안 및 단안 단서에 의존한다.
- ✓ 시신경은 중심부에서 교차한다.
- ✓ 좌뇌는 양쪽 눈의 우측 시야를 처리하고, 우뇌는 좌측 시야를 처리한다.

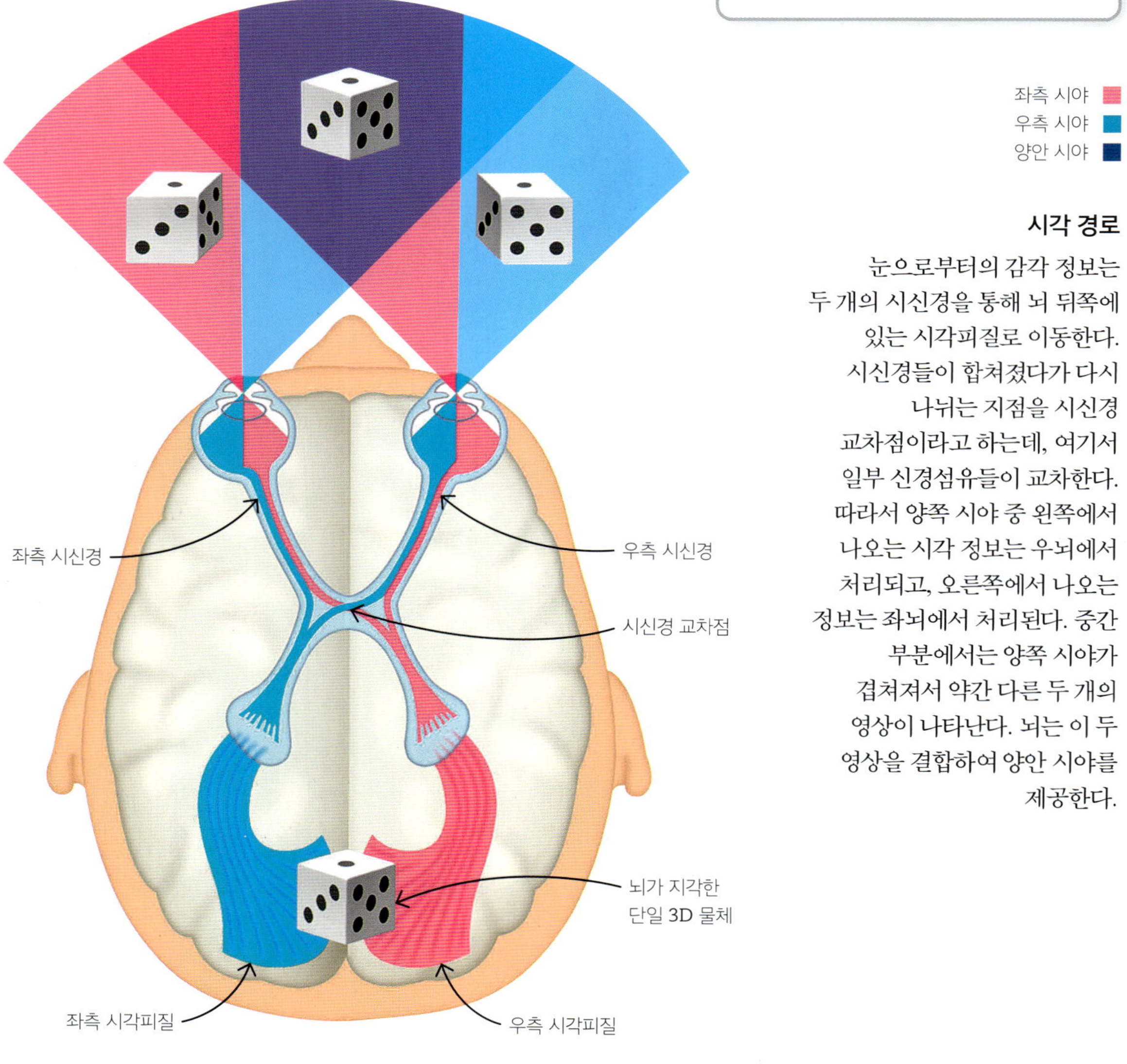

시각 경로

눈으로부터의 감각 정보는 두 개의 시신경을 통해 뇌 뒤쪽에 있는 시각피질로 이동한다. 시신경들이 합쳐졌다가 다시 나뉘는 지점을 시신경 교차점이라고 하는데, 여기서 일부 신경섬유들이 교차한다. 따라서 양쪽 시야 중 왼쪽에서 나오는 시각 정보는 우뇌에서 처리되고, 오른쪽에서 나오는 정보는 좌뇌에서 처리된다. 중간 부분에서는 양쪽 시야가 겹쳐져서 약간 다른 두 개의 영상이 나타난다. 뇌는 이 두 영상을 결합하여 양안 시야를 제공한다.

양안 단서

양쪽 눈으로부터의 입력 정보를 결합하면 깊이에 대한 두 가지
정보를 얻을 수 있다. 하나는 눈을 움직이는 근육에서, 다른 하나는
눈이 포착한 이미지에서 비롯된다.

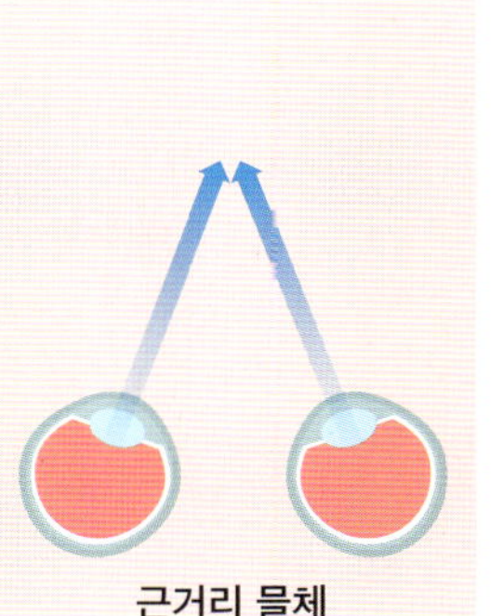

망막 시차
양쪽 눈은 약간 다른 각도에서 물체를 보고 다른 이미지를 만든다.
이것을 망막 시차라고 부른다.

양안 수렴
가까운 물체에 초점을 맞출 때는 눈이 모아진다. 먼 물체에 초점을 맞출
때는 평행한 위치를 향해 이동한다.

단안 단서

한 물체가 다른 물체 뒤에 있는지 여부와 같은 단서는 한쪽 눈으로만 볼 수 있다. 이러한
단안 단서는 깊이를 지각할 수 있게 한다.

중첩
한 물체가 다른 물체를 부분적으로 가릴 때,
뇌는 부분적으로 막힌 물체를 더 멀리 떨어진
것으로 해석한다.

상대 크기
같은 크기의 물체는 멀어질수록 작아 보인다.
뇌는 이를 깊이로 해석한다.

선형 원근법
평행선이 멀리까지 뻗어 나가면 모아진
것처럼 보인다. 이는 뇌가 깊이를 해석하는 데
도움이 된다.

질감 변화
더 멀리 있는 물체는 덜 자세하게 보인다.
질감의 변화는 뇌가 깊이를 판단하는 데
도움이 된다.

음영
물체의 밝기나 그림자의 크기, 모양은 물체가
얼마나 멀리 떨어져 있는지에 대한 단서를
제공한다.

장거리
풍경에서 원경은 전경보다 더 흐릿하게
보인다. 회화에서 멀리 보이는 안개는
깊이감을 나타내는 데 사용된다.

귀의 해부학

귀는 소리를 감지하여 듣고 소통할 수 있도록 한다. 음의 높이와 크기를 감지할 수 있으며, 양쪽 귀가 같이 작용하면 소리의 위치도 파악할 수 있다. 소리는 압력의 파동으로 공기를 통해 전달된다. 이 파동은 귀의 바깥에서 고막으로 모여 고막을 진동시킨다. 진동은 귀의 중간에 있는 작은 뼈들로 전해지고, 이어 액체로 채워진 귀의 안쪽으로 전달된다. 달팽이관이라고 불리는 나선형 기관은 소리를 전기 신호로 바꾸어 뇌로 보낸다.

핵심 요약

✓ 귀는 음파를 감지하고 소리 정보를 뇌로 보내기 위해 전기 신호로 변환한다.

✓ 청각피질은 귀로 들어온 정보를 처리하며, 청각과 언어 이해에 필수적이다.

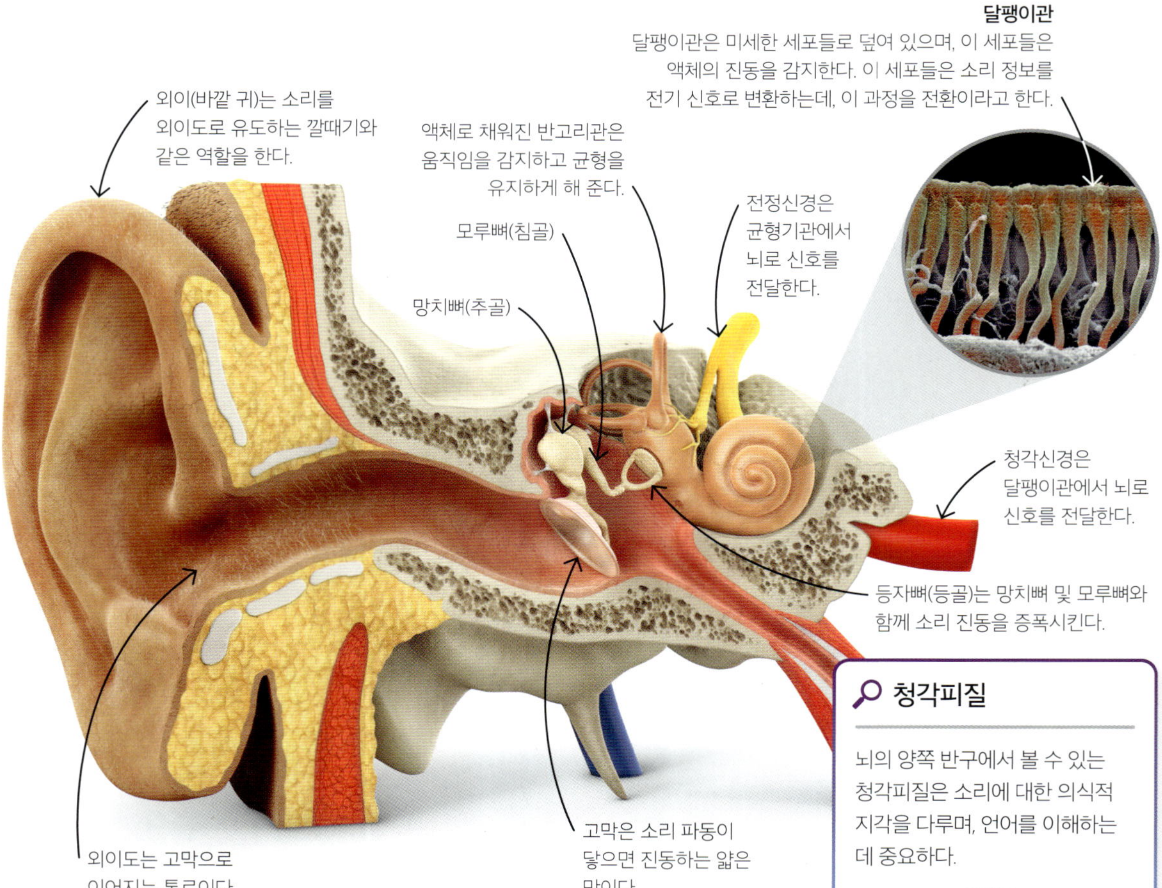

달팽이관

달팽이관은 미세한 세포들로 덮여 있으며, 이 세포들은 액체의 진동을 감지한다. 이 세포들은 소리 정보를 전기 신호로 변환하는데, 이 과정을 전환이라고 한다.

청각피질

뇌의 양쪽 반구에서 볼 수 있는 청각피질은 소리에 대한 의식적 지각을 다루며, 언어를 이해하는 데 중요하다.

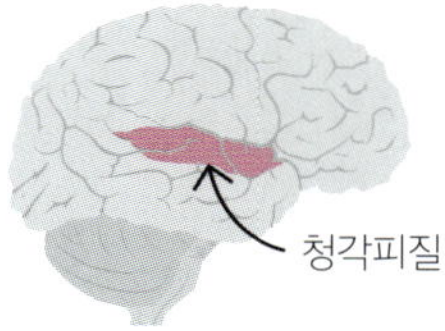

소리

리드미컬한 음악, 교통 소음, 멀리서 들려오는 목소리 등 모든 소리는 주변 환경에 대한 정보를 전달해 준다. 소리는 1초에 343m로 빠르게 공기를 통과하는 보이지 않는 압력의 파동이며, 고막을 진동시켜 들을 수 있게 해 준다. 소리는 안 보이는 곳에서 일어나는 일을 알려 주고, 위험을 경고하며, 언어를 통해 의사소통할 수 있게 도와준다.

핵심 요약

- ✓ 소리는 압력의 파동으로 전파된다.
- ✓ 주파수가 높을수록 음의 높이도 높아진다.
- ✓ 시끄러운 소리는 조용한 소리보다 더 많은 에너지를 가지고 있다.
- ✓ 소리 파동의 크기(강도)는 로그 척도인 데시벨로 측정된다.

음파

공기 중에서 소리는 압력의 파동으로 전파된다. 파동은 마치 연못에서 물결이 퍼지는 것처럼 중심에서부터 동심원을 그리며 바깥으로 퍼져 간다. 주파수는 매초 귀에 닿는 음파의 수를 말한다. 사람이 들을 수 있는 소리는 초당 20파동(20헤르츠)에서 20,000파동 사이로, 주파수가 높을수록 음이 높아진다. 소리의 크기는 각 파동에 담긴 에너지 양에 따라 달라지며, 아래 그래프처럼 파동의 높이(진폭)를 통해 알 수 있다.

음파는 파형이라는 물결 모양의 선으로 표현된다.

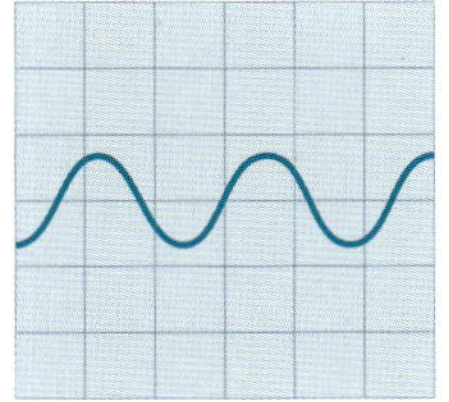

작은 진폭 = 조용한 소리

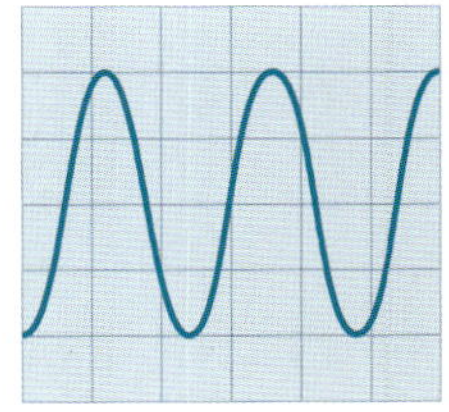

큰 진폭 = 시끄러운 소리

높은 주파수 = 높은음

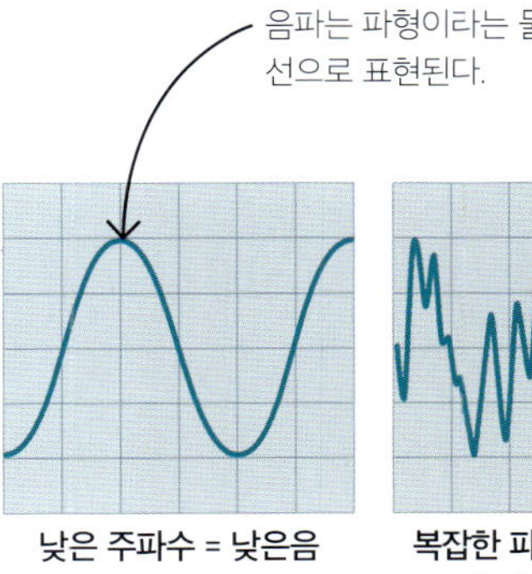

낮은 주파수 = 낮은음

복잡한 파형은 악기에서 흔히 볼 수 있다

🔍 데시벨 척도

소리의 크기(강도)는 데시벨(dB)로 측정된다. 이 척도는 선형이 아닌 로그형으로, 40dB에서 50dB로 증가할 때 소리는 25%가 아니라 10배 더 커진다. 70dB 이상의 소리에 장기간 노출되면 청력 손실이 발생할 수 있으며, 이러한 청력 손실은 서서히 진행되고 누적된다.

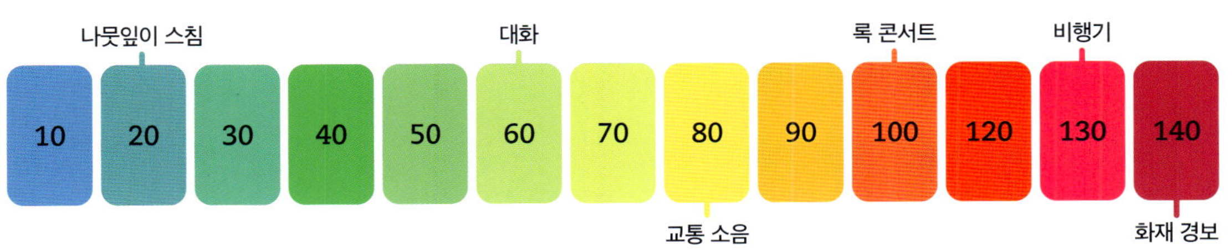

음높이와 위치

모든 감각은 전환이라는 과정에 의존한다. 전환은 외부의 화학적 또는 물리적 신호를 뇌가 해석할 수 있는 신경 임펄스로 변환하는 것이다. 귀에서의 전환은 달팽이관이라고 불리는 나선형의 관에서 일어나며, 음파 정보를 신경 세포가 운반하는 전기화학적 형태로 변환한다. 뇌는 이 자료를 해석하여 소리의 음높이, 크기, 위치를 판단한다.

핵심 요약

- ✓ 전환(신호를 신경 임펄스로 변환하는 과정)은 내이의 달팽이관에서 이루어진다.
- ✓ 장소 이론에 의하면 음높이는 달팽이관에서 소리가 감지되는 위치와 관련이 있다.
- ✓ 주파수 이론에 의하면 음높이는 달팽이관에서 생성되는 신경 임펄스의 주파수와 관련이 있다.

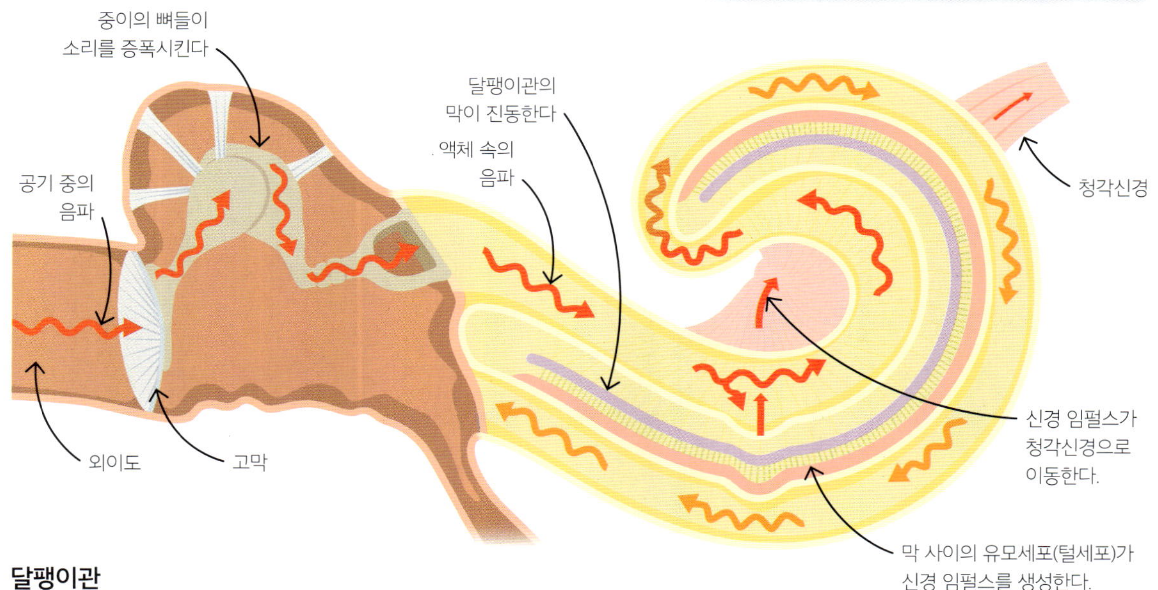

달팽이관

고막에서 포착된 음파는 액체로 채워진 내이에서 달팽이관으로 들어간다. 파동은 달팽이관을 따라 길게 뻗어 있는 한 쌍의 막을 진동시키며, 감각세포의 미세한 털을 움직여서 뇌로 신호를 보낸다. "장소 이론"에 따르면 높은음은 달팽이관의 시작 부분에서, 낮은음은 끝부분에서 감지된다. "주파수 이론"에 따르면 음높이는 달팽이관에서 뇌에 도착하는 신경 임펄스의 주파수와 관련 있다.

🔍 소리의 위치

두 눈이 3차원의 양안 시각을 제공하듯이, 두 귀는 스테레오 청각을 제공하여 소리의 출처를 정확히 파악할 수 있게 해 준다. 음파는 일반적으로 한쪽 귀에 약간 먼저 도착하고, 더 크게 들린다. 뇌는 이 지연과 강도의 차이를 처리하여 소리의 위치를 파악한다.

난청

난청은 대부분의 사람들이 경험하며, 나이가 들면서 더 자주 일어난다. 난청에는 전도성과 감각신경성의 두 가지 유형이 있다. 전도성 난청은 소리가 외이와 중이의 민감한 구조를 제대로 통과하지 못할 때 발생한다. 감각신경성 난청은 내이의 감각세포 혹은 관련 신경이 소리에 반응하지 못할 때 발생한다.

인공와우

감각신경성 난청이 있는 사람들은 청력 보조 기기의 도움을 받는다. 보청기는 소리를 증폭시키고, 인공와우(오른쪽 그림)는 외이와 내이를 우회하여 소리를 감지하는 내이의 달팽이관을 직접 자극한다. 청력 보조 기기는 개인의 선택이며, 난청이 있는 사람들이 소통할 수 있는 유일한 방법은 아니다.

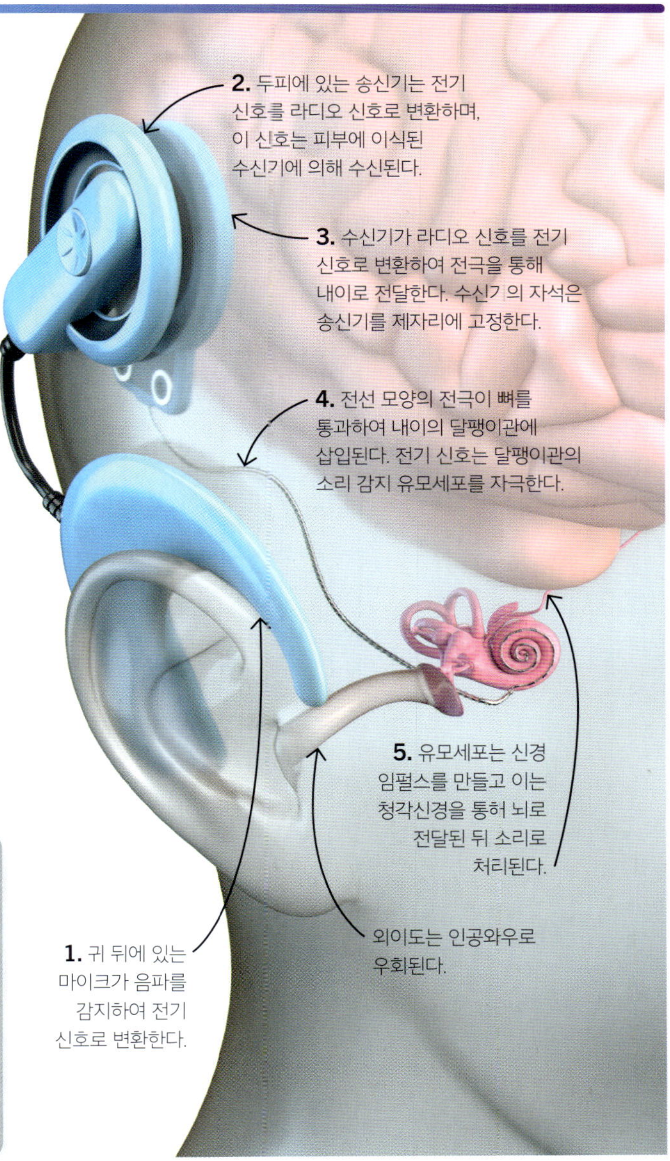

핵심 요약

- ✓ 전도성 난청은 외이와 중이에 영향을 미치며, 회복 가능하다.
- ✓ 감각신경성 난청은 내이에 영향을 미치며, 영구적이다.
- ✓ 청력 보조 기기는 감각신경성 난청이 있는 사람들을 도와준다.

🔍 난청의 원인

난청에는 여러 가지 원인이 있으며, 일부 난청은 노화에 따른 자연스러운 결과이다. 장기간 큰 소음에 노출되면 청력이 저하될 수 있다. 난청은 대부분 감각신경성으로, 이는 대개 영구적이지만 전도성 난청은 비교적 회복 가능하다.

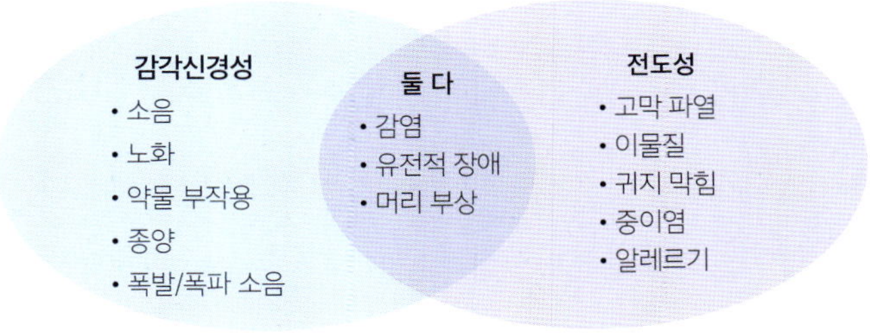

감각신경성	둘 다	전도성
• 소음	• 감염	• 고막 파열
• 노화	• 유전적 장애	• 이물질
• 약물 부작용	• 머리 부상	• 귀지 막힘
• 종양		• 중이염
• 폭발/폭파 소음		• 알레르기

촉감

피부는 신체에서 가장 큰 감각기관이라고 할 수 있다. 피부는 여러 종류의 촉감에 민감할 뿐만 아니라, 따뜻함, 차가움, 아픔을 감지하는 수용기도 가지고 있다. 다양한 수용기가 결합하여 가려움, 축축함, 간지러움 등의 다른 감각도 만들어 낸다.

피부 수용기

촉감은 피부의 감각뉴런 말단에서 감지된다. 이 말단은 수용기라고도 불리며 척수를 통해 감각 정보를 뇌의 체성감각피질로 전달한다.

핵심 요약

- 피부의 수용기는 다양한 종류의 촉각, 온도, 통증을 감지한다.
- 여러 다른 수용기의 결합으로 가려움, 축축함, 간지러움 등의 감각이 생긴다.
- 더 많은 감각수용기가 있는 부위의 촉감은 더 민감하다.
- 촉각은 뇌의 체성감각피질에서 처리된다.

체성감각피질

촉각은 뇌의 체성감각피질에서 처리된다. 이 피질은 좌우 반구를 가로질러 있으며 두정엽에 위치해 있다.

피질 호문쿨루스

손가락이나 입술과 같이 민감한 신체 부위에는 수용기가 더 밀집되어 있다. 이러한 부위는 더 넓은 체성감각피질을 차지하는데, 이를 피질 호문쿨루스라고 한다. 그림에는 각 신체 부위가 피질에서 차지하는 비율에 따라 크기가 왜곡된 형태의 인간이 묘사되어 있다.

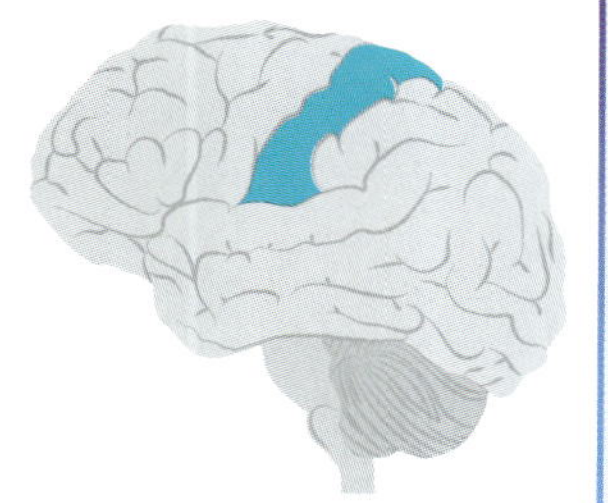

통증

통증은 불편하지만, 우리를 위험으로부터 보호하는 중요한 기능을 한다. 통증은 신체에 상처를 입힐 수 있는 자극을 피하도록 경고한다.

통증의 경로

통증은 조직 손상을 감지하는 특수한 감각수용기(통각수용기)에 의해 감지된다. 이 수용기들은 척수를 통해 뇌로 신호를 보내며, 뇌는 통증을 인식한다. 조직 손상이 일어나면 뇌로부터의 입력이 없이도 손상 부분을 자극으로부터 빠르게 이동시키는 반사 작용이 일어난다.

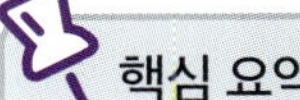

핵심 요약

✓ 통증은 신체를 위험으로부터 보호하는 중요한 기능이다.

✓ 통증을 느끼는 감각은 조직 손상을 감지하는 감각수용기에 의해 유발되며, 신호를 뇌로 보낸다.

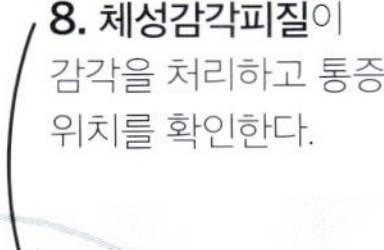

뇌의 통각 중추

게이트 조절 이론

부상 부위를 따뜻하게 또는 차갑게 하거나, 누르거나 문지르면 통증이 완화될 수 있다. 게이트 조절 이론에 따르면, 이는 척수가 감각 신호에 대한 관문의 역할을 하기 때문이며, 다른 감각 신호들을 통과시켜 통각을 차단하기 때문이다.

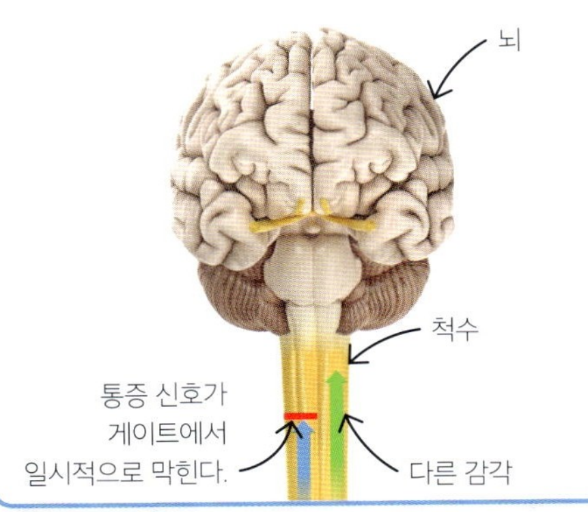

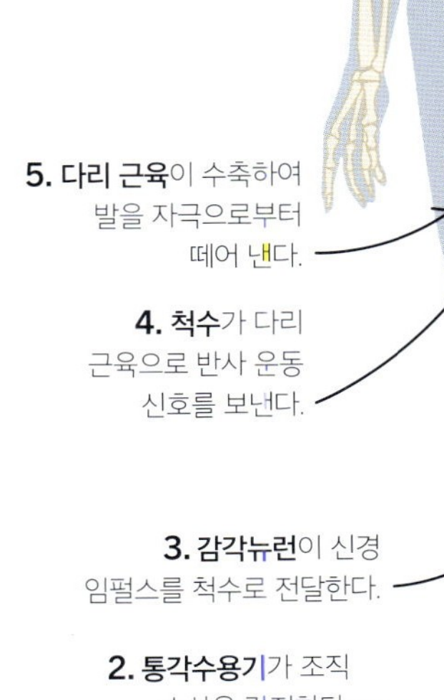

맛

맛은 화학적 감각으로, 미각이라고도 불린다. 혀와 입 부분에 있는 감각수용기 세포들은 음식에서 녹아 나온 화학물질에 반응한 신호를 뇌로 전달한다. 기본적으로 다섯 가지의 화학적 맛을 느낄 수 있으며, 음식의 다양하고 복잡한 맛과 향은 미각과 후각이 함께 작용하여 만들어진다.

미뢰

미각은 미뢰로부터 온다. 미뢰는 혀와 입안의 작은 돌기(유두) 부분에 감각세포들이 모여 있는 곳이다. 감각세포의 끝에 있는 미세한 섬모는 음식 속 특정 화학물질을 감지하고, 이에 반응하여 신경 임펄스를 생성한다.

핵심 요약

- ✓ 맛은 냄새와 마찬가지로 화학적 감각이다.
- ✓ 미뢰는 화학물질을 감지하는 감각세포들의 집합체로, 입 안에 존재한다.
- ✓ 짠맛, 단맛, 신맛(산성), 쓴맛, 그리고 감칠맛(고소한 맛)의 다섯 가지 기본적인 맛을 감지한다.
- ✓ 미각과 후각이 결합하여 음식의 복잡한 맛을 형성한다.

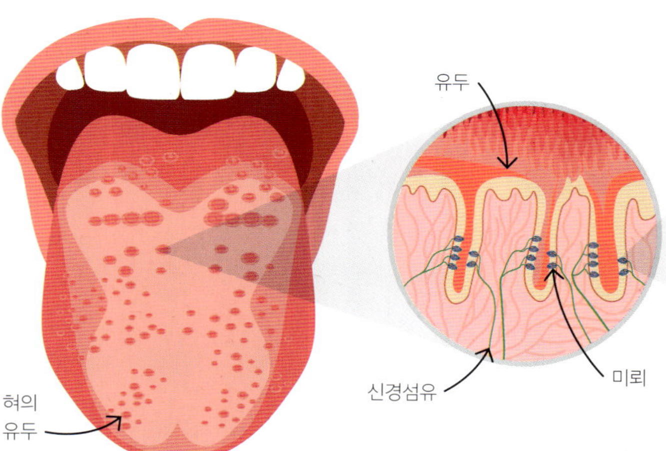

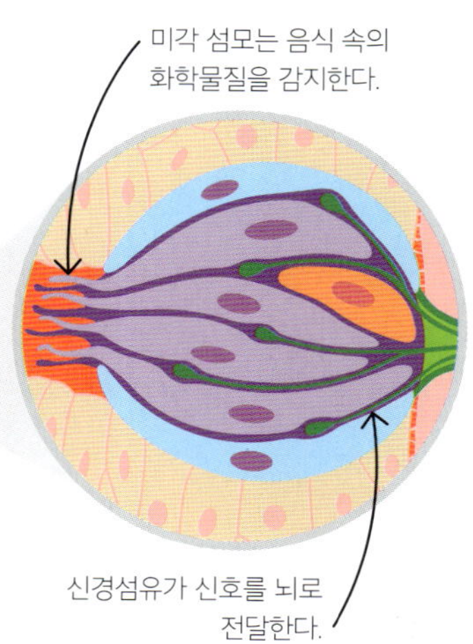

🔍 다섯 가지 맛

미뢰는 침에 녹아든 화학물질에 의해 다섯 가지 맛을 느낀다. 음식에서 나온 그 외의 화합물들은 증발하여 입 뒤쪽을 통해 비강으로 이동하며, 이곳에서는 후각수용체를 자극하여 음식에 복잡한 향을 더해 준다.

짠맛
식염(소금)과 같은 수용성 미네랄에서 나는 맛이다.

단맛
과일이나 꿀 같은 음식은 단맛이 나며, 에너지원인 당을 포함하고 있다.

신맛
산으로 인해 나는 맛으로, 과일에서 주로 나타나지만 상한 음식에서도 느껴진다.

쓴맛
먹을 수 없는 음식이나 독성 물질의 신호일 수 있지만, 일부 식용 물질도 약간의 쓴맛을 가진다.

감칠맛
감칠맛은 단백질이 풍부한 음식에서 나타나며, 이러한 맛을 내는 음식은 생선, 콩, 해초 등이 있다.

냄새

냄새는 화학적 감각으로, 후각이라고도 불린다. 코의 감각세포는 공기 중의 냄새 분자를 감지하고 신경 임펄스를 뇌로 보낸다. 냄새는 상한 음식과 같은 위험을 알려 주는 역할을 한다. 또한 냄새는 정서나 기억과도 연관이 있다.

냄새의 작동 원리

냄새 분자는 숨을 쉴 때 코를 통해 들어온다. 이 중 일부는 비강 상부에 있는 감각수용기 세포의 섬모(미세한 털)에 붙어 신경 임펄스를 유발한다. 이 신호는 신경섬유를 따라 두개골을 지나 뇌의 기저에 있는 후각구에 도달한 뒤, 뇌의 다양한 부분으로 전달된다. 이 부분에는 위험을 감지하는 편도체, 기억을 처리하는 해마, 그리고 후각 정보를 전두피질과 같은 다른 뇌 영역으로 전달하는 후각피질이 포함된다.

핵심 요약

- ✓ 냄새는 맛과 같은 화학적 감각이다.
- ✓ 코 안의 수용체 세포는 냄새 분자를 감지하고, 정보를 뇌로 전달해 해석하게 한다.
- ✓ 냄새는 위험을 경고하고, 정서와 기억을 유발할 수 있다.

🔍 냄새와 연상

냄새가 어떻게 인식되는지는 문화적 경험에 따라 다르다. 미국에서 노루발나무의 열매의 냄새는 긍정적인 반응을 일으키는데, 이는 이 식물의 기름이 사탕에 사용되기 때문이다. 그러나 영국에서는 이 냄새가 약을 생각나게 하기 때문에 선호되지 않는다.

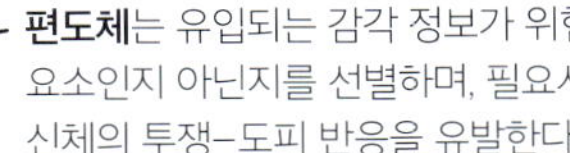

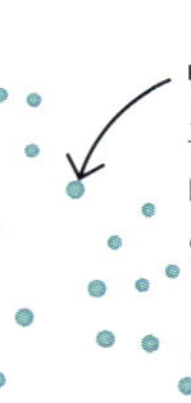

편도체는 유입되는 감각 정보가 위험 요소인지 아닌지를 선별하며, 필요시 신체의 투쟁–도피 반응을 유발한다.

후각 신경로는 후각 구에서 뇌로 신경 임펄스를 전달한다.

후각구는 뇌의 기저에 위치하며, 코의 냄새 감지 세포와 직접 연결되어 있다.

후각 상피는 비강 상부에 위치하며 냄새 분자에 반응하는 감각수용기가 있다.

냄새 분자는 콧구멍 혹은 입 뒤쪽을 통해 비강으로 들어올 수 있다.

자기수용감각

자기수용감각은 신체의 위치, 자세, 동작을 감지하는 능력을 말하며, 근육, 관절, 기타 조직에 있는 감각세포를 이용한다. 자기수용감각은 걷고, 뛰고, 균형을 유지하고, 무거운 물건을 들어 올릴 수 있게 해 주며, 주로 무의식적으로 작동한다.

핵심 요약

✓ 자기수용기라고 불리는 감각세포들은 신체의 움직임에 따라 뇌에 피드백을 제공한다.

✓ 내이의 전정기관은 자기수용기와 함께 균형과 움직임을 돕는다.

전정기관

내이의 전정기관은 뇌에 균형과 움직임에 대한 정보를 제공한다. 액체로 가득 찬 세 개의 반고리관은 머리의 회전을 감지하며, 작은 무게의 기관인 이석은 중력과 선형 가속을 감지한다.

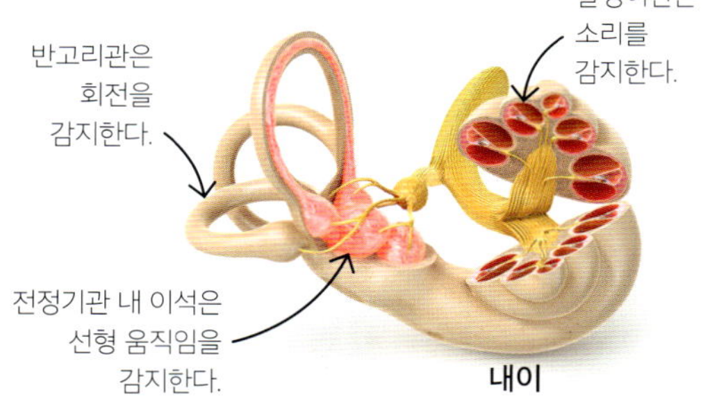

뇌의 체성감각 영역은 신체로부터의 감각 정보를 받는다.

눈은 신체 위치에 대한 시각 정보를 전달한다.

내이는 뇌에 중력과 움직임에 대한 정보를 전달한다.

신체 전체에 분포된 자기수용기로부터의 신호는 척수를 통해 올라간다.

피부의 신장수용기는 동작을 감지한다.

감각신경은 자기수용기에서 뇌로 정보를 전달한다.

자기수용기 시스템

자기수용기라고 불리는 감각세포들은 근육, 관절, 힘줄, 인대, 피부에 위치해 있다. 이들은 수축이나 압력을 받으면 뇌로 신호를 보내 근육이 작용할 때마다 신체의 움직임에 대한 피드백을 제공한다.

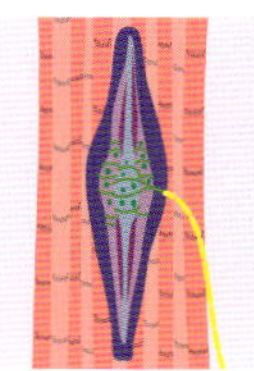

관절
관절 내 신경 말단은 관절의 위치를 감지하고, 과도하게 늘어나는 것을 방지해 관절을 보호한다.

근육
근육의 방추섬유 센서는 근육이 늘어날 때 뇌에 정보를 전달한다.

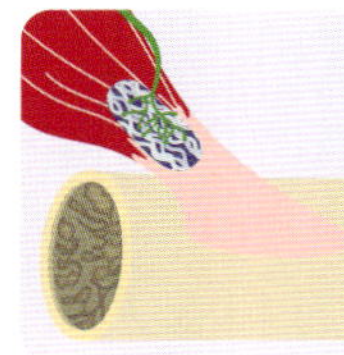

힘줄
근육 끝의 힘줄에 있는 수용기들은 근육이 과도하게 늘어나는 것을 막기 위해 근육의 긴장을 모니터링한다.

감각의 상호작용

감각들은 독립적으로 작용하지 않고 서로 영향을 미친다. 이를 감각의 상호작용이라고 한다. 예를 들어 음식의 맛은 혀에 있는 미뢰뿐만 아니라 코의 냄새 감지기와 입 안의 촉감 및 온도수용기에도 의존한다. 이렇듯 다양하게 입력된 감각은 뇌에서 결합되어 하나의 경험을 만들어 낸다.

역치와 적응

신체는 끊임없이 감각 정보를 받아들이며, 뇌는 어떤 신호에 의식적으로 주의를 기울일지 결정해야 한다. 자극은 특정한 역치 수준 이상일 때만 지각된다. 50%로 지각되는 강한 자극을 절대 역치라고 하며, 이보다 덜 지각되면 역하라고 한다. 자극이 반복되고 지속되면 점점 둔해지는데, 이를 감각 적응이라고 한다. 예를 들어 꽃향기를 처음 맡았을 때는 진하게 느껴지지만, 시간이 지나면 약해진다.

> **핵심 요약**
>
> ✓ 감각은 서로 상호작용하고 영향을 미친다.
> ✓ 50%로 지각되는 자극은 절대 역치에 해당한다.
> ✓ 자극이 반복됨에 따라 점차 둔해지는 현상을 감각 적응이라고 한다.
> ✓ 공감각은 한 감각이 다른 감각을 유발하는 현상이다.

🔍 공감각

소수의 사람들은 공감각을 경험하는데, 이는 하나의 감각이 다른 감각을 유발하는 현상이다. 예를 들어 일부 사람들은 음을 색으로 지각할 수 있다.

적응-수준 현상

적응-수준 현상은 새로운 상황이나 자극에 적응함에 따라 그것이 당연하거나 정상적으로 느껴지는 것을 말한다. 예를 들어 처음 양말을 신었을 때는 양말이 느껴지지만, 조금 지나면 양말을 신었다는 것을 느끼지 못하게 되는 현상이 이에 해당한다. 자극은 이전의 경험과 비교하여 평가되며, 반복된 경험은 새롭거나 눈에 띄는 것들에 대한 역치를 높일 수 있다.

핵심 요약

- ✓ 적응-수준 현상은 새로운 상황이나 자극이 더 이상 눈에 띄지 않게 되는 경향을 말한다.
- ✓ 탈습관화는 적응된(습관화된) 자극을 다시 알아차리게 되는 현상을 의미한다.
- ✓ 쾌락 적응 이론에 따르면, 좋은 혹은 나쁜 일이 일어난 후에는 '행복의 기준점'으로 되돌아가는 경향이 있다.

소음에 대한 적응

조용한 동네에서 기찻길 근처의 집으로 이사했다고 가정해 보자. 처음에는 소음이 크게 들리고 성가실 수 있지만, 며칠 후에는 거의 신경 쓰지 않게 된다. 소음에 반복적으로 노출되면 점점 익숙해져 그것이 자연스럽게 느껴지고, 더 이상 주의를 기울이지 않게 된다. 이렇듯 자극에 덜 반응하게 되는 과정을 습관화라고 한다. 반대로 탈습관화도 발생할 수 있다. 예를 들어 손님이 와서 기차 소리가 크다고 지적하면 소음을 다시 알아차리게 된다.

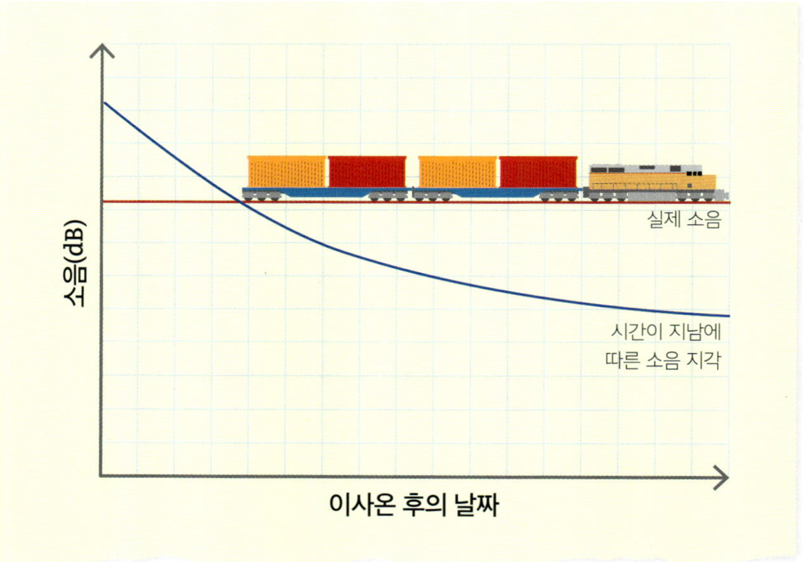

🔍 쾌락 적응

쾌락 적응 이론에 따르면, 긍정적인 혹은 부정적인 사건 후에 빠르게 '행복의 기준점'으로 되돌아가는 경향이 있다. 예를 들어 월급이 오르거나 비싼 물건을 사면 처음에는 행복감이 솟구치지만, 며칠 후에는 곧 가라앉는다. 쾌락 적응은 러닝머신에 비유되며, 돈이 많아지고 명예가 높아진다고 해도 이에 따라 행복이 계속 높아지지 못하는 현상을 설명한다.

쾌락을 더 많이 느끼려 아무리 노력해도 결국 같은 수준으로밖에 느끼지 못한다.

Chapter 4
행동주의 심리학

자극-반응 학습

행동주의 심리학은 자극-반응 학습에 기반을 두고 있다. 모든 행동은 자극(환경 속의 어떤 것)과 그로 인해 발생하는 반응의 결과로 설명될 수 있다. 행동주의 심리학자들은 동물을 대상으로 연구했으며, 새로운 행동을 배우는 방식은 인간과 동물이 유사하다고 주장했다.

핵심 요약

- ✓ 자극-반응 학습 이론에 따르면, 모든 행동은 자극(환경 속의 어떤 것)과 그에 의해 발생하는 반응 간의 결과이다.
- ✓ 손다이크는 만족스러운 결과를 초래하는 반응이 발생할 가능성이 더 높다고 하였다.

손다이크의 퍼즐 상자(1898)

미국의 심리학자 에드워드 L. 손다이크는 '퍼즐 상자'에서 고양이가 탈출하는 데 걸리는 시간을 측정했다. 상자 안의 고양이는 레버를 누르면 탈출문이 열린다는 것을 우연히 발견했다. 고양이는 레버를 누르면 만족스러운 결과가 나온다는 것을 알게 되었고, 상자 안에 다시 들어갈 때마다 더 빠르게 레버를 눌렀다.

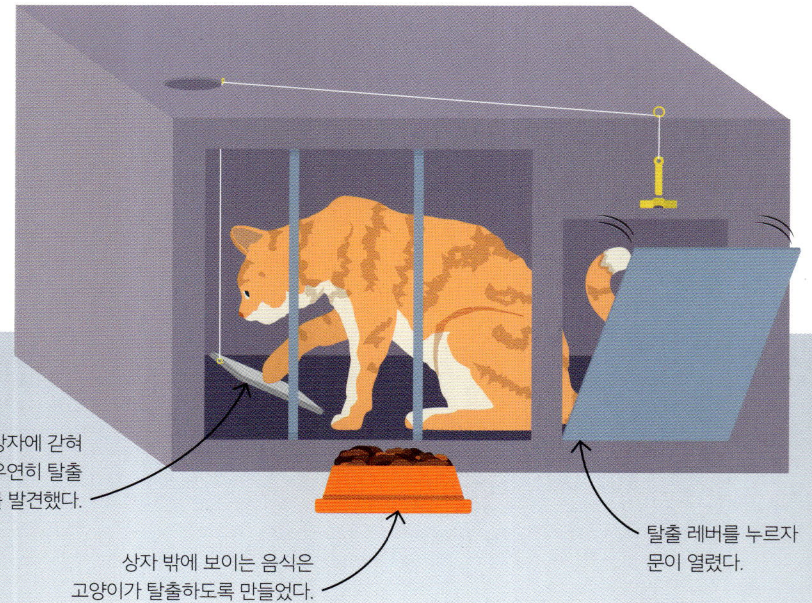

🔍 인간 행동의 예시

자극에 대한 반응으로 행동을 학습하는 예는 일상생활에서 쉽게 볼 수 있다. 예를 들어 어린아이들은 길을 건널 때 신호등의 색깔에 어떻게 반응해야 하는지 배운다. 즉, 빨간불은 멈추라는 의미이고, 초록불은 건너라는 의미임을 알게 된다.

고전적 조건형성

고전적 조건형성은 연합을 통해 학습하는 것을 의미한다. 이는 기존에 반응이 없었던 중립자극과 본능적인 반응을 유발하는 다른 자극 사이의 연합이 어떻게 조건화(학습)되는지를 설명한다. 최초의 고전적 조건형성에서는 개들이 학습하는 방식을 설명하였지만, 이후의 심리학자들은 이를 인간이 학습하는 방식에 적용하여 설명하였다.

파블로프의 개(1897)

러시아의 생리학자 이반 파블로프는 개의 소화 과정을 연구하던 중, 개들이 음식이 눈앞에 놓이기도 전에 침을 흘리는 것을 관찰했다. 때때로 개들은 음식을 주는 실험자를 보기만 해도 침을 흘렸다. 이는 개들이 실험자와 음식을 연합한 결과이다. 새로운 행동이 학습된 것은 아니지만, 실험자는 개들이 반사적으로 침을 흘리게 하는 새로운 원인이 되었다.

핵심 요약

- ✓ 고전적 조건형성은 연합을 통한 학습이다.
- ✓ 연합은 중립자극과 본능적인 반응을 유발하는 다른 자극을 연결한다.
- ✓ 조건화 후 중립자극은 조건자극이 되어 조건반응을 유발한다.

1. 자연 상태
개는 음식을 보면 자연스럽게 침을 흘린다. 음식은 무조건자극(UCS)이고, 침을 흘리는 것은 무조건반응(UCR)이다.

2. 조건화 이전
개는 종소리에 침을 흘리지 않는다. 종소리는 중립자극(NS)이다.

3. 조건화 중
파블로프는 개에게 음식을 줄 때마다 종을 울리기 시작했다. 이것을 반복하여 개가 종소리와 음식을 연합하도록 만들었다.

4. 조건화 후
결국, 음식을 주지 않고 종을 울리는 것만으로도 개는 침을 흘리게 되었다. 종소리는 조건자극(CS)이 되었고, 침을 흘리는 것은 조건반응(CR)이 되었다. 조건반응은 종소리라는 자극에 학습된 반응이다.

조작적 조건형성

미국의 심리학자 B.F. 스키너는 동물 행동에 대해 연구했다. 그는 동물들이 자발적으로 만들어 내는 행동을 조작이라고 불렀다. 조작이 만족스러운 결과를 가져올 때, 그 행동은 강화, 즉 보상을 받아 반복될 가능성이 높아진다.

- 조작적 조건형성은 결과에 의한 학습이다.
- 강화는 행동이 다시 발생할 가능성을 높인다.
- 정적 강화는 즐거운 무언가를 제공하는 것이다.
- 부적 강화는 불쾌한 무언가를 제거하는 것이다.

스키너의 쥐

스키너는 쥐를 '스키너 상자'에 넣었다. 쥐는 새로운 환경에서 이리저리 돌아다니다가 우연히 레버를 눌러 먹이가 나오는 것을 발견했다. 쥐는 계속 레버를 다시 눌렀고, 누를 때마다 먹이를 받았다. 시간이 지나면서 쥐는 강화(먹이)에 의해 조작(레버 누르기)을 반복하도록 조건화(학습)되었다.

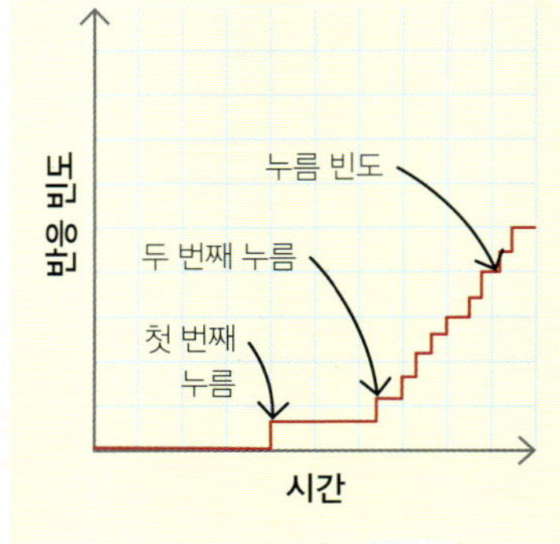

반응 기록

스키너 상자에 있는 레버는 누르는 빈도가 기록되는 누적 기록 장치에 연결되었다. 쥐가 처음으로 레버를 누를 때까지는 시간이 걸렸지만, 강화 이후 행동의 빈도는 점점 더 높아졌다.

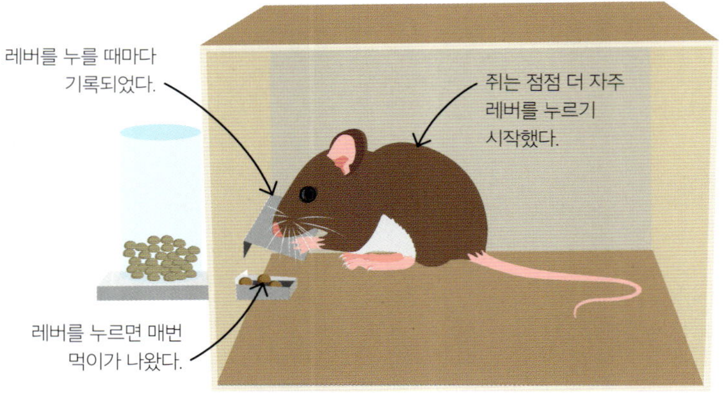

강화의 종류

스키너는 정적 강화와 부적 강화의 두 가지 유형을 제시했다. 정적 강화는 어떤 것을 더하고, 부적 강화는 어떤 것을 제거한다.

정적 강화

행동이 만족을 주는 어떤 것으로 이어진다. 학교에서 공부를 잘해서 칭찬을 받으면, 보상처럼 느껴지고, 이는 칭찬을 받기 위해 공부를 잘하는 행동이 반복될 가능성을 높인다.

부적 강화

행동이 불쾌감을 주는 것을 제거하는 형태로 이어진다. 추운 날씨에 코트와 스카프를 입는 것은 추위를 없애며, 이는 날씨가 추워지면 두꺼운 옷을 입는 행동이 반복될 가능성을 높인다.

강화의 수반성

조작적 조건화는 행동과 그에 따른 결과라는 두 가지 요소로 이루어진다. 그러나 특정한 행동이 강화되기 위해서는 선행 사건이라 불리는 추가적인 조건이 먼저 있어야 한다. 강화가 주어지는가의 여부는 선행 사건에 수반(의존)한다.

핵심 요약

- ✓ 행동이 특정 조건(선행 사건)이 있을 때만 강화될 경우, 그 강화는 수반적(의존적)이라고 한다.
- ✓ 강화의 수반성을 통해 다양한 상황에서 서로 다르게 행동하는 법을 학습할 수 있다.

스키너의 또 다른 쥐

스키너는 강화의 수반성을 연구하기 위해 스키너 상자를 개조해서, 레버를 눌러 먹이를 얻는 것은 오직 불이 켜진 상태에서만 가능하도록 하였다. 쥐는 곧 불이 켜져 있지 않으면 레버를 눌러도 먹이를 얻을 수 없다는 것을 학습했다.

수반성의 3단계

행동(B)이 강화의 결과(C)를 얻기 위해서는 선행 사건(A)이 먼저 일어나야 한다.

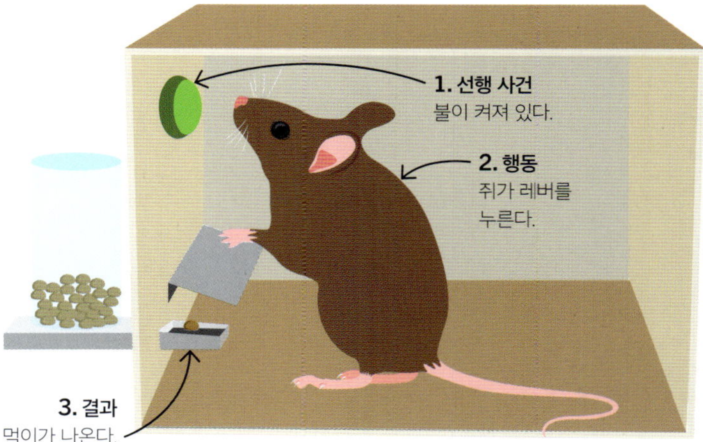

선행 사건(A)	행동(B)	결과(C)
행동(B)이 일어나도록 유발하는 추가 조건이다.	선행 사건(A)에 의해 유발되는 행동이다.	행동(B)의 결과이다. 선행 사건(A)이 있을 때만 발생한다.

🔍 인간 행동의 예시

조작적 조건화는 인간과 동물이 행동을 반복하는 이유를 설명하지만, 특정한 상황에서 다르게 행동하는 방법을 학습하는 이유는 설명하지 못한다. 강화의 수반성은 상황에 따라 행동을 바꾸는 이유를 이해할 수 있게 해 준다.

놀이 시간에 공을 양보하기
운동장에서 놀 때에는 다른 아이들에게 공을 양보하는 법을 배운다. 여기서 선행 조건은 운동장이고, 공을 양보하는 행동은 선생님의 칭찬으로 강화된다.

스포츠 경기에서 공을 빼앗기
반면, 스포츠 경기에서는 상대방에게서 공을 빼앗는 법을 배운다. 여기서 선행 조건은 경기장이며, 공을 빼앗는 행동은 점수를 얻는 것으로 강화된다.

강화 계획

스키너는 강화가 주어지는 시점을 서로 다르게 구성하였는데, 이를 강화 계획(SOR)이라고 한다. 스키너는 강화 패턴을 바꾸는 것이 행동에 어떤 영향을 미치는지 알아보고자 했다. 이를 위해 그는 원래 쥐를 대상으로 했던 스키너 상자를 가지고 비둘기를 대상으로 실험하였다.

핵심 요약

- ✓ 강화는 다양한 계획에 따라 제공될 수 있다.
- ✓ 고정 계획은 예측 가능하며, 변동 계획은 예측할 수 없다.
- ✓ 비율 계획은 강화 반응의 횟수를, 간격 계획은 시간 간격을 기준으로 한다.

강화 계획 실험

비둘기도 쥐처럼 행동(원반 쪼기)을 해야 강화물(먹이)을 받았다. 스키너는 비둘기에게 강화를 제공하는 시점을 서로 다르게 계획하여, 이것이 반응 속도(행동이 나타나는 속도)와 소거 속도(행동이 사라지는 속도)에 미치는 영향을 측정했다.

SOR	설명	반응 속도	소거 속도	인간의 예
연속 강화 (CR)	행동이 수행될 때마다 강화물이 주어진다.	빠름 - 비둘기는 원반을 쪼면 먹이를 받을 수 있다는 것을 금방 배운다.	빠름 - 강화가 중단된 것을 쉽게 알아챈다.	단어를 하나 맞출 때마다 간식을 준다.
고정 비율 (FR)	일정한 횟수의 행동이 수행된 후에 강화물이 주어진다.	빠름 - 비둘기는 몇 번 쪼면 먹이를 받을 수 있는지 금방 배운다.	중간 - CR보다 강화가 중단된 것을 알아채기 어렵다.	10개의 단어를 맞출 때마다 간식을 준다.
변동 비율 (VR)	불규칙한 횟수의 행동이 수행된 후에 강화물이 주어진다.	매우 빠름 - 예측불가능성 때문에 먹이를 놓치지 않으려 더 자주 쪼기 시작한다.	매우 느림 - 예측할 수 없어 강화가 중단된 것을 알아채기 어렵다.	맞추는 단어의 수를 일정하게 정하지 않고 간식을 준다.
고정 간격 (FI)	일정한 시간이 지난 후에 강화물이 주어진다.	강화 후에는 느리지만, 다음 강화 시점이 가까워질수록 빨라진다.	중간 - CR보다는 강화가 중단된 것을 알아채기 어렵지만, 변동 계획보다는 쉽게 알아챈다.	단어 공부를 하는 동안 20분 간격으로 간식을 준다.
변동 간격 (VI)	불규칙한 시간이 지난 후에 강화물이 주어진다.	빠름 - 예측불가능성 때문에 자주 쪼지만, VR보다는 덜 자주 쪼게 된다.	매우 느림 - 예측할 수 없어 강화가 중단된 것을 알아채기 어렵다.	단어 공부를 하는 동안 임의의 시점에 간식을 준다.

소거와 자발적 회복

동물과 인간은 자극 간의 연합을 형성해 새로운 행동을 학습한
다. 이러한 과정을 고전적 조건형성이라고 한다(81쪽 참조).
자극 간의 연합이 사라지면, 그에 따른 행동(조건반응)은 점차
약해져 결국 사라지게 된다. 조건반응이 사라지는 것을 소거라
고 한다. 그러나 이 반응은 명확한 이유 없이 자발적으로 다시
나타날 수 있다. 이렇듯 설명되지 않는 재발을 자발적 회복이
라고 한다.

핵심 요약

- ✓ 행동은 서로 다른 자극 간의 연합을 통해 학습될 수 있다.
- ✓ 자극 간의 연합이 끊어지면, 해당 행동은 사라진다.
- ✓ 원래의 행동은 때때로 명확한 이유 없이 다시 나타날 수 있으며, 이를 자발적 회복이라고 한다.

1. 학습
중립자극인 종소리가 무조건자극(UCS)인
음식과 짝지어진다. 이로 인해 개는 종소리를
들을 때 침을 흘리는 조건반응을 보이기
시작한다. 이제 종소리는 조건자극(CS)이 된다.

2. 소거
종소리 없이 음식만 반복적으로
제공되면, UCS와 CS 간의 연합이
약해져 결국 소거된다. 개는
종소리를 들어도 더 이상 침을
흘리지 않는다. 이 상태를
조건반응의 소거라고 한다.

3. 자발적 회복
조건반응이 소거된 것처럼 보이더라도, 이
반응은 예상치 않게 다시 나타날 수 있다.
개는 어느 순간 다시 침을 흘리기
시작하는데, 이를 자발적 회복이라고 한다.
이는 UCS와 CS의 연합이 완전히
사라지지 않았음을 의미한다.

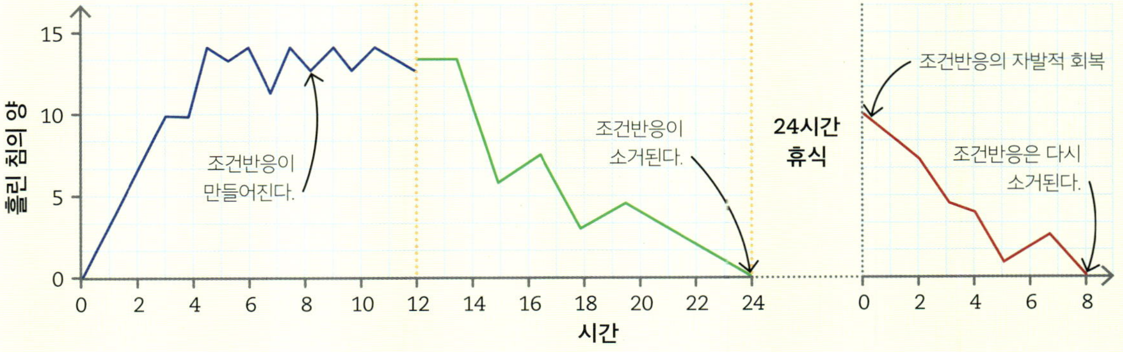

사회 학습 이론

고전적 조건형성과 조작적 조건형성 같은 행동주의 학습 이론은 직접적인 경험을 통해 학습하는 것에 중점을 두었다. 그러나 1961년 캐나다계 미국의 심리학자 앨버트 반듀라는 사회 학습 이론을 통해 다른 사람을 관찰하는 것에 의해서도 행동이 학습된다고 주장했다. 반듀라에 의하면, 다른 사람들을 관찰하고 모방함으로써 간접적으로 행동을 배울 수 있다.

핵심 요약

- ✓ 사회 학습 이론에 따르면 다른 사람을 관찰하고 그들의 행동을 모방함으로써 학습이 이루어진다.
- ✓ 자신과 동일시할 수 있는 모델을 더 자주 모방하는 경향이 있다.
- ✓ 다른 사람의 행동이 강화되는 것을 볼 때(대리 강화), 모방이 더 자주 일어난다.

보보 인형 실험

반듀라는 보보 인형이라고 불리는 큰 공기 주입형 오뚜기 인형과 상호 작용하는 아이들을 관찰한 후 사회 학습 이론을 제안했다. 이 오뚜기 인형은 넘어뜨리면 다시 일어나는 특징이 있다.

실험 1

1. 놀이방에 있던 아이는 모델인 성인이 인형에게 공격적인 행동을 하는 모습을 보았다. 모델은 인형을 던지고, 발로 차고, 주먹으로 때리고, 깔고 앉는 등 공격적인 행동을 했다.

2. 혼자 남겨진 아이는 모델이 인형에게 했던 공격적인 행동을 그대로 모방했다. 아이들은 자신과 반대 성별의 모델보다 같은 성별의 모델의 행동을 더 자주 모방했다.

실험 2

1. 또 다른 아이는 앞의 실험에서와 다른 성인의 행동을 관찰했다. 이번에는 모델이 조용히 앉아 책을 읽거나 다른 장난감을 가지고 놀며 인형에 거의 관심을 보이지 않았다.

2. 공격적이지 않은 모델을 관찰한 아이는 인형에게 공격적인 행동을 거의 보이지 않았다.

🔍 상호결정론

반듀라는 모든 행동이 환경의 결과라고 생각하는 행동주의 심리학자들의 의견에 동의하지 않았다. 대신에 그는 개인 요인(사고와 감정)이 행동과 환경에 영향을 미치고, 마찬가지로 행동 또한 환경과 개인 요인에 영향을 미친다고 보았다. 이처럼 개인, 환경, 행동의 세 요인이 서로 영향을 주고받는다는 이론을 상호결정론이라고 부른다.

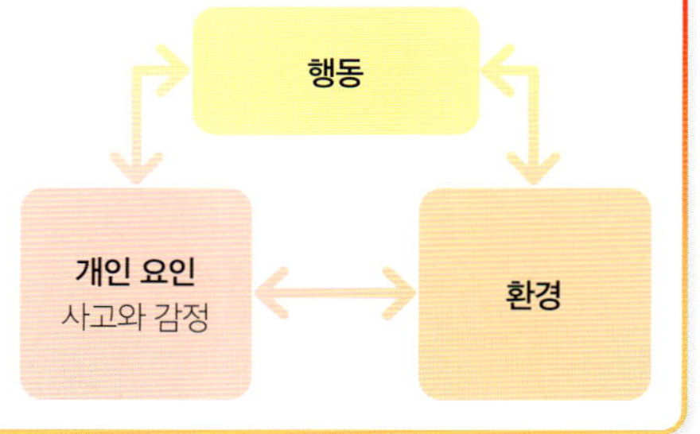

매개 과정

사회 학습 이론(86쪽 참조)에 따르면, 관찰된 행동이 자동적으로 모방되지는 않는다. 대신, 행동을 관찰한 후 네 가지 매개 과정이 발생해야 한다. 이러한 과정들은 관찰된 행동이 모방된 행동으로 나타날지의 여부에 영향을 미친다.

핵심 요약

✓ 타인의 행동을 모방하는가의 여부는 네 가지 내적 매개 과정에 달려 있다.

✓ 이 과정들은 주의, 파지, 재생산, 동기이다.

입력

다른 사람(모델)의 행동을 관찰한다.

1. 주의
"저 기술 좀 봐!"

행동이 주의를 끌었을 때만 모방하려고 한다.

2. 파지
"그걸 기억해야지."

기억에 파지(경험에서 비롯된 정보를 유지하는 작용)되는 행동만을 모방하고, 다른 행동은 잊어버린다.

출력

매개 과정이 그 행동을 모방할지 여부를 결정한다.

4. 동기
"저걸 하면 경기에서 이길 것 같아."

관찰한 행동을 재생산하려면 동기가 있어야 한다. 좋은 보상이 있다고 생각하면 모방할 가능성이 높아진다.

3. 재생산
"연습하면 나도 할 수 있을 것 같아."

그 행동을 할 수 있는 능력을 지각하면 모방할 가능성이 더 크다. 비슷한 기술을 가지고 있지 않으면 덜 모방하려 한다.

🔍 대리 강화

다른 사람이 행동을 통해 강화(보상)를 받는 것을 보면(대리 강화), 그 행동을 모방할 가능성이 더 커진다. 예를 들어 어떤 학생이 다른 학생이 손을 들어 칭찬받는 것을 관찰하면, 자신도 손을 들 가능성이 높아진다.

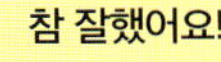

Chapter 5

인지심리학: 기억

정보의 부호화

외부 세계의 많은 정보는 감각을 통해 들어온다. 부호화는 정보를 기억으로 저장할 수 있는 형태로 변환하는 과정의 첫 단계이다. 저장된 기억은 이후 인출하여 사용할 수 있다. 기억은 시각적으로, 청각적으로, 의미적으로 부호화되고 저장된다.

핵심 요약

- ✓ 부호화는 감각에 의해 들어온 정보를 기억으로 변환하는 첫 단계이다.
- ✓ 정보는 시각적으로, 청각적으로, 의미적으로 부호화될 수 있다.
- ✓ 단기 기억에서의 부호화는 주로 청각적이다.
- ✓ 장기 기억에서의 부호화는 주로 의미적이다.

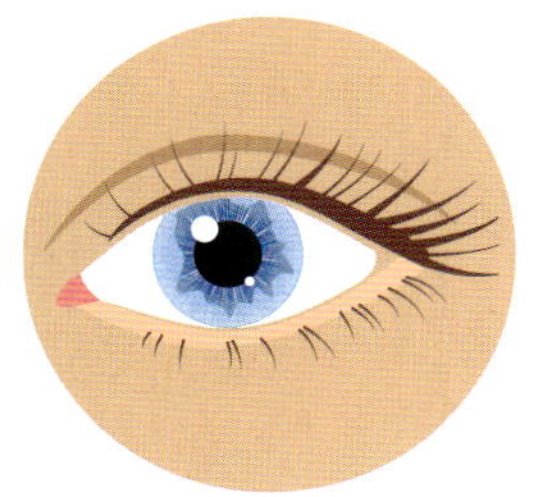

시각(이미지) 기억

뇌는 시각 정보를 끊임없이 받아들인다. 시각 기억은 이러한 이미지를 순간적으로 저장한다. 시각 기억으로 부호화된 정보는 1초 이내에 쇠퇴하기(사라지기) 시작한다.

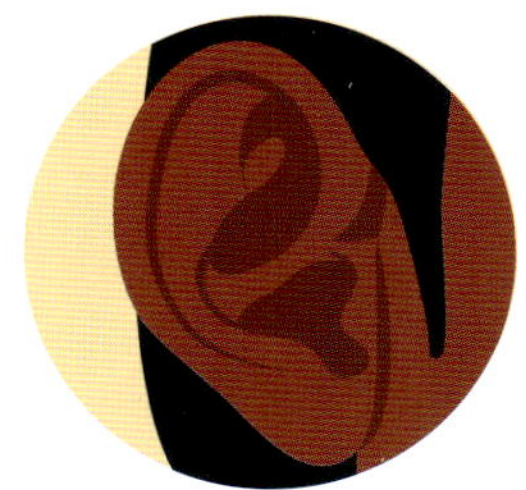

청각(소리) 기억

청각 정보(소리)는 청각 기억으로 부호화되고 저장된다. 이러한 기억은 시각 기억보다 조금 더 오래 지속되며, 3~4초 후에 쇠퇴하기 시작한다.

의미적 부호화

있는 그대로의 정보를 기존 지식과 연결하여 의미 있는 기억으로 변환하는 것을 의미적 부호화라고 한다. 의미적 부호화는 시각 기억, 청각 기억보다 더 심층적으로 처리되기 때문에 가장 오래 지속되는 기억을 형성한다.

🔎 배들리의 부호화 연구

1966년, 영국 심리학자 앨런 배들리는 참가자들이 단어 목록을 순서대로 얼마나 잘 회상하는지를 연구했다. 목록을 암기한 직후에는 단기 기억(STM)의 부호화를, 그리고 20분 후에는 장기 기억(LTM)의 부호화를 검사하였다.

회상 결과	결론
단어를 암기한 직후, 참가자들은 소리가 다른 단어들(예: 병bottle, 불fire, 도약leap)은 순서대로 잘 기억했지만, 소리가 비슷한 단어들(예: 모자hat, 고양이cat, 박쥐bat, 평면flat)은 기억하기 어려워했다.	배들리는 단기 기억의 부호화가 주로 청각적이라는 결론을 내렸다. 비슷한 소리의 단어들은 서로 간섭하여 회상을 저하시키기 때문이다.
20분 후, 참가자들은 의미가 다른 단어들(예: 새bird, 걷기walk, 반지ring)은 순서대로 잘 기억했지만, 의미가 비슷한 단어들(예: 위대하다great, 거대하다large, 크다big)은 기억하기 어려워했다.	배들리는 장기 기억의 부호화가 주로 의미적이라는 결론을 내렸다. 비슷한 의미를 가진 단어들은 서로 간섭하여 회상을 저하시키기 때문이다.

기억 모델

인지심리학자들은 기억, 사고, 지각과 같은 내적 과정이 어떻게 작용하는지를 이론적 모델(틀)을 통해 설명한다. 이들은 인간의 정신과 컴퓨터는 비슷한 방식으로 정보를 처리한다고 주장하였다. 인지심리학에서는 컴퓨터 모델이라는 이론적 모델을 제시하였는데, 여기서는 컴퓨터가 정보를 처리하는 단계와 유사하게 정신적 과정의 단계를 구분한다.

정보 처리 모델

컴퓨터 모델의 한 유형인 정보 처리 모델에 따르면, 기억의 형성은 입력, 처리, 출력의 단계를 거친다. 컴퓨터가 정보를 처리하는 것과 마찬가지로, 인간의 마음도 환경으로부터 정보를 받아들이고 이를 처리한 후, 그에 따라 반응한다.

핵심 요약

- ✓ 인지심리학자들은 기억과 같은 내적 과정을 설명하기 위해 이론적 모델(틀)을 사용한다.
- ✓ 컴퓨터 모델은 인간의 마음이 어떻게 기능하는지를 컴퓨터에 비유하여 설명한다.
- ✓ 정보 처리 모델에 따르면, 기억은 '입력, 처리, 출력'의 세 가지 기본 단계를 거친다.

🔍 뇌와 컴퓨터

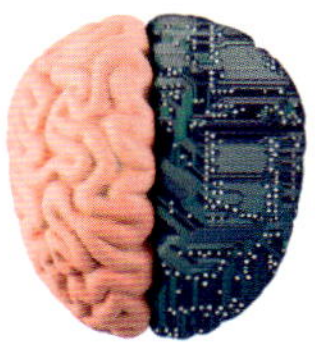

인간의 뇌가 컴퓨터와 완전히 같다고 생각하는 것은 오해일 수 있다. 왜냐하면 인간은 컴퓨터와 달리 감정에 쉽게 영향을 받고, 기억은 왜곡될 수 있기 때문이다.

입력

정보는 저장되기 위해 처리되어야 한다. 정보는 기억하기 쉬운 형태로 부호화된다.

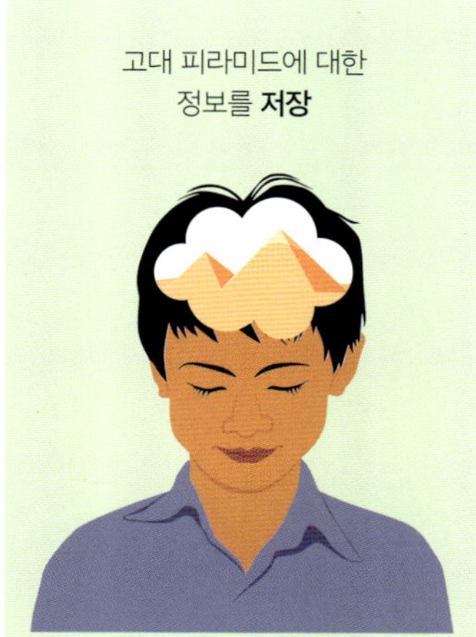

처리

정보를 기억하려면, 그것을 처리하거나 생각하는 과정을 통해 보유해야 한다. 정보의 종류에 따라 지속 기간(시간)은 다양하게 저장된다.

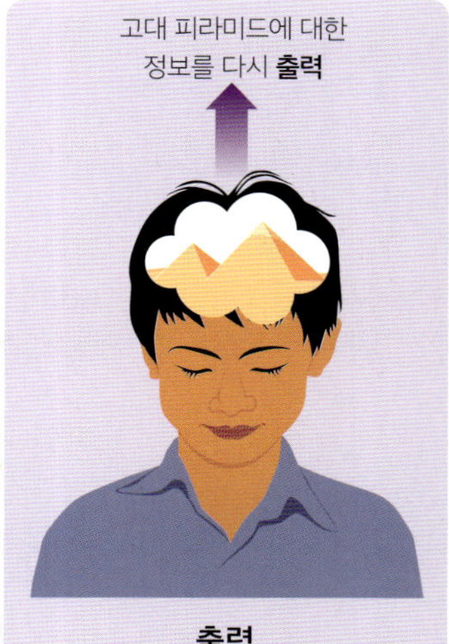

출력

정보에 다시 접근하는 것을 인출이라고 한다. 모든 정보가 똑같이 쉽게 인출되지는 않으며, 때로는 인출을 위한 단서(힌트)가 필요하다.

기억의 다중 저장 모델

1968년, 미국의 심리학자 리처드 앳킨슨과 리처드 쉬프린은 기억이 어떻게 작동하는지를 설명하기 위해 다중 저장 모델(MSM)을 제안했다. 이 모델에 따르면, 기억은 감각 등록기, 단기 기억(STM), 장기 기억(LTM)의 세 가지 저장 시스템으로 구성된다. 각각의 시스템은 정보를 서로 다르게 부호화하며, 저장 용량과 지속 기간도 다르다.

핵심 요약

- ✓ 다중 저장 모델에 따르면 감각 등록기, 단기 기억, 장기 기억의 세 가지 저장 시스템이 있다.
- ✓ 각 시스템은 저장할 수 있는 정보의 양(용량)과 정보를 유지할 수 있는 지속 기간(시간)이 다르다.
- ✓ 정보는 되풀이하여 시연(반복)될 때만 장기 기억으로 전이된다.

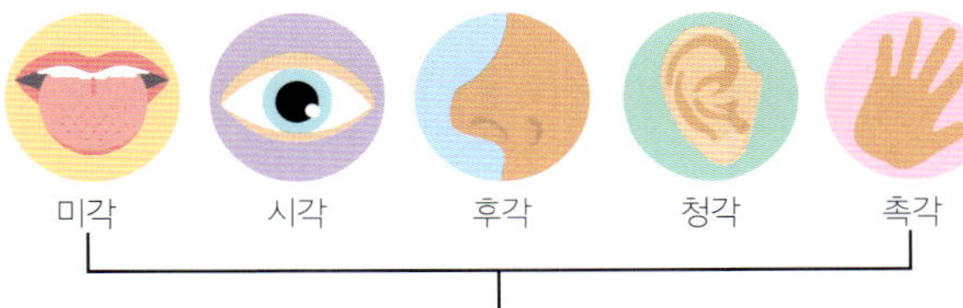

감각 등록기

감각에서 받아들인 정보는 감각 등록기로 들어가며, 이는 서로 다른 감각이 입력되는 구분된 저장 공간을 가지고 있다. 감각 등록기에서 부호화되지 않은 많은 정보는 몇 초 이내에 빠르게 쇠퇴한다. 주의를 기울인 정보만이 STM으로 전이된다.

정보에 주의를 기울임

단기 기억(STM)

감각 등록기로부터 받아들인 정보는 STM에 일시적으로 저장되며, 이곳에서는 정보를 처리하기 쉽게 부호화한다. STM은 7±2개의 정보를 최대 30초 동안 저장할 수 있다. 30초 후, 되풀이하여 시연(반복)되지 않거나 LTM으로 전이되지 않은 정보는 쇠퇴한다.

시연(정보를 오래 기억하기 위해 말로 또는 속으로 반복하는 것)

정보는 LTM에서 STM으로 다시 인출될 수 있다.

노력 시연(정보를 의식적으로 기억하려고 시도하는 것).

장기 기억(LTM)

충분히 시연된 정보는 LTM으로 전이되며, LTM은 이론상 평생동안 무제한의 정보를 저장할 수 있다. LTM에서의 부호화는 주로 의미적이고, 정보는 필요시 STM으로 이동한다. LTM에 있는 정보는 시간이 지나면 쇠퇴할 수 있다.

🔍 H.M. 사례

헨리 몰레이즌(H.M.으로 알려짐)은 1953년 심각한 간질을 치료하기 위해 뇌 수술을 받은 결과 해마의 50%가 제거되었다. 수술 이전의 장기 기억은 그대로 남아 있었지만, 몰레이즌은 더 이상 새로운 기억을 형성할 수 없었다. 이 사례는 기억이 STM과 LTM의 두 저장소로 구분된다는 주장을 지지한다.

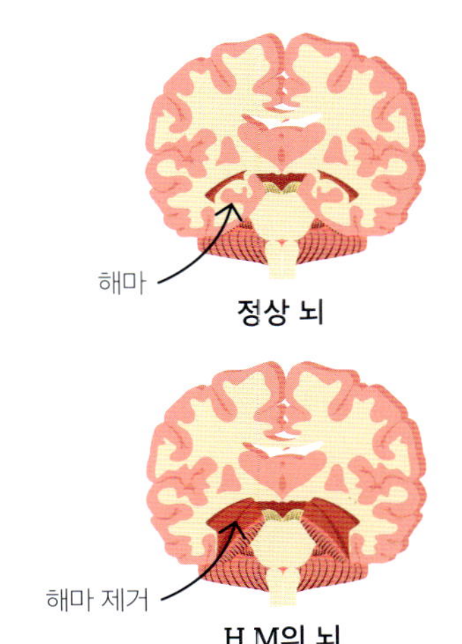

순서 위치 효과

기억은 정보를 일정한 순서로 저장하기 때문에, 목록의 처음과 마지막 항목을 중간 항목보다 더 잘 기억하는 경향이 발생한다. 이러한 현상을 순서 위치 효과라고 한다. 순서 위치 효과는 다중 저장 모델(91쪽 참조)을 지지하는 증거이며, 이 모델에서는 단기 기억과 장기 기억이 서로 다른 용량과 지속 기간을 가진 별도의 저장고로 존재한다고 본다.

핵심 요약

- ✓ 목록의 처음이나 끝에 있는 단어들은 중간에 있는 단어들보다 더 잘 기억된다.
- ✓ 목록의 처음 단어들은 시연되기 때문에 단기 기억에서 장기 기억으로 넘어가 기억하기가 더 쉽다(초두 효과).
- ✓ 목록의 마지막 단어들은 검사를 받을 때에도 여전히 단기 기억에 남아 있어 기억하기가 더 쉽다(최신 효과).

순서 위치 효과 실험

글랜저와 쿠니츠(1966)는 참가자들에게 단어를 외우도록 한 뒤, 순서에 상관없이 기억해 내도록 하는 실험을 통해 순서 위치 효과를 검증했다. 실험 결과 순서 위치 곡선으로 알려진 패턴이 나타났다.

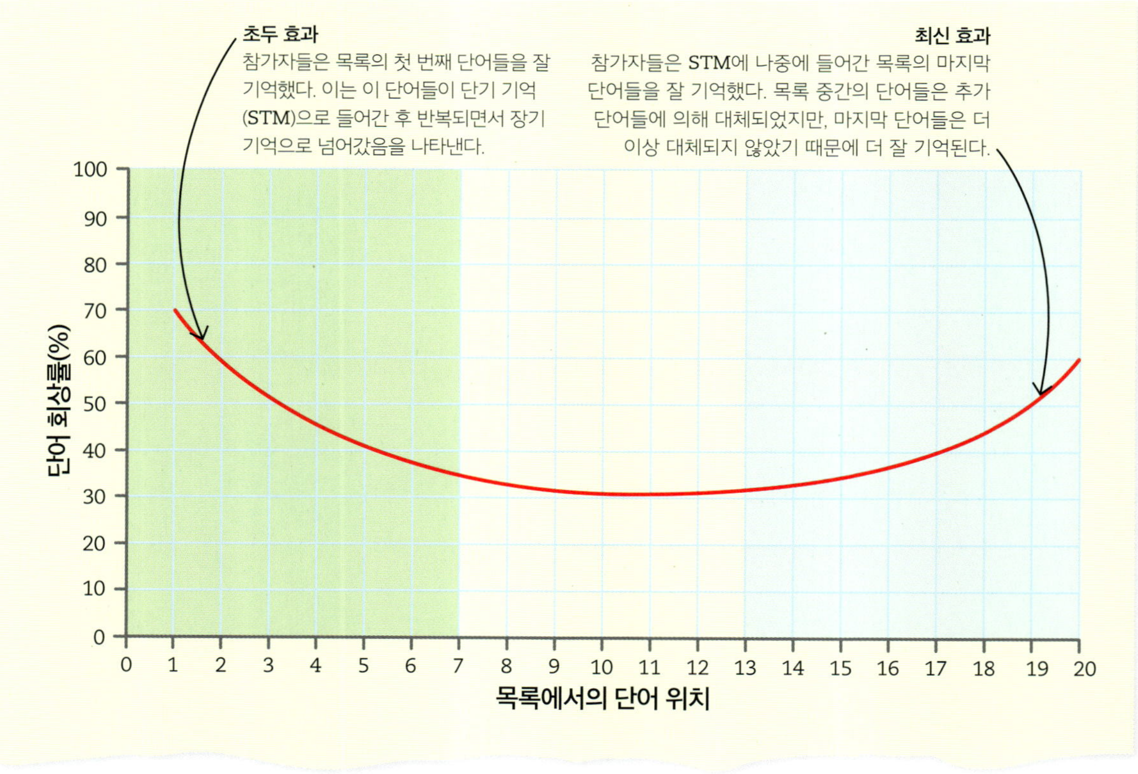

작업 기억 모델

작업 기억 모델(WMM)은 1974년 영국의 심리학자 앨런 배들리와 그레이엄 히치에 의해 제안되었다. 단기 기억(STM)에서는 정보를 장기 기억(LTM)으로 전달하기 전에 단순히 저장만 하는 것이 아니라, 정보를 적극적으로 처리한다. 따라서 이 모델은 '작업' 기억 모델이라고 불린다. WMM에 따르면, STM은 정보를 처리하는 중앙 집행 장치와 두 개의 하부 장치로 구성되어 있다.

핵심 요약

- ✓ 작업 기억 모델에서는 STM을 여러 부분으로 구성된 활동적인 저장고로 본다.
- ✓ 중앙 집행 장치는 STM을 조직한다.
- ✓ 중앙 집행 장치는 하위 장치인 음운 루프, 시공간 스케치 패드, 일화 버퍼를 통제한다.
- ✓ 일화 버퍼는 STM의 정보를 통합하여 장기 기억으로 전달한다.

중앙 집행 장치

중앙 집행 장치는 어떤 감각 정보에 주의를 기울여야 할지를 결정하며, 이 정보를 일시적으로 저장하는 하위 장치로 보낸다. 중앙 집행 장치는 제한된 저장 용량을 가지고 있다.

음운 루프

이 하위 장치는 청각 정보를 관리한다. **초기 음향 저장소**('내적 귀')는 들리는 소리를 저장하며, **조음 과정**('내적 목소리')은 말하려고 준비하는 단어를 저장한다. 음운 루프는 제한된 저장 용량을 가지고 있다.

일화 버퍼

일화 버퍼는 STM의 모든 부분에서 정보를 끌어와 장기 기억으로 전달한다.

일화 버퍼의 정보는 장기 기억으로 전달된다.

시공간 스케치 패드

이 하위 장치는 시각 정보를 관리한다. **시각 저장소**('내적 눈')는 사물의 모양과 형상을 저장하고, **내적 서술자**는 공간 정보(사물들 간의 물리적 관계)를 저장한다. 시공간 스케치 패드는 제한된 저장 용량을 가지고 있다.

장기 기억(LTM)

🔍 이중 과제 기법

배들리 등(1975)은 작업 기억에서 한 번에 두 가지 과제 수행이 가능한지에 대해 연구했다. 참가자들은 시각 과제와 언어 과제를 동시에 수행할 수 있었지만, 시각 과제 두 개를 동시에 수행하는 것은 어려워했다. 시각과 언어가 다른 하위 장치를 사용하는 경우에는 두 과제를 동시에 처리할 수 있지만, 두 과제가 동일한 장치를 필요로 하는 경우 과부하가 발생하여 처리에 어려움을 겪는다.

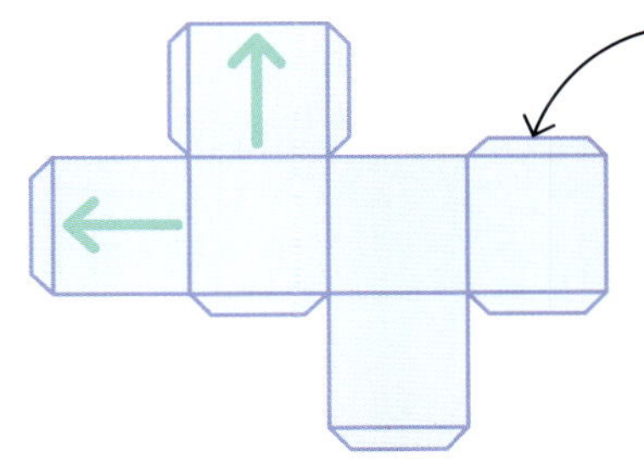

참가자들은 정육면체의 겨냥도를 접었을 때 화살표가 서로 닿을지 판단하면서 (시각 과제), 동시에 말을 해야 하는 (언어 과제) 검사를 수행해야 했다.

장기 기억의 종류

단기 기억과 마찬가지로, 장기 기억(LTM)도 여러 저장고로 구성되어 있으며, 각 저장고는 서로 다른 특성을 가지고 있다. LTM은 크게 명시적 기억과 암묵적 기억으로 나눌 수 있다. 기억이 명시적 혹은 암묵적인지는 언어로 표현할 수 있는지 여부에 따라 결정된다.

핵심 요약

- ✓ LTM에는 여러 종류가 있다.
- ✓ 명시적 기억은 선언적 기억으로, 언어로 표현할 수 있다.
- ✓ 암묵적 기억은 비선언적 기억으로, 언어로 표현할 수 없다.
- ✓ 점화는 선행 자극에의 노출이 이후 자극에 대한 반응에 영향을 미치는 것이다.

명시적 장기 기억

명시적 기억은 선언적 기억으로, 언어로 표현할 수 있는 기억이다. 이러한 기억은 의식적인 노력을 통해 회상된다. 명시적 기억에는 일화 기억과 의미 기억이라는 두 가지 유형이 있다.

암묵적 장기 기억

암묵적 기억은 비선언적 기억으로, 언어로 표현할 수 없는 기억이다. 이러한 기억은 의식적인 노력 없이도 회상된다. 암묵적 기억은 어떤 일을 하는 방법에 대한 지식을 제공한다.

일화 기억

일화 기억은 마치 자서전이나 일기처럼 자신에게 일어난 경험이나 사건에 대한 정보를 저장한다. 일화 기억은 생일 파티와 같은 특별한 사건과 연결된다.

의미 기억

의미 기억은 세상에 대해 학습한 모든 것을 담고 있는 정신적 백과사전과 같다. 일반적인 지식, 사실, 숫자, 의미 등이 포함되어 있으며, 의미 기억을 회상하기 위해서는 노력이 필요하다.

절차 기억

절차 기억은 의식적인 노력이나 회상 없이도 행동을 수행할 수 있게 해 준다. 옷 입는 법이나 자전거 페달을 밟는 방법과 같은 습관과 기술이 절차 기억에 속한다.

🔍 점화

점화는 암묵적 장기 기억의 또 다른 유형이다. 이것은 한 자극에 대한 노출이 이후의 자극에 대한 반응에 영향을 미칠 때 발생한다. 예를 들어 노란색 종이에 "과일의 이름을 말하라"고 쓰여 있으면, "바나나"라고 답하게 된다. 이는 '노란색'과 '과일'이라는 단어가 기억 속에서 이미 연결되어 있기 때문이다.

기억술

학교 숙제부터 쇼핑 목록까지, 우리에게 필요한 것을 모두 기억하는 일은 어려운 일이지만, 기억 용량을 높일 수 있는 방법은 있다. 기억술은 정보를 저장하고 회상하는 능력을 향상시키는 방법이나 기술이다.

장소법

이 방법은 정보를 친숙한 장소와 연관시켜 회상하는 방법이다. 이는 정보를 기존 지식과 연결시키는 정교화 시연을 통해 이루어진다. 예를 들어 쇼핑해야 할 물건을 기억할 때에는 집 안을 돌아다닌다고 상상하고, 각 장소별로 사야 하는 식품 목록을 연결시킨다. 정보를 회상해야 할 때에는 연결시킨 그 장소를 떠올리면 식품 목록을 기억할 수 있다.

📌 핵심 요약

- ✓ 기억술은 무언가를 기억하는 데 도움을 줄 수 있는 방법이나 기술이다.
- ✓ 장소법은 새로운 정보를 기존 지식과 연결시키는 방식으로 작동한다.
- ✓ 청킹은 정보를 적당한 양으로 나누는 것이다.

🔍 청킹

서로 관련이 없는 긴 문자나 숫자 목록을 기억하는 것은 어렵지만, 이를 묶는 기술인 청킹을 익히면 도움이 될 수 있다. 단기 기억의 용량은 7±2 항목으로 제한적이지만 (91쪽 참조), 청킹을 통해 이러한 용량을 늘릴 수 있다. 하나의 '청크(덩어리)'에는 여러 개의 항목이 들어갈 수 있기 때문이다.

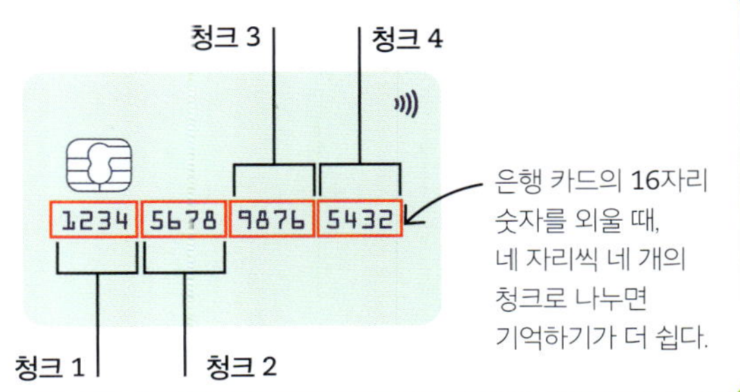

망각

망각은 기억을 인출하지 못하는 것이다. 심리학자들은 이러한 인출 실패가 왜 발생하는지에 대해 여러 가지로 설명한다. 이는 시간이 지나 정보가 쇠퇴하거나 혹은 저장된 정보에 접근할 수 없기 때문에 발생한다.

간섭 이론

간섭 이론에 따르면, 망각은 대개는 유사한 다른 정보와 기억이 혼돈되거나 방해를 받아서 발생한다. 간섭에는 두 가지 유형이 있다.

순행 간섭

오래된 기억이 새로운 기억의 회상을 방해하는 경우다.

먼저 스페인어를 배운다

↓

다음으로 이탈리아어를 배운다

↓

나중에 배운 이탈리아어를 회상하는 데 실패한다.

↓

대신에 먼저 배운 스페인어를 회상한다.

역행 간섭

새로운 기억이 오래된 기억의 회상을 방해하는 경우다.

먼저 스페인어를 배운다

↓

다음으로 이탈리아어를 배운다

↓

먼저 배운 스페인어를 회상하는 데 실패한다.

↓

대신에 나중에 배운 이탈리아어를 회상한다.

핵심 요약

✓ 망각은 기억을 인출하지 못하는 것이다.

✓ 순행 간섭은 오래된 정보가 새로운 정보를 회상하는 것을 방해하는 것이다.

✓ 역행 간섭은 새로운 정보가 오래된 정보를 회상하는 것을 방해하는 것이다.

✓ 인출 단서는 정보를 회상하는 데 도움을 준다.

🔍 단서 의존적 망각

때로 장기 기억의 정보는 그 위치를 찾을 수 없다. 파일을 정리할 때 라벨을 붙이는 것처럼 정보를 찾기 위해서는 인출 단서가 필요하다. 효과적인 인출 단서가 없으면 망각된다.

맥락 의존적 실패

정보의 부호화 이후 회상되기 전 외적 환경(맥락)이 변한다면, 인출 단서가 없어져 더 쉽게 망각하게 된다. 이는 맥락 의존적 실패이다. 고든과 배들리(1975)는 잠수부들에게 바닷속과 육지에서 각각 단어를 암기하도록 했다. 바닷속에서 단어를 암기한 사람들은 육지에서 단어를 회상할 때 더 어려워했으며, 육지에서 단어를 암기한 사람들은 바닷속에서 단어를 회상할 때 더 어려워했다.

상태 의존적 실패

부호화 이후 신체적 또는 정서적 환경(상태)이 변할 때에도 망각이 쉽게 발생한다. 이는 상태 의존적 실패이다. 오버튼(1972)은 술에 취한 상태에서 학습한 정보는 술이 깨었을 때보다 취했을 때 더 잘 회상한다는 것을 발견했다. 이는 상태가 동일했기 때문이다.

기억의 왜곡

기억은 사건의 정확한 재현이 아니며, 항상 믿을 수 있는 것도 아니다. 생생한 기억은 매우 현실적으로 느껴질 수 있지만, 그렇다고 해서 그것이 정확한 것은 아니다. 기억은 여러 가지 방식으로 왜곡될 수 있다.

핵심 요약

- ✓ 결과론적 편향은 이전에 믿었던 것들이 현재 알고 있는 것과 일치한다고 생각하는 현상이다.
- ✓ 출처 기억 상실은 정보를 기억하지만 그것이 어디서 학습되었는지 잊어버리는 것이다.
- ✓ 작화는 실제 기억에 잘못된 세부 사항을 무의식적으로 추가하는 것이다.
- ✓ 기존의 스키마와 맞지 않는 정보는 그에 맞는 정보로 대체될 수 있다.

결과론적 편향

사람들은 종종 이전에 가졌던 신념, 의견 또는 지식이 현재 생각하거나 알고 있는 것과 같다고 생각한다. 결과론적 편향으로 알려진 이러한 경향성은 어떤 일이 일어날 것을 미리 예측했었다고 잘못 믿게 만들 수 있다.

출처 기억 상실

정보를 어떻게, 언제, 또는 누구로부터 얻었는지 잘못 기억하거나 잊어버리는 현상을 출처 기억 상실이라고 한다. 일단 출처를 잊어버리면 상상이나 제안, 또는 부정확한 사실이라고 생각하기 쉽다.

작화(거짓 기억)

자신도 모르게 실제 기억에 거짓된 세부 사항을 추가할 수 있으며, 이는 기억의 빈틈을 채우기 위해 사용된다. 시간이 지나면 잘못된 세부 사항이 정확한 것들과 섞여, 거짓 기억이 형성된다. 작화는 거짓말과는 달리 의도적이지 않으며, 사람들은 스스로 인식하지 못한다.

🔍 기억의 재구성

1932년, 영국의 심리학자 프레더릭 바틀렛은 참가자들에게 다른 문화권의 이야기를 듣고 회상하게 했다. 참가자들은 낯선 문화에 대한 것들은 생략하거나 자신의 문화에 맞는 것으로 바꾸어 기억했다. 이는 기존의 스키마(103쪽 참조)에 맞지 않는 정보는 기억되기 어렵다는 것을 시사한다. 바틀렛은 기억이 정확하게 재현되기 어렵다고 보았다. 사람들은 기억의 빈틈을 채우기 위해 스키마를 사용하여 재구성한다.

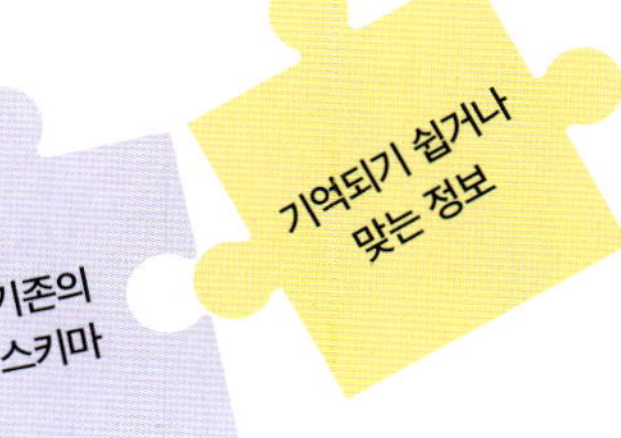

목격자 증언

법정에서 설득력 있는 증거 중 하나는 범죄 현장에 있었던 사람이 사건을 기술하는 목격자 증언(EWT)이다. 그러나 목격자 증언이 항상 정확한 것은 아니다. 특히 정서적 충격을 받은 사건에 대한 기억은 여러 요인에 의해 영향을 받는다.

불안

범죄를 목격한 사람은 위험에 처했다는 불안감을 느낄 가능성이 높다. 심리학자인 존슨과 스콧(1976)은 사람들이 손에 기름이 묻은 채 펜을 들고 있는 남자의 얼굴 특징은 잘 기억한 반면, 손에 피가 묻은 채 칼을 들고 있는 남자의 얼굴 특징은 잘 기억하지 못했음을 발견했다. 이는 '무기 집중 효과'로, 무기에 집중한 나머지 다른 세부 사항을 놓치게 되어 회상을 못하게 되는 경향을 말한다.

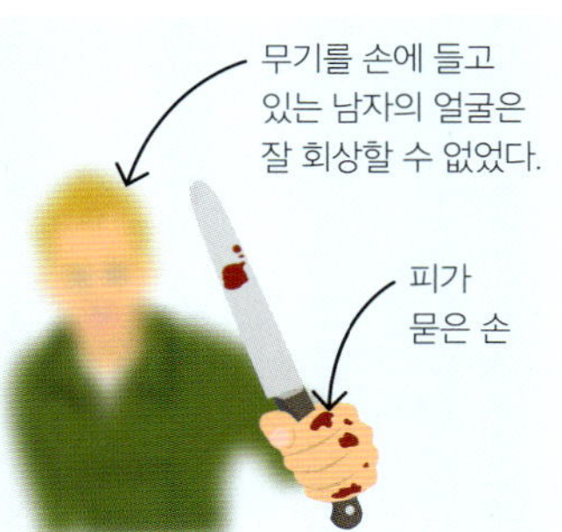

사건 후 토론

사건 후 목격자끼리 이야기하는 것은 기억에 영향을 줄 수 있다. 개버트 등(2003)은 참가자를 두 집단으로 나눈 뒤, 집단 A에게는 소녀가 돈을 훔치는 장면을 보여 주고, 집단 B에게는 보여 주지 않았다. 이후 두 집단이 함께 토론한 뒤, 돈을 훔치는 장면을 보지 못한 집단 B의 60%는 소녀가 돈을 훔치는 것을 보았다고 말했다.

집단 A는 소녀가 책을 놓으면서 돈을 훔치는 것을 보았다.

집단 B는 소녀가 돈을 훔치는 것을 보지 못했으나, **60%**는 집단 A의 영향을 받아 소녀가 범인이라고 지목했다.

핵심 요약

- ✓ 목격자 증언은 신뢰할 수 없는 경우가 있다.
- ✓ 무기 집중 효과는 위험의 원천에 주의를 집중시켜 다른 세부 사항을 소홀히 하게 만든다.
- ✓ 사건 후 토론은 기억을 변화시킬 수 있다.
- ✓ 유도 질문은 목격자 반응에 영향을 미칠 수 있다.

🔍 유도 질문

EWT의 정확성은 유도 질문 즉, 응답에 영향을 주는 질문에 따라 달라진다. 미국의 심리학자 엘리자베스 로프터스와 존 팔머(1976)는 자동차 사고 영상을 보여 주고 차가 서로 "부딪혔을 때" 속도를 추정하게 했다. 이때 질문의 단어들이 답변에 영향을 미치는지 확인했는데, '박살났다'와 같은 강한 표현으로 물어본 참가자일수록 더 높은 속도일 것 같다고 응답했다.

질문에 사용된 단어	추정된 속도
...닿았다...	31.8 mph
...부딪혔다...	34 mph
...박았다...	38.1 mph
...충돌했다...	39.3 mph
...박살났다...	40.5 mph

인지적 면담

목격자 증언의 정확성을 높이고 세부 사항을 잘 기억하도록 하기 위해 여러 전략이 사용되고 있다. 미국의 심리학자 피셔와 게이즐맨(1985)은 기억은 다양한 경로로 접근할 수 있다는 연구 결과를 기반으로 인지적 면담 기법을 개발했다.

면담 기법

인지적 면담 절차는 정확한 사건 회상을 자극하기 위해 네 가지 주요 기법을 사용한다. 면담자는 질문하는 동안 다양한 접근 경로를 사용한다.

핵심 요약

- ✓ 인지적 면담은 목격자 증언의 정확성을 향상시키기 위해 사용된다.
- ✓ 기억을 불러일으키는 다양한 경로를 자극하기 위해 네 가지 주요 기법이 사용된다.
- ✓ 개선된 인지적 면담은 면담자와 목격자 간의 신뢰를 구축하는 기법을 추가한다.

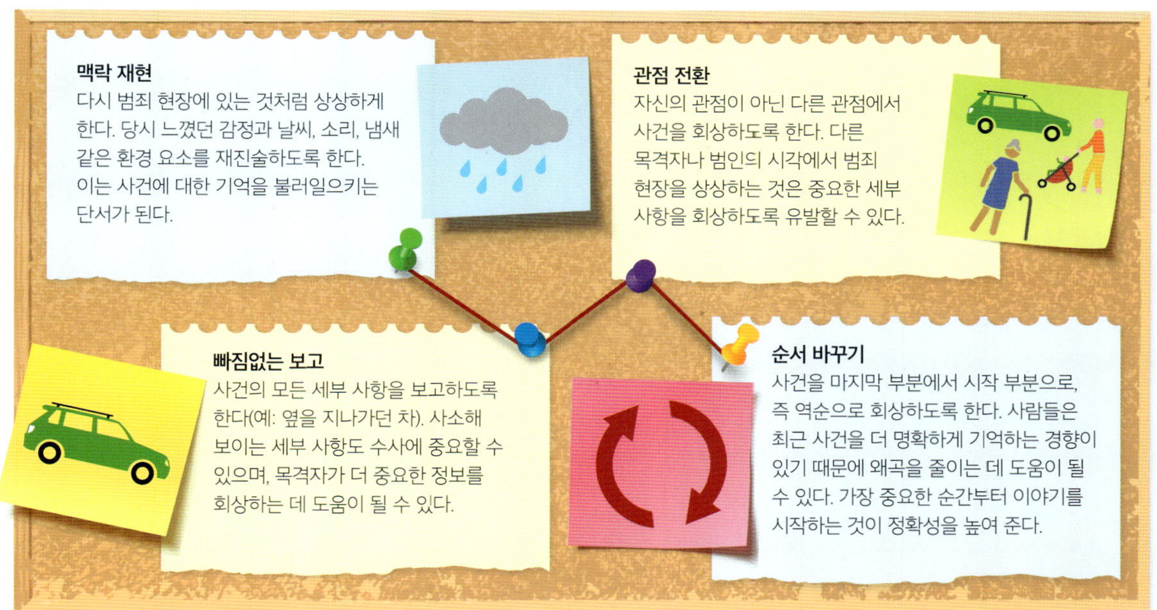

맥락 재현
다시 범죄 현장에 있는 것처럼 상상하게 한다. 당시 느꼈던 감정과 날씨, 소리, 냄새 같은 환경 요소를 재진술하도록 한다. 이는 사건에 대한 기억을 불러일으키는 단서가 된다.

관점 전환
자신의 관점이 아닌 다른 관점에서 사건을 회상하도록 한다. 다른 목격자나 범인의 시각에서 범죄 현장을 상상하는 것은 중요한 세부 사항을 회상하도록 유발할 수 있다.

빠짐없는 보고
사건의 모든 세부 사항을 보고하도록 한다(예: 옆을 지나가던 차). 사소해 보이는 세부 사항도 수사에 중요할 수 있으며, 목격자가 더 중요한 정보를 회상하는 데 도움이 될 수 있다.

순서 바꾸기
사건을 마지막 부분에서 시작 부분으로, 즉 역순으로 회상하도록 한다. 사람들은 최근 사건을 더 명확하게 기억하는 경향이 있기 때문에 왜곡을 줄이는 데 도움이 될 수 있다. 가장 중요한 순간부터 이야기를 시작하는 것이 정확성을 높여 준다.

🔍 개선된 인지적 면담

개선된 인지적 면담(1987)에서는 회상을 높이는 주요 기법들에 더하여, 면담자와 목격자 간의 신뢰 구축이 중요하다고 본다. 기타 전략으로는 목격자의 불안을 줄이는 기술을 사용하기, 눈을 맞추기, 방해가 되는 것들을 최소한으로 줄이기, 개방형 질문을 사용하기 등이 있다. 또한 목격자에게 추측하지 말고 천천히 말하도록 격려한다.

기억의 생물학적 기초

쥐의 뇌에서 서로 다른 영역을 제거한 뒤 미로 탈출 훈련을 시킨 실험 결과, 기억은 캐비넷의 파일함처럼 특정한 위치에 저장되지 않는 것으로 나타났다. 기억은 뇌의 넓은 영역에 분산되어 있고, 시냅스의 강도를 변화시키며 신경망에 부호화된다. 그러나 뇌의 특정 영역은 기억을 형성하는 데 중요한 역할을 한다.

핵심 요약

- ✓ 기억은 뇌 전체에 걸쳐 분산되어 있다.
- ✓ 뇌의 특정 영역은 새로운 기억을 형성하는 데 중요한 역할을 한다.
- ✓ 장기 강화는 반복적인 자극 후 시냅스가 강화되는 현상이다.

기억과 뇌

뇌 손상을 입은 사람이나 동물에 대한 연구는 뇌의 특정 영역이 새로운 기억을 형성하는 데 중요한 역할을 한다는 것을 보여 준다. 서로 다른 종류의 기억은 각기 다른 방식으로 처리된다.

편도체

편도체는 강렬한 감정에 수반되는 생생한 '섬광' 기억 형성에 관여한다. 대부분의 사람들은 가까운 사람이 죽었거나 큰 사건에 대한 뉴스를 들었을 때 자신이 어디에 있었는지 정확히 기억한다.

소뇌

소뇌는 무의식적인 조건 반사와 운동 기술 같은 암묵적(비선언적) 기억 형성에 중요한 역할을 한다. 예컨대 바람이 눈에 들어가 고통을 느끼는 것을 학습하면, 소뇌는 바람 소리만 듣고도 눈을 반사적으로 깜빡이도록 반응하게 한다.

해마

해마는 새로운 명시적(선언적) 기억, 즉 의식적으로 기억되는 경험과 사실을 형성하는 데 필요하다. 해마는 새로운 기억이 영구적으로 피질에 저장되기 전에 이를 처리하는 중계소 역할을 한다. 깊은 수면 중에는 해마와 피질이 동기화된 활동을 보이며, 이때 기억이 강화된다.

🔍 장기 강화

시냅스 연구는 기억의 기초가 무엇인지 알게 해 준다. 바다 달팽이의 단순한 신경계를 연구한 결과, 반복적인 자극이 시냅스를 여러 방식으로 강화한다는 사실이 밝혀졌다. 반복되는 자극은 시냅스-후 뉴런이 더 쉽게 발화하게 만든다. 이와 같이 증가된 민감성은 오랜 기간 지속되며 이를 장기 강화(LTP)라고 한다. LTP를 강화하는 약물은 학습을 개선하고, 이를 차단하는 약물은 학습을 방해한다.

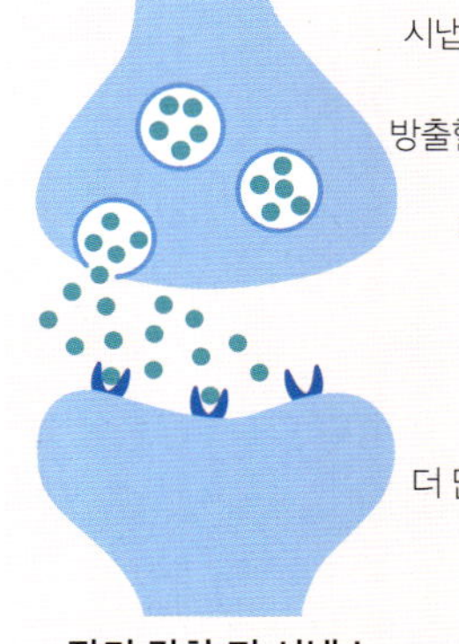

Chapter 6

인지심리학: 사고와 언어

개념과 원형

개념은 비슷한 특성을 가진 사물들을 묶어 놓은 일반적인 정신 범주를 말한다. 보통 각 개념을 대표하는 하나의 정신적 이미지가 있는데, 이를 원형이라고 부른다. 개념은 인지, 즉 정신 과정의 출발점이다.

핵심 요약

✓ 개념은 비슷한 사물들을 묶어 놓은 일반적인 정신 범주이다.

✓ 원형은 개념을 대표하는 정신적 이미지다.

개념

'의자'는 우리가 그 위에 앉을 수 있는 사물을 나타내는 개념이다. 이 범주에 속하는 다양한 항목들이 있으며, 어떤 항목들은 특정 장소에 사용되거나 특별한 목적으로 사용될 수 있다.

원형

만약 사람들에게 '의자'라는 단어를 들었을 때 떠오르는 것을 묘사해 보라고 하면, 그들은 자신이 가지고 있는 의자의 원형부터 묘사하기 시작한다.

🔍 인지 과정

마음은 다양한 작업을 수행할 수 있다. 이들 작업은 기억하기, 언어를 듣고 말하기, 수학 방정식을 풀기, 어려운 선택을 검토하기, 결정하기, 정보를 분석하기, 이야기를 창작하기, 미래를 계획하기 등 다양하다. 이러한 정신적 과제들은 인지 과정으로 알려져 있다.

문제 해결 도전에 직면하고 이를 해결하는 방법을 결정하는 과정	**기억** 정보를 부호화, 저장, 회상하는 과정	**사고** 아이디어를 생성하고 정보를 처리하는 과정
주의 특정 자극이나 과제에 정신적 노력을 집중하는 과정	**언어** 단어, 기호, 신호, 몸짓을 통해 생각을 전달하는 과정	**지각** 감각 정보를 해석하는 과정

스키마

스키마는 생각과 기대의 정신적 틀이다. 스키마는 경험으로부터 얻어지며, 세상을 이해하고 해석하는 데 도움을 준다. 스키마를 사용하지 않고는 생각하는 것이 매우 어렵다. 스키마는 새로운 정보를 범주화하고 저장할 수 있게 한다. 스키마는 각 개인마다 독특하며, 개인은 자신만의 방식으로 세상을 이해하고 경험한다. 스키마는 동화(기존 사고방식에 새로운 정보를 추가하는 것)와 조절(기존 사고방식을 변화시키는 것)을 통해 발달한다.

핵심 요약

- ✓ 스키마는 주변 세계를 이해하고 해석하는 데 도움을 주는 정신적 틀이다.
- ✓ 동화는 새로운 정보가 기존 스키마에 쉽게 통합되는 경우를 말한다.
- ✓ 조절은 새로운 정보로 인해 기존 스키마를 수정해야 하는 경우를 말한다.

동화

동물원에 간 아동은 처음으로 앵무새를 보았을 때, 날아다니는 모습을 보고 새라고 분류한다. 앵무새는 이전에 보았던 새들보다 더 화려하지만, 날아다니는 동물이라는 기존 스키마에 쉽게 들어맞는다. 기존 스키마에 새로운 정보를 추가하는 과정은 동화이다.

조절

그 후 아동은 처음으로 펭귄을 보게 된다. 비둘기와 앵무새처럼 펭귄에게도 부리, 깃털, 날개가 있지만, 이들은 날지 않고 헤엄치고 있다. 펭귄은 아동이 가진 스키마에 맞지 않으므로 스키마는 바뀌어야 한다. 기존 스키마가 새로운 정보에 의해 수정되는 과정은 조절이다.

🔍 스키마의 종류

스키마는 상황에 따라 네 가지 유형으로 나뉜다. 스키마는 세상을 이해할 수 있게 해 주지만, 새로운 정보 중 우리가 이미 알고 있다고 생각하는 것과 모순되는 정보는 쉽게 간과될 수 있다.

자기 스키마	사람 스키마	사회 스키마	사건 스키마
자신에 대해 가지고 있는 생각. 예를 들어, 나는 민감하고 야망이 있으며, 당근을 싫어하고, 의사가 되고 싶어 한다.	다른 사람에 대해 가지고 있는 생각. 예를 들어, 그들은 재미있고 동물을 좋아하며, 자주 늦게 온다.	사회적 상황에서 어떻게 행동해야 하는지에 대한 생각. 예를 들어, 파티에서는 친구들과 어떻게 행동해야 하는지 등.	업무 회의나 레스토랑에서의 식사와 같은 특정한 사건이나 장소에서 어떻게 행동해야 하는지에 대한 생각.

문제 해결

우리는 매일 발생하는 크고 작은 문제에 직면하며, 이를 해결할 방법을 찾아야 한다. 문제 해결은 원하는 결과를 얻기 위해 사용되는 인지 과정이다. 이 과정은 뇌의 전전두피질에서 이루어진다. 문제 해결을 위해서는 여러 방법을 사용할 수 있으며, 시행착오, 휴리스틱, 알고리즘, 통찰이 여기에 포함된다.

핵심 요약

- ✓ 문제 해결을 위해 하나 이상의 방법을 사용할 수 있다.
- ✓ 각 방법은 시간, 난이도, 정확도에서 차이가 있다.
- ✓ 통찰은 정해진 과정이 없으며, 의식적인 정신적 노력이 없이 자발적으로 발생한다.

방법	설명	장점	단점
시행착오	여러 가지 가능성을 시도해 보면서 해결책을 찾는 방법이다. 예를 들어 재료를 여러 방법으로 조합해 가면서 입맛에 맞는 음식을 만든다.	• 여러 가지 해결책이 가능할 경우 유리하다. • 실수를 통해 배울 기회를 제공한다. • 탐구와 발견을 가능하게 한다.	• 시간이 많이 걸릴 수 있다. • 시행착오를 할 때마다 자원이 낭비된다. • 성공이 보장되지 않는다.
휴리스틱	해결책으로 가는 지름길로서 '어림짐작' 즉, 일반적인 지침을 따르는 것이다. 예를 들어 레시피를 따라 정확히 계량하지 않고 음식을 만드는 것이다.	• 빠르고 간단하다. • 과제를 단순화하는 데 도움이 된다. • 문제를 해결하는 데 드는 정신적 노력을 줄여 준다.	• 원하는 결과를 정확하게 얻지 못할 수 있다. • 모든 문제에 들어맞는 것은 아니다. • 빠른 판단은 인지 편향을 유발하기 쉬우며 부적절한 해결책으로 이어질 수 있다.
알고리즘	원하는 해결책에 도달하기 위해 단계별로 논리적인 절차를 따르는 것이다. 예를 들어 레시피를 정확히 따라 음식을 만드는 것이다.	• 정밀하고 정확한 해결책을 제공한다. • 결과가 확실하다. • 결과는 신뢰할 수 있고 일관적이다.	• 시간이 많이 걸릴 수 있다. • 복잡할 수 있다. • 필요한 자원을 활용하여 신중하게 따라야 한다.

🔍 통찰

통찰은 적극적인 노력을 기울이지 않아도 해결책이 갑자기 떠오르는 것을 말한다. 이렇게 갑자기 해결책을 깨닫는 것을 "유레카" 또는 "아하"의 순간이라고 부른다. 이는 시행착오, 휴리스틱, 알고리즘 같은 분석적 방법과는 다르게 의식적인 노력을 필요로 하지 않는다.

의사 결정

우리는 하루 동안에도 수많은 결정을 내려야 한다. 순간 순간의 결정은 대부분 너무 빠르게 이루어져서, 논리적으로 충분히 생각할 시간을 갖지 못하는 경우가 많다. 이러한 일이 가능하게 하기 위해, 뇌는 휴리스틱이라고 알려진 정신적 지름길을 사용한다(104쪽 참조). 이것은 의사 결정시 인지 부하를 줄이기 위해 필요하다.

핵심 요약

- ✓ 휴리스틱은 빠른 결정을 내리게 해 주는 정신적 지름길이다.
- ✓ 직관은 의식적인 생각 없이 결정을 내릴 수 있는 능력이다.
- ✓ 이중과정 이론은 결정을 내리는 데 필요한 두 가지 사고 체계가 상호작용하는 방식을 보여 준다.

직관

직관은 본능적으로 이해하고 의식적인 사고 없이 결정을 내릴 수 있는 능력이다. 이러한 '직감'은 실제 경험에 의해 만들어진다. 예를 들어 스포츠 연습을 하다 보면 특정한 동작을 생각하지 않고도 본능적으로 수행하는 법을 배우게 된다.

골키퍼는 빠른 의사 결정을 위해 직관을 사용한다.

🔍 이중과정 이론

이중과정 이론에 따르면, 우리는 결정을 내리기 위해 두 가지 다른 사고 체계를 사용한다. 시스템 1은 직관적인 사고로, 빠른 결정을 내리는 데 사용된다. 시스템 2는 느리고 분석적인 사고로, 개념과 모델을 사용해 여러 가지 고려 사항들을 검토한다. 두 시스템은 상호작용하며, 시스템 2의 사고는 시스템 1의 사고를 점검하는 역할을 한다.

시스템 1	시스템 2
빠름	느림
직관적	논리적
무의식적	의식적
자동적	통제적
적은 노력	많은 노력
경험에 의존	새로운 해결
편향되기 쉬움	편향되지 않도록 함
확실한 느낌	불확실한 느낌

인지 편향

사람들이 항상 합리적으로만 생각하는 것은 아니다. 때로는 논리적이고 객관적으로 상황을 평가하기보다는 체계적인 사고의 오류 즉 인지 편향을 보인다. 이러한 오류는 종종 문제 해결과 의사 결정을 위한 정신적 지름길로 불리는 휴리스틱에서 비롯되며, 때로는 좋지 못한 선택을 초래하기도 한다. 휴리스틱의 한계를 인식하면, 우리는 자신의 믿음을 지지하는 증거뿐만 아니라 다른 증거까지 고려함으로써 더 나은 의사 결정을 내릴 수 있다.

핵심 요약

- ✓ 인지 편향은 체계적인 사고 오류를 포함한다.
- ✓ 휴리스틱은 정신적 지름길이나, 편향을 이끌 수도 있다.
- ✓ 고착은 문제 해결 시 고정된 방식으로만 접근하여 새로운 관점을 차단하게 하는 정신적 장애물이다.
- ✓ 인지 편향에는 여러 종류가 있으며, 기준점 편향, 확증 편향, 프레이밍, 과신이 있다.

대표성 휴리스틱

아래 여성은 유치원 교사일까, 아니면 정비사일까? 만약 유치원 교사라고 추정했다면, 대표성 휴리스틱에 영향을 받았을 가능성이 크다. 이 정신적 지름길은 원형(고정관념)과의 유사성을 바탕으로 판단을 내리게 한다.

가용성 휴리스틱

상어에게 죽을 확률과 샴페인 코르크로 인해 죽을 확률 중 어느 것이 더 높을까? 정답은 코르크지만, 대부분의 사람들은 상어 공격의 생생함 때문에 틀린 추측을 한다. 이러한 판단은 즉각적으로 떠오르는 생각에 기반한 가용성 휴리스틱으로 알려져 있다. 즉각적이기 때문에 더 흔한 것으로 생각되는 경향이 있다.

🔍 고착

독일의 심리학자 칼 던커(1945)는 참가자들에게 양초, 핀 상자, 성냥을 주고 양초를 벽에 붙여 보라고 요구했다. 많은 사람들은 양초를 벽에 핀으로 고정하거나 양초 왁스를 사용해 붙이려고 했다. 그러나 상자를 이용해 양초를 붙이는 방법을 생각한 사람은 거의 없었다. 이 정신적 장애물은 고착이라고 불리는데, 우리는 과거의 방식에 고착하여 문제를 새로운 관점으로 보지 못하는 경향이 있다.

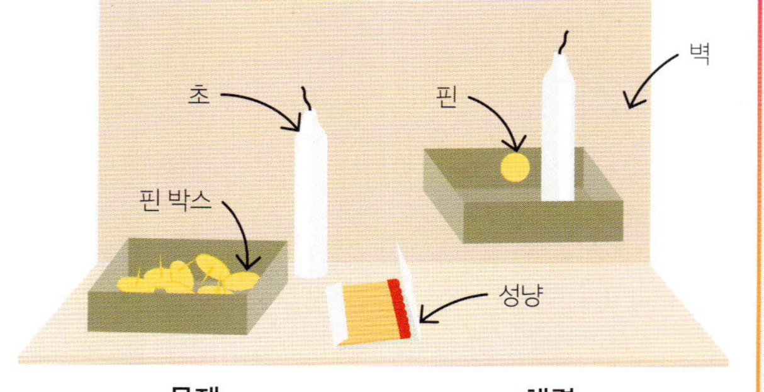

인지 편향의 유형

인지 편향에는 다양한 종류가 있으며, 새로운 편향이 계속 추가된다. 이러한 인지 편향은 판단, 문제 해결, 의사 결정에 영향을 미칠 수 있다.

편향	설명	예시
기준점 편향	처음 받은 정보가 기준이 되어 판단을 내리는 경향이다.	가격 협상에서 첫 번째 제안을 지나치게 중요하게 여긴 나머지, 불리한 가격을 수용하게 될 수 있다.
신념 고착	반대되는 증거가 있어도 자신의 신념을 고수하는 경향이다.	입증되지 않은 음모 이론을 계속 믿는다.
확증 편향	믿고 있는 것을 지지하는 정보에만 집중하는 경향이다.	증거가 불확실할지라도 자신의 견해를 지지하는 뉴스를 더 믿는다.
잘못된 합의 효과	다른 사람들도 자신과 같은 견해를 가지고 같은 행동을 할 것이라고 과대평가하는 경향이다.	다른 사람이 자신과 정치적 관점을 공유한다고 가정해 버린다.
프레이밍 (표현 방식)	어떤 것이 제시되는 방식에 따라 결정이 좌우되는 경향이다.	'25% 할인' 표시가 있는 세일 제품이 같은 가격의 할인 표시가 없는 제품보다 더 좋은 제품이라고 생각한다.
후광효과	사람 혹은 사물의 한 가지 특성에 초점을 맞추어 다른 특성에 대해서도 긍정적인 판단을 내리는 경향이다.	외모가 매력적인 사람은 친절하고 배려심이 있을 것이라고 가정한다.
허위 상관	둘 사이의 관계를 잘못 파악하거나 과장하는 경향이다.	검은 고양이가 길을 건너가는 것을 보거나 사다리 밑을 지나는 것이 불운의 징조라는 미신을 믿는다.
낙관 편향	자신에게는 나쁜 일이 절대 일어나지 않을 것이라고 생각해 과도한 위험을 감수하는 경향이다.	일부 흡연자들은 자신이 암이나 만성 폐쇄성 폐질환(COPD) 같은 심각한 질병에 걸릴 위험이 없다고 생각한다.
과신	자신의 능력과 판단을 과대평가하거나, 상황을 실제보다 더 많이 통제할 수 있다고 믿는 경향이다.	학생들은 숙제를 하는 데 걸리는 시간을 과소평가할 수 있다.
자기일관성 편향	항상 해 왔던 방식대로 계속 행동하려는 경향이다.	관심사나 능력이 변했음에도 불구하고 직업을 바꾸지 않는다.

창의적 사고

점토로 형상을 빚는 예술가, 음악 작품을 창작하는 작곡가, 이야기를 쓰는 소설가는 모두 창의성이라는 인지 과정을 사용하고 있다. 그러나 창의성은 순수 예술을 창조하는 것에만 국한되지 않는다. 창의성은 새롭고 가치 있는 것을 만들 수 있는 독창적인 아이디어를 떠올릴 때마다 발생한다.

핵심 요약

- ✓ 창의성은 새로운 아이디어를 개발하는 인지 과정이다.
- ✓ 확산적 사고는 문제에 대해 여러 해결책을 모색할 때 발생한다.
- ✓ 수렴적 사고는 여러 해결책 중 하나를 선택할 때 발생한다.

🔍 창의적 문제 해결

창의성은 까다로운 문제를 해결해야 할 때 중요하다. 해결책을 찾는 데는 두 가지 방법이 있다.

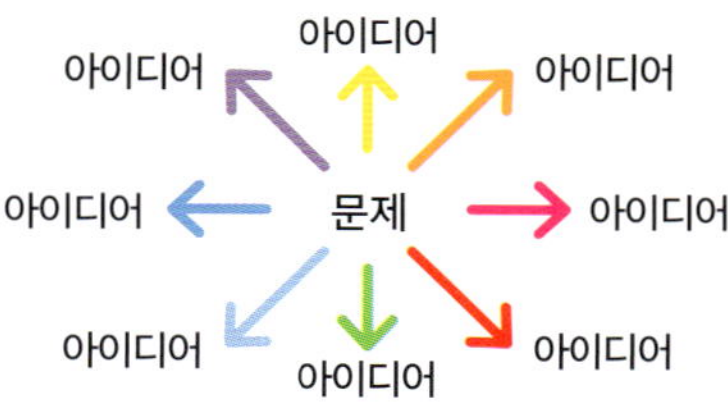

확산적 사고

확산적 사고를 사용하여 여러 해결책을 만들어 낸다. 예를 들어 종이 클립을 다른 용도로 사용할 수 있는 방법을 생각해 보라고 하면, 다양한 가능성을 떠올리기 위해 확산적 사고를 하게 된다.

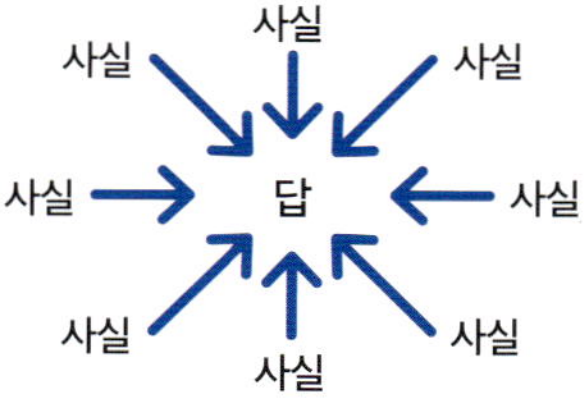

수렴적 사고

문제에 하나의 해결책만 있을 때, 수렴적 사고를 사용해 선택지를 좁힌다. 예를 들어 세탁기를 고치려고 할 때는 여러 가지 고장의 원인 중 하나를 추론해내기 위해 수렴적 사고를 하게 된다.

창의성의 구성 요소

미국의 인지심리학자 로버트 스턴버그는 창의적인 사람들의 다섯 가지 주요 특성을 확인했다.

성격
창의적인 사람들은 위험을 감수하고 새로운 경험을 추구하며 장애물을 극복하고 인내한다.

상상력
새로운 방식으로 사물을 보고 새로운 연관성, 패턴 또는 해결책을 발견하는 것은 상상력 없이는 불가능하다.

동기
창의적이고자 하는 타고난 열망과 과정 자체에 대한 즐거움은 동기를 부여하고 앞으로 나아가게 한다.

지식
세상에 대해 더 많은 지식을 가지게 되면 새로운 시각으로 세상을 볼 수 있는 기회가 더 많이 생긴다.

환경
창의적인 환경은 새로운 것을 시도할 수 있는 영감과 자신감을 키워 주고 지원한다.

언어 발달 단계

언어 습득은 생후 몇 개월에서 몇 년 동안 빠르게 발달하는 인지 과정이다. 이 과정은 특정한 발달 단계를 거쳐 이루어진다. 영아들은 출생 후 몇 달 안에 언어를 처리하기 시작하고 옹알이를 시작한다. 대부분의 유아는 다섯 살이 되면 더 많은 어휘를 사용하여 유창하게 말할 수 있다.

핵심 요약

- ✓ 말과 언어는 영유아기에 걸쳐 빠르게 발달한다.
- ✓ 말은 우리가 내는 소리이고, 언어는 단어를 가지고 의미를 창조하여 소통하는 것이다.
- ✓ 발달 단계에는 옹알이, 한 단어 문구, 두 단어 표현, 그리고 과잉일반화가 포함된다.

연령	단계	설명	예시
4개월	옹알이 단계	소리의 차이를 인식하며, 모국어 소리에 대한 선호를 보인다. 입을 열고 닫으며 의미 없는 자음-모음으로 옹알이를 한다.	"마, 마"
10개월		환경 내의 사물과 옹알이를 연결하기 시작한다. 몸짓을 하거나 손가락으로 가리킨다.	엄마를 가리키며 "엄마"
12개월	한 단어 단계	단어에 의미가 있다는 것을 이해한다. 1~5개의 알아들을 수 있는 단어로 의사소통하며, 더 많은 단어를 이해한다.	"엄마", "아니", "먹다", "가다", "주세요"
18개월		최소 10개의 알아들을 수 있는 단어를 말한다. 이후 몇 달 동안 50~100개의 단어를 급속히 습득하기 시작한다.	"차", "뜨거워", "위에"
24개월	두 단어 단계	간단한 지시를 따르고 자기 이름을 통해 스스로를 확인한다. 명사와 동사를 결합하여 두 단어로 된 표현을 만든다.	"엄마 먹어", "간다 엄마"
2-4세	과잉일반화	더 많은 단어를 결합하여 문장을 만든다. 문법 규칙을 이해하고 적용하지만, 이를 잘못 적용하여 부정확한 표현을 하기도 한다.	"엄마, 나 밖에 간었어." (Mummy, I goed outside)
5세		몇천 개의 어휘를 사용한다. 유창하게 말을 하고, 여러 세부 사항을 나열하여 이야기를 할 수 있다.	"어제 아빠가 나를 수영장에 데려갔어."

🔍 언어의 구성 요소

언어는 문법, 형태소, 음소로 구성된다.

문법은 문장을 형성하기 위한 규칙과 구조의 체계이다. 언어는 문법이 없으면 의미를 갖지 않는다.

형태소는 언어에서 의미를 가지는 가장 작은 단위이다. 'submarines'라는 단어에는 3개의 형태소가 있다: sub=아래; marine=물; s=복수형.

음소는 언어에서 소리의 가장 작은 단위이다. 'chat'이라는 단어에는 3개의 음소가 있다: ch-a-t.

언어와 사고

언어가 우리의 사고방식을 형성할 수 있을까? 미국의 언어학자 벤저민 워프는 언어가 우리의 사고 과정을 결정한다고 하였다. 이것을 언어결정론이라고 한다. 워프는 우리가 세상을 보는 방식은 모국어의 단어와 구조에 의존한다고 주장했다. 예를 들어 어떤 언어에 과거를 나타내는 표현이 없다면, 그 언어를 사용하는 사람들은 과거를 개념화할 수 없다.

- 언어는 주변 세상을 인식하고 해석하는 방식에 영향을 준다.
- 언어가 확장되면 사고 능력도 확장된다.
- 이중 언어와 다중 언어 사용자는 다른 언어를 사용할 때 종종 다르게 생각한다.

언어상대성

대부분의 현대 심리학자들은 언어가 사고를 완전히 결정하지는 않지만 어느 정도 영향을 줄 수 있다고 생각한다. 이는 언어상대성 이론이라고 부른다. 예를 들어 우리의 눈은 다양한 색을 감지할 수 있는 능력을 가지고 있지만, 그것들을 처리하는 방식은 어휘에 의해 제한될 수 있다. 화가들은 다른 사람들보다 더 복잡하게 색을 생각할 수 있는데, 이는 그들이 색조와 밝기에 대해 더 풍부한 어휘를 가지고 있기 때문이다.

이중 언어 및 다중 언어 사용

연구에 따르면, 많은 이중 언어 및 다중 언어 사용자는 다른 언어를 사용할 때 다르게 생각한다. 노두산과 라보르다(2014)가 이란계 미국인을 대상으로 한 연구에서, 페르시아어와 영어를 사용하는 참가자들은 사용된 언어에 따라 각기 다른 자기개념을 보고하였다.

기술 세계에서의 인지 처리

현대의 디지털 기술은 일상생활의 많은 부분을 더 쉽게 만들어 주었다. 이제 버튼 하나로 소통하고, 정보를 찾고, 오락을 즐길 수 있다. 컴퓨터와 스마트폰의 보급에 따라 인지심리학자들은 현대의 기술이 기억과 같은 인지 과정에 어떤 영향을 미치는지 알아보고자 한다.

핵심 요약

- ✓ 심리학자들은 기술이 인지 과정에 어떤 영향을 미치는지 연구한다.
- ✓ 스패로우는 우리가 정보를 기억하는 책임을 컴퓨터에 넘기는 경향이 있다고 하였다.
- ✓ 자신이나 친구, 가족보다 인터넷에 정보를 의존하는 현상을 '구글 효과'라고 한다.

기술과 인지의 관계 연구

미국의 심리학자 베시 스패로우 등(2011)은 현대 기술이 인간 기억의 외부 기억 장치 역할을 할 수 있는지를 확인하기 위한 실험을 수행했다.

실험 1

참가자들은 상식에 대한 간단한 문장을 읽고 입력한 후, 각 문장마다 키를 누르도록 요청받았다. 참가자 중 절반은 키를 누르면 문장이 저장된다고 들었고, 나머지 절반은 삭제된다고 들었다. 이후 가능한 많은 문장을 기억해 보라고 했을 때, 문장이 삭제된다고 들었던 참가자들은 문장이 저장된다고 들었던 참가자들보다 더 많이 기억했다. 이는 정보가 컴퓨터에 저장된다고 생각하면 그 정보를 기억해야 한다는 책임감을 덜 느끼게 된다는 것을 보여 준다.

실험 2

참가자들은 다시 문장을 읽고 컴퓨터에 입력하도록 요청받았다. 각 문장 후에는 정보가 저장될 폴더 이름(예: 사실, 자료, 이름 등) 중 하나가 주어졌다. 참가자들은 문장 자체보다 문장이 저장된 폴더를 더 잘 기억했다. 이는 정보가 다른 곳에 저장된다고 믿을 때, 정보 자체보다는 그것이 저장된 위치에 더 집중함을 시사한다.

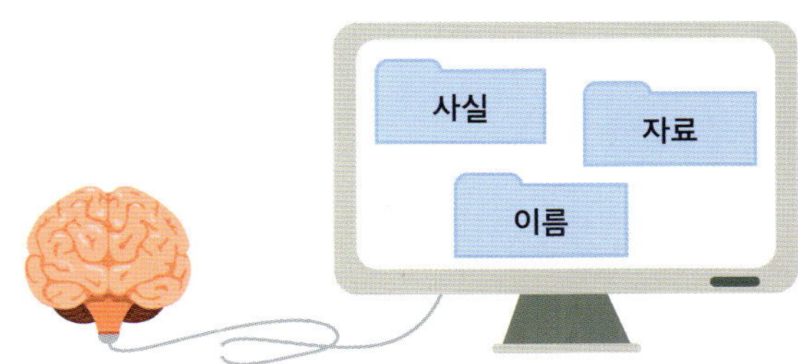

🔍 상호 기억

베그너의 상호 기억 이론(1985)에서는 집단이 지식을 저장하고 기억하는 방식을 설명한다. 사람들은 시간이 지나면서 구성원 중 누가 특정 주제에 대해 전문가인지 알게 된다. 그리고 그 주제의 정보를 기억하는 책임을 전문가에게 넘긴다. 이는 사람들이 다른 방식으로는 얻을 수 없는 더 많은 정보에 접근할 수 있게 해 준다. 현대 사회에서는 정보를 저장하는 책임을 인터넷에 넘기고, 다양한 사이트나 앱이 특정 주제나 영역의 전문가 역할을 한다. 이렇듯 기억보다 기술에 의존해 정보를 저장하는 경향을 구글 효과라고 부른다.

Chapter 7

인지심리학: 지능과 검사

지능

지능은 경험으로부터 학습하고, 문제를 해결하며, 새로운 상황
에 적응하는 능력이다. 지능을 측정하는 것은 어려울 수 있다. 어
떤 사람은 수학을 뛰어나게 잘하거나 운동에 재능이 있을 수 있
지만, 지도를 읽거나 생물학을 이해하는 것은 잘하지 못할 수도
있다. 영국의 심리학자 찰스 스피어먼은 일반 지능과 특수 지능
의 두 가지 요소를 통해 2요인 지능 이론을 제안했다.

2요인 지능 이론(1904)

스피어먼은 지능이 두 가지 요인 즉 태어날 때부터 갖고 있는 일반
지능(g 요인)과 시간이 지나면서 학습한 특수 지능(s 요인)으로 구
성된다고 하였다.

스피어먼은 지능을 연구하고 측정하기 위해 처음으로 요인
분석을 사용했다. 요인 분석은 여러 변수 간의 관계를 분석하는
방법이다. 어떤 사람이 한 검사에서 높은 점수를 얻으면 다른
검사들에서도 높은 점수를 받을 가능성이 높다. 마찬가지로, 특정
영역에서 낮은 점수를 받으면 다른 모든 영역에서도 낮은 점수를
받는 경향이 있다. 스피어먼은 이러한 결과를 통해 타고난 일반
지능이 전체 수행 점수에 영향을 미친다고 가정하였다.

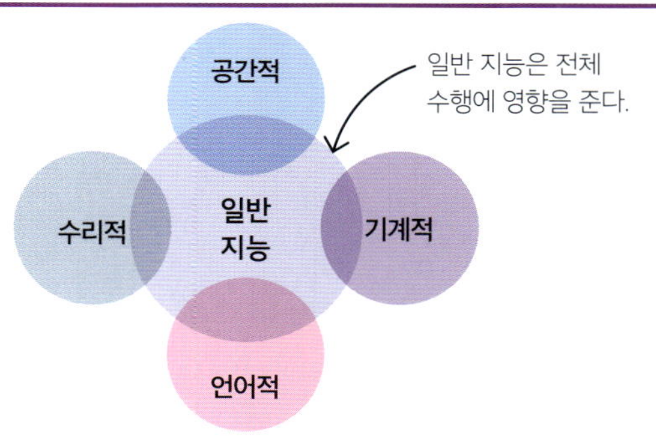

다중 지능

미국의 심리학자 하워드 가드너는 다양한 종류의 지능이 있다고 믿었다. 이 이론은 서번트 증후군 즉, 심각한 학습 장애를 가진 사람들이 수학, 예술, 음악과 같은 특정 영역에서 뛰어난 능력을 보이는 드문 현상에 기반한다. 가드너는 서번트 증후군에 대해 사람들이 어떤 영역에서는 높은 지능을, 다른 영역에서는 낮은 지능을 가질 수 있다는 증거라고 주장했다. 미국의 심리학자 로버트 스턴버그 역시 다중 지능 유형이 존재한다는 이론을 제안했다.

핵심 요약

- ✓ 가드너와 스턴버그에 따르면 지능에는 여러 유형이 있다.
- ✓ 가드너는 여덟 가지 지능 유형을 제안했고, 스턴버그는 세 가지 지능 유형을 제안했다.
- ✓ 서번트 증후군은 심각한 학습 장애를 가진 사람이 특정 영역에서 뛰어난 능력을 발휘하는 상태를 일컫는다.

다중 지능 이론(1983)

가드너는 여덟 가지 지능 유형을 정의했다: 시각-공간적, 음악적, 신체-운동적, 대인관계적, 언어적, 논리-수학적, 자기이해적, 자연주의적 지능. 그는 대부분의 사람은 이 지능 유형들이 조합된 고유한 프로파일을 가진다고 제안했다. 가드너는 나중에 실존적 지능이라고 불리는 아홉 번째 유형, 즉 삶에 대한 질문을 성찰할 수 있는 지능을 추가했다.

삼원 지능 이론(1985)

스턴버그는 가드너와 마찬가지로 다중 지능이 존재한다고 보았지만, 지능의 세 가지 유형만을 제안했다: 분석적 지능(정보를 판단하고 분석하는 능력), 창의적 지능(다양한 상황에서 새로운 아이디어를 창출하는 능력), 실용적 지능(실생활에서 잘 기능하는 능력).

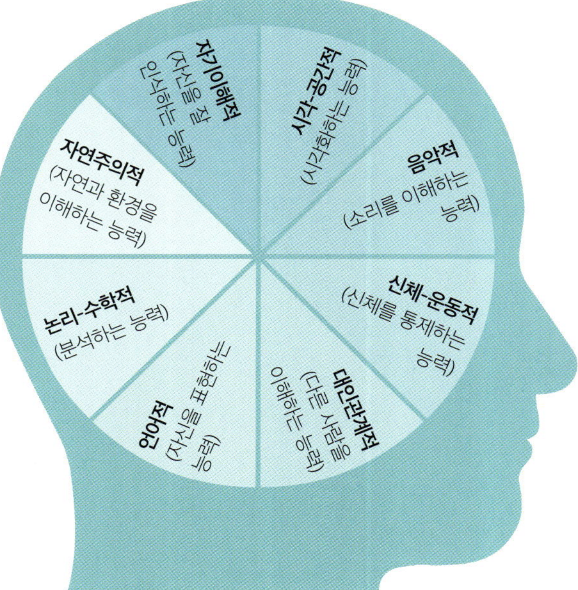

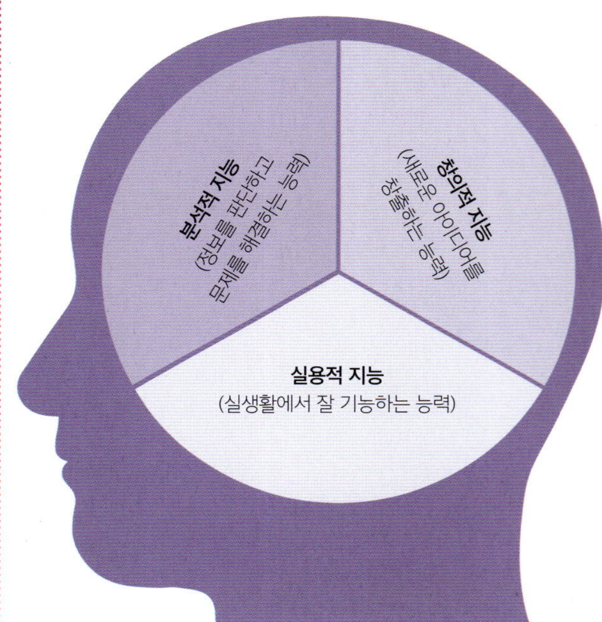

지능의 역동성

지능은 고정된 것이 아니다. 사람들은 나이가 들면서 어떤 것은 더 잘하게 되고, 어떤 것은 더 못하게 된다. 결정 지능은 살아가면서 얻은 지식과 기술을 의미하며, 나이가 들수록 증가한다. 성인은 문제에 직면했을 때 결정 지능을 사용해 과거 유사한 문제를 해결한 경험을 바탕으로 해결책을 찾는다. 유동 지능은 논리적으로 생각하고 새로운 상황에 적응하는 능력을 의미하며, 나이가 들수록 감소한다. 같은 문제를 해결할 때, 청소년들은 유동 지능을 활용해 하나의 해결책을 찾을 때까지 여러 가지 새로운 시도를 거듭한다.

핵심 요약

- ✓ 결정 지능은 살아가면서 얻는 지식과 기술이다.
- ✓ 유동 지능은 논리적으로 생각하고 새로운 상황에 적응하는 능력이다.
- ✓ 결정 지능은 나이가 들수록 증가하고, 유동 지능은 나이가 들수록 감소한다.
- ✓ 플린 효과는 시간이 지남에 따라 전 세계 평균 IQ 점수가 상승하는 경향을 설명한다.

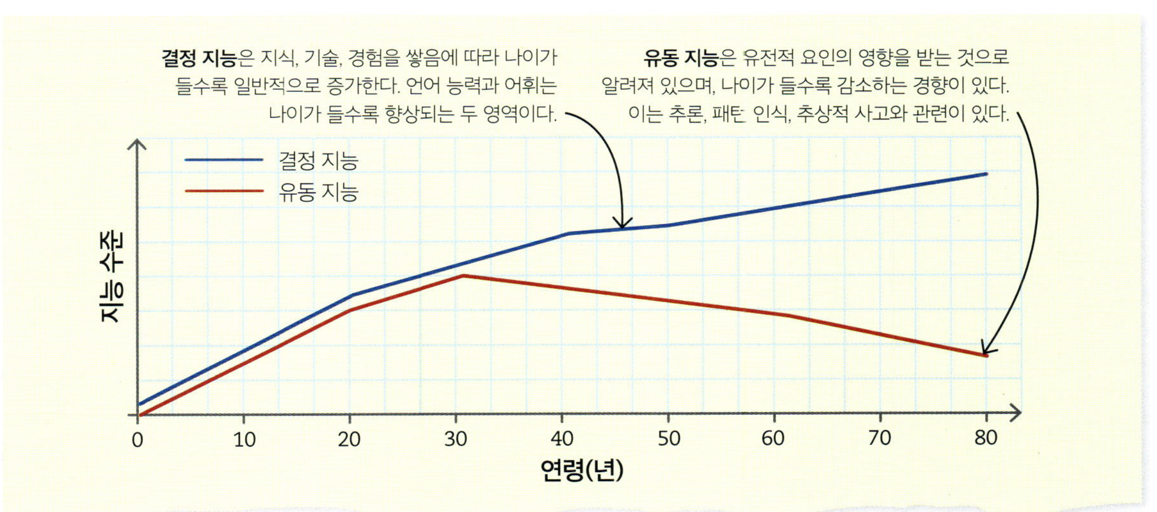

플린 효과

현재 인류의 IQ는 100년 전보다 훨씬 높아졌으며, 20세기 동안 전 세계 평균 IQ 수준은 크게 향상되었다.
심리학자들은 그 이유를 설명하기 위해 더 나은 건강과 영양, 더 높은 교육 수준, 그리고 자극이 보다 풍부한 환경에서 생활하기 때문이라는 다양한 이론을 제시했다.

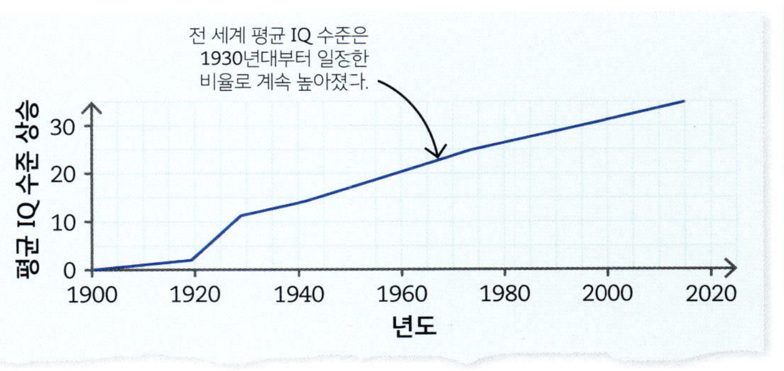

지능검사

심리학자들은 지능검사를 통해 일반적인 인지 능력을 측정한다. 지난 150년 동안 지능을 측정하는 여러 검사들이 개발되었지만, 검사 방법과 검사 결과의 해석에 대해서는 오늘날에도 논쟁의 여지가 있다.

핵심 요약

- ✓ 지능검사는 지능을 측정하는 수치를 제공한다.
- ✓ 성취검사는 습득한 지식을 측정한다.
- ✓ 적성검사는 잠재적 능력을 측정한다.

바람직한 특성

영국의 사상가 프랜시스 골턴은 능력이 선천적인 것인지 학습된 것인지 알아보기 위해 런던의 실험실에서 1만 명 이상의 사람들을 검사했다. 그는 바람직한 특성을 가진 사람들끼리만 결혼해야 한다고 제안했는데, 이는 오늘날 매우 문제시되는 우생학이라는 개념이다.

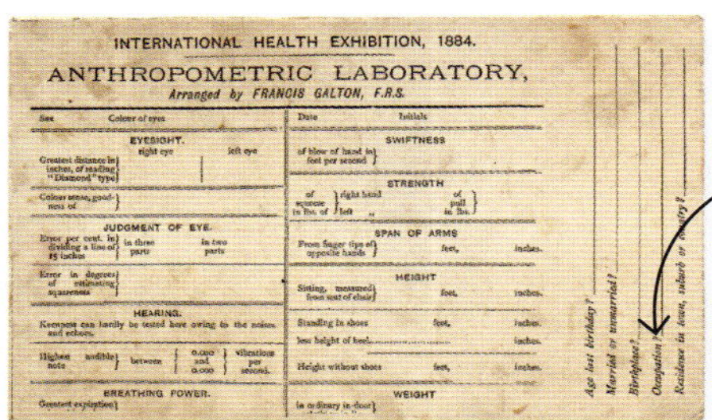

골턴은 참가자들의 직업, 가족 내력, 키, 체중, 체력 등을 기록했다.

최초의 스탠퍼드-비네(Stanford-Binet) 검사

스탠퍼드 대학의 심리학자 루이스 터먼은 1905년 개발된 비네 검사가 특수교육이 필요한 아동에게만 한정된다고 보았다. 터먼은 비네 검사를 수정하여 모든 능력 수준에 적합한 검사를 만들었다.

스탠퍼드–비네 검사에는 종이 인형, 장난감 자동차, 색깔 있는 블록 등 다양한 사물을 사용하는 과제가 포함된다.

1884 · · · · · · · · · · **1905** · · · · · · · · · · **1912** **1916**

정신 연령

프랑스의 심리학자 알프레드 비네는 특수교육이 필요한 아동의 판별을 위한 검사를 개발했다. 그는 아동의 능력을 같은 나이의 다른 아동과 비교하는 방식으로 정신 연령이라는 개념을 제안했다.

알프레드 비네는 현대적인 지능검사를 최초로 개발했다.

지능 지수(IQ)

독일의 심리학자 빌헬름 슈테른은 정신 연령과 실제 연령에 근거하여 지능 지수라는 용어를 고안했다. 지능 지수(IQ)를 통해 아동이 성장하고 학습하는 동안의 능력을 이해하고 비교할 수 있다.

$$IQ = \frac{MA}{CA} \times 100$$

IQ는 원래 정신 연령(MA)을 실제 연령(CA)으로 나눈 후 100을 곱하여 계산하였다.

🔍 성취검사와 적성검사

지능검사는 두 가지 범주로 나뉜다.

성취검사는 이미 배운 내용을 평가하며, 특정 영역이나 주제에 대한 기술이나 지식을 측정한다. 교사들은 성취검사를 사용하여 학생들이 주제를 얼마나 이해했는지 평가한다.

적성검사는 새로운 것을 배울 수 있는 잠재력을 평가하며, 특정 작업이나 기술을 학습하거나 수행할 수 있는 능력을 측정한다. 고용주들은 적성검사를 사용하여 지원자의 직무 적합성을 평가한다.

아미(군인) 검사

미국의 심리학자 로버트 예르케스는 아미 알파와 아미 베타의 두 검사를 개발하였고, 미국 정부는 이를 175만 명의 군인에게 실시하였다. 이 검사는 개인이 지휘관 역할을 할 수 있는지 평가하는 것이다. 정부는 이후 이 검사에서 '유전적으로 열등하다'고 나타난 이민자들의 입국을 거부했다.

군인들은 글을 읽을 수 있는 경우 알파 검사를, 읽을 수 없는 경우 그림으로 된 베타 검사를 받았다.

WAIS 4판

WAIS 4판이 소개되었다. 이 버전에서는 16세 이상의 어휘, 산수, 기호 인식 등 다양한 능력을 검사한다. WAIS 4판은 스탠퍼드-비네 검사와 함께 가장 자주 사용되는 지능검사 중 하나이다.

1917 — **1955** — **2003** — **2008**

웩슬러 성인 지능검사(WAIS)

미국의 심리학자 알프레드 웩슬러는 웩슬러 성인 지능검사 (WAIS)를 개발하였다. 이 검사는 스탠퍼드-비네 검사와 다르게 하나의 능력이 아닌 여러 능력을 평가하여 점수를 제공한다.

피검사자가 완성해야 하는 검사 세트가 제공된다.

스탠퍼드-비네 검사 5판

스탠퍼드-비네 검사 5판이 출시되었다. 검사자는 피검사자와 1:1로 검사를 실시하며, 난이도가 쉬운 것부터 어려운 검사들을 제시하여 응답을 점수로 기록한다. 5세 아동부터 이 검사를 받을 수 있다.

표준화

표준화는 과학 실험이나 심리검사의 결과를 신뢰할 수 있도록 일관된 절차를 수립하는 과정이다. 예를 들어 IQ 검사는 기존에 만들어진 검사들과 일치하는 결과를 제공할 때만 의미가 있다. 표준화의 목표는 심리학 연구가 연구자, 환경, 시기에 관계없이 일관된 결과를 보이도록 하는 것이다.

핵심 요약

- ✓ 표준화는 실험과 심리검사의 결과를 신뢰할 수 있도록 일관된 절차를 수립하는 과정이다.
- ✓ 표준화 IQ 검사는 평균 IQ를 100으로 설정하며, 모집단의 68%는 평균으로부터 15점 이내의 점수를 얻는다.

IQ 검사의 표준화

IQ 검사는 기존 검사와 동일한 평균과 표준편차(30쪽 참조)를 갖도록 설계함으로써 표준화할 수 있다. 모집단의 IQ 점수를 그래프로 나타내면 정규분포라고 불리는 종 모양의 패턴을 보인다. IQ 검사는 평균을 100으로 설정하며, 모집단의 68%는 평균에서 15점(1 표준편차) 이내의 점수를 받는다.

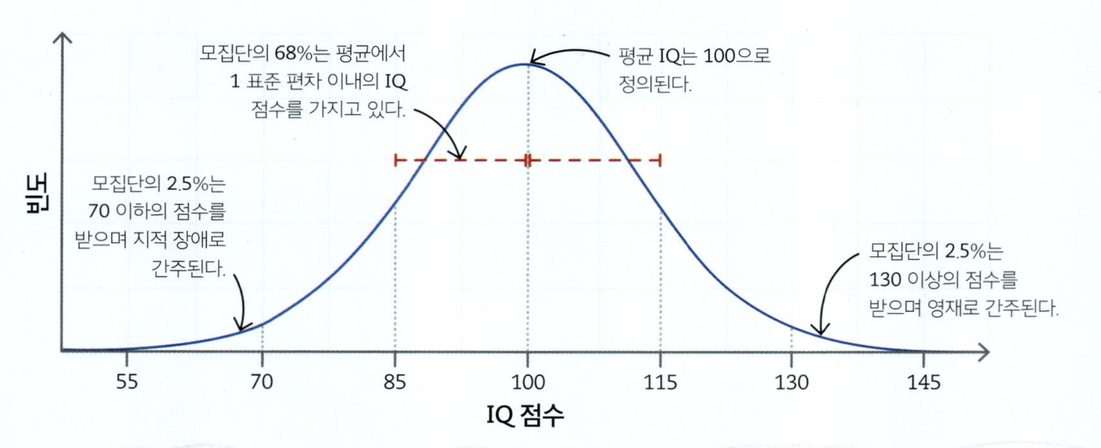

🔍 실험에서의 표준화

표준화는 실험 결과가 반복 가능하고 타당도를 가지기 위한 과학적 과정의 중요한 부분이다. 과학자들은 실험 조건을 표준화하여 외생변수(15쪽 참조)가 결과에 영향을 미치지 않도록 한다. 예를 들어 IQ 검사에서 참가자들은 시간이 혼재변수로 작용하지 않도록 모든 참가자가 동일한 시간 내에 검사를 마쳐야 한다.

Chapter 8

발달심리학: 애착과 사회성 발달

각인

1930년대 오스트리아의 동물학자 콘라트 로렌츠는 애착 형성에 관한 연구를 시작했다. 그는 각인 현상, 즉 동물이 태어난 직후 중요한 시기에 처음 본 움직이는 물체에 대해 되돌릴 수 없는 애착을 형성하는 경향을 연구했다. 로렌츠는 갓 부화한 회색기러기 새끼들이 각인되는 과정을 검증했다.

핵심 요약

✓ 각인은 동물이 태어난 후 처음 본 움직이는 물체를 따르는 애착의 한 형태이다.

✓ '각인된 부모'에 대한 애착은 태어난 직후 몇 시간 내에 형성된다.

✓ 로렌츠는 회색기러기를 통해 각인을 연구했다.

1. 로렌츠는 기러기의 알을 두 집단으로 나누었다. 첫 번째 집단의 알은 어미와 함께 남겨 두어, 새끼 기러기들이 알에서 깨어났을 때 어미를 처음 볼 수 있도록 했다.

2. 두 번째 집단의 알은 부화기를 이용해 어미와 떨어져 부화하도록 했다. 로렌츠는 새끼 기러기들이 부화할 때 자신을 처음 볼 수 있도록 했다.

3. 로렌츠는 새끼 기러기들의 집단을 표시한 후, 그들을 섞어 놓고 어미와 로렌츠 중 누구를 따라갈지 선택하도록 했다. 부화할 때 어미를 본 새끼 기러기들은 어미를 따라갔고, 로렌츠를 본 새끼 기러기들은 그를 '각인된 부모'로 인식하고 그를 따라갔다.

접촉 위안

1950년대와 1960년대 미국의 심리학자 해리 할로는 새끼 붉은털원숭이를 어미로부터 분리하는 일련의 연구를 수행했다. 오늘날의 기준으로는 비윤리적이며 원숭이들에게도 큰 스트레스를 주었던 이 연구는, 애착 형성에서 위안(신체적, 정서적 친밀감)이 매우 중요함을 보여 주었다.

- 할로는 애착을 연구하기 위해 새끼 원숭이들을 어미로부터 분리했다.
- 새끼 원숭이들은 일관되게 먹이보다 위안을 선택했다.
- 할로는 애착 인물의 결핍이 초래하는 피해를 증명했다.
- 애착 결핍은 스트레스나 사회성 결여로 이어졌다.

인공 어미에 대한 반응

할로는 새끼 원숭이들이 인공 어미를 선택하도록 했다. 원숭이들은 먹이를 제공하는 어미(먹이 어미)보다는 접촉 위안을 제공하는 어미(헝겊 어미)에게 다가갔다.

위협에 대한 반응

새끼 원숭이들은 무서운 장치에 노출되었다. 원숭이들은 본능적으로 먹이 어미보다 헝겊 어미에게 달려갔고, 어미가 없을 따는 두려움에 떨었다.

새로운 환경에 대한 반응

새로운 환경에 처한 원숭이들은 헝겊 어미가 있을 때에는 처음에는 어미에게 매달리다가 이후 주변을 탐색하기 시작했다. 철사로 된 먹이 어미와 함께 있거나 혼자 있을 때는 주변을 탐색하지 못했다.

고립에 대한 반응

할로는 원숭이들을 몇 시간에서 몇 달 동안 고립된 공간에 두었다. 나중에 다른 원숭이들과 접촉했을 때, 이 원숭이들은 극도의 스트레스를 보였으며 사회적 기술도 부족했다. 암컷 원숭이들은 양육 능력도 낮았다.

애착 학습 이론

미국의 심리학자 존 돌라드와 닐 밀러(1950)는 애착 학습 이론에서 영아가 양육자와 형성하는 애착은 본능적인 것이 아니라 경험을 통해 학습된 것이라고 주장했다. 고전적 조건화와 조작적 조건화(81~82쪽 참조)는 애착이 어떻게 형성되는지를 설명한다.

핵심 요약

- ✓ 애착 학습 이론에서는 애착이 본능적이기보다는 학습된 것이라고 본다.
- ✓ 고전적 조건화는 연합을 통해 애착을 학습할 때 일어난다.
- ✓ 조작적 조건화는 강화 학습을 통해 애착을 형성할 때 일어난다.

고전적 조건화

영아는 고전적 조건화 즉 음식에서 오는 만족감과 양육자를 연합하여 애착을 형성한다.

연합이 학습되면, 영아는 양육자가 음식을 제공하지 않더라도 그들의 존재만으로 만족을 느끼고 애착을 형성하게 된다.

1. 조건화 전
영아는 태어날 때부터 음식에의 욕구를 가지고 있으며, 음식은 무조건자극(UCS)이다. 음식을 먹는 것은 자동적으로 만족을 느끼게 하며, 이는 무조건반응(UCR)이다.

2. 조건화 중
양육자는 자연 상태에서는 만족 반응을 유도하지 않는 중립자극(NS)이다. 양육자가 음식을 제공하면 영아는 양육자와 음식 및 음식에서 오는 만족을 연합하게 된다.

3. 조건화 후
양육자(NS)는 조건자극(CS)이 되어 영아에게 음식을 제공하지 않더라도 만족을 준다. 이러한 만족은 이제 조건반응(CR)이 되며, 영아와 양육자 사이에 애착이 형성된다.

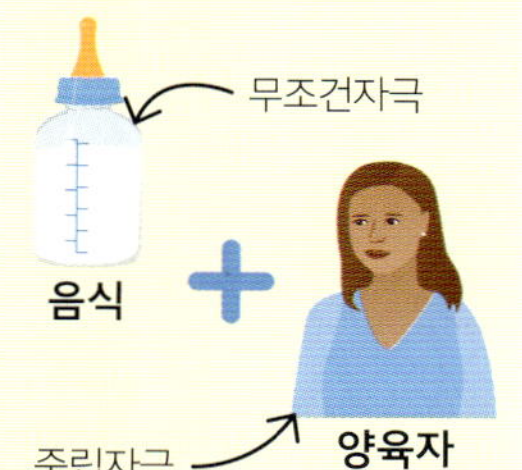

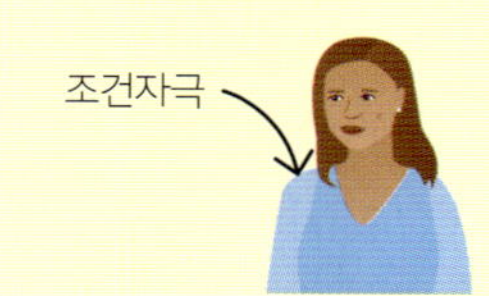

🔍 조작적 조건화

애착은 조작적 조건화에 의해 설명될 수도 있다. 예를 들어 배고픈 영아가 울 때, 양육자가 음식을 제공하여 영아의 불편을 덜어 주면, 영아는 이 행동을 반복하게 된다. 이것은 부적 강화로, 부정적인 것(배고픔)이 제거된 것이다. 마찬가지로 영아의 울음소리는 양육자를 불편하게 하므로, 음식을 제공함으로써 울음이 멈추면 양육자는 이 행동을 반복하게 된다. 이것 역시 부적 강화로, 부정적인 것(울음소리로 인한 스트레스)이 제거된 것이다.

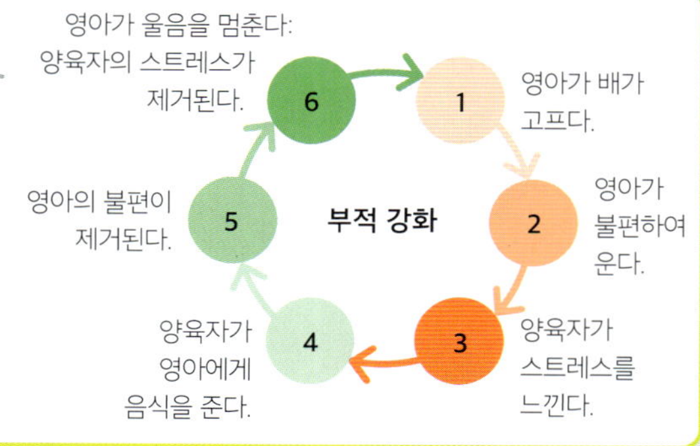

단일 애착 이론

1969년 영국의 심리학자 존 볼비는 인간은 태어날 때부터 애착을 형성하도록 생물학적으로 프로그램되어 있다는 단일 애착 이론을 제안했다. 영아는 특별한 한 사람 즉 부모나 주 양육자에게 애착을 형성하려는 내재된 본능을 가지고 있다. 단일 애착은 생후 6개월에서 2년 반 사이에 형성되며, 이 시기에 애착이 형성되지 않으면 다른 사람들과의 애착 형성에 문제가 생길 수 있다. 단일 애착은 영아에게 안정감을 제공하며 적응적(생존에 유리)이다.

핵심 요약

- ✓ 단일 애착 이론에 의하면 영아는 태어날 때부터 한 사람에게 애착을 형성하도록 프로그램되어 있다.
- ✓ 영아는 양육을 받을 가능성을 높이는 사회적 유발 행동을 보인다.
- ✓ 부모-자녀 간 애착은 미래에 형성될 관계를 위한 내적 작동 모델을 제공한다.

사회적 유발 행동

볼비는 영아가 울음이나 미소와 같은 사회적 유발 행동을 하도록 유전적으로 프로그램되어 있다고 보았다. 이러한 행동은 양육을 받을 가능성을 높이며, 부모 또한 이러한 행동에 반응하여 양육을 제공하도록 유전적으로 프로그램되어 있다.

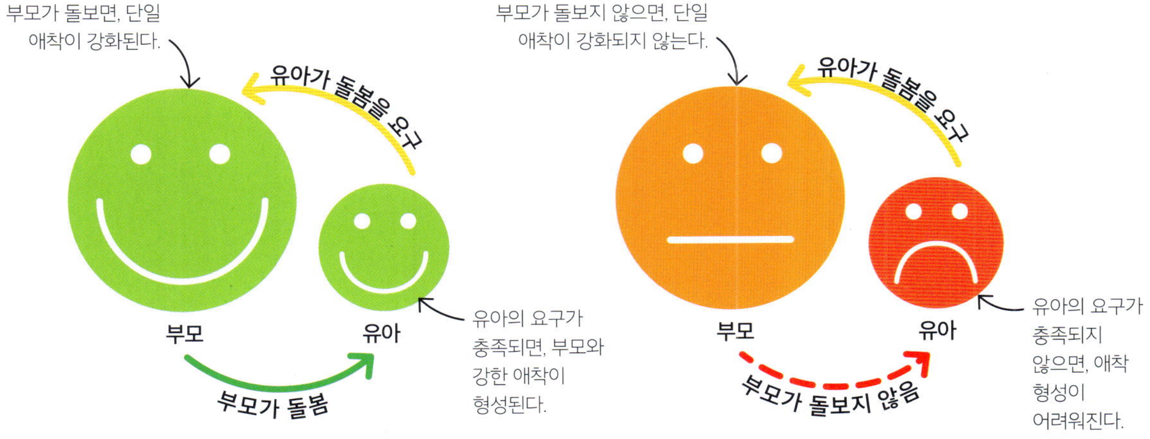

 내적 작동 모델

볼비는 영아가 주 양육자와 가지는 애착 유형이 미래에 형성하게 될 관계의 틀을 만든다고 보았다. 이는 성인이 되어 낭만적 파트너 혹은 자녀와의 애착 형성에 영향을 미치는 내적 작동 모델을 형성한다. 성인의 애착 유형은 다음과 같다:

안전 애착

다른 사람을 신뢰하고 의존하거나, 다른 사람이 자신에게 의존하는 것을 편안하게 느낀다.

불안-저항 애착

관계를 소중히 여기지만 거부에 대한 불안 때문에 집착이 심하고 요구가 많다.

불안-회피 애착

다른 사람에게 의존하거나 다른 사람이 자신에게 의존하는 것을 불편해하며 정서적으로 거리를 둔다.

애착 단계

영아는 양육자와 다른 사람들에게 애착(정서적 유대감)을 형성한다. 심리학자인 하인츠 루돌프 셰퍼와 페기 에머슨 (1964)은 60명의 영아를 출생 후부터 18개월까지 한 달 간격으로 평가한 결과를 바탕으로 네 가지 애착 단계를 확인하였고, 영아가 언제부터 분리 불안이나 그 밖의 행동을 보이는지 설명하였다.

핵심 요약

- ✓ 셰퍼와 에머슨은 네 가지 애착 단계를 구분했다.
- ✓ 생후 7~9개월인 영아는 주 양육자가 없을 때 분리 불안을 경험한다.
- ✓ 생후 9개월 이후 영아는 조부모와 형제자매를 포함한 다른 양육자들과 애착을 형성한다.

1단계: 전애착 단계(0~3개월)

신생아는 처음에는 비사회적이며, 살아 있는 것(유기체)과 살아 있지 않은 것(사물)에 동일하게 반응한다. 약 6주가 지나면 영아는 사람들에게 미소를 짓기 시작하며, 사람과 사물을 다르게 대하기 시작한다.

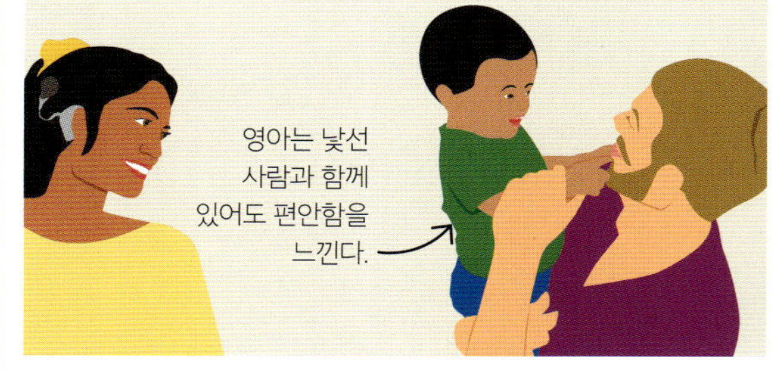

2단계: 무차별 애착 단계(3~7개월)

생후 약 3개월부터 영아는 자신에게 익숙한 사람들, 특히 주 양육자를 인식할 수 있게 된다. 이 시기 영아는 낯선 사람을 두려워하지는 않지만, 불안한 경우 낯선 사람보다 주 양육자에 의해 더 쉽게 진정된다.

3단계: 차별 애착 단계(7~9개월)

이 시기의 영아는 주 양육자에게 특별한 애착을 형성하게 된다. 영아는 낯선 사람에 대한 두려움을 보이기 시작하며, 주 양육자가 떠날 때 분리 불안을 느끼고 보통은 울면서 저항한다.

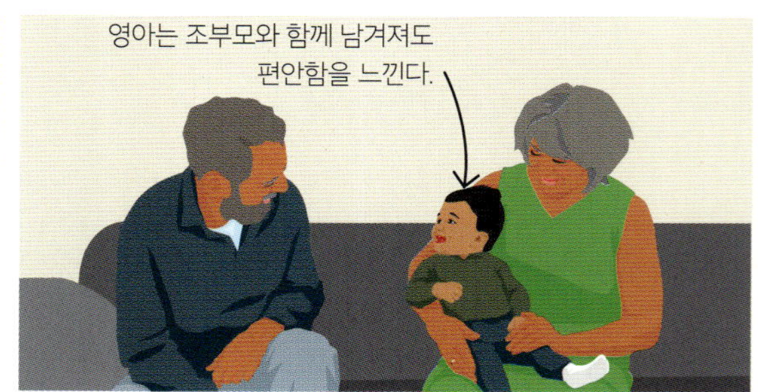

4단계: 다중 애착 단계(9개월 이후)

여러 사람과 애착을 형성하기 시작한다. 주된 애착 대상은 보통 주 양육자이지만, 조부모, 형제자매, 보육교사, 도우미, 친구들과도 애착을 형성한다. 낯선 사람에 대한 두려움이 줄어든다.

양육 스타일

자녀의 행동은 부모의 양육 스타일에 영향을 받을 수 있다. 미국의 심리학자 다이애나 바움린드(1967)는 세 가지 양육 스타일(권위적, 민주적, 허용적)을 이론화했으며, 1983년 미국의 심리학자 엘리너 매코비와 존 마틴은 네 번째 양육 스타일(방임적)을 추가했다. 각 양육 스타일은 요구성(행동을 통제하는 수준)과 반응성(요구에 주의를 기울이는 수준)이 다르다.

핵심 요약

✓ 양육 스타일은 권위적, 민주적, 허용적, 방임적으로 정의될 수 있다.

✓ 각 양육 스타일에 따라 부모가 자녀를 대하는 방식이 달라진다.

✓ 각 양육 스타일은 자녀에게 다른 영향을 미친다.

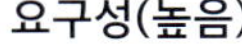

권위적 양육

부모는 자녀가 엄격한 규칙을 따르기를 기대하며, 규칙을 따르지 않을 경우 처벌이 뒤따른다. 부모는 규칙을 왜 정했는지 설명하지 않으며, 자녀가 실수를 했을 때 어떻게 하면 고칠 수 있는지 설명해 주지 않는다. 이러한 양육 스타일은 자녀들로 하여금 낮은 자존감을 가지게 할 수 있다.

민주적 양육

부모는 자녀에게 기대를 높게 가지지만, 자녀에게 애정을 가지고 요구한다. 부모는 자녀와 열린 토론을 통해 경계와 규칙을 설정한다. 민주적 부모는 권위적 부모보다 처벌은 더 적게, 용서는 더 많이 한다. 이 양육 스타일로 자란 자녀들은 자존감이 높은 경향이 있다.

방임적 양육

부모는 자녀의 기본적인 요구를 충족시킬 수는 있지만, 일반적으로 자녀의 삶에 무관심하고 거리감을 둔다. 부모는 자녀에게 조언이나 지지를 거의 또는 전혀 제공하지 않으며, 무관심하고 반응을 보이지 않으며 자녀를 무시하는 태도를 보인다. 이러한 양육 스타일은 자녀들에게 우울증과 문제 행동의 위험을 증가시킬 수 있다.

허용적 양육

부모는 자녀에게 거의 아무것도 요구하지 않는다. 부모는 따뜻하고 주의 깊지만, 부모라기보다는 친구같은 관계를 우선시하기에 기대와 규칙이 거의 없고(있더라도 거의 시행되지 않음), 자녀가 스스로 결정을 내리도록 허용한다. 이 양육 스타일로 자란 자녀들은 학업 성취도가 낮을 수 있다.

낯선 상황 실험

1969년, 미국계 캐나다 심리학자 메리 에인스워스는 '낯선 상황' 실험을 통해 영아가 어머니와 낯선 사람과의 상호작용을 기반으로 어떤 애착 유형을 보이는지 구분하였다. 참가자들은 놀이방처럼 생긴 실험실에서 여덟 개의 짧은 시나리오(에피소드)를 통해 관찰되었다.

핵심 요약

- ✓ 낯선 상황은 영아의 분리 불안, 재결합 행동, 낯선 사람에 대한 불안, 탐색하려는 의지를 검사한다.
- ✓ 에인스워스는 세 가지 애착 유형(안정, 불안정-회피, 불안정-저항)을 제안했다.

애착 유형

에인스워스는 다양한 상황에서 각 영아의 반응을 관찰한 결과를 토대로 애착 유형을 세 가지로 분류하였다.

안정 애착

영아들은 어머니와 떨어지면 중간 정도의 스트레스를 받았다. 이들은 어머니가 돌아오면 쉽게 다가가서 편안함을 되찾았다. 낯선 사람을 경계하는 한편 낯선 환경을 탐색할 때에는 어머니를 돌아보며 안정을 찾았다.

실험 참가자의 66%

불안정-저항 애착

영아들은 어머니와 떨어질 때 매우 큰 스트레스를 받았다. 이들은 어머니가 돌아왔을 때 어머니에게 다가갔지만, 어머니가 안으려고 하자 화를 내고 저항했다. 낯선 사람이 나타나자 불안해하고 낯선 환경을 탐색하려 하지 않았다.

실험 참가자의 12%

불안정-회피 애착

영아들은 어머니와 떨어질 때 큰 스트레스를 받지 않았으며, 어머니가 돌아왔을 때도 다가가려 하지 않았다. 이들은 낯선 사람에게도 불안을 보이지 않았다. 낯선 환경을 탐색하기는 했지만, 어머니를 확인하려고 돌아보지 않았다.

실험 참가자의 22%

실험 단계	설명
에피소드 1	어머니와 영아는 관찰자가 있는 방으로 안내된다.
에피소드 2	영아는 주변을 자유롭게 탐색하며, 어머니는 영아가 주의를 필요로 할 때 반응한다.
에피소드 3	낯선 사람이 들어와 영아에게 천천히 다가간다.
에피소드 4 (1차 분리)	어머니가 방을 떠난다. 낯선 사람은 영아와 상호작용을 시도한다.
에피소드 5 (1차 재결합)	낯선 사람이 떠나고 어머니가 다시 들어와 영아에게 다가가서 놀고자 한다.
에피소드 6 (2차 분리)	어머니가 다시 떠난다. 영아는 다시 혼자 남겨진다.
에피소드 7	낯선 사람이 다시 들어오고, 영아에게 천천히 다가간다.
에피소드 8 (2차 재결합)	어머니가 다시 들어오고 낯선 사람이 떠난다. 어머니는 다시 영아에게 다가가 놀고자 한다.

애착의 문화적 차이

문화는 사회 구성원들을 결속시키는 규칙, 관습, 도덕을 의미한다. 자녀의 양육 스타일은 문화에 따라 다르다. 이는 문화권에 따라 서로 다른 유형의 애착이 형성되는지에 대한 연구로 이어진다.

 핵심 요약

- ✓ 반 이젠도른은 문화 간 애착 유형을 비교했다.
- ✓ 애착 유형 간의 차이는 문화 간 차이보다 문화 내 차이가 더 크게 나타났다.

문화 비교

네덜란드의 심리학자 마리누스 반 이젠도른(1988)은 '낯선 상황 실험'(126쪽 참조)을 사용하여 서로 다른 문화 간 애착 유형을 비교했다. 그 결과 문화 간 차이는 작았으며, 문화 내 차이(하위 문화 간의 차이)가 문화 간 차이보다 1.5배 더 큰 것으로 나타났다.

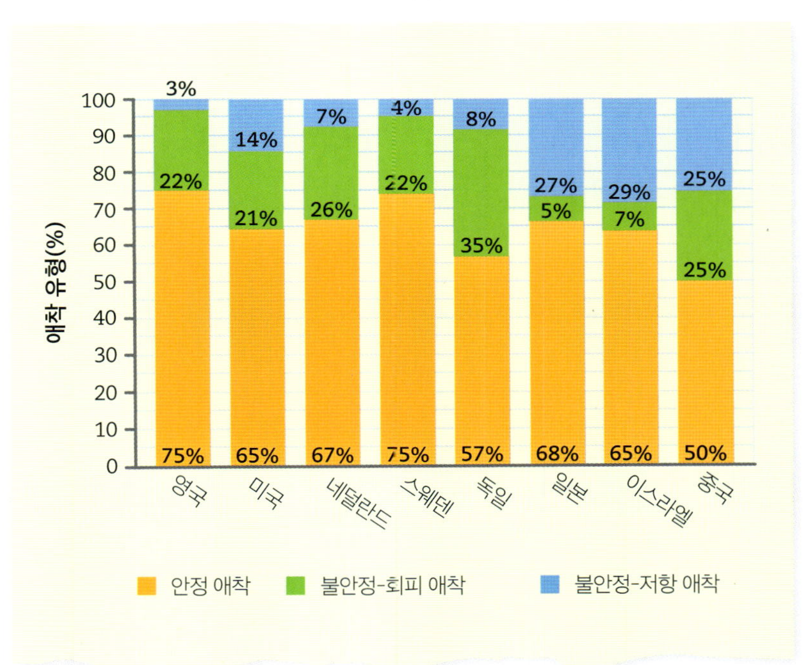

🔍 개인주의와 집단주의

문화를 분류하는 한 가지 방법은 개인주의와 집단주의로 나누는 것이다. 미국과 북유럽의 개인주의적 문화는 집단보다 개인의 중요성을 강조하며, 중국과 일본의 집단주의적 문화는 개인보다 집단의 중요성을 강조한다. 이러한 문화적 차이는 부모의 양육 스타일에 영향을 미칠 수 있다.

개인주의

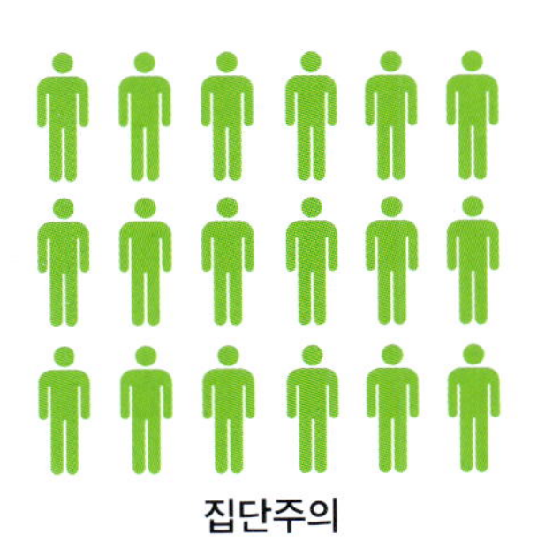

집단주의

모성 결핍

영국의 아동 심리치료사 존 볼비는 유아가 어머니와 장기간 떨어져 있게 되거나 또는 어머니를 대체할 수 있는 사람이 없는 경우 지적 손상이나 심리적 손상, 또는 그 둘이 모두 발생할 수 있다고 주장했다. 볼비는 청소년 절도 연구(1944)에서 모성 결핍과 애정 결핍성 정신병질 간의 연관성을 연구했다. 애정 결핍성 정신병질(사이코패스)은 다른 사람에게 애정을 보이지 못하고 책임감을 느끼지 못하는 상태로, 범죄성과도 관련이 있다.

볼비의 청소년 절도 연구

볼비는 모성 결핍, 애정 결핍성 정신병질, 그리고 범죄성 간의 연관성을 조사하기 위해 절도로 고소된 44명의 아동 집단('청소년 절도')과 통제 집단('비절도')을 연구했다. 그는 아동 및 그들의 가족을 면담하여 연구를 수행했다.

핵심 요약

- ✓ 모성 결핍은 유아와 주 양육자 간의 장기간 분리를 의미한다.
- ✓ 볼비는 모성 결핍이 지적 그리고/혹은 심리적 손상을 초래할 수 있다고 생각했다.
- ✓ 볼비의 청소년 절도 연구에서 절도로 고소된 44명의 아동 중 14명은 애정 결핍성 정신병질로 분류되었으며, 이들 중 12명은 모성 결핍을 경험했다.

청소년 절도 집단

볼비는 44명의 청소년 절도 집단 중 14명(32%)이 애정 결핍성 정신병질을 가진 것으로 확인했다. 이들 14명 중 12명(86%)은 모성 결핍을 경험한 것으로 나타났다. 볼비는 이 결과를 통해 모성 결핍을 경험한 아동은 애정 결핍성 정신병질과 범죄성이 나타날 위험이 더 높을 수 있다고 결론지었다.

통제 집단

통제 집단은 '정서적으로 불안정한' 44명으로 구성되었다. 이들 중 단 두 명(5% 미만)만이 모성 결핍을 경험했으며, 애정 결핍성 정신병질을 가진 것으로 확인된 아동은 없었다. 이는 모성 결핍을 경험하지 않은 아동은 애정 결핍성 정신병질과 범죄성이 나타날 위험이 낮을 수 있음을 시사한다.

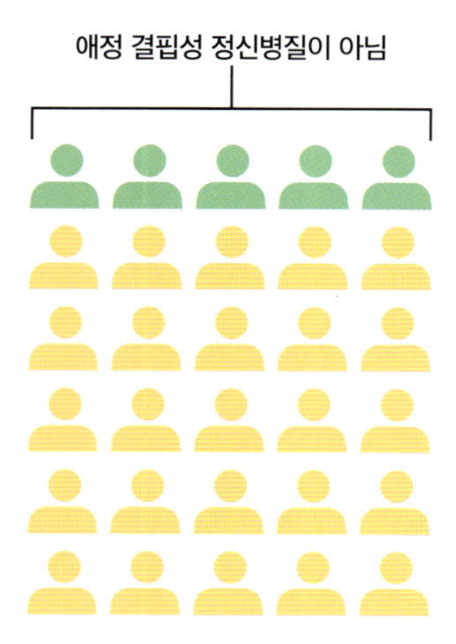

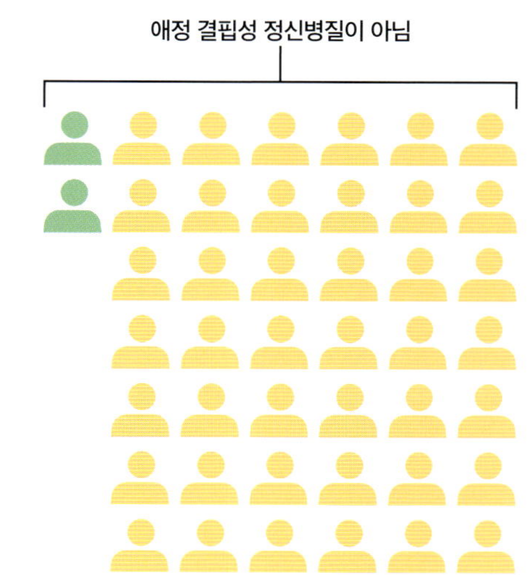

시설화

시설에서 오랜 기간 보내는 데서 나타나는 부정적인 심리적 결과를 시설화라고 한다. 이는 특히 고아원에 있는 아동에게 중요한 문제로, 애착 대상과 정서적 돌봄이 부족할 경우 인지적, 사회적, 신체적 발달 저하로 이어질 수 있다.

핵심 요약

- ✓ 루마니아 고아들의 시설화는 지적 발달의 저하와 탈억제 애착 양식을 초래했다.
- ✓ 6개월 이전에 입양되면 시설화의 만성적인 영향을 피할 수 있다.

루마니아 고아 연구

1990년대 초 루마니아 고아원의 열악한 환경이 알려지게 된 후, 각국의 부모들이 고아들을 입양하기 시작했고, 많은 아이들이 사랑받는 가정에서 자라나게 되었다. 2000년대 초반 영국의 심리학자 마이클 러터와 에드먼드 소누가-바크는 영국에 입양된 165명의 루마니아 고아들을 대상으로, 시설화가 미치는 영향을 연구하기 위해 정기적으로 인지, 사회성, 신체 발달 검사를 실시했다.

입양 당시 연령	6개월	6개월-2년	2년 이후
11세 경의 IQ	102	86	77
애착 유형	정상 애착: 6개월 이전에 애착을 형성한 아동은 시설화의 심각한 영향을 피할 수 있었다.	탈억제 애착: 6개월 이후에 입양된 다동은 관심 끌기, 집착, 억제되지 않은 행동을 보였다.	탈억제 애착: 2년 이후에 입양된 아동 역시 관심 끌기, 집중, 억제되지 않은 행동을 보였다.

🔍 시설화의 영향

지적 발달 저하

시설화는 지적 발달을 저해할 수 있다. 이는 아동의 인지 능력에 문제가 생겨, 또래 아동에게 기대되는 발달 수준에 도달하지 못하는 것을 의미한다. 지적 발달의 저하는 학업 성취, 직업, 대인관계에 영향을 미칠 수 있으며, 그 영향이 단기적인지 장기적인지에 대해서는 논란이 있다.

탈억제 애착

탈억제 애착은 아동이 낯선 사람들에게 지나치게 친근하고 애정 어린 태도를 보이는 애착 양식이다. 이는 아동이 낯선 사람들을 경계하거나 불안해하는 일반적인 행동과는 매우 다르다. 탈억제 애착은 중요한 발달 시기에 여러 양육자와 생활하면서 형성된 애착 양식의 일종으로 볼 수 있다.

신체적 발달 저하

시설에서 시간을 보낸 아동은 같은 나이의 다른 아동보다 신체적으로 미숙한 경우가 많다. 연구에 따르면 이러한 발달 저하는 영양 부족보다는 정서적 돌봄의 부족에 기인한다. 즉 심각한 정서적 혼란은 성장 호르몬의 분비에 영향을 미친다. 연구에 따르면 이러한 영향은 되돌릴 수 있다.

Chapter 9

발달심리학: 신체적, 인지적 발달

태내기 발달

임신 기간 동안 태아의 뇌는 중요한 성장과 발달 단계를 거치게 된다. 이 시기에 적절한 영양을 섭취하고 해로운 물질을 피하는 것은 이후의 신체적, 인지적 문제를 예방하는 데 중요하다.

핵심 요약

- ✓ 적절한 영양을 섭취하고 해로운 물질을 피하는 것은 태아의 뇌 발달에 매우 중요하다.
- ✓ 기형 유발 물질은 태반을 통과하여 발달 중인 태아에 해를 끼칠 수 있는 물질이다.
- ✓ 발달 중인 태아가 알코올에 노출되면 심각한 인지적 손상을 초래할 수 있다(태아 알코올 증후군).

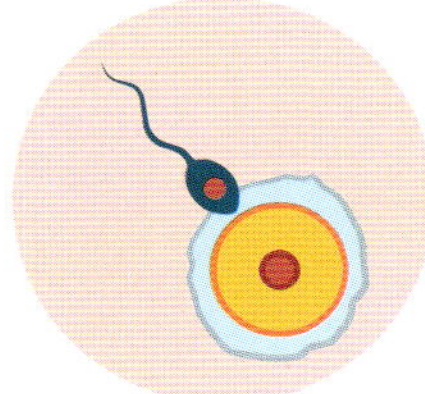

1. 수정

수정은 정자(남성 생식세포)가 난자(여성 생식세포)를 수정시킬 때 발생한다. 수정 시 부모 양쪽의 유전자가 하나의 세포에 결합되며, 이때 유전적 구성과 생물학적 성별이 결정된다.

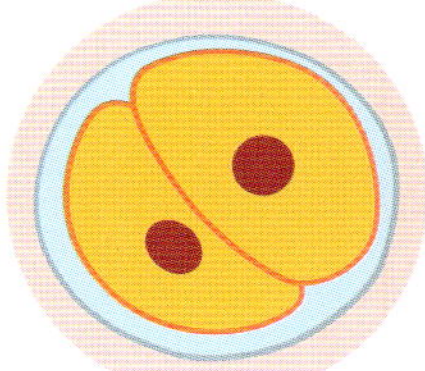

2. 세포 분열

수정된 난자는 단세포 단계에서 접합자라고 불린다. 수정 후 24~36시간이 지나면 세포 분열이 시작되고, 분열이 일어날 때마다 세포 수가 두 배로 증가한다. 세포는 배아, 태반, 기타 구조를 형성하게 된다.

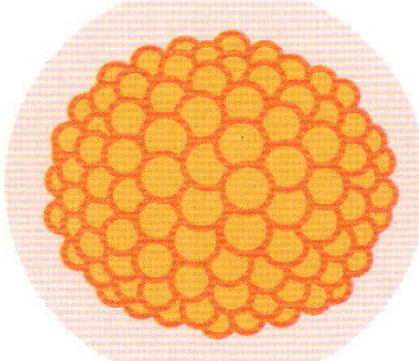

3. 착상

수정 후 약 일주일이 지나면, 분열된 세포들이 배반포라는 공 모양의 덩어리를 형성한다. 배반포는 나팔관을 통해 자궁으로 이동하여 자궁벽에 착상된다.

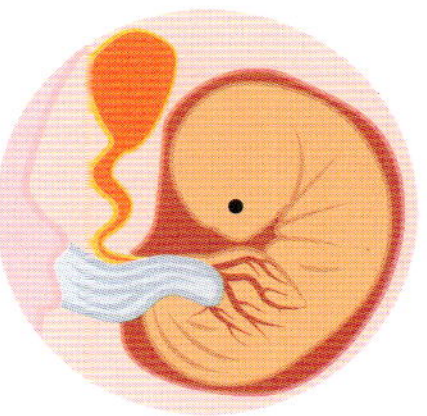

4. 배아

배반포의 내세포는 배아를, 외세포는 태반과 탯줄을 형성한다. 이 구조들은 산모의 혈액에서 산소와 영양분을 받아들이고 큰 분자, 세포, 유해한 미생물은 차단한다.

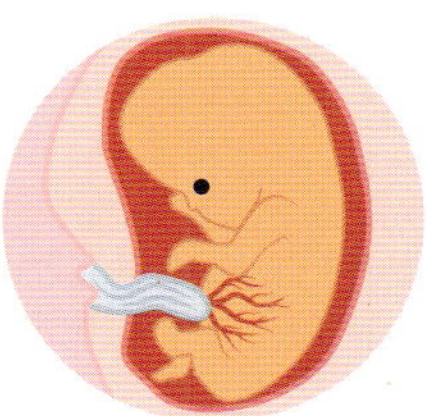

5. 태아

약 9주 후, 발달 중인 아기는 태아라고 불리며, 점차 인간의 모습을 갖추게 된다. 태아는 처음 강낭콩 정도의 크기이나, 팔다리, 손가락과 발가락, 얼굴을 갖추고 있으며 대부분의 장기를 가지고 있다.

기형 유발 물질

임신 중 산모가 노출된 일부 물질은 태반을 통과하여 태아에게 해를 끼칠 수 있는데, 이러한 물질을 기형 유발 물질이라 한다. 예를 들어 술은 태아 알코올 증후군을 유발하여 장기적인 신체적, 인지적 문제를 일으킬 수 있다. 다른 기형 유발 물질로는 담배, 환각제, 약물, 감염성 미생물이 있다. X선과 같은 방사선에 노출되는 것 또한 태아에게 해를 끼칠 수 있다.

태아 알코올 증후군이 뇌에 미치는 영향

신생아의 능력

신생아는 본능적이고 무의식적인 반사, 즉 입으로 빠는 능력과 손으로 잡는 능력 등을 가지고 태어난다. 신생아 반사 중 일부는 출생 후 1~2년 내에 사라지지만, 호흡, 기침, 구역질, 깜박임과 같은 반사들은 평생 지속된다. 신생아 반사가 없거나 비정상적으로 오래 지속되는 것은 발달 문제의 징후일 수 있다.

핵심 요약

- ✓ 신생아는 무의식적 반사를 가지고 태어난다.
- ✓ 대부분의 신생아 반사는 1~2년 이내에 사라진다.
- ✓ 반사가 없거나 지속되는 경우, 발달 문제의 징후일 수 있다.

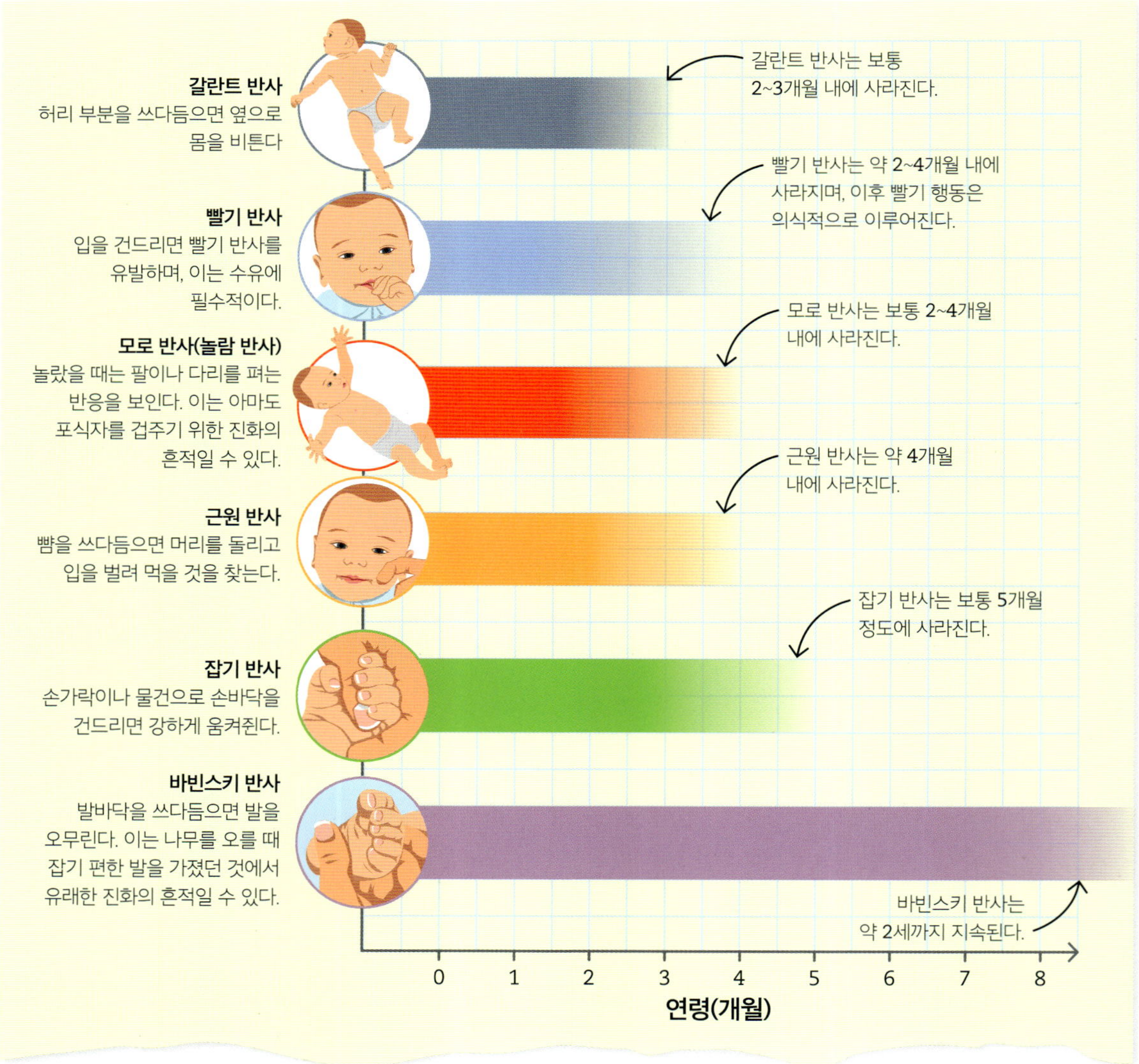

초기 뇌 발달

임신 중 태아의 뇌가 발달하는 과정에서, 매시간 평균 1,500만 개의 새로운 뇌세포가 형성된다. 신생아는 평생 가지게 되는 대부분의 뇌세포를 이미 가지고 태어나지만, 이들을 연결하는 신경망은 아직 미성숙하다. 생후 2~3년간은 학습을 통해 시냅스의 수가 급격히 증가한다. 이후 자주 사용되는 연결은 강화되고, 사용되지 않는 연결은 시냅스 가지치기를 통해 제거된다.

핵심 요약

- ✓ 뇌세포 형성은 주로 출생 전에 이루어진다.
- ✓ 출생 후부터 유아기 초반까지 새로운 시냅스 형성은 밀도 높은 신경망을 만든다.
- ✓ 사용되지 않는 시냅스는 제거된다(시냅스 가지치기).
- ✓ 성숙은 단계적 순서를 거쳐 진행된다.

성장하는 뇌

유아기의 뇌는 빠르게 성장하여 6세 무렵 거의 성인 뇌의 크기에 도달한다. 뉴런의 형성(신경 발생)은 주로 출생 전에 일어나지만, 출생 후 뇌의 성장은 새로운 시냅스 형성(시냅스 발생)에 의해 촉진된다.

출생

성인의 뇌에 있는 대부분의 뉴런이 형성되지만, 이 세포들은 아직 촘촘하게 연결되지 않은 상태다. 이 시기의 뇌는 성인 뇌의 약 25% 크기이다.

유아기

2세부터 시냅스 가지치기가 시작된다. 3~6세에는 전두엽이 빠르게 성장하여 행동 조절 능력이 향상된다. 약 4세 무렵에는 신생아 기억상실이 끝나고 초기 기억이 형성된다.

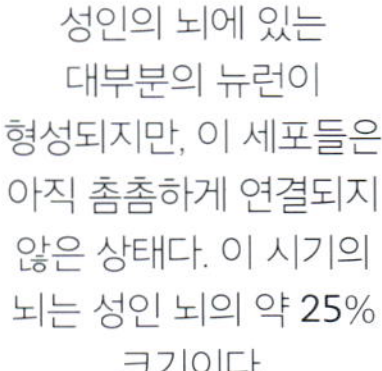

태내기

뇌와 신경계가 형성된다. 임신 기간 동안 분당 평균 25만 개의 새로운 뇌세포가 생성된다.

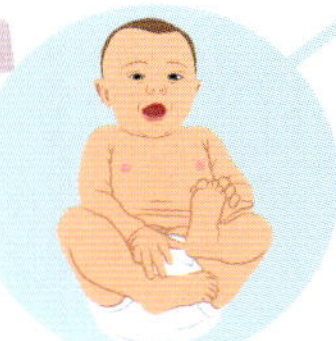

영아기

생후 2~3년 동안 새로운 시냅스가 빠르게 형성되어 걷고 말하는 데 필요한 밀도 높은 신경망이 만들어진다. 이 시기의 뇌는 성인 뇌의 약 75% 크기에 도달한다.

청소년기

뇌 성장은 느려지지만 시냅스 가지치기가 가속화되어 기존의 신경 경로가 더 효율적으로 향상된다. 전두엽의 성숙은 성인 초기까지 계속된다.

🔍 성숙

아동의 발달 속도는 다양하지만, 대부분은 동일한 이정표를 따라간다. 예를 들어 운동 능력은 명확한 순서로 발달한다. 영아는 보통 앉기, 기기, 서기, 걷기 순서를 거치며, 각각의 시기는 개인마다 다를 수 있다. 이렇듯 성숙이라고 부르는 과정은 부분적으로는 유전(자연)에 의해 통제되지만, 환경(양육)에 의해서도 영향을 받는다.

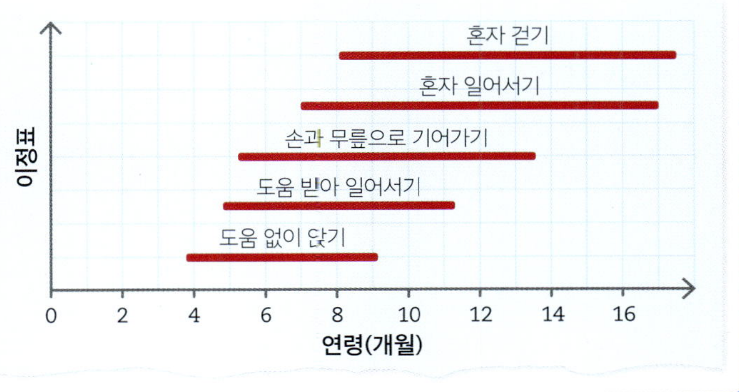

인지 발달 단계

스위스의 심리학자 장 피아제는 아동이 성장하면서 네 가지 인지 발달 단계를 거친다고 보았다. 각 단계는 감각운동기, 전조작기, 구체적 조작기, 형식적 조작기로 불린다. 단계가 발달함에 따라 스키마(세상을 이해하고 해석하기 위한 정신적 틀)는 점점 더 체계적이고 복잡해진다.

- 피아제는 감각운동기, 전조작기, 구체적 조작기, 형식적 조작기의 인지 발달 단계를 제안했다.
- 아동은 각 단계를 거치면서 대상 영속성, 상징적 사고, 논리적 추론, 추상적 사고를 발달시킨다.

피아제의 단계(1936)

피아제의 각 단계에서 아동이 할 수 있는 사고의 유형은 각각 다르다. 이는 고정된 순서로 진행되며 이전 단계를 바탕으로 인지 발달을 형성한다. 이전 단계의 성취가 이후 단계의 기초를 이루기 때문에 단계를 건너뛰지는 못한다.

감각운동기 (0~2세)

감각을 이용하여 사물을 직접 다루는 경험을 통해 세상을 배운다. 이 시기에는 대상 영속성을 발달시키며, 보이지 않는 사물도 존재한다는 것을 이해하기 시작한다. 또한, '물'이라는 단어와 물 한 컵을 연관 짓는 등 이름이나 단어를 사물과 연관시키기 시작한다.

전조작기 (2~7세)

상징적 사고를 발달시켜, 단어와 이미지가 실제 사물과 개념을 나타낸다는 것을 배운다. 예를 들어 물의 생김새와 맛, 비가 물이라는 것을 이해한다. 그러나 아직 추상적 속성(예: '물은 생존에 중요함')은 이해하지 못한다.

구체적 조작기 (7~11세)

논리적 추론을 발달시킨다. 예를 들어 낮고 넓은 유리잔에서 길고 좁은 유리잔으로 물을 옮겨 부었을 때, 모양이 변해도 물의 양이 변하지 않는다는 개념인 보존을 이해하기 시작한다.

형식적 조작기 (11세 이상)

추상적 사고와 가설적 추론을 발달시키며, 문제 해결에 능숙해진다. 이러한 새로운 기술을 통해 세상에 대한 이해를 넓혀 나간다. 이 시기에는 물을 구성하는 산소 분자와 수소 분자와 같이 보이지 않는 실체를 개념화할 수 있다.

보다 유능한 타인

러시아의 심리학자 레프 비고츠키는 아동의 인지 발달이 '보다 유능한 타인(MKO)'으로부터의 학습을 통해 이루어진다고 보았다. MKO는 부모, 교사, 코치 심지어 또래도 가능하다. 비고츠키는 아동이 MKO와의 상호작용을 통해 지식, 사고방식, 문제 해결 기술과 문화적 가치를 습득한다고 주장했다.

핵심 요약

- ✓ 비고츠키는 아동이 보다 유능한 타인(MKO)으로부터 학습한다고 제안했다.
- ✓ 근접 발달 영역은 아동이 혼자서 할 수 있는 것과 할 수 없는 것 사이의 영역이다.
- ✓ 비계(스캐폴딩)는 아동이 인지 능력을 발달시키기 위해 제공받는 지원 구조를 의미한다.

근접 발달 영역(1934)

비고츠키는 아동이 혼자서 할 수 있는 것과 도움을 받아도 할 수 없는 것 사이에 존재하는 영역을 근접 발달 영역(ZPD)이라고 불렀다. 아동이 현재 발달 단계에 의해 제한된다고 하더라도 MKO와의 상호작용을 통해 ZPD를 지나 새로운 기술과 지식을 습득할 수 있다.

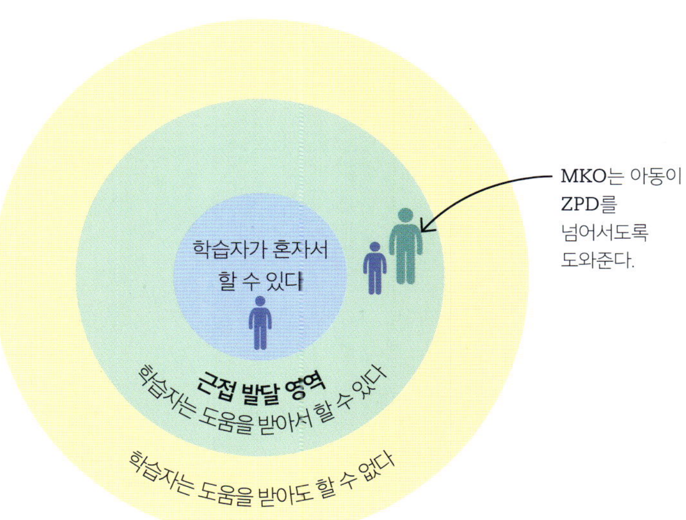

🔍 비계(스캐폴딩)

비계는 아동이 ZPD를 지나 현재 수준을 넘어서는 인지 능력을 개발할 수 있도록 MKO가 제공하는 모든 지원 구조를 의미한다. 이러한 능력에는 읽기, 쓰기 또는 자전거 타기 등이 포함될 수 있다.

1. MKO는 아동이 자전거를 배우고 있을 때 균형을 잃고 넘어지지 않도록 보조 바퀴를 부착한다.

2. 아동이 보조 바퀴로 자전거를 탈 수 있기 되면, MKO는 보조 바퀴를 제거하고 넘어졌을 때 도울 수 있도록 옆에서 함께 달린다.

3. MKO의 모든 도움을 받은 후, 아동은 보조 바퀴나 도움 없이 혼자서 자전거를 탈 수 있게 된다.

자폐 스펙트럼 장애

자폐 스펙트럼 장애(ASD)는 유아기에 처음으로 관찰되는 신경발달 상태로, 주된 특징은 사회적 기술 손상, 반복 행동, 제한된 관심, 감각 처리의 어려움 등이다. ASD는 평생 지속되는 질환이며 원인은 아직 알려지지 않았고 치료법도 없으나, 대개 나이가 들수록 증상이 완화된다.

핵심 요약

✓ 자폐증의 특징은 사회적 기술 손상, 반복 행동, 제한된 관심이다.

✓ ASD는 증상이 다양하기 때문에 스펙트럼으로 묘사되기도 한다.

✓ 증상은 나이가 들면서 덜 심각해진다.

ASD 프로파일

ASD의 증상은 사람마다 매우 다르기 때문에 "스펙트럼"으로 기술된다. 많은 ASD 환자는 정상적이고 독립적인 삶을 살 수 있으며, 수학이나 음악과 같은 관심 분야에서 뛰어난 성과를 보이기도 한다. 그러나 가장 심한 경우 평생에 걸친 지원이 필요하다.

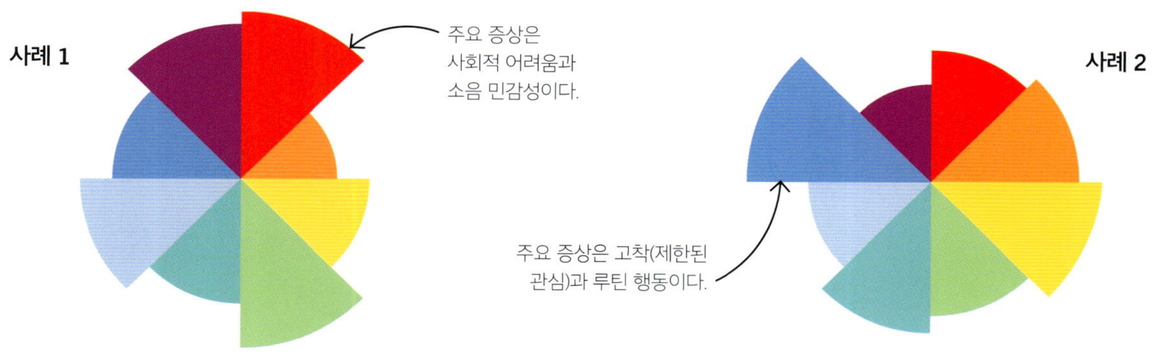

ASD의 공통 증상

사회적 증상	반복 행동	제한된 관심	감각 처리
• 눈 맞춤을 싫어하거나 회피 • 타인의 감정을 읽기 어려움 • 사회적 상황에 따라 목소리 톤과 태도를 조절하기 어려움 • 관계를 형성하거나 유지하는 데 어려움을 느낌 • 전형적이지 않은 방식으로 감정 반응을 표출	• 루틴의 변화에 대한 반감 • 손이나 팔, 몸 등을 흔드는 반복적인 움직임 • 반복적인 언어 사용 또는 일시적/장기적으로 말을 하지 못함	• 한 가지 또는 제한된 범위의 관심사에 대한 강한 열정 • 특별한 관심사 외에 다른 것에 집중하기 어려움 • 타인의 관심사에 관여하지 않음	• 빛, 촉감, 맛, 소리에 대한 과민 또는 둔감 반응 • 특정 감각, 예를 들어 음식의 질감이나 특정 옷감의 느낌에 대한 불쾌감 • 제한적이고 단순한 식단을 선호 • 세부 사항에 대한 주의집중이 높음

사춘기의 심리학

사춘기는 아동기와 성인기 사이의 발달 단계로, 여아는 주로 8세에서 14세 사이에, 남아는 주로 9세에서 14세 사이에 시작된다. 호르몬의 변화는 신체를 변화시키지만, 사춘기는 뇌에도 큰 영향을 미친다. 사춘기는 청소년의 자아정체성을 변화시키고, 이는 주변 세상에 대해 생각하고 경험하는 데 영향을 미친다. 사춘기는 정서적, 심리적, 사회적 도전이 많기 때문에 어려운 시기라고 할 수 있다.

핵심 요약

- 사춘기는 청소년의 자아정체성에 영향을 미치는 중요한 변화의 시기다.
- 사춘기는 외모에 대한 자의식, 스트레스, 가족 간 갈등 등 다양한 도전을 동반할 수 있다.

신체적 변화

사춘기 동안 신체는 성숙해진다. 생물학적 남성의 경우, 목소리가 낮아지고 수염이 자라며 어깨가 넓어진다. 생물학적 여성의 경우, 생리가 시작되고 가슴이 커지며 엉덩이가 넓어진다.

신체 이미지와 자존감

사춘기의 신체적 변화는 신체 이미지와 자존감에 영향을 미칠 수 있다. 외모에 대한 자의식과 비현실적인 미의 기준과의 비교는 불만을 초래하기도 한다.

정서적 변화

사춘기에는 호르몬 변화로 인해 강렬한 감정을 경험한다. 청소년들은 새로운 감정, 기분 변화, 높은 감수성, 스트레스 증가를 경험할 수 있다.

정체성 형성

청소년기에는 젠더 정체성, 성적 지향, 개인적 가치 등을 탐구하면서 자아정체성을 형성하고, 세상 속에서 자신의 위치와 역할을 찾아가게 된다. 이는 시간이 걸릴 수 있으며, 때로는 도전적인 느낌이 들 수 있다.

인지 발달

청소년기에는 추상적 사고, 문제 해결 능력, 타인에 대한 공감 능력이 발달한다. 사고는 더욱 복잡해지고 개별화된다.

도덕적 추론

청소년기에는 마음, 감정, 사회생활에서 큰 변화가 일어난다. 이러한 변화는 도덕적 관점의 발달에 영향을 미치며, 사회적 규범, 권위자, 옳고 그름의 구분에 대한 질문을 제기할 수 있다.

부모-자녀 관계

청소년들은 더 많은 독립성을 추구하지만 여전히 부모의 지원과 지도를 필요로 한다. 이러한 변화는 부모와 자녀 간의 긴장을 초래할 수 있으며, 때로는 갈등으로 이어질 수 있다.

또래 관계

나이를 먹게 되면 부모의 영향력은 줄어들고 친구들과 더 많은 시간을 보낼 수 있다. 이 과정에서 또래 압력, 즉 친구들의 행동에 영향을 받는 경험을 한다.

성적 감정

사춘기는 어떤 청소년들에게 낭만적이고 성적인 감정과 관계가 시작되는 시기일 수 있다. 성적 매력을 경험하는 것은 강렬한 감정을 불러일으키고 혼란스러움을 느끼게 할 수 있다.

청소년기의 뇌

청소년기에 뇌는 발달적 변화를 겪으며, 이는 충동적이고 반항적인 행동이나 성격 변화로 나타날 수 있다. 뇌의 변화는 독립심의 성장과 함께 부모의 영향으로부터 벗어나려는 행동으로 이어지며, 종종 갈등을 초래하기도 한다.

핵심 요약

- ✓ 청소년기에는 시냅스 가지치기를 통해 사용하지 않는 시냅스가 제거되어 회백질의 양이 감소한다.
- ✓ 전전두피질은 상대적으로 늦게 성숙하기에, 청소년들은 충동적으로 행동할 수 있다.
- ✓ 청소년기의 수면 주기는 지연되어, 늦은 취침 시간과 늦은 기상 시간을 선호하게 된다.

회백질 가지치기

아동기의 뉴런은 많은 시냅스를 형성하면서 회백질(뉴런의 세포체와 수상돌기로 구성된 조직)이 최대치를 이룬다. 청소년기에는 사용되지 않는 연결이 제거되고(시냅스 가지치기), 자주 사용되는 경로는 수초화 또는 미엘린화라고 불리는 과정을 통해 강화되어, 신경의 상호작용이 더욱 효율적으로 변한다. 이러한 성숙 과정은 뇌 전반에 걸쳐 발생하지만, 전전두피질에서는 가장 늦게 이루어진다. 전전두피질은 충동을 조절하거나 계획을 세우는 일을 담당하기 때문에, 이로 인해 많은 청소년들이 충동성, 정서적 불안정, 위험을 무릅쓰는 행동을 보이게 된다.

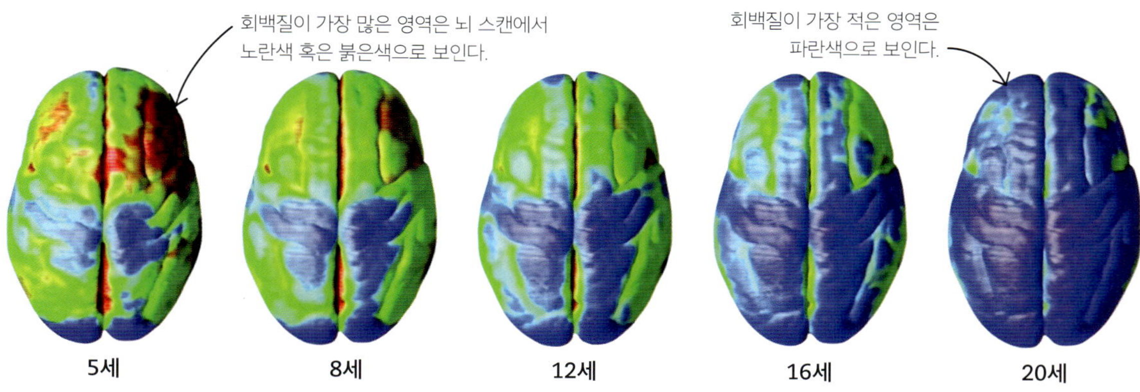

🔍 수면

청소년기에는 늦은 시간에 멜라토닌이 분비되면서 24시간 생체 시계(일주기 시계)가 지연되고, 이에 따라 늦은 취침 시간과 늦은 기상 시간을 선호하게 된다. 또한 청소년들은 사회적 상호작용에 대한 관심이 높아져 밤늦게까지 친구들과 어울리는 등의 행동을 계속할 수 있다.

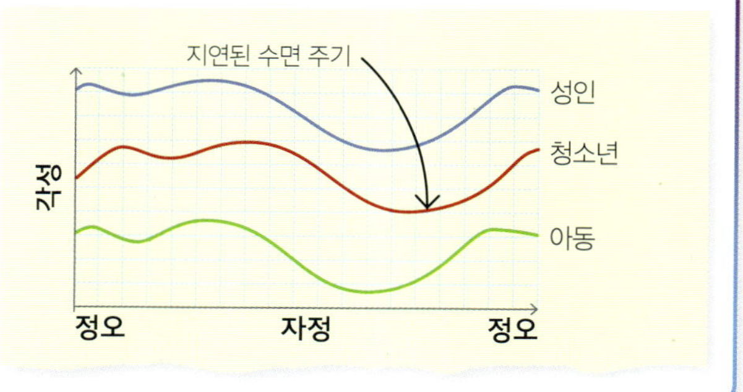

심리 사회적 발달

에릭 에릭슨은 인간이 삶의 각 시기마다 사람들과의 관계 속에서 심리사회적 전환점 혹은 위기를 겪는 여덟 단계의 발달 과정을 거친다고 제안했다. 각 단계에서 위기를 해결하는 것은 성장과 발달로 이어지며, 성격을 형성하는 데 도움이 되는 덕목을 얻게 된다.

핵심 요약

- 에릭슨은 개인이 일생 동안 경험하는 여덟 단계의 심리 사회적 발달 과정을 제안했다.
- 성장과 발달을 위해서는 각 단계의 위기를 해결해야 하며, 목적이나 사랑과 같은 덕목을 획득한다.

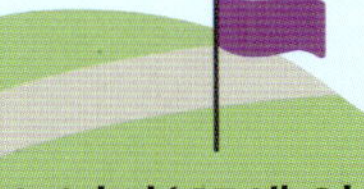

노년기(65세 이상)
통합성 대 절망감
노인은 자신의 삶과 자신이 이룬 업적을 평가하게 된다.
덕목: 지혜

중년기(30~64세)
생산성 대 침체
성인은 사회에 기여하고 자신의 가족을 가지게 된다.
덕목: 돌봄

초기 성인기(19~29세)
친밀감 대 고립감
청년은 다른 사람들과 관계를 쌓고 친밀감을 배우게 된다.
덕목: 사랑

학령기(7~11세)
근면성 대 열등감
아동은 자신의 능력에 대한 자신감을 키우지만, 과제나 공부에서 어려움을 겪을 때 열등감을 느낄 수 있다.
덕목: 능력

청소년기(12~18세)
정체성 대 혼란
청소년은 자신에게 가장 잘 맞는 정체성을 찾기 위해 다양한 시도를 한다.
덕목: 충실

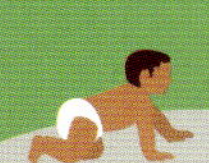

영아기(0~1세)
신뢰 대 불신
영아는 양육자가 자신의 요구를 충족시켜 줄 것이라는 신뢰(또는 불신)를 배우게 된다.
덕목: 희망

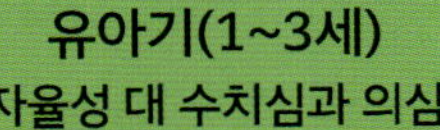

유아기(1~3세)
자율성 대 수치심과 의심
유아는 스스로 무언가를 하려는 독립심을 키우게 된다.
덕목: 의지

아동기(3~6세)
주도성 대 죄책감
아동은 주도적으로 행동하기 시작하지만, 잘못할 경우 죄책감을 느낄 수 있다.
덕목: 목적

노화하는 뇌

나이가 들수록 기억력과 기타 인지 기능이 점차 저하된다. 이는 기억과 인지에 중요한 해마와 대뇌피질의 부피가 감소하기 때문이다. 일부 사람들은 보통보다 더 빠른 감소가 나타나는데, 이는 치매 또는 신경인지 장애라는 심각한 상태로 이어질 수 있다. 신경인지 장애는 나이가 들수록 발생률이 높아지지만, 그것이 노화의 필연적인 결과는 아니다.

핵심 요약

- ✓ 나이가 들수록 기억력과 기타 인지 기능은 점차 저하된다.
- ✓ 신경인지 장애(치매)는 일부 사람들에게 발생하는 급격한 정신 기능 저하이다.
- ✓ 노인에게 나타나는 신경인지 장애의 가장 흔한 원인은 알츠하이머 질환이다.

알츠하이머 질환

신경인지 장애는 순환계 질환, 두부 외상, 약물 남용 등 다양한 원인에 의해 발생할 수 있지만, 가장 흔한 원인은 알츠하이머 질환이다. 알츠하이머 질환은 나이가 들수록 더 흔해진다. 초기에는 기억 저하 또는 집중 곤란이 나타나며, 후기로 갈수록 성격 변화, 심각한 인지 장애, 신체 조정 능력 저하 및 배뇨 문제까지 나타날 수 있다. 알츠하이머 질환은 특정 단백질이 뉴런 안팎에 축적되면서 신경세포가 파괴되고 뇌 조직이 위축됨으로써 발생하는 것으로 알려져 있다.

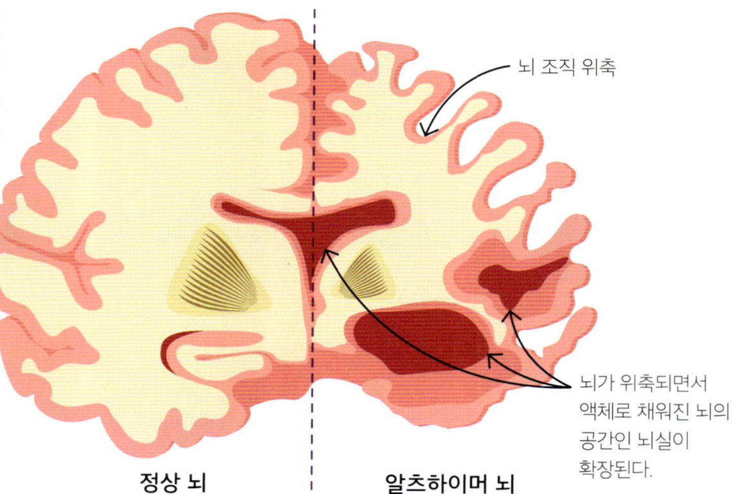

🔍 생활 방식과 신경인지 장애

나이와 유전자를 바꿀 수는 없지만, 신경인지 장애의 위험에 영향을 미치는 몇 가지 생활 요소는 바꿀 수 있다. 현재까지의 연구에 따르면 금연, 충분한 수면, 건강한 식단 유지, 적절한 혈압과 혈당 관리 등을 실천해야 한다. 또한 여러 연구에 따르면 규칙적인 운동과 사회적 교류는 신경인지 장애뿐만 아니라 노화로 인해 자연적으로 발생하는 인지 기능 저하의 위험을 줄이는 데 도움이 된다.

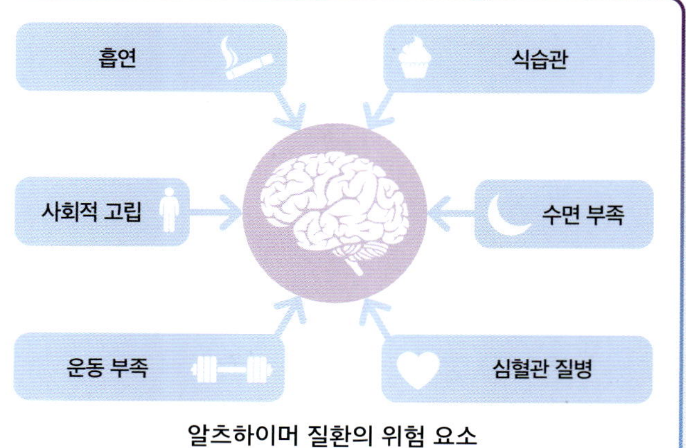

생물학적 성별과 젠더

생물학적 성별과 젠더는 밀접하게 관련되어 있지만 서로 다른 개념이다. 생물학적 성별은 성염색체에 의해 결정되는 신체적 특성으로, 이 염색체는 생식 호르몬(에스트로겐과 테스토스테론) 수치와 생식기관의 발달을 조절한다. 생물학적 성별은 젠더, 즉 지배적인 문화적 규범에 따른 남성적 혹은 여성적 상태를 형성하는 데 영향을 미친다.

핵심 요약

- ✓ 생물학적 성별과 젠더는 밀접하게 관련되어 있지만 서로 다른 개념이다.
- ✓ 생물학적 성별은 성염색체에 의해 결정되는 신체적 특성이다.
- ✓ 젠더는 문화적 규범에 따른 남성적 또는 여성적 상태를 의미한다.

성별 결정

세포 내의 46개 염색체 중 두 개만이 생물학적 성별을 결정하는데, 이는 아버지로부터 물려받는 Y 염색체와 부모 중 한 명으로부터 물려받는 X 염색체이다. XX 염색체를 가진 배아는 생물학적 여성으로, XY 염색체를 가진 배아는 생물학적 남성으로 발달한다. 수정 후 약 7주까지는 남성 배아와 여성 배아의 구분이 없다. 이후 남성의 Y 염색체에 있는 유전자가 활성화되어 테스토스테론(남녀 모두에게서 나타나는 호르몬) 수치 증가와 고환 발달을 포함한 변화가 일어난다. 임신 후기에 나타나는 생식 호르몬 수치의 차이는 남녀 간 뇌 구조의 차이를 유발한다.

🔍 클라인펠터 및 터너 증후군

소수지만 일반적인 남성 또는 여성의 염색체 정의에 맞지 않는 사람들이 있다. 클라인펠터 증후군에서는 남성이 추가 X 염색체(XXY)를 가지고 태어난다. 이 증후군은 아동기에는 거의 증상이 없지만, 성인기에 불임, 수염이나 체모 감소, 부푼 가슴 등의 증상을 일으킬 수 있다. 터너 증후군은 여성이 X 염색체를 하나만 가지고 태어난 상태로, 이로 인해 키가 작고 난소가 발달하지 않으며 불임이 발생한다. 이러한 상태는 때때로 간성이라고 불리며, 모호한 생식기를 가지고 태어나는 사람들을 지칭하는 용어이기도 하다.

클라인펠터 증후군

터너 증후군

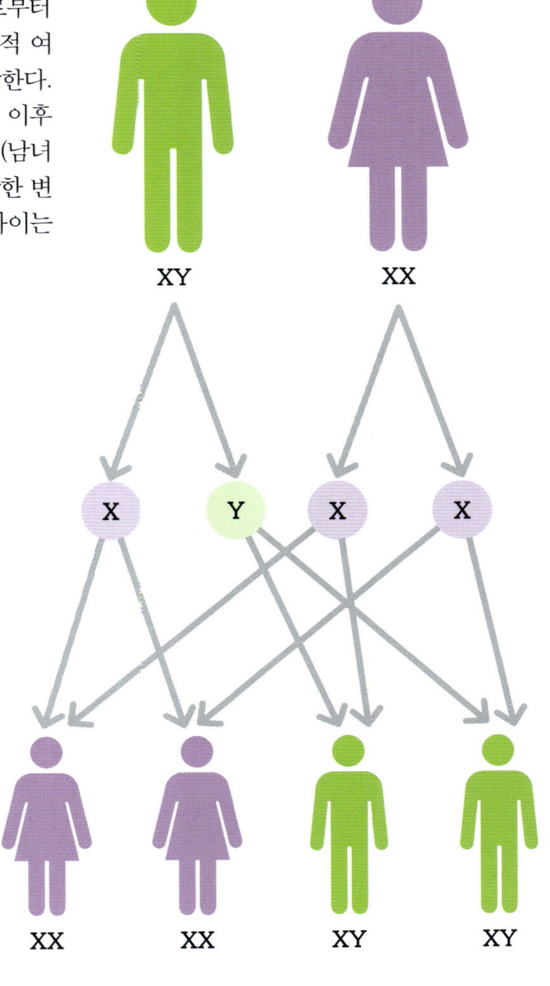

젠더 발달

생물학적 성별은 수정 당시에 결정되지만, 남성 또는 여성의 전형적인 역할을 따르는지의 여부는 아동기부터 발달하며 사회적 요인의 영향을 받는다. 성인기에는 대부분의 사람들이 자신의 생물학적 성별과 일치하는 젠더 정체성을 가지지만, 그렇지 않은 경우도 있다. 심리학자들은 젠더 발달에 대한 다양한 이론을 제안했다.

핵심 요약

- ✓ 젠더 정체성은 어린 시절에 발달하며 사회적 요인의 영향을 받는다.
- ✓ 젠더 불쾌감은 생물학적 성별과 젠더 정체성의 불일치로 인해 발생하는 정신 건강 상태이다.

일관성 이론(1966)

미국의 심리학자 로렌스 콜버그에 의하면, 아동은 자신의 성이 고정되어 있다는 것을 이해한 후에야 젠더 역할을 발달시킬 수 있다. 이 과정은 5세에서 7세 사이에 이루어진다. 그 이전의 아동은 젠더에 대한 개념을 옷차림이나 헤어스타일과 같은 겉모습에 따라 달라지는 유동적인 것으로 이해하는 경향이 있다.

정신역동 이론

정신과 의사인 지그문트 프로이트와 칼 융은 유아가 무의식적으로 이성 부모에게 성적 욕망을 느끼며 (남아의 오이디푸스 콤플렉스, 여아의 엘렉트라 콤플렉스), 동성 부모에게 경쟁심을 느낀다고 주장했다. 이 갈등은 아동이 동성 부모와 동일시하고 그들의 가치를 내면화하며 같은 젠더 역할을 받아들임으로써 해결된다.

도식 이론 (1983)

미국의 심리학자 캐롤 마틴과 찰스 할버슨에 따르면, 아동은 자신의 성을 학습한 후 젠더에 대한 정신적 틀(스키마)을 구성한다. 스키마는 점차 복잡해지고 고정되며, 남성 또는 여성의 특성을 구분짓게 된다. 스키마는 내집단(자신의 젠더와 같은 집단)과 외집단(자신의 젠더와 반대 집단)을 포함한다. 아동은 내집단의 행동은 따라하고 외집단의 행동은 무시하는 식으로 행동하는 법을 배운다.

사회 학습 이론 (1965)

캐나다계 미국의 심리학자 앨버트 반듀라는 아동이 실제 생활이나 미디어에서 관찰한 행동을 모방함으로써 젠더 역할을 습득한다고 보았다. 부모는 이러한 행동을 긍정적 또는 부정적인 피드백으로 강화한다. 이 이론에 따르면 젠더는 생물학적 결과가 아닌 사회적 구성물로 간주된다.

젠더 불쾌감

어떤 사람들은 생물학적 성별과 젠더 정체성의 불일치로 인해 불안과 우울증을 겪는다. 이러한 심리적 고통은 젠더 불쾌감으로 알려져 있으며, 자신을 트랜스젠더로 여기는 사람들에게 주로 많이 나타난다. 치료에는 비규범적 젠더 정체성으로 인한 낙인에 대처하는 상담이나 수술과 같은 의료 개입이 포함된다.

성적 지향

성적 지향은 낭만적이거나 성적으로 매력을 느끼는 상대의 젠더를 설명한다. 이는 유전이나 호르몬 혹은 발달적, 사회적 등이 복합적으로 작용한 결과일 수 있다. 1948년 미국의 학자 알프레드 킨제이는 인간의 성에 대한 최초의 연구를 시작했으며, 이는 오늘날까지 활발하게 이어지고 있는 심리학 연구 분야 중 하나가 되었다.

핵심 요약

✓ 성적 지향은 낭만적이거나 성적으로 매력을 느끼는 상대의 젠더를 설명한다.

✓ 킨제이 척도는 성적 지향을 배타적 이성애에서 배타적 동성애에 이르는 연속선에 배치한다.

킨제이 척도

킨제이는 약 8천명의 성적 경험을 직접 면담한 뒤, 성적 지향을 배타적 이성애에서 배타적 동성애로 이어지는 스펙트럼에 배치하는 킨제이 척도를 개발했다.

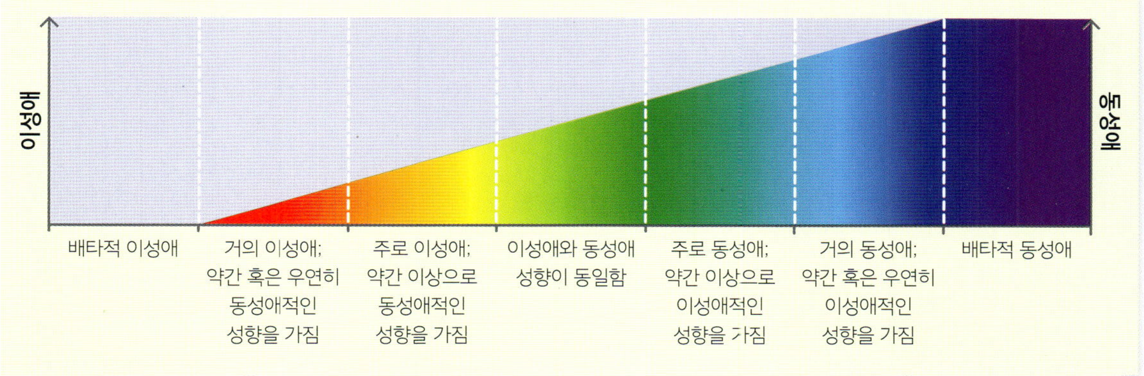

🔍 킨제이 척도에 대한 비판

1948년에는 혁신적이었지만, 킨제이 척도는 오늘날 나타날 수 있는 성의 모든 측면을 설명하기에는 제한적이다.

- 킨제이의 표본은 주로 백인 중산층의 미국 청년들로 이루어져 있었으며, 이는 다양성을 반영하지 못했다.
- 척도에 의하면 하나의 정체성을 가지고 있는 사람은 항상 그에 맞게 행동할 것이라고 가정하지만, 그렇지 않다. 예를 들어 한 사람이 어떤 사람과는 낭만적 관계를, 다른 사람과는 성적 관계를 맺을 수 있다.
- 킨제이 척도는 무성애를 인정하지 않는다.
- 이 척도는 또한 젠더가 이분법적(남성과 여성)으로만 구분된다고 가정한다.

🔍 성적 및 낭만적 지향

이 목록은 완전한 것이 아니고 계속 업데이트된다.

- **이성애자:** 이성과의 낭만적 및/또는 성적 접촉.
- **동성애자:** 동성과의 낭만적 및/또는 성적 접촉.
- **양성애자:** 동성과 이성과의 낭만적 및/또는 성적 접촉.
- **범성애자:** 모든 젠더와의 낭만적 및/또는 성적 접촉.
- **무성애자:** 성적 접촉에 대한 관심이 거의 없거나 전혀 없음. 낭만적 관계에는 관심이 있을 수도 있음.
- **아로맨틱:** 낭만적 접촉에 대한 관심이 없음. 성적 관계에는 관심이 있을 수도 있음.

Chapter 10

동기

욕구 위계

미국의 심리학자 에이브러햄 매슬로는 사람들이 다섯 가지 욕구에 의해 동기를 가지며, 이 욕구는 특정한 순서로 충족되어야 한다고 제안했다. 1943년 발표한 욕구 위계이론은 피라미드 형태로 표현된다. 피라미드의 가장 아래에는 음식과 물과 같은 기본적인 욕구가 있으며, 가장 위에는 자아실현 욕구가 있다. 자아실현은 재능과 능력에 따른 잠재력을 완전하게 실현하는 것을 의미한다.

자아실현을 달성한 사람들은 거의 없다.

> **📌 핵심 요약**
>
> ✓ 매슬로의 이론은 인간의 행동을 동기화하는 다섯 가지 욕구의 순서를 제시한다.
>
> ✓ 생리적 욕구가 먼저 충족되어야 하며, 그 후에 심리적 욕구가 충족된다.
>
> ✓ 이 이론은 인간의 욕구가 보편적이라고 가정하기 때문에 비판을 받는다.

자아실현
창의적, 지적, 사회적 잠재력의 완전한 성취

자존감
성취감, 자신감, (자신과 타인으로부터의) 존중감

이전 단계의 욕구가 충족되면 다음 단계로 나아가려는 동기를 가지게 된다.

사랑과 소속감
가족, 친구, 연인, 공동체 내의 관계

가까운 사람의 죽음, 질병, 또는 실직과 같은 어려움은 단계를 퇴보시킬 수 있다.

안전
주거, 보안, 건강, 직업

생리적 욕구
음식, 물, 수면, 체온 유지

🔍 매슬로 이론에 대한 비판

매슬로는 모든 인간이 동일한 욕구에 의해 동기를 가진다고 주장한 결과 비판을 받아 왔다. 미국과 북유럽과 같은 개인주의적 문화는 개인의 욕구를 중시하는 반면, 중국과 일본과 같은 집단주의적 문화는 집단의 욕구를 우선시하는 경향이 있다. 집단주의적 문화에서는 공동체 내에서 관계를 추구하는 것이 개인의 자아실현보다 더 중요할 수 있다.

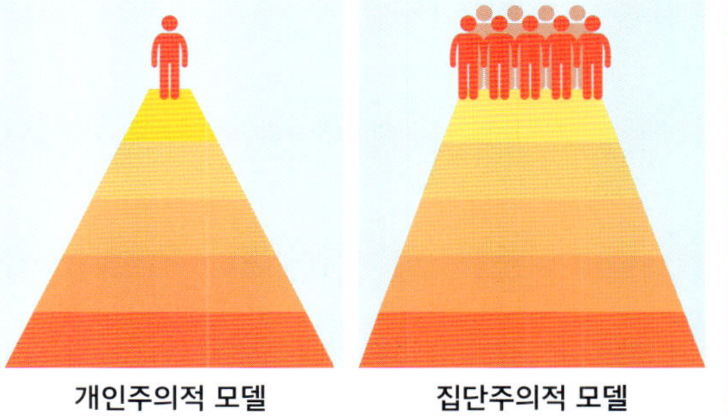

일치성

미국의 심리학자 칼 로저스(1951)는 개인의 성장 또는 자아실현(145쪽 참조)을 이루기 위해서는 일치성을 가져야 한다고 보았다. 일치성은 자기이미지(스스로 보는 자기)가 이상적 자아(되고자 하는 자기)에 대체로 상응해야(일치해야) 함을 의미한다.

불일치성

일치성을 가지기는 어려우며, 많은 사람들은 자기이미지와 이상적 자아 사이에 큰 차이를 경험한다. 불일치 상태는 불안, 스트레스, 낮은 자존감과 같은 부정적인 감정을 유발하며, 이러한 감정은 개인의 잠재력을 실현하는 것을 어렵게 만든다.

핵심 요약

- ✓ 자기이미지와 이상적 자아가 대체로 중첩될 때 일치성을 달성할 수 있다.
- ✓ 일치성은 자아실현을 이루기 위해 필수적이다.
- ✓ 일치성을 가지기 위해서는 중요한 사람들로부터 무조건적인 긍정적 존중(사랑)을 경험해야 한다.
- ✓ 가치의 조건화는 중요한 타인에게 사랑을 받기 위해 충족시켜야 하는 기대이다.

일치성

자기이미지와 이상적 자아가 일치할 때 자아실현이 가능할 수 있다.

불일치성

자기이미지가 이상적 자아에 들어맞지 않으면 자아실현이 매우 어렵다.

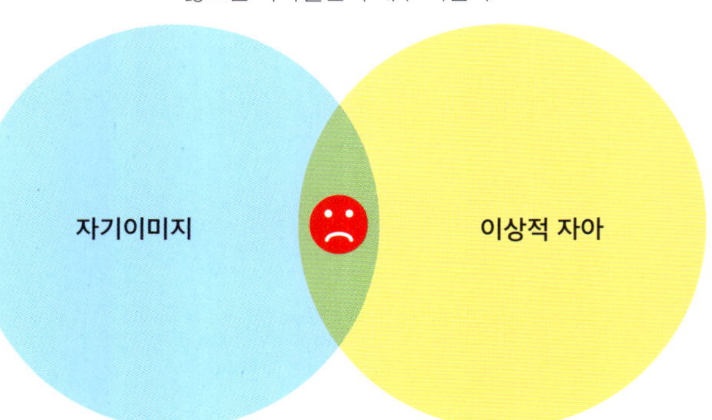

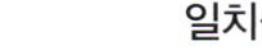

🔍 가치의 조건화

로저스는 개인의 잠재력을 실현하기 위해서는 어린 시절 부모나 중요한 다른 사람들로부터 무조건적인 긍정적 존중(무조건적인 사랑)을 받아야 한다고 보았다. 중요한 사람들이 사랑에 대해 경계나 제한, 즉 '가치의 조건화'를 설정하는 것은 낮은 자존감으로 이어질 수 있다. 예를 들어 아동이 부모의 사랑을 얻기 위해서는 상을 받는 것과 같이 특별한 성취를 달성해야만 한다고 느낀다면, 이는 아동의 자기이미지를 손상시키고 문제를 야기할 수 있다.

추동 감소 이론

미국의 심리학자 클라크 헐의 추동 감소 이론(1943)에 따르면, 행동은 추동이라고 불리는 불쾌한 긴장 상태를 줄이려는 욕구에 의해 동기를 가지게 된다. 예를 들어 음식에 대한 욕구는 불쾌한 느낌(배고픔)을 주어 먹는 행동을 촉진하며, 먹는 행동은 추동을 줄이고 생리적 균형을 회복시킨다.

핵심 요약

- ✓ 츠동 감소 이론에서는 불쾌한 긴장 상태(추동)를 줄이려는 욕구에 의해 동기가 생긴다고 설명한다.
- ✓ 츠동 감소 이론은 항상성의 한 예이다.
- ✓ 헐은 추동 감소가 학습에서 중요한 역할을 한다고 제안했다.

항상성

추동 감소 이론은 항상성이라는 개념에 근거한다. 항상성은 신체가 최적의 온도, 혈액 내 산소 수준 등을 유지하고자 하는 자기 조절 과정이다. 추동은 자극의 영향을 받는다. 예를 들어 배고픈 사람에게 음식은 먹고자 하는 유인가를 높이는 강력한 자극이다. 자극은 정적 또는 부적 효과를 가질 수 있다. 맛있어 보이는 음식은 정적 유인가로 작용해 추동을 증가시키는 반면, 상해 보이는 음식은 부적 유인가로 작용해 추동을 감소시킨다.

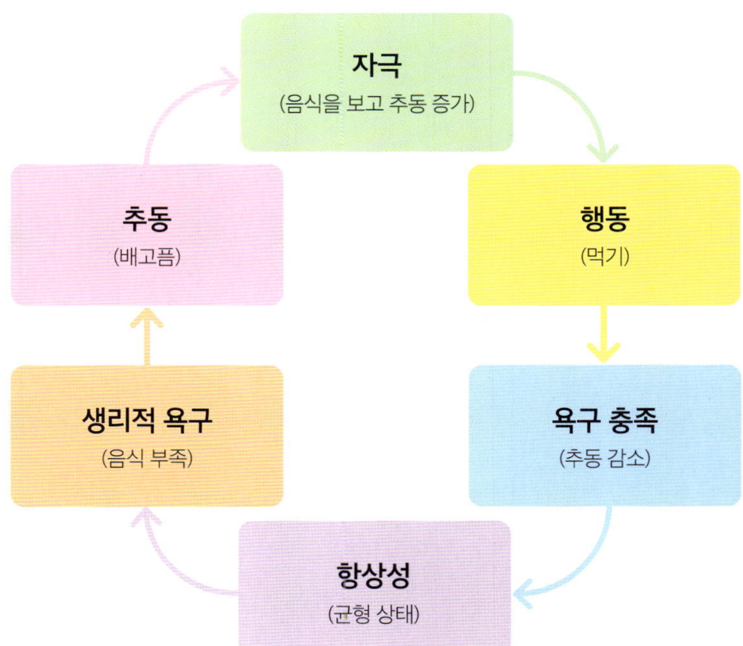

🔍 습관 형성

헐은 추동 감소가 학습에서 중요한 역할을 한다고 제안했다. 우리는 어떤 행동이 가장 효과적으로 추동을 감소시키는지를 학습하면서 습관을 형성한다. 예를 들어 우리는 추울 때는 옷을 껴입어야 한다는 것을 학습한다.

배고픔의 생리학

식욕은 소화 기관, 뇌, 그리고 배고픔에 영향을 미치는 여러 호르몬의 복잡한 상호작용에 의해 조절된다. 체온 조절과 마찬가지로 식욕 조절도 항상성 과정으로, 신체는 내부의 음식 저장을 최적의 범위로 유지하기 위해 피드백 시스템을 사용한다. 온도 조절 장치와 유사한 이 시스템은 체중을 설정점으로 일정하게 유지시킨다.

초기 이론

초기의 배고픔 연구는 위의 역할에 초점을 맞추었다. 1912년, 미국의 생리학자 월터 캐넌과 A.L. 워시번은 공복 시 통증, 즉 위가 비었을 때 나타나는 갑작스럽고 날카로운 위 수축과 배고픔이 관련이 있음을 보여 주었다. 그들은 위 수축이 배고픔을 유발한다고 보았지만, 이후 쥐나 인간의 위를 외과적으로 제거해도 배고픔이 사라지지 않는다는 연구에 의해 반론이 제기되었다.

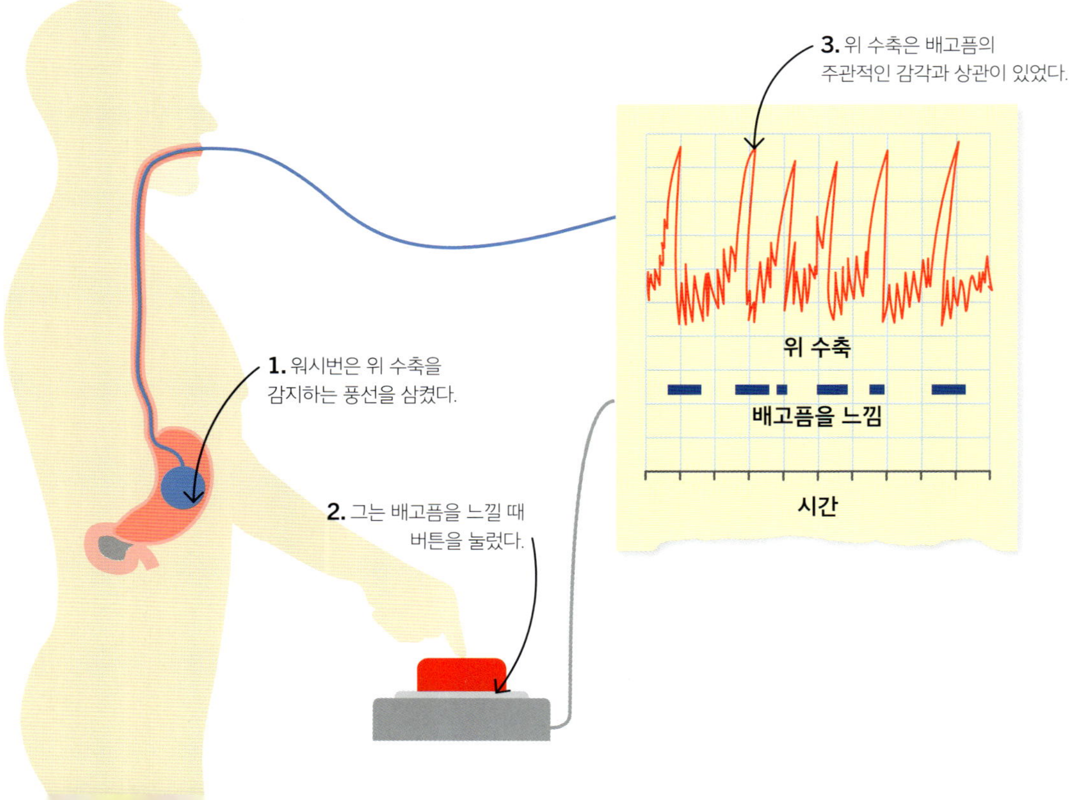

핵심 요약

- ✓ 캐넌과 워시번은 위 수축이 배고픔을 유발한다고 보았다.
- ✓ 배고픔 조절에는 많은 호르몬이 관여한다. 그렐린은 배고픔을 증가시키고, 렙틴은 이를 감소시킨다.
- ✓ 뇌의 시상하부는 배고픔 조절에 중요한 역할을 한다.
- ✓ 설정점 이론에 의하면 체중은 변화한 뒤 정해진 설정점으로 되돌아간다.

식욕 조절

식욕 조절에는 여러 기관이 관여하며, 그중 뇌의 시상하부는 중요한 역할을 한다. 시상하부는 혈당과 호르몬 수치를 모니터링하여 음식이 필요한 시점을 감지한다. 시상하부에는 두 영역이 관여하는데, 측면 시상하부(배고픔 중추)와 복내측 시상하부(포만 중추)이다. 배고픔 중추가 자극을 받으면 음식을 먹게 되고, 이 부위가 손상되거나 제거되면 영양 결핍 상태가 발생할 수 있다. 포만 중추가 자극을 받으면 음식을 먹는 것을 멈추게 되고, 이 부위가 손상되면 음식을 조절할 수 없어 비만이 발생한다.

🔍 설정점 이론

어떤 사람들은 다른 사람들보다 체중이 더 많이 증가하고, 다이어트를 하는 많은 사람들은 감량 후 체중이 다시 빠르게 증가하는 요요 현상을 경험한다. 체중의 설정점 이론에 따르면, 체중 변화 후에는 유전적으로 결정된 지점 또는 범위로 되돌아간다. 체중이 감소하면 배고픔이 증가하고 대사율(칼로리 소모 속도)이 감소하여 정상 체중을 회복한다. 반대로 체중이 증가하면 그 반대 현상이 발생한다. 그러나 설정점 이론은 많은 국가에서 비만율이 증가하고 있는 이유 또는 비만이 연령 및 사회경제적 요인과 상관이 있는 이유를 설명하지 못한다.

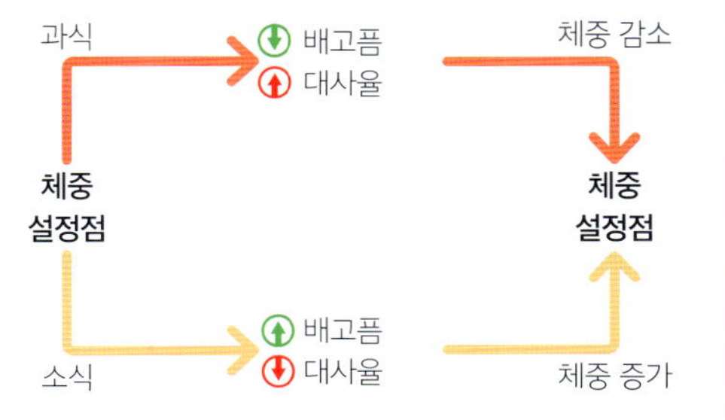

배고픔의 심리학

먹고 싶은 충동은 생리적 욕구(148~149쪽 참조)에 의해서만이 아니라 심리적 요인에 의해서도 좌우된다. 정서, 신념, 사회문화적 배경, 심지어 음식의 모양까지도 배고픔을 느끼는 정도와 먹는 양에 영향을 미칠 수 있다.

핵심 요약

✓ 배고픔은 생리적 요인뿐만 아니라 심리적 요인의 영향을 받는다.

✓ 배고픔에 영향을 미치는 심리적 요인에는 감정, 사회적 압박, 음식의 모양, 신체 이미지, 그리고 음식의 양이 포함된다.

정서

스트레스와 같은 정서 상태는 식욕에 영향을 줄 수 있다. 불안과 두려움은 식욕을 감소시키지만, 만성적인(장기적인) 스트레스는 식욕을 증가시켜 체중 증가를 초래할 수 있다.

사회적 압박

사람들과 함께 식사하는 사회적 상황에서는 혼자일 때보다 더 많이 먹을 수 있다. 예의를 차리는 것 역시 하나의 요인으로 작용한다. 음식을 거절하거나 사양하는 것은 무례하게 여겨질 수 있다.

음식의 모양

음식 모양이 더 맛있어 보일수록 더 먹고 싶어진다. 커피숍은 이 점을 활용해 계산대 근처에 맛있어 보이는 간식을 진열하여 줄을 서 있는 고객을 유혹한다.

신체 이미지

자신을 얼마나 신체적으로 매력적으로 여기는지는 문화적으로 결정되는 이상적인 미의식에 의해 형성된다. 부정적인 신체 이미지는 식욕에 영향을 미치거나 심지어 섭식 장애로 이어질 수 있다(194쪽 참조).

음식의 양

더 많은 음식 양은 성인과 어린이 모두의 음식 섭취량을 증가시키는 경향이 있는데, 이를 음식의 양 효과라고 한다. 패스트푸드점의 '라지' 옵션이 존재한다는 것은 비만율 증가의 또 다른 요인일 수 있다.

🔍 기억 상실증 연구

최근 식사에 대한 기억은 배고픔에 중요한 역할을 할 수 있다. 1998년, 심리학자들은 1분이 넘는 사건에 대해서는 명시적 기억을 할 수 없을 정도로 심각한 기억 상실증을 앓고 있는 두 명의 남성 환자를 연구했다. 이들에게 식사를 마치고 30분 이내에 두 번째 또는 세 번째 식사를 제공했을 때, 환자들은 이를 열심히 먹었다. 연구자들은 이를 통해 우리가 마지막으로 언제, 무엇을 먹었는지에 대한 기억이 식욕에 영향을 준다고 제안했다.

성적 반응 주기

심리학자들은 다른 인간 행동을 연구할 때와 마찬가지로, 관찰과 면담을 통해 성적 행동을 연구한다. 성적 반응 주기는 생물학적 남성과 생물학적 여성의 성적 활동 중에 발생하는 생리적, 심리적 변화를 설명하는 모델이다.

성적 반응 단계

마스터스와 존슨(1966)은 지원자들을 관찰하고 생리적 반응을 기록한 결과를 토대로 성적 반응 주기를 설명했다. 주기는 흥분, 고조(완전 각성), 오르가즘, 해소의 네 단계로 구성되어 있다. 여성의 경우 세 가지 공통적인 패턴이 있었고, 주기가 반복되는 다중 오르가즘이 관찰되었다. 그러나 남성의 경우 오르가즘 이후에는 자극에 반응하지 않는 불응기가 따른다.

핵심 요약

- ✓ 마스터스와 존슨은 지원자들의 성행위를 관찰하여 성적 반응 주기 모델을 제안했다.
- ✓ 주기는 흥분, 고조(완전 각성), 오르가즘, 해소의 네 가지 단계로 이루어져 있다.
- ✓ 단계 지속 시간과 생리적 반응에는 성별 간의 차이가 존재한다.

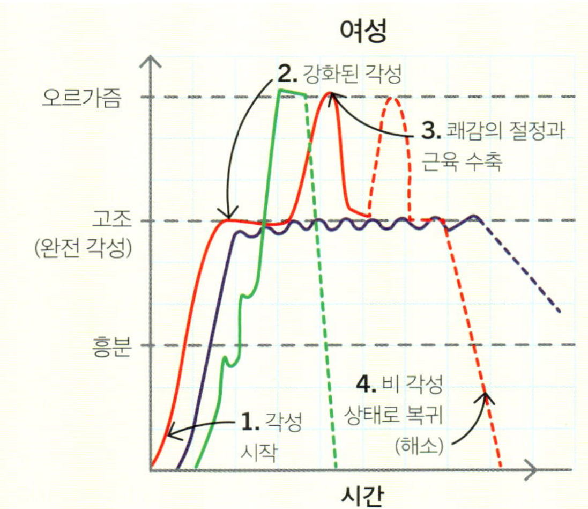

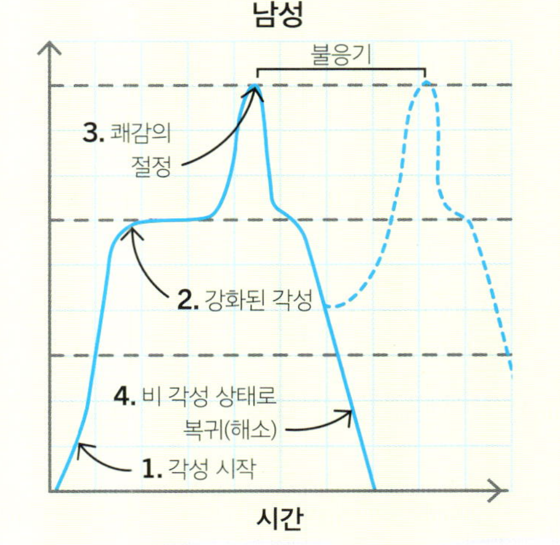

🔍 성적 동기

각성과 욕망은 다양한 생물학적, 심리적, 사회적 요인의 영향을 받는다.

호르몬

성 호르몬은 리비도(성적 추동)와 욕망에 영향을 미친다. 테스토스테론은 남녀 모두에게서 발견되지만 남성이 더 많이 가지고 있다. 여성의 경우 배란기에는 에스트로겐 수치가 최고조에 달하며 리비도와 가임기가 동기화된다.

외부 자극

남성과 여성은 외부의 성적 자극에 대해 유사한 각성 수준을 보이지만, 남성이 생리적 반응을 보다 두드러지게 나타낸다.

내부 자극

뇌는 성적 각성에 큰 역할을 한다. 신체적 감각이 없어도 상상은 욕망에 영향을 준다.

사회적, 문화적 요인

가족, 사회, 종교, 문화적 기대 및 미디어에 의해 주입된 가치가 성적 동기와 행동에 영향을 미친다.

소속 욕구

인간은 사회적 존재로서, 본능적으로 의미 있는 관계를 맺고, 타인의 인정을 받으며, 공동체의 일원이 되고자 한다. 동기 이론에서는 소속 욕구(집단에 속하려는 욕구)를 가장 강력하고 보편적이며 영향력 있는 동기 중 하나로 설명한다. 진화론적으로 보면, 집단에 속하는 것은 생존 확률을 높이고 다음 세대에 유전자를 전달할 수 있는 장점을 제공했다. 따라서 소속 욕구는 안녕감을 확인하게 하는 중요한 동기로 남게 되었다.

핵심 요약

- ✓ 인간은 본능적으로 사회적 연결을 추구한다.
- ✓ 소속 욕구는 행동에 영향을 미치며 행복과 자존감에 중요한 역할을 한다.
- ✓ 배척(사회적 배제)은 정신 건강을 해치며, 신체적 고통과 유사하다.

소속

소속 욕구는 인간의 기본적인 욕구이다. 이 욕구가 충족될 때 행복, 안녕감, 자존감이 높아진다. 강한 인간관계는 부유한 것보다 행복에 더 크게 기여하기 때문에, 사람들은 친구를 사귀고 집단에 속하고자 많은 노력을 기울인다.

배척

사회에서 의도적으로 배제된 사람들은 정신 건강에 악영향을 받으며, 자존감과 안녕감이 낮아지고 외로움과 우울증을 겪을 수도 있다. 배척은 신체적 고통과 동일한 뇌 영역을 활성화하기 때문에 사회적으로 배제당하면 실제로 고통을 느낀다.

배제되거나 배척당하는 것은 안녕감과 기분에 영향을 미친다.

🔍 온라인 사회 연결망

기술의 발전으로 인해 비슷한 생각을 가진 사람들과 연결할 수 있는 사회 연결망 플랫폼을 통해서도 소속감을 느낄 수 있게 되었다. 이 플랫폼은 다양한 커뮤니티에 접근하고, 정서적 지원을 제공하며, 사회적 상호작용의 기회를 제공하여 소속 욕구를 충족시킬 수 있다. 그러나 사회 연결망은 피상적인 관계를 만들고 사이버 괴롭힘이나 배척으로 이어져 진정한 소속감을 방해하거나 더 큰 고립감을 느끼게 할 수 있다.

온라인 사회 연결망에서도 배척이 발생할 수 있다.

성취 욕구

1953년, 미국의 심리학자 D.C. 맥클렐랜드 등은 성취 욕구(nAch)를 연구하였다. 이는 노력, 도전과 기술이 요구되는 과제나 활동에 대한 학습된 선호를 의미한다. 성취 욕구는 남들보다 뛰어나려 하고, 의미있는 목표를 달성하려 하며, 남들에게 인정받고 싶은 열망에 의해 발현된다.

핵심 요약

- ✓ 성취 욕구(nAch)는 뛰어난 성과를 내고 인정을 받기 위해 도전적인 과제를 추구하는 열망이다.
- ✓ 성취 욕구가 높은 사람들은 현실적인 목표를 설정하고, 끈기가 있으며, 성장을 추구한다.
- ✓ 성취 욕구가 낮은 사람들은 도전을 피하며 쉬운 과제를 선호한다. 또는 실패를 정당화할 수 있는 불가능한 과제를 선호한다.

nAch 수준

성취 욕구가 높은 사람들은 도전적이면서도 실현 가능한 목표를 설정하고, 숙달을 지향하며, 역경을 극복하고, 개인적 성장과 성공의 기회를 추구한다. 그들은 노력하는 과정에서 만족을 얻는다. 반면, 성취 욕구가 낮은 사람들은 도전적인 과제를 피하고, 실패에 대한 두려움이 있으며, 자존감을 보호하기 위해 쉬운 과제나 익숙한 상황을 선호한다.

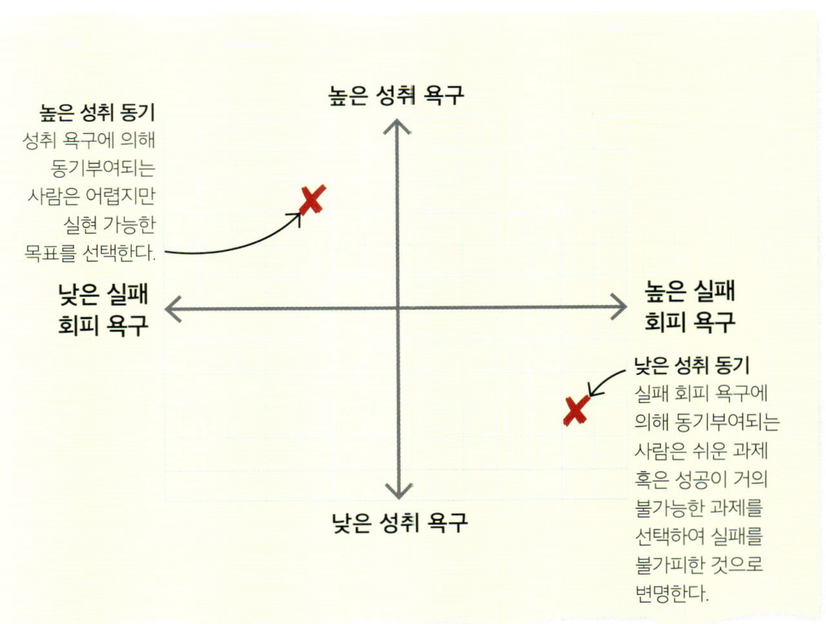

🔍 동기 유형

내재 동기는 흥미와 만족으로 인해 어떤 활동에 참여하려는 동기이다. 외재 동기는 돈과 같은 외적 보상이 있기 때문에 어떤 일을 하려는 동기이다. 일반적으로 즐거운 활동에 대한 보상이 주어지면 내재 동기가 감소하는데, 이를 과잉 정당화 효과라고 부른다.

내재 동기

외재 동기

각성 이론

각성 이론에 따르면, 사람들은 최적 각성(경계) 수준에서 과제를 가장 잘 수행할 수 있으며, 자신의 최적 각성 수준을 유지시키는 활동에 참여하려는 동기를 갖는다. 각성이 낮을 때(지루하거나 관심이 없을 때) 흥미로운 활동을 추구하는 경향이 있으며, 각성이 높을 때(불안하거나 스트레스를 받을 때) 진정시키는 활동을 선호하는 경향이 있다.

핵심 요약

- ✓ 각성 이론에서는 각 개인마다 최적 각성 수준을 가지고 있다고 본다.
- ✓ 최적의 수행을 위해서는 중간 수준의 각성이 필요하다.
- ✓ 너무 낮거나 너무 높은 수준의 각성은 수행의 질을 저하시킨다.

여키스-도슨 법칙

1908년, 미국의 심리학자 로버트 여키스와 존 도슨은 각성이 높아짐에 따라 수행의 질은 어느 정도까지만 증가하고, 각성이 지나치게 높아지면 수행의 질이 저하된다고 하였다. 예를 들어 학생들은 매우 편안할 때(낮은 각성)나 매우 불안할 때(높은 각성) 시험 성적이 낮다.

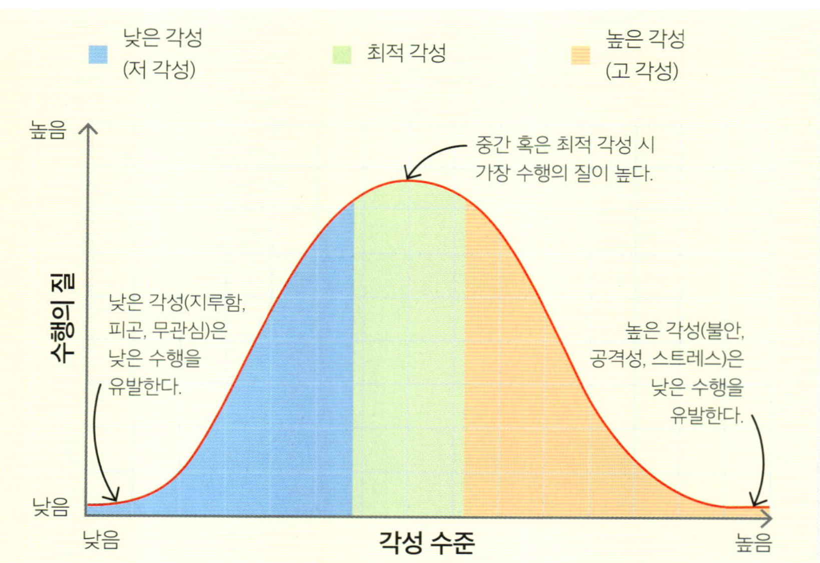

🔍 과제 난이도

과제 난이도에 따라 필요한 각성 수준이 달라진다. 대중 앞에서 연주해야 하는 것과 같이 복잡하고 어려운 과제는 일반적으로 낮은 수준의 각성에서 가장 잘 수행된다(이때 높은 각성은 수행을 방해할 수 있다). 양치질과 같은 쉬운 과제에 동기를 가지려면 높은 수준의 각성이 필요하다.

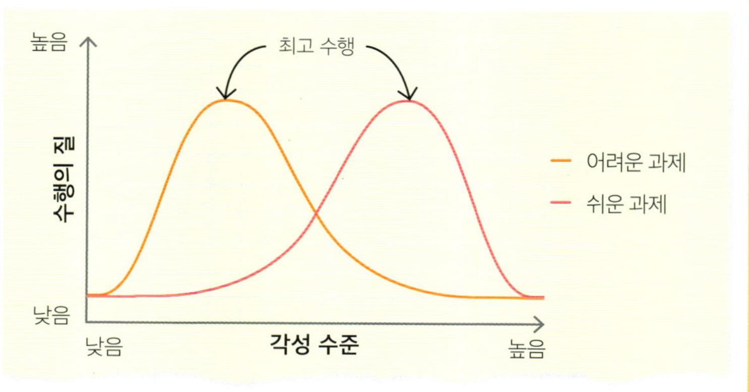

Chapter 11

성격

정신역동적 접근

오스트리아의 신경과 전문의 지그문트 프로이트의 연구에 기반한 정신역동적 접근에서는 마음을 세 가지 의식 수준으로 나눈다. 우리가 사고와 기억의 극히 일부만 인식할 수 있는 것은, 그 대부분이 쉽게 접근할 수 없는 마음속 깊은 곳에 존재하기 때문이다. 사고와 행동은 무의식적인 추동과 기억의 영향을 받는다.

핵심 요약

- ✓ 정신역동적 접근법에 따르면, 마음은 의식, 전의식, 무의식의 세 가지 수준으로 나뉜다.
- ✓ 우리가 알아채지 못함에도 불구하고 무의식적인 마음속의 생각은 여전히 행동에 영향을 준다.
- ✓ 성격은 자아, 초자아, 원초아의 세 가지 측면을 가진다. 건강한 자아는 원초아의 욕구와 초자아의 욕구 간의 균형을 유지한다.

의식의 수준

1915년, 프로이트는 마음에 의식, 전의식, 무의식의 세 가지 의식 수준이 있다고 제안했다.

성격 구조

프로이트에 따르면, 성격은 초자아(도덕), 자아(이성), 원초아(본능)의 세 가지 측면을 지닌다. 프로이트는 이들의 관계를 빙산에 비유했다. 자아와 초자아의 일부는 의식적인 마음을 구성하며, 이는 물 위에 떠 있는 빙산의 끝부분에 불과하다. 나머지 자아와 초자아, 그리고 원초아는 무의식적인 마음을 구성하며 이는 물 아래에 숨겨져 있다.

의식적인 마음

무의식적인 마음

자아

자아는 무책임한 원초아와 엄격한 초자아를 조절한다. 중간 정도의 이성을 가지고 있다.

초자아

초자아는 도덕적 양심이다. 어떤 것이 도덕적으로 옳은지 그른지를 고려하며, 엄격한 부모와 같은 역할을 한다.

원초아

원초아는 욕구가 많은 어린아이와 같이 이기적이고 충동적이며 규칙을 인식하지 못한다. 즉각적인 만족을 추구한다.

방어기제

프로이트는 어려움 혹은 외상으로 인한 사고 혹은 기억은 의식적인 마음을 압도할 수 있다고 믿었다. 무의식은 의식적인 마음을 보호하기 위해 다양한 전략, 즉 방어기제를 사용한다. 방어기제가 항상 나쁜 것은 아니지만, 너무 자주 또는 너무 오랫동안 사용될 경우 문제가 될 수 있다.

마음의 기제

지그문트 프로이트의 딸인 안나 프로이트는 『자아와 방어기제』(1936)라는 책에서 의식을 보호하는 10개의 기제를 설명했다. 오늘날 심리학자들은 30개가 넘는 방어기제가 존재한다고 보지만, 이 중 대표적인 몇 가지만 소개하면 다음과 같다.

핵심 요약

✓ 프로이트는 의식이 불쾌한 생각이나 기억으로부터 스스로를 보호하기 위해 방어기제를 사용한다고 믿었다.

✓ 연구에 따르면 마음은 최대 30가지 종류의 방어기제를 사용할 수 있다.

부정
힘든 생각이나 감정을 일으키기 때문에 무의식적으로 현실을 거부하는 것을 부정이라고 한다.

억압
불쾌한 생각이나 기억을 마주하지 않기 위해 무의식 속에 가두거나 억압한다.

전치
강한 감정의 원천을 다른 사람이나 사물로 방향 전환하는 것을 전치라고 한다.

퇴행
어려움에 직면했을 때, 어린아이처럼 행동하며 퇴행한다.

프로이트적 실수

프로이트는 무의식에 저장된 정보가 가끔 의식으로 나타날 수 있다고 생각했다. 이 현상의 한 가지 예가 '프로이트적 실수'로 알려진 무의식적인 실수이다. 이것은 숨겨진 감정 때문에 나타나는 말실수이다. 예를 들어 아동이 실수로 선생님을 "엄마"라고 부르는 것은 그들을 좋아한다는 것을 암시할 수 있다.

심리성적 단계

프로이트는 아동의 성 인식 발달 과정이 심리성적 단계라고 알려진 다섯 단계를 거치게 된다고 생각했다. 그는 각 단계의 경험이 이후의 삶에 큰 영향을 준다고 주장했다.

심리성적 단계

다섯 단계는 각각 아동이 쾌락을 경험하고 특정 신체 부위(성감대)를 통해 삶의 에너지인 리비도를 표현하는 방식에 초점을 맞추고 있다.

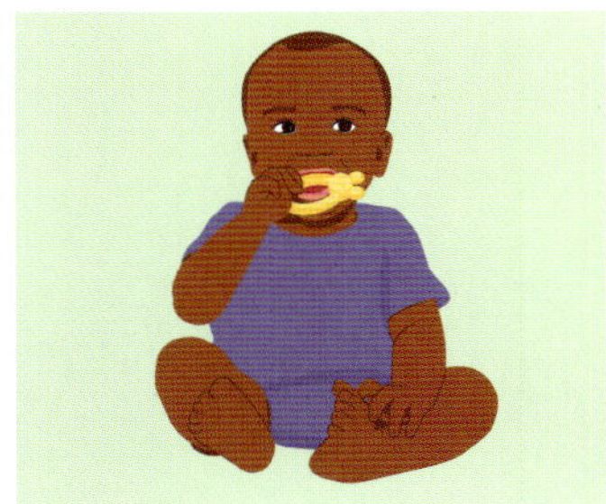

1. 구강기(0~2세)
쾌락의 주요 원천은 입이다. 영아들은 물건을 입에 넣기, 빨기, 울기 등을 통해 세상을 탐색한다.

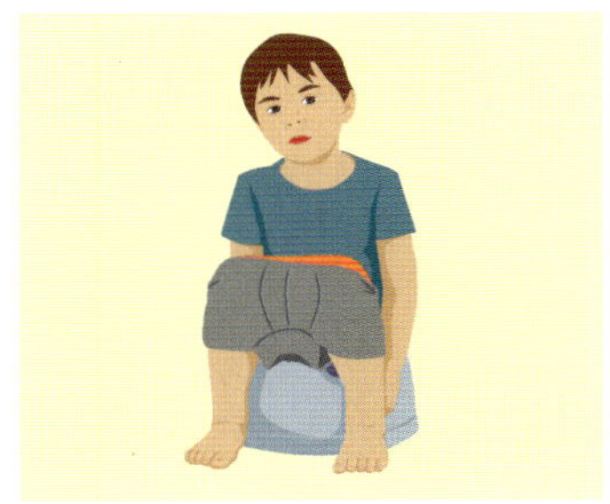

2. 항문기(2~3세)
배변 훈련이 이루어진다. 부모는 행동을 통제하도록 요구하고, 기대에 미치지 못했을 때에는 칭찬하지 않는다.

3. 남근기(3~6세)
생식기로부터 쾌감을 느낄 수 있다. 남아는 어머니를 소유하고자 아버지를 라이벌로 인식한다. 남아는 해를 입는 것에 두려움을 느끼고 위험을 줄이기 위해 아버지와 동일시하는 것을 배운다.

4. 잠복기(6~12세)
특정 신체 부위에서 성적 쾌감을 느끼지 않고 억제된다. 대체로 같은 성별의 다른 아동들과 함께 시간을 보낸다.

5. 생식기(12세~사망 시)
성적 쾌감은 주로 생식 기관을 통해 느끼게 된다. 이는 성인들 간의 관계를 통해 충족될 수 있다.

핵심 요약

✓ 프로이트에 따르면 아동은 다섯 단계의 성적 발달, 즉 심리성적 단계를 거친다.

✓ 아동이 각 심리성적 단계를 어떻게 거치느냐는 성인이 되었을 때의 행동에 영향을 미칠 수 있다.

고착

프로이트는 심리성적 발달의 초기 단계에서 만족감이 너무 높거나(쾌락을 너무 추구하거나) 만족감이 낮으면(충분한 쾌락을 느끼지 못하면) 그 단계에 고착되거나 '멈출 수' 있다고 주장한다. 예를 들어 구강기에 고착되면 껌을 씹거나 손톱을 물어뜯는 등 입을 통한 쾌락을 추구한다.

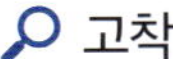

투사 검사

성격검사의 하나인 투사 검사에서는 모호한 이미지나 단어 자극에 대한 질문에 즉각적으로 응답하게 한다. 피검사자의 응답 속에는 그의 무의식이 반영된다고 본다. 치료자들은 응답을 분석하여 불안, 우울증, 공포증과 같은 심리적 장애의 원인을 설명한다.

핵심 요약

✓ 투사 검사는 무의식을 드러내기 위해 사용된다.

✓ 로르샤흐 검사에서는 잉크 반점의 이미지를 해석한다.

✓ 주제 통각 검사에서는 그림 카드를 가지고 이야기를 만든다.

로르샤흐 잉크 반점 검사

이 검사는 널리 사용되고 있는 투사 검사이며, 1921년 스위스의 정신과 의사 헤르만 로르샤흐에 의해 개발되었다. 검사에서는 일련의 잉크 반점을 보여 준 뒤, 반점이 무엇처럼 보이며 왜 그렇게 생각하는지 피검사자가 설명하도록 한다. 치료자는 응답을 통해, 현재의 장애를 설명할 수 있는 억압된 외상 기억 등을 해석한다. 그러나 로르샤흐 검사는 치료자에 따라 해석 방식에 차이가 있어 신뢰도가 떨어진다.

🔍 주제 통각 검사

주제 통각 검사(TAT)는 1930년대에 개발되었다. 이 검사에서는 피검사자에게 모호한 그림이 그려진 카드를 보여 주고, 각 카드에서 무슨 일이 일어나고 있는지, 그리고 그림의 인물들이 어떤 감정을 느끼고 있는지를 설명하도록 한다. 피검사자의 이야기들은 공포증에 대한 설명처럼 그가 무의식속에 가지고 있는 어떤 것을 드러낸다고 볼 수 있다.

특질 이론

특질 이론에서는 성격을 특질로 설명한다. 특질은 행동에 동기를 부여하고 시간이 지나도 일관되게 유지되는 개인의 특성이다. 개인은 서로 다른 특질의 조합을 가지고 있으며, 성격검사를 통해 평가된다.

핵심 요약

- ✓ 특질은 성격을 구성하는 특성이다.
- ✓ 5요인 성격 모델에서는 특질을 다섯 가지 범주로 구성한다.
- ✓ 특질은 성격검사를 사용하여 평가된다.

특질의 기술

1936년, 미국의 심리학자 고든 올포트는 성격 특질을 기술하는 4,504개의 단어 목록을 작성한 뒤 다음과 같은 세 가지로 분류하였다.

주 특질	중심 특질	이차적 특질
성격에서 우세한 특질	성격을 형성하는 중요 특질	특정 상황에서만 드러나는 특질

성격 5요인 모델(OCEAN)

미국의 심리학자 폴 코스타와 로버트 맥크레이(2011)는 성격을 구성하는 특질을 다섯 가지 요인으로 분류했다. 사람에 따라 각 특질의 점수는 높을 수도 있고 낮을 수도 있다.

🔍 성격 평가

성격검사는 특질을 평가하는 데 사용된다.

아이젱크 성격검사

독일계 영국의 심리학자 한스 아이젱크는 사람들을 두 가지 특질 척도로 측정하는 검사를 개발했다. 아이젱크는 신경증적이고 외향적인 성격의 사람들이 정신병리적(반사회적, 공격적) 행동을 보이고 범죄를 저지를 가능성이 더 높다고 주장했다.

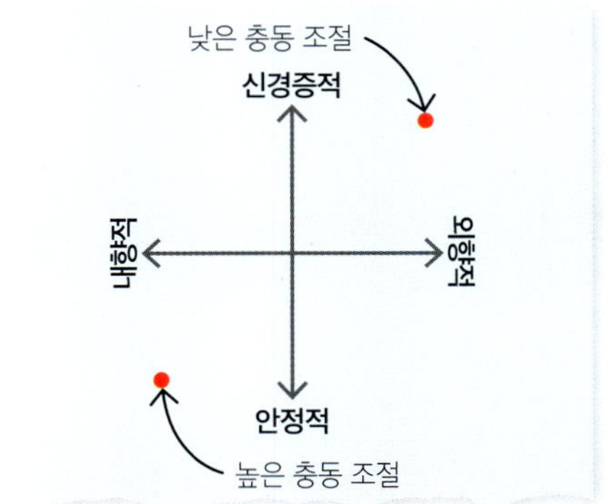

미네소타 다면인성검사 (MMPI-2-RF)

MMPI는 장애를 진단하는 데 종종 사용되며, 피검사자는 500개 이상의 진술에 대해 그렇다 혹은 아니다로 응답한다. 솔직하게 응답하지 않는 참가자들은 검사의 '거짓 척도'에서 높은 점수를 받도록 되어 있어, 검사의 타당도가 높다.

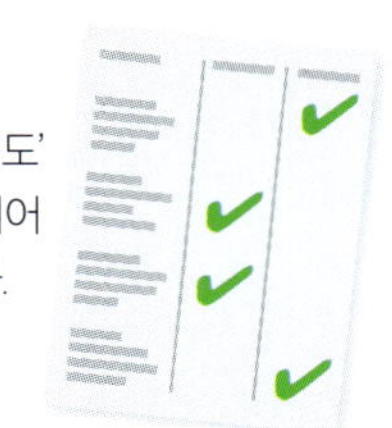

자아의 탐색

자아는 한 사람을 다른 사람과 독특하게 구분되는 존재로 만드는 사고, 감정, 인식, 그리고 정체성을 포함한다. 자아는 개인이 삶을 살아가며 성취를 이루는 과정에서 경험하는 주관적인 자기 인식을 대표한다. 자아의 인식은 보통 평생에 걸쳐 안정적이지만, 사회적 또는 환경적 요인에 의해 영향을 받을 수 있다.

핵심 요약

- ✓ 자아는 사고와 성격을 포함하여 자신을 구성하는 모든 것이다.
- ✓ 자존감, 자기효능감, 자기개념은 자신을 스스로 보는지에 대한 것들이다.
- ✓ 자기본위적 편향은 자신을 유리하게 생각하는 경향이다.
- ✓ 자기애적 성격은 스스로를 지나치게 중요하게 생각하고 자신에게 몰입하는 경향을 말한다.

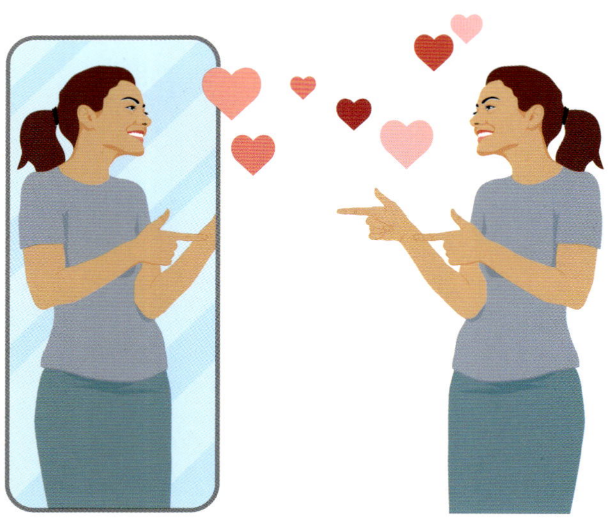

자존감과 자기효능감

자존감은 자신의 가치를 어떻게 느끼는가를 말한다. 자존감이 높은 사람들은 보통 자신감이 있으며 건강한 자기가치감을 가지고 있다. 반면, 자존감이 낮은 사람들은 스스로를 의심하고 자신감이 없어 어려움을 겪을 수 있다. 자기효능감은 특정 과제를 수행하거나 어려운 상황을 처리할 수 있다는 자신의 능력에 대한 믿음이다. 자기효능감이 높으면 동기와 회복탄력성이 높아지지만, 자기효능감이 낮으면 동기가 낮아지고 열등감을 초래할 수 있다.

🔍 자기개념

일반적인 용어로 자기개념은 자신의 행동, 능력, 관심사, 그리고 독특한 개성에 대한 인식이다. 예를 들어 "나는 좋은 친구다", "나는 개를 좋아한다", "나는 운동을 잘 못한다"와 같은 신념을 가질 수 있다. 이러한 신념과 다른 수많은 신념들은 모두 자기개념의 일부를 만든다.

자기본위적 편향

성공을 능력과 같은 내부 요인으로 돌리고, 실패를 운과 같은 외부 요인으로 돌리는 경향을 자기본위적 편향이라 부른다. 이는 자존감을 보호하고 자기이미지(자신에 대한 관점)를 유지하는 데 도움이 된다.

자기애

자기애적 성격은 자기과장, 과도한 칭찬 욕구, 공감 부족을 특징으로 한다. 이러한 성격을 가진 사람들은 자신의 성취, 재능, 외모에 극도로 집착하며, 타인의 욕구와 감정을 무시할 수 있다. 자기애는 불균형적인 자신감에서 극도의 자기 몰두까지 다양한 스펙트럼을 보인다.

자기애적 성격은 과장된 자기이미지, 타인으로부터의 인정과 칭찬을 추구하는 것으로 나타난다.

🔍 스포트라이트 효과

사람들은 종종 자신이 실제보다 더 많이 주목받고 평가받는다고 느낀다. 이는 스포트라이트 효과라 알려져 있으며, 자의식을 가지도록 만들 수 있다. 그러나 연구에 따르면, 사람들은 자신이 생각하는 것보다 훨씬 덜 주목받는다.

🔍 사회적 비교

사회적 비교는 비슷한 상황에 있는 사람들이 높은 목표를 달성하는 것을 보고 동기를 얻을 수 있을 때 유리하다(타인을 모방하며 배우는 관찰 학습). 그러나 더 많은 자원이나 장점을 가진 사람들과 비교할 때에는 좋지 않을 수도 있다.

Chapter 12

정서

정서

정서는 복잡한 인간의 경험이다. 이는 의식적으로 경험되는 감정과 사고, 신체적 변화, 얼굴 표정이나 몸짓과 같은 표현적 행동의 조합이다. 예를 들어 화가 나는 경우, 좌절의 원인에 생각이 집중되고, 심박수가 증가하며, 이마가 찌푸려진다.

핵심 요약

- ✓ 정서는 의식적으로 경험되는 감정과 사고, 신체적 변화, 그리고 표현적 행동의 세 가지 요소로 구성된다.
- ✓ 진화 이론에 따르면 정서는 생존과 번식을 촉진하는 진화적 적응이다.

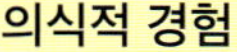
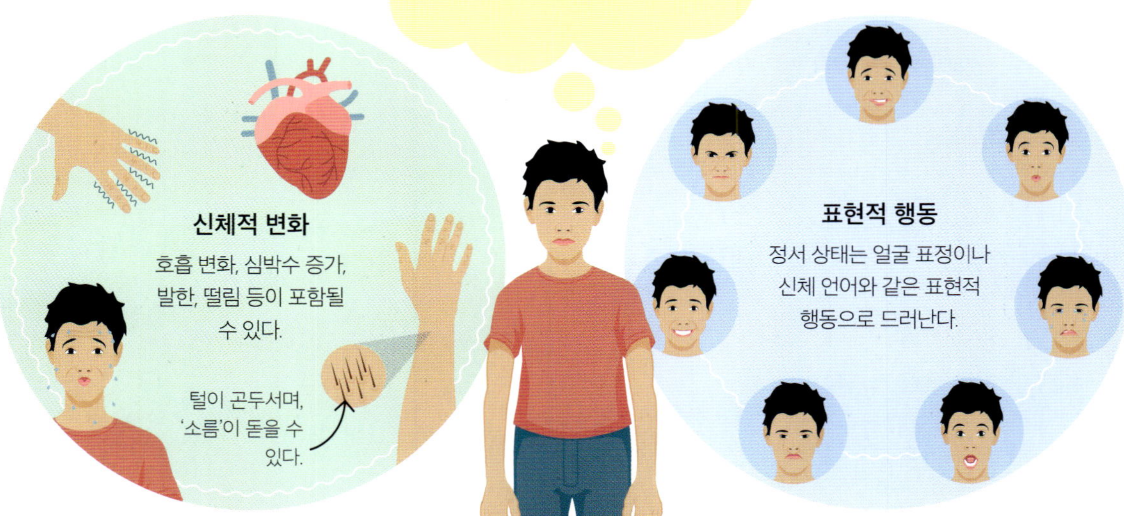

🔍 정서의 진화 이론

찰스 다윈과 다른 진화생물학자들은 공포와 같은 기본 정서가 생존과 번식의 성공을 촉진하는 진화적 적응이라고 보았다. 이 이론에 따르면, 보편적으로 타고난 기본 정서는 서로 다른 문화에서도 비슷하게 나타난다. 또한 다윈은 많은 동물들이 인간과 비슷한 정서 반응을 보인다는 점을 발견했는데, 이는 공통된 진화의 역사를 반영한다.

고양이가 위협받을 때는 털이 곤두선다. 이러한 비자발적인 반응은 고양이를 더 크게 보이게 하여 포식자를 위협하는 데 도움이 된다. 인간의 경우 이와 유사한 생리적 반응으로 소름이 있다.

정서의 생리학

정서는 단순히 마음 속의 심리적 경험뿐만 아니라 신체적 반응에도 영향을 미친다. 예를 들어 숲속에서 갑자기 곰을 만나게 되면, 심장이 빠르게 뛰고 숨이 가빠지며, 눈이 커지고, 땀이 나면서 피부가 찌릿하게 느껴진다. 이러한 반응은 흔히 강한 정서를 느낄 때 자율신경계가 활성화된 결과이다. 활성화된 자율신경계는 각성(경계) 수준을 높이고 신체가 행동을 취하도록 한다.

핵심 요약

- ✓ 자율신경계는 교감신경계와 부교감신경계의 두 가지로 나뉜다.
- ✓ 강한 정서는 교감신경계의 활성화를 포함한다.
- ✓ 각 정서의 주관적 경험은 다르지만, 많은 정서들이 동일한 생리적 반응을 공유한다.

정서와 각성

자율(비자발적)신경계는 신체를 준비시키는 교감신경계(투쟁-도피 반응)와 신체를 진정시키는 부교감신경계(휴식-소화 반응)의 두 가지로 나뉜다. 공포, 놀람, 분노와 같은 강한 정서는 모두 교감신경계를 활성화하며, 그 효과는 그림과 같다. 정서 경험의 주관적 느낌은 다르지만, 생리적 반응은 동일하다.

🔍 뇌 속의 정서

뇌 스캔에서는 정서 반응이 뇌의 일부에서 나타나는 것을 보여 준다. 긍정적인 기분은 좌측 전두엽의 활성화와, 혐오나 슬픔은 우측 전두엽의 활성화와 관련 있다. 뇌의 특정 부위는 여러 정서에 역할을 한다. 편도체는 공포, 불안, 공격성과 관련이 있으며, 섬피질은 분노, 공포, 혐오, 행복, 슬픔을 느낄 때 활성화된다. 섬피질은 또한 공감, 도덕적 혐오, 불신, 낭만적 사랑과 같은 사회적 정서에서도 중요한 역할을 한다.

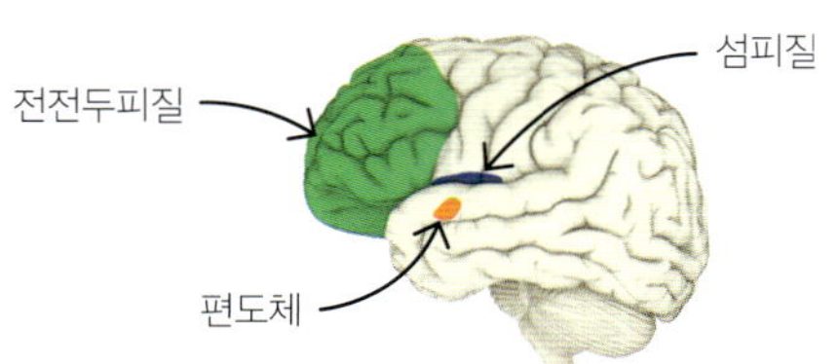

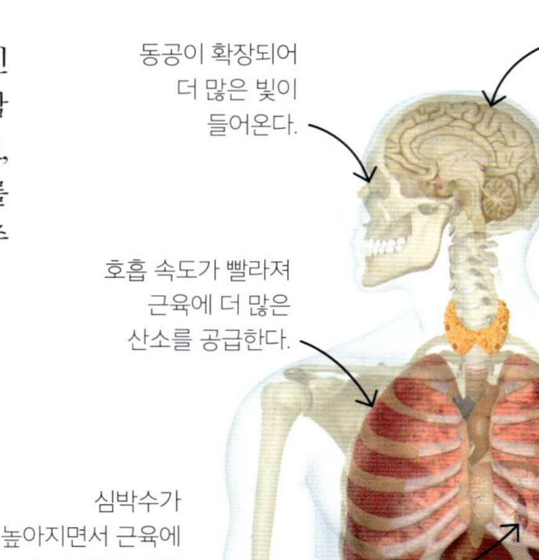

보편적 표정

정서는 신체에서 느껴지고 마음에서 처리되지만, 얼굴에서도 표현된다. 마음은 정서를 느끼지만, 신체 중 특히 얼굴 표정은 정서를 드러낸다. 1970년대 미국의 심리학자 폴 에크만은 서로 다른 문화권에서 같은 정서를 느낄 때 동일한 얼굴 표정을 보이는지 알아보는 연구를 시작했다.

핵심 요약

- ✓ 정서는 마음에서 처리되고 신체에 의해 표현된다.
- ✓ 에크만은 문화 간(보편적인) 얼굴 표정을 확인했다.
- ✓ 에크만은 일곱 가지 기본 정서가 있다고 제안했으나, 다른 심리학자들은 이에 동의하지 않는 경우도 있다.

기본 정서

에크만은 오세아니아의 파푸아뉴기니에 있는 고립된 공동체를 방문하였는데, 당시 이 공동체는 부족 외부의 사람들과 접촉한 적이 없었다. 에크만은 다른 문화에서도 동일하게 나타나는 여섯 가지 정서 표현이 여기서도 나타남을 확인했다. 그는 기본 정서를 나타내는 표정은 언어와 문화에 관계 없이 보편적이라는 결론을 내렸다. 이후 에크만은 경멸을 추가하여 일곱 가지 보편적 정서를 제안했다. 어떤 심리학자들은 에크만의 보편적 정서 이론에는 동의하지만, 기본 정서의 수는 더 많거나 적을 수 있다고 주장한다.

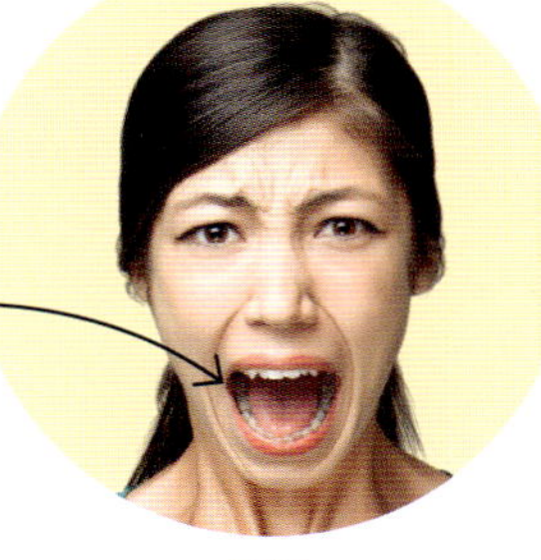

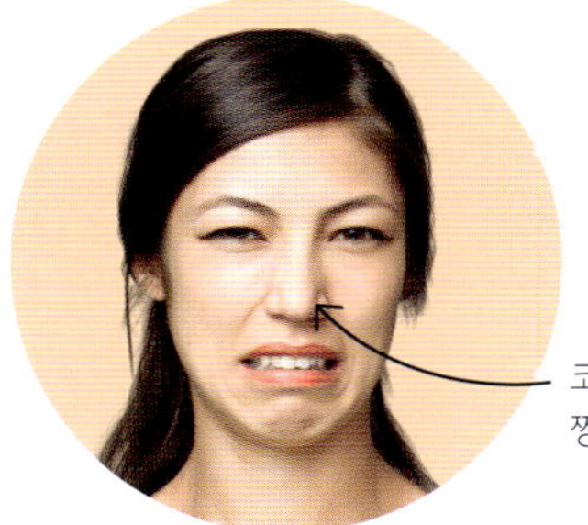

정서 이론

정서는 신체의 생리적 변화, 의식적인 사고 과정, 얼굴 표정과 같은 행동적 반응을 포함한다. 오랜 시간에 걸쳐 심리학자들은 이러한 과정들이 어떻게 상호작용하는지를 설명하는 다양한 이론들을 제안해 왔다.

핵심 요약

- ✓ 심리학자들은 여섯 가지 주요 정서 이론을 제안했다.
- ✓ 일부 이론에서는 생리적 각성을 주관적 경험과 분리한다.
- ✓ 일부 이론에서는 인지적 평가가 정서를 조절한다고 본다.
- ✓ 일부 이론에서는 정서를 자동적이고 무의식적인 반응으로 보고, 의식적 인식이 필요하지 않다고 본다.

제임스-랑게 이론(1885)

초기의 심리학자 윌리엄 제임스와 칼 랑게는 자극이 먼저 생리적 변화를 유발하고, 그 변화가 정서로 인식된다고 제안했다. 예를 들어 상어를 본 것이 생리적 각성을 일으키면, 이후 공포 정서로 이어진다.

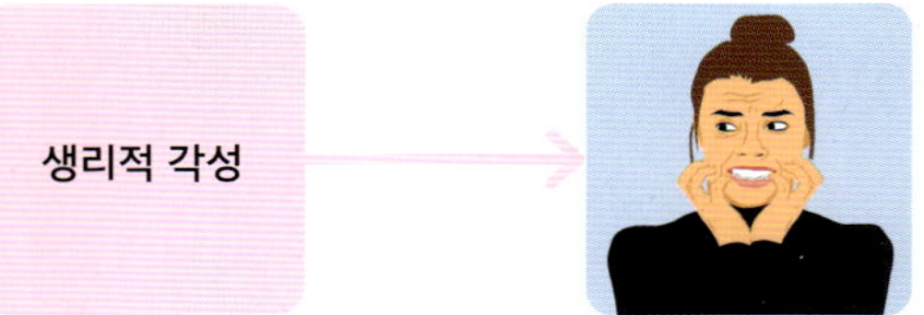

캐넌-바드 이론(1927)

제임스-랑게 이론의 문제점은 서로 다른 정서들도 동일한 생리적 변화를 동반한다는 것이다. 예를 들어 심장이 빨리 뛰는 것은 여러 정서에서 동일하게 나타날 수 있다. 월터 캐넌과 필립 바드의 대안 이론에서는 자극이 생리적 변화와 주관적 정서 경험을 각각 독립적으로 유발한다고 보았다.

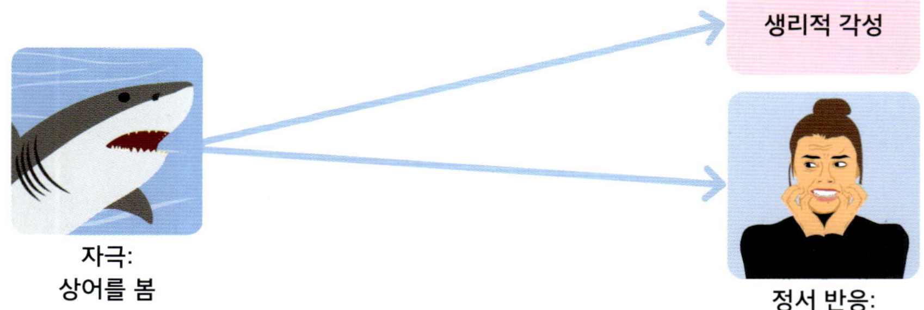

2요인 이론(1962)

스탠리 샤흐터와 제롬 싱어는 정서에 대한 2요인 이론을 제안했는데, 이 이론은 상황에 대한 인지적 평가를 포함한다. 예를 들어 수영장에서 상어를 보면 공포를 느끼지만, 수족관에서 상어를 보면 호기심을 느낀다.

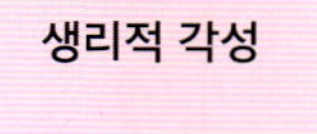

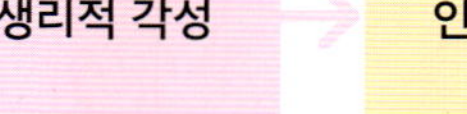

라자루스 이론(1991)

리처드 라자루스는 인지적 평가가 먼저 일어난다고 주장했다. 먼저 자극이 평가되고 그 평가가 적절한 경우 생리적 반응과 정서의 주관적 느낌이 뒤따른다. 이를 정서의 인지 평가 이론이라고도 부른다.

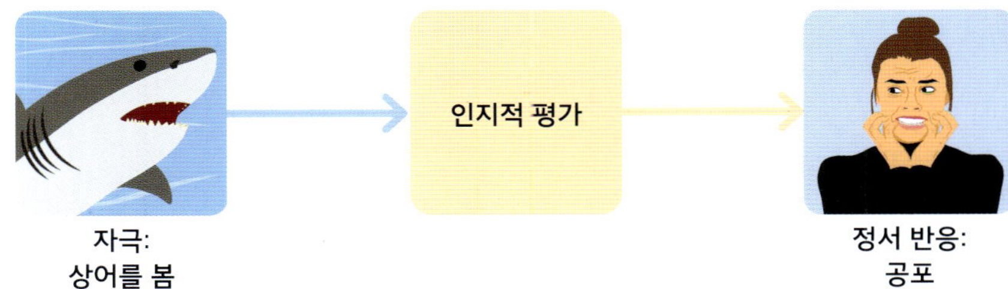

자욘츠 이론(1998)

위험한 상황에서는 빠른 반응이 필요하다. 로버트 자욘츠는 정서가 상황에 대한 인지적 평가 없이 또는 그전에 발생할 수 있으며, 빠르고 자동적인 반응을 유발한다고 주장했다. 예를 들어 큰 소리를 들으면 그것이 무엇인지 모르는 상태에서도 놀라게 된다.

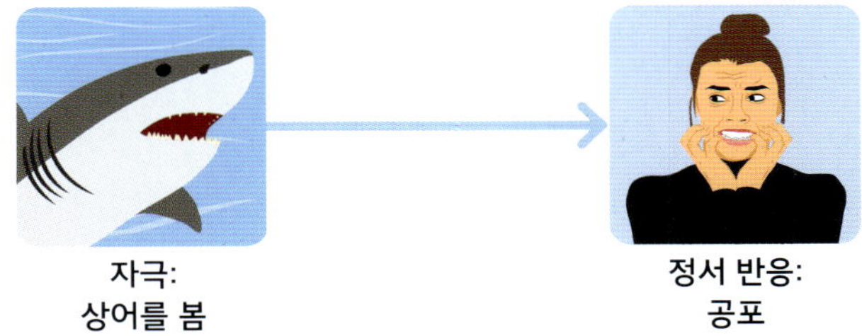

르두 이론(2002)

조셉 르두는 공포가 두 가지 신경 경로를 통해 처리된다고 제안했다. 하나는 무의식적이고 빠른 경로('낮은 경로')이고, 다른 하나는 대뇌피질을 거쳐 의식적인 인식을 가능하게 하는 느린 경로('높은 경로')이다.

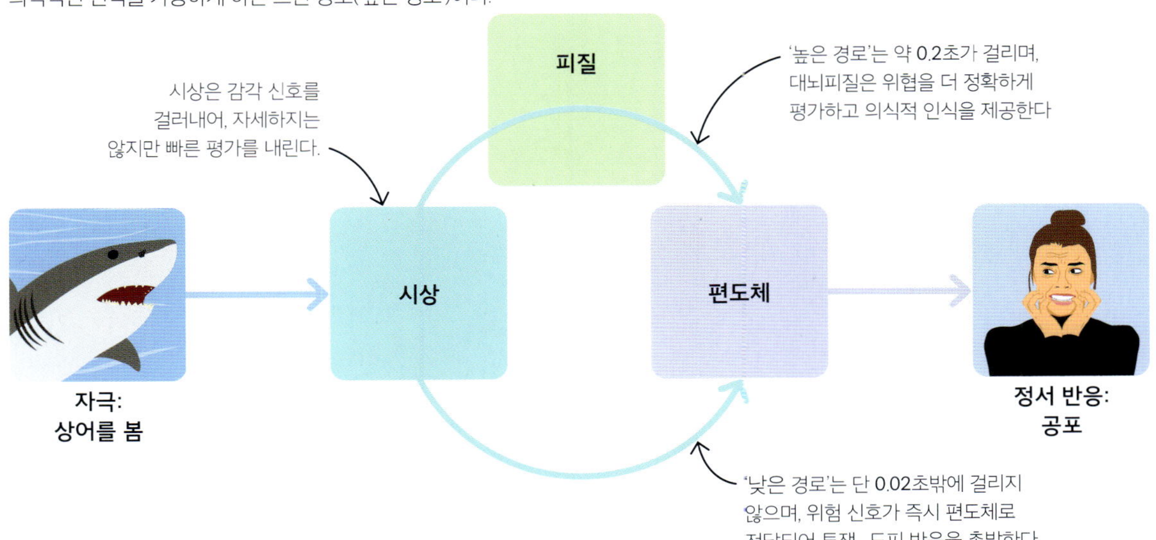

스트레스 반응

스트레스는 환경적 압박에 대처할 자원이 없을 때 발생하며, 위협이나 도전에 직면했을 때 나타나는 신체적 반응이다. 이러한 반응은 과거 포식자의 즉각적인 위협에 대처하는 데에는 유용했지만, 오늘날처럼 스트레서(스트레스를 주는 사건이나 상황)가 심리적이고 장기적인 경우에는 도움이 되지 않는다.

일반 적응 증후군

헝가리계 캐나다의 과학자 한스 셀리에(1936)는 시간이 지남에 따라 스트레스가 신체에 미치는 영향을 설명했다. 스트레서가 오래 지속될수록 신체에 미치는 영향과 질병의 위험이 커진다.

핵심 요약

- ✓ 스트레스는 위협이나 도전을 느낄 때 나타나는 신체적 반응이다.
- ✓ 스트레스를 유발하는 사건이나 상황은 '스트레서'라고 부른다.
- ✓ 일반 적응 증후군은 시간이 지남에 따라 스트레스가 신체에 미치는 영향이다.
- ✓ 사람들은 스트레스에 다양한 방식으로 반응한다.

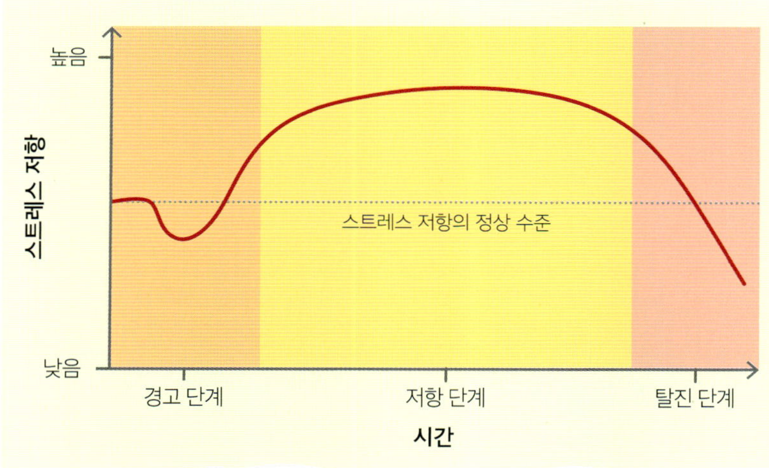

경고 단계 스트레스가 발생하면, 뇌는 교감신경계를 자극한다. 혈압, 호흡수, 혈류가 증가하며, 이를 투쟁-도피 반응이라고 한다.

저항 단계 스트레서가 해결되지 않으면 투쟁-도피 반응이 계속된다. 겉으로 대처하는 것처럼 보여도 신체는 부담을 느낀다.

탈진 단계 시간이 지나면서 신체는 더 이상 견딜 수 없게 되어 피로를 느끼고 다른 스트레서에 대한 내성이 약해진다. 이로 인해 심장 질환, 위궤양, 우울증 등이 발생할 수 있다.

🔍 스트레스에 대한 반응

스트레스 상황에서의 대표적인 생리적 반응인 투쟁-도피 반응 외에도, 연구에 따르면 여성의 경우 옥시토신 호르몬의 자극을 받아 '돌봄-친화' 반응을 보일 수 있다. 이 호르몬은 회복을 돕고, 두려움을 줄이며, 다른 사람들을 보호하려는 경향을 높인다.

투쟁
공격적으로 반응하여 상황에서 벗어나려고 한다.

도피
상황에서 벗어나려고 반응한다.

동결
아무런 반응을 하지 않고 그대로 멈춘다.

돌봄
주변 사람들을 돌보고 구해 주는 방식으로 반응한다.

친화
상황에 대처하기 위해 친구를 사귀고 동맹을 형성한다.

거짓말 탐지기 검사

거짓말 탐지기는 스트레스에 대한 신체적 반응을 모니터링하는 장치다. 일부 사람들은 거짓말 탐지기가 거짓말을 하고 있는지를 밝힐 수 있다고 주장한다. 이는 거짓말이 스트레스를 유발하고, 그로 인해 심박수 증가, 혈압 상승, 호흡 가속, 동공 확장, 음성 변화, 땀 분비 증가 등과 같은 신체적 변화를 일으키기 때문이다. 하지만 이 장치는 거짓말이 아닌 스트레스만을 감지할 수 있기 때문에, 무조건 신뢰할 수 있는 방법은 아니다.

핵심 요약

✓ 거짓말 탐지기는 스트레스를 받을 때 나타나는 신체적 반응을 모니터링한다.

✓ 높은 심박수와 혈압, 빠른 호흡, 땀 증가 등은 모두 스트레스를 받고 있다는 신호일 수 있다.

✓ 거짓말 탐지기는 항상 신뢰할 수 있는 탐지 방법은 아니다.

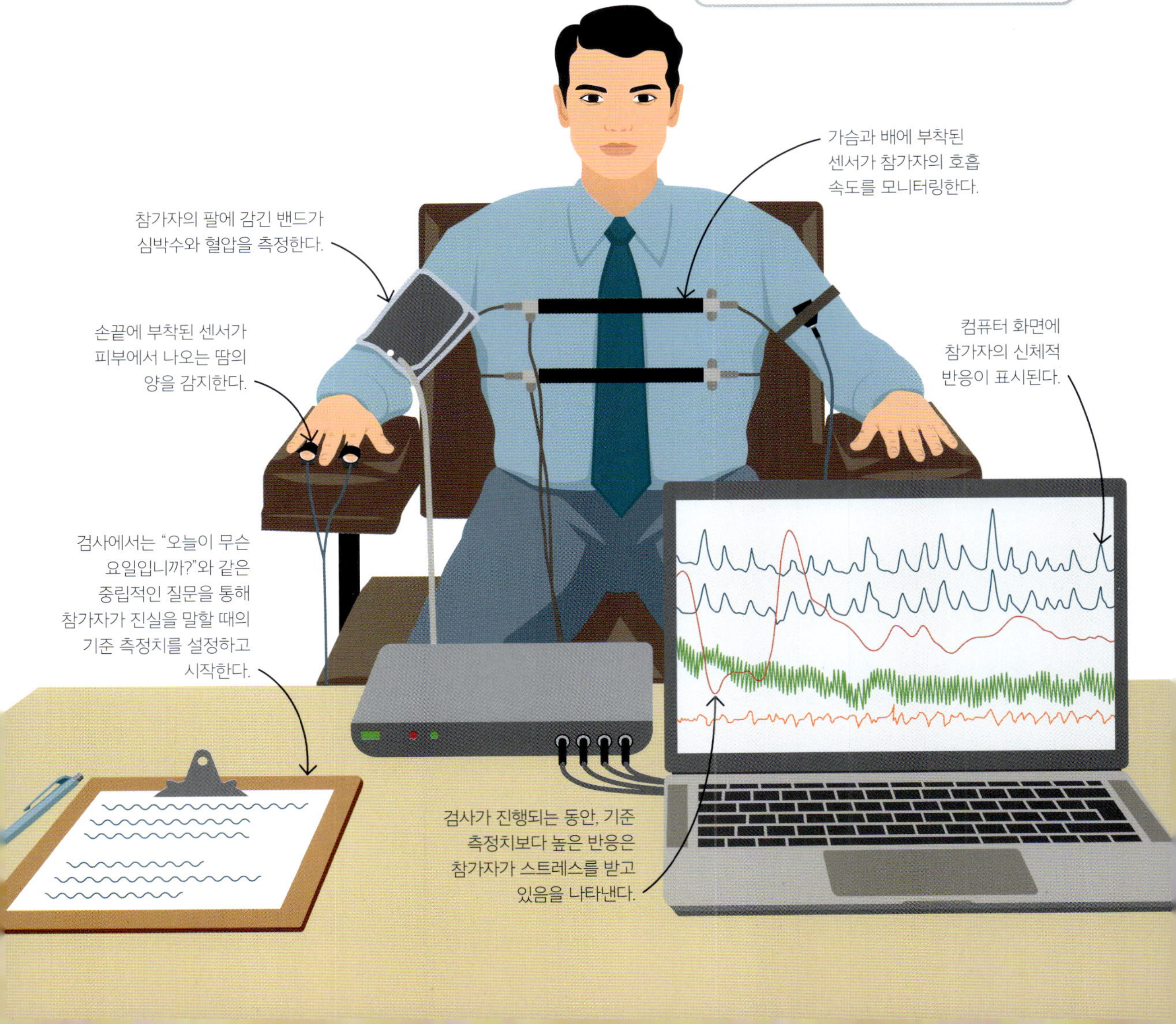

스트레스와 면역 체계

일시적 스트레서로 인한 급성(단기) 스트레스는 면역 체계를 강화할 수 있다. 이는 신체가 잠재적 위협에 대비해 방어 체계를 활성화하기 때문이다. 그러나 만성(장기) 스트레스는 코르티솔이라는 호르몬을 분비하게 하며, 코르티솔은 림프구(바이러스와 박테리아를 공격하는 백혈구)의 생성을 억제해 신체의 면역력을 감소시킨다.

핵심 요약

- ✓ 급성(단기) 스트레스는 면역력을 강화한다.
- ✓ 만성(장기) 스트레스는 신체의 질병 대응 능력을 약화시킨다.
- ✓ 스트레스를 많이 받을수록 병에 걸릴 가능성이 높아진다.

만성 스트레스와 감기

1991년, 미국의 심리학자 셸던 코헨은 참가자들과의 면담을 통해 스트레서를 파악한 뒤, 이들을 감기 바이러스에 노출시켰다. 코헨은 만성 스트레스를 경험한 참가자들이 그렇지 않은 참가자들보다 병에 더 자주 걸린다는 것을 발견했다. 이는 높은 스트레스가 면역 체계 기능 저하와 연관이 있음을 시사한다.

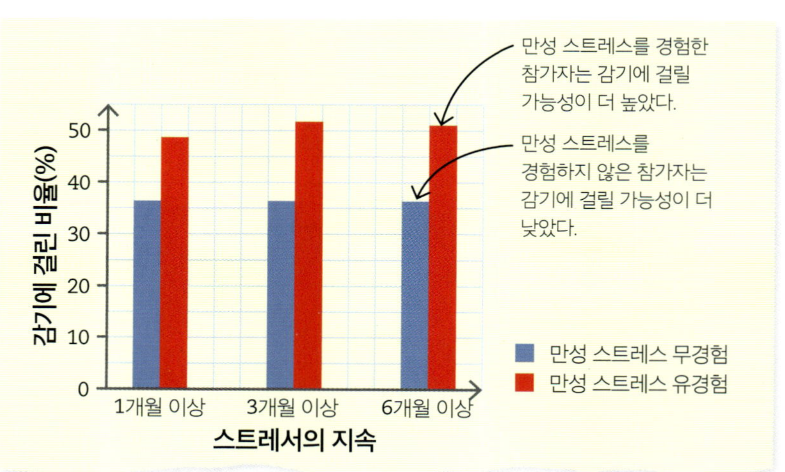

🔍 사회적 재적응 평정 척도

1967년, 미국의 정신과 의사 토머스 홈스와 리처드 라헤는 43개의 스트레스 사건 척도를 만들었다. 척도의 점수는 1년 동안 경험한 사건들의 '생활 변화 단위'를 더해 계산된 것이며, 높은 점수는 높은 스트레스 수준과 향후 2년 동안의 질병 위험 증가를 나타낸다.

순위	생활 사건	생활 변화 단위
1	배우자의 사망	100
2	이혼	73
3	별거	65
4	구금	63
5	가까운 가족의 사망	63
6	부상 또는 질병	53
7	결혼	50
8	해고	47

숫자가 높을수록 더 스트레스를 주는 사건이다

스트레스와 심장병

만성 스트레스는 심장 질환 즉 심혈관계가 손상을 입어 제대로 기능하지 못하는 위험을 증가시킬 수 있다. 이는 두 가지 방식으로 이루어진다. 먼저 스트레스 반응의 결과 신체가 직접적으로 손상을 입을 수 있다. 스트레스를 받으면 신체는 코르티솔이라는 호르몬을 생성하며, 스트레스가 지속될 시 코르티솔은 신체에 손상을 주기 때문이다. 다음으로, 스트레스를 받은 결과 건강을 해치는 행동(예: 불규칙한 식습관, 흡연)을 하는 경우 심장에 문제가 발생할 수 있다.

핵심 요약

- ✓ 만성 스트레스는 심장 질환의 위험을 증가시킨다.
- ✓ 스트레스에 더 민감한 사람(성격 유형 A와 C)은 심장 질환을 겪을 가능성이 더 높다.
- ✓ 스트레스를 받으면 건강에 해로운 행동을 할 가능성이 커진다.

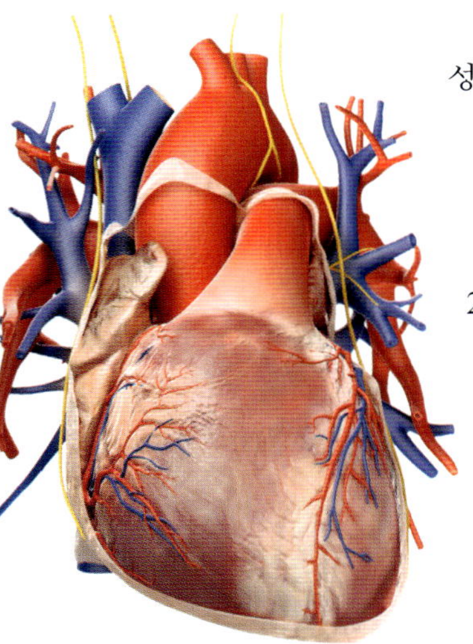

성격 유형

성격 특성은 심장 질환의 위험에 영향을 미칠 수 있다. 1976년 미국의 심장 전문의 마이어 프리드먼과 레이 로젠만이 면담한 3,154명의 남성 중 257명은 8년 반 뒤 심장마비를 겪었으며, 이들 중 69%가 유형 A였다. 반면, 유형 B에서는 심장마비를 겪은 사람이 한 명도 없었다.

유형	설명
유형 A	유형 A는 동기가 높고, 참을성이 부족하며, 경쟁적이고 쉽게 화를 낸다. 이들은 심장 질환의 위험이 더 높다.
유형 B	유형 B는 느긋하고 편안하다. 이들은 심장 질환의 위험이 낮다.
유형 C	유형 C는 논리적이며 성실하다. 안정적인 환경에서 잘 적응하지만, 변화가 생기면 스트레스가 증가해 심장 질환의 위험이 높아질 수 있다.

스트레스의 영향

코르티솔 호르몬은 혈압을 상승시키고 혈당과 혈중 콜레스테롤과 같은 지방 물질의 수치를 높인다. 이러한 지방 물질은 동맥벽에 쌓여 혈관을 막을 수 있다. 이 현상이 심장의 관상 동맥에서 발생하면 심장마비를 일으킬 수 있다.

건강한 동맥

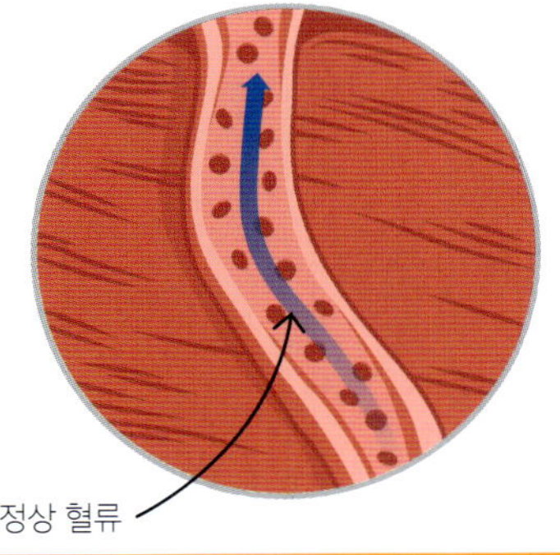

막힌 동맥

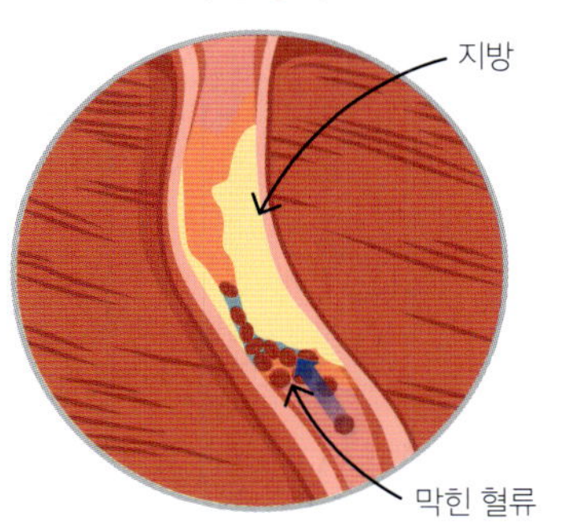

긍정심리학

심리학자들은 전통적으로 삶의 질을 해치는 정신 상태, 즉 정신 질환을 연구해 왔다. 최근에는 긍정심리학에 대한 관심이 증가하고 있는데, 이 분야의 주된 관심은 행복을 연구하는 것이다. 연구에 따르면, 행복은 단순히 기분을 좋게 하는 것을 넘어, 직업적 성공, 높은 소득, 기대 수명, 안정적인 대인관계와 높은 상관을 보인다.

주관적 안녕감

연구자들은 행복을 측정하기 위해 자기보고식 설문지를 사용한다. 1984년 미국의 심리학자 에드 디너는 삶의 만족도, 긍정적인 감정의 빈도(긍정 정서), 부정적인 감정의 빈도(부정 정서)를 합친 주관적 안녕감 척도를 개발했다.

핵심 요약

- ✓ 행복은 직업적 성공, 소득, 기대 수명, 그리고 안정적인 대인관계와 상관이 있다.
- ✓ 주관적 안녕감은 삶의 만족도, 긍정 정서, 부정 정서의 세 가지 요소에 기반한 행복 척도이다.
- ✓ 상대적 박탈감은 자신보다 더 잘 사는 사람들과 비교함으로써 생기는 불쾌한 감정이다.

삶의 만족도

직업에서 성공을 느끼고 일에서 성취감을 느끼는가? 건강, 관계, 그리고 미래 전망에 만족하는가?

긍정 정서

얼마나 자주 활기차고, 흥분되며, 열정적이고, 영감을 받고, 자랑스럽고 혹은 기운찬 감정을 느끼는가?

부정 정서

얼마나 자주 화나고, 두려워하고, 불안해하며, 죄책감, 수치심, 혹은 불쾌함을 느끼는가?

🔍 행복 요인

주관적 안녕감에 대한 연구는 상관관계에 기반하고 있어 정확히 무엇이 행복을 유발하는지에 대해 결론을 내리기 어렵다. 하지만 다음 요인들은 행복과 더 큰 상관을 가진다.

- 가족 및 친구와의 친밀한 관계
- 규칙적인 신체 운동
- 충분한 수면
- 삶에 대해 통제감을 느끼는 것
- 낙관성, 외향성, 친화성과 같은 성격 특성
- 종교적 신앙이나 공동체 활동
- 능력을 발휘할 수 있는 일이나 취미

상관이 작거나 거의 없는 요인으로는 나이, 성별, 신체적 매력이 있다.

🔍 상대적 박탈감

행복을 어느 정도 느끼는지는 사회적 비교에 따라 달라진다. 스스로 남들보다 형편이 더 나쁘다고 느낄 때, 이는 심리학자들이 '상대적 박탈감'이라고 부르는 불쾌하고 질투심을 유발하는 감정을 불러 일으킨다. 반대로, 자신보다 더 불리한 상황에 있는 사람들과 비교하는 경우에는 만족감을 느낄 수 있다.

표정 피드백 이론

미소를 짓거나 찡그리는 단순한 행동이 감정에 변화를 줄 수 있을까? 표정 피드백 이론을 검증하기 위해 독일의 심리학자 F. 스트라크와 연구진(1988)은 한 집단에게는 치아 사이에 연필을 가로로 물어 웃게 하고, 다른 집단에게는 입술 사이에 연필을 세로로 물게 하여 찡그리게 했다. 이후 참가자들에게 만화를 평가하도록 했을 때, 웃고 있던 집단은 찡그리고 있던 집단보다 만화가 더 재미있었다고 보고했다. 이는 정서 경험이 얼굴 표정에 의해 영향을 받을 수 있음을 시사한다.

핵심 요약

- 표정은 정서에 영향을 미칠 수 있는데, 이를 표정 피드백 이론이라고 한다.
- 미소를 강하게 지을수록 긍정적인 감정을 더 많이 느낄 수 있다.
- 신체 언어, 자세, 몸짓, 동작 역시 정서에 영향을 미친다.

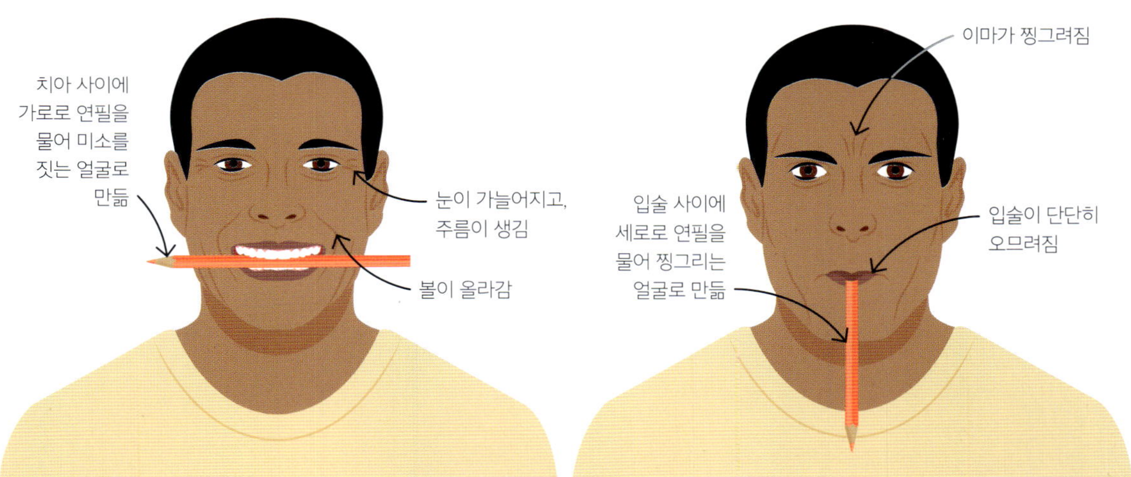

🔍 행동과 정서

얼굴 표정뿐만 아니라 신체 언어, 자세나 동작도 정서에 영향을 미칠 수 있다. 2014년 독일의 심리학자 J. 미켈라크의 연구에서는 39명의 참가자에게 빠르고 활기차게 걷거나 느리고 기운 없이 걷는 것 중 하나를 하면서, 동시에 긍정적인 단어 혹은 부정적인 단어를 기억하도록 지시했다. 활기차게 걸었던 참가자들은 긍정적인 단어를 더 많이 기억한 반면, 기운 없이 걸었던 참가자들은 부정적인 단어를 더 많이 기억했다.

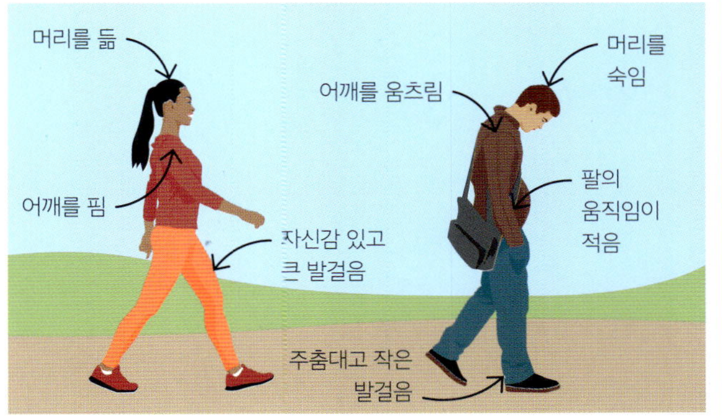

Chapter 13

임상심리학: 심리적 장애

심리적 장애의 분류

심리학자들은 훈련받은 내용이나 전문적인 지식을 이용하여 심리적 장애를 진단한다. 이들은 세계보건기구의『국제질병분류(ICD)』나 미국정신의학협회(APA)의『정신 장애 진단 및 통계 편람(DSM)』을 참고한다. 두 매뉴얼은 공통적으로 심리적 장애를 기술하고 분류하지만, 그 방식의 차이로 인해 일관된 진단이 어려울 수 있다.

핵심 요약

- ✓ 정신과 의사와 심리학자들은 ICD 또는 DSM을 사용하여 환자를 진단한다.
- ✓ 이 매뉴얼들은 심리적 장애를 기술하고 분류하지만, 항상 동일한 것은 아니다.
- ✓ 시간이 지나면서 정신 건강에 대한 태도가 바뀌므로, ICD와 DSM은 사회적 변화를 반영하여 업데이트된다.

국제질병분류 (ICD)

ICD는 세계보건기구(WHO)에서 제작되어 전 세계적으로 사용된다. ICD는 1900년에 처음 질병을 분류하기 위해 만들어졌으며, 최신판인 ICD-11은 2022년에 공식적으로 출판되었다.

ICD는 심리적 및 신체적 질환을 모두 포함한다.

ICD-11은 장애를 21개의 일반 범주로 나누고 다시 세부 범주로 분류하며, 각 장애는 고유한 코드를 가진다. 이러한 범주 체계에서는 중복 증상이나 다중 장애를 가진 환자를 진단하기 어려울 수 있다.

정신 장애 및 통계 편람 (DSM)

DSM은 미국정신의학협회(APA)에서 제작되었으며, 주로 미국에서 사용된다. 초판인 DSM-I은 1952년에 출판되었고, 최신 판인 DSM-5는 2013년에 출판되었다.

DSM의 범위는 ICD보다 제한적이며, 심리적 장애만을 포함한다.

DSM-5는 297개의 장애를 22개 범주로 분류하고, 각 장애의 증상을 기술하여 환자를 진단하는 기준으로 사용한다. 또한 추가 연구가 필요한 새로운 장애에 대한 부분도 포함하고 있다.

🔍 정신 건강에 대한 변화된 인식

시간이 지나면 심리적 장애를 바라보는 사회적 관점도 변화한다. ICD와 DSM은 새로운 연구 결과와 사회적 태도의 변화에 따라 업데이트되지만, 이는 다소 시간이 걸릴 수 있다. 1973년, 동성애는 DSM에서 삭제되었는데, 이는 1969년 미국에서 LGBTQ+ 운동가들이 동성애를 장애에 포함하는 것을 반대하는 시위 후 이루어진 변화였다.

DSM-5 장애 분류

심리적 장애는 고통을 유발하거나 기능 손상을 초래하는 비정상적인 사고, 감정 또는 행동 패턴을 나타내는 상태이다. DSM-5는 이러한 심리적 장애를 증상, 원인(병인), 또는 진단 기준에 따라 서로 다른 범주로 분류한다.

핵심 요약

- ✓ 심리적 장애는 비정상적인 사고, 감정, 행동 패턴을 포함한다.
- ✓ DSM-5는 심리적 장애를 증상, 병인, 또는 진단 기준에 따라 분류한다.

장애 분류	예시
신경발달 장애: 주로 어린 시절에 증상이 나타나며, 인지적, 사회적 또는 정서적 기능에 손상을 줄 수 있다.	주의력 결핍 과잉행동 장애(ADHD), 자폐 스펙트럼 장애(ASD), 학습 장애
정신병적 장애: 비정상적인 사고, 환각, 망상 및 이상 행동을 유발한다. 또는 정서적 기능에 손상을 줄 수 있다.	조현병, 조현정동 장애, 단기 정신병적 장애
양극성 및 관련 장애: 극단적인 기분 변화로 조증과 우울증을 번갈아 경험한다.	제1형 양극성 장애, 제2형 양극성 장애, 순환감정 장애
우울 장애: 주로 정서 상태에 영향을 미치는 기분의 변화를 포함한다.	주요 우울 장애, 지속성 우울 장애, 월경전 불쾌감 장애
불안 장애: 과도한 두려움, 걱정 또는 불안으로 인해 심각한 고통이나 기능 장애를 초래한다.	범불안 장애, 공황 장애, 사회불안 장애, 공포증
강박 및 관련 장애: 심각한 불안으로 인해 강박적 사고와 행동이 나타난다.	신체이형 장애, 저장 장애, 발모(털뽑기) 장애
외상 및 스트레스 관련 장애: 외상성 또는 스트레스성 사건의 결과로 발생한다.	외상 후 스트레스 장애(PTSD), 적응 장애, 반응성 애착 장애
해리 장애: 정체감, 의식, 기억 또는 현실 인식의 변화가 일어난다.	해리성 정체감 장애(DID), 해리성 기억상실증
섭식 장애: 비정상적인 섭식 행동과 왜곡된 신체 이미지, 체중 및 체형에 대한 강박적인 집착이 특징이다.	신경성 식욕부진증, 신경성 폭식증, 폭식 장애, 이식증(비식품 섭취)
수면-각성 장애: 수면 패턴의 이상을 특징으로 한다.	불면증, 기면증, 수면무호흡증
물질 관련 및 중독 장애: 물질 남용 또는 의존으로 인해 고통과 기능 장애를 초래한다.	알코올 및 약물 남용 또는 의존, 도박이나 강박적 성행위와 같은 중독적 행동
성격 장애: 불안정하고 지속적인 사고와 행동 패턴으로 인해 고통을 유발하고 사회적 기능을 방해한다.	편집성 성격 장애, 경계선 성격 장애, 반사회적 성격 장애(APD), 자기애성 성격 장애

ICD-11 장애 분류

2019년에 출판된 세계보건기구의 최신 『국제질병분류(ICD-11)』는 19개의 심리적 장애 범주를 포함하며, 일부는 아래와 같다.

핵심 요약

✓ ICD-11은 기분 장애와 강박 및 관련 장애를 포함한 심리적 장애를 19개의 범주로 나눈다.

장애 분류	예시
신경발달 장애: 어린 시기에 발생하는 인지 및 행동 장애	지적 발달 장애, 자폐 스펙트럼 장애, 주의력 결핍 과잉행동 장애(ADHD)
조현병 및 기타 주요 정신병적 장애: 행동 변화를 동반한 현실과의 단절	조현병, 급성 및 단기 정신병적 장애, 망상 장애
기분 장애: 스트레스와 관련된 우울 또는 과도한 기분 변화	양극성 장애, 우울증, 물질 유도성 기분 장애
불안 또는 공포 관련 장애: 심각한 스트레스로 인한 과도한 불안 혹은 공포	광장 공포증, 특정 공포증, 공황 장애, 범불안 장애
강박 및 관련 장애: 반복적인 행동을 유발하는 생각과 두려움	강박 장애, 신체이형장애, 저장 장애
특정 스트레스 관련 장애: 스트레스 사건으로 인한 트라우마	외상 후 스트레스 장애(PTSD), 지속적 애도 장애, 적응 장애
해리 장애: 기억, 감정, 정체감 상실	해리성 기억상실증, 트랜스 장애, 해리성 정체감 장애
급식 및 섭식 장애: 체중에 대한 집착을 동반한 비정상적 섭식 습관	신경성 식욕쿠진증, 신경성 폭식증, 폭식 장애, 이식증
물질 및 중독성 행동으로 인한 장애: 정신에 영향을 미치는 물질 또는 보상 행동에 대한 중독	알코올 및 기타 약물 사용으로 인한 장애, 도박 장애, 게임 장애
성격 장애 및 관련 특성: 감정 조절의 어려움으로 인한 충동적이고 무책임한 행동	반사회적 성격 장애, 경계성 성격 장애

임상심리학의 역사

임상심리학은 심리적 장애를 가진 사람들을 연구하고 진단하며 치료를 제공하는 심리학의 한 분야이다. 장애에 대한 이해가 높아지고 새로운 방법을 발견함에 따라 환자를 치료하는 방법은 변화하였다.

제1차 세계대전의 참호전 경험으로 인해 많은 군인들은 외상을 겪었다.

수용소

1700년대에는 정신 질환 환자를 위한 병원, 흔히 정신병 수용소로 알려진 시설이 널리 퍼졌다. 심리적 장애에 대한 이해는 부족했고, 사혈(피를 빼는 치료)과 같은 치료법이 일반적이었다. 환자들은 종종 쇠사슬이나 구속복으로 결박당했다.

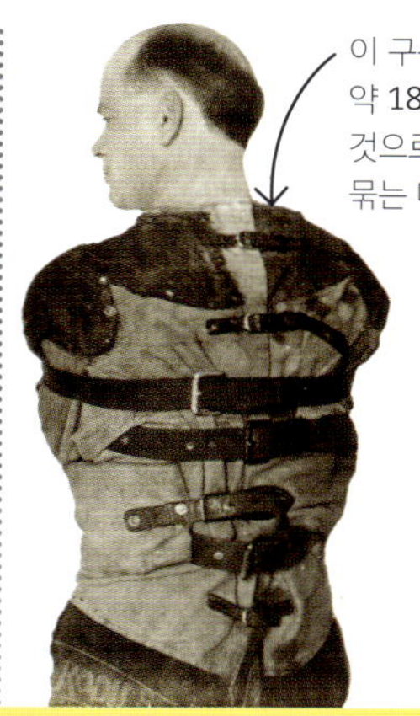

이 구속복은 약 1890년경의 것으로, 환자의 팔을 묶는 데 사용되었다.

위기에 대응

임상심리학은 제1차 세계대전과 제2차 세계대전 후 전장에서 돌아온 군인들이 겪은 전쟁 신경증(외상 후 스트레스 장애의 일종)과 같은 심리적 이슈로 인해 독립된 의학 분야로 빠르게 발전했다.

| 18세기 | 18~19세기 | 1883 | 1918 이후 |

인도적 치료

심리적 환자에 대한 이해와 더 나은 치료를 촉구했던 사람들은 영국의 자선가 윌리엄 튜크, 프랑스의 의사 필리페 피넬, 미국의 정신과 의사 엘리 토드, 미국의 활동가 도로시아 딕스가 있다.

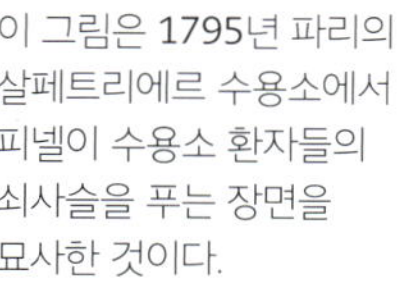

이 그림은 1795년 파리의 살페트리에르 수용소에서 피넬이 수용소 환자들의 쇠사슬을 푸는 장면을 묘사한 것이다.

정신 건강의 분류

독일의 정신과 의사 에밀 크레플린은 심리적 장애를 체계적으로 분류한 책을 최초로 출판했다. 그는 정신의학이 의학의 한 분야이며, 과학적으로 연구되어야 한다고 주장했다.

핵심 요약

- ✓ 심각한 심리적 장애를 가진 환자들은 대부분 신체가 구속되고 수용소에 감금되었다. 활동가들은 환자들의 환경을 개선하기 위해 싸웠다.
- ✓ 생의학 모델은 약물을 사용하여 심리적 장애를 치료한다.
- ✓ 생물-심리-사회 모델은 생물학적, 심리적, 사회적 요소를 통합하여 장애를 치료한다.

DSM의 첫 번째 판에서는 106개의 심리적 장애를 설명했다.

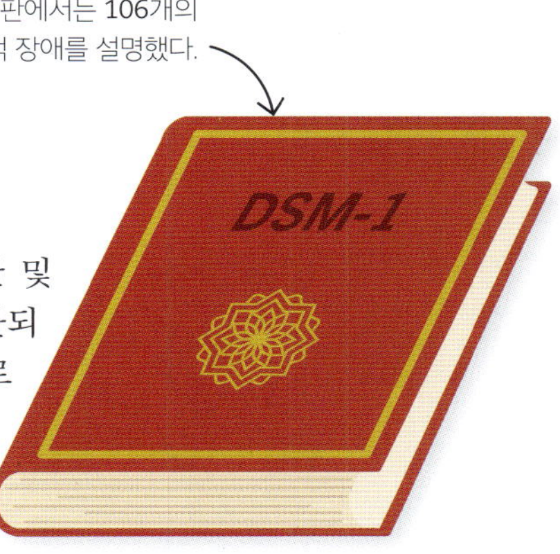

DSM 출판

미국에서 『정신 장애 진단 및 통계 편람(DSM)』이 출판되었다. 매뉴얼은 정기적으로 업데이트되며 심리적 장애를 진단하고 치료하는 데 사용된다.

정신 건강 장애

1893년에 처음 출판된 『국제질병분류(ICD)』는 모든 알려진 의학적 장애에 대한 설명을 담고 있다. 1949년에는 처음으로 정신 건강 장애가 포함되었다.

생물-심리-사회 모델

미국의 정신과 의사 조지 L. 엥겔은 생물학적, 심리적, 사회적 요소 간의 상호작용을 중요시하는 모델을 소개했다. 이 모델은 개인을 전체적으로 파악하는 관점을 강조하며, 심리적 장애 치료에 큰 영향을 미쳤다.

| 1948 | 1949 | 1952 | 1960~1980년대 | 1977 |

생의학 모델

심리적 장애의 치료를 위해 약물이 최초로 사용되었다. 이를 생의학 모델이라 한다. 이 모델에서는 정신 질환에 뇌의 화학적 불균형과 같은 생물학적 원인이 있다고 본다. 1948년 조증 치료에 리튬이, 1952년 정신병 치료에 클로르프로마진이 사용되었다.

코르크 마개가 있는 리튬 병은 1900년대 중반의 것이다.

정신 병원 병동

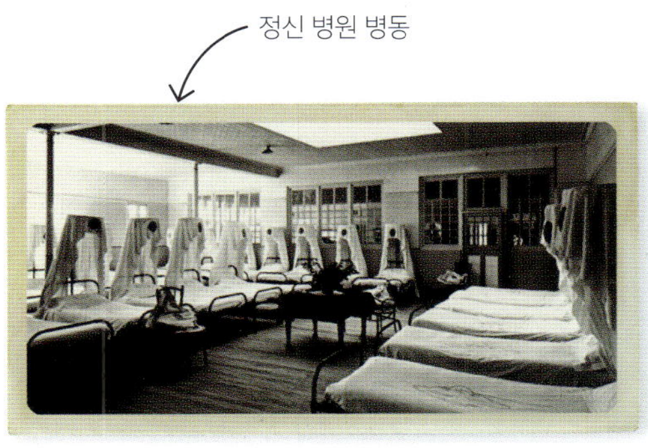

탈수용소화

심리적 장애의 유병률에 대한 인식이 증가하면서, 수용 시설에 있는 사람들의 수가 급격히 감소하고 입원 기간이 짧아졌다. 현대에는 점점 더 많은 사람들이 지역사회 내에서 치료를 받는다.

이상 행동의 정의

임상심리학은 정신병리에 대한 이해, 진단, 치료를 다루는 심리학이다. 이러한 분과는 정신병리학 또는 이상심리학으로 알려져 있다. 정상에 대한 기준은 사람마다 다르기 때문에, 임상적인 관점에서 무엇이 '이상'인지 정의하는 것은 쉽지 않다. 여기에서는 이상 행동을 정의하는 네 가지 접근 방식을 제시한다.

핵심 요약

- ✓ 사회적 규범 이탈 관점에서는 사회의 규칙이나 기준을 위반하는 행동을 이상 행동으로 본다.
- ✓ 이상적인 기준에서의 이탈 관점에서는 이상적인 정신 건강 기준을 충족하지 못하는 것을 이상 행동으로 본다.
- ✓ 적절한 기능 실패 관점에서는 일상생활을 감당할 수 없는 무능력을 이상 행동으로 본다.
- ✓ 통계적 희소성 관점에서는 통계적으로 드문 행동을 이상 행동으로 본다.

사회적 규범 이탈

모든 사회에는 사람들이 따르는 규범(기준 또는 규칙)이 있다. 일부 규범은 법으로 명시되어 있지만, 다른 규범은 암묵적인 경우도 있다(예: 적절한 신체 접촉 시점). 사회적 규범 이탈의 정의에 따르면, 사회적 규범을 위반하는 행동은 이상 행동으로 간주된다. 이 정의에 따르면, 단순히 괴짜이거나 지나치게 화려하거나 비순응적인 사람도 이상으로 분류될 수 있다. 또한 규범은 문화마다 다르기에 문제가 될 수 있다.

이상적인 기준에서의 이탈

오스트리아계 영국의 심리학자인 마리 야호다(1958)는 아래 제시된 여섯 가지 특성을 보이는 사람만이 이상적인(ideal) 정신 건강을 가진다고 제안했다. 이상적인 기준에서의 이탈 정의에 따르면, 이러한 기준 중 하나라도 충족하지 못하면 심리적 이상을 가진 것으로 간주된다.

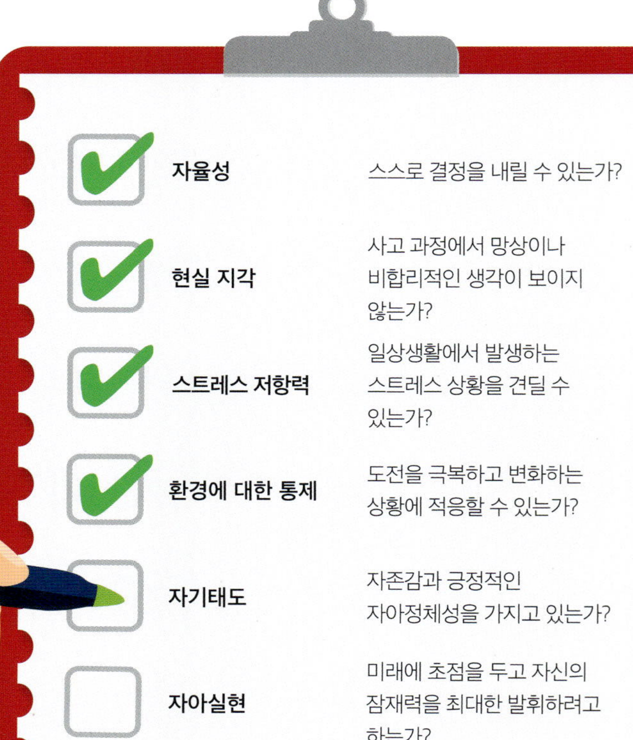

적절한 기능 실패

심리적 문제가 일상생활을 감당할 수 없게 만든다면, 이는 적절한 기능 실패의 정의에 부합한다. 이 정의는 개인의 주관적인 고통에 중점을 두며, 임상가들은 전반적인 기능 평가(GAF) 척도를 사용하여 기능 장애의 심각성을 평가한다. 그러나 위험한 성격 장애를 가진 사람들 중 일부 역시 정상적으로 기능하기 때문에 이 정의는 맞지 않을 수 있다. 미국의 심리학자 데이비드 로젠한과 마틴 셀리그먼(1989)은 역기능적 행동을 평가하기 위해 일곱 가지 기준을 제안했다.

개인적 고통	불안이나 우울증과 같은 고통을 경험하고 있는가?
부적응적 행동	행동이 삶의 목표를 달성하는 것을 방해하는가?
예측 불가 행동	행동이 예측할 수 없거나 통제 불가능한가?
비합리적 행동	생각하거나 행동하는 방식이 합리적이지 않은가?
관찰자 불편감	행동이 주변 사람들을 불편하게 만드는가?
규범 위반	행동이 사회의 도덕적 기준을 위반하는가?
비전형적 행동	행동이 비전형적인가?

통계적 희소성

통계적 희소성의 정의에 따르면, 이상은 통계적으로 드문 것을 의미한다. IQ와 같이 측정이 가능한 특성은 평균을 중심으로 밀집된 종 모양의 정규분포(32쪽 참조)를 따른다. 그래프의 양쪽 끝은 이상으로 간주된다. 이 정의에 따르면, 높은 IQ와 같은 긍정적인 특성도 이상으로 분류된다. 또한 우울증과 같이 매우 흔한 정신 장애는 이 정의에 맞지 않는다.

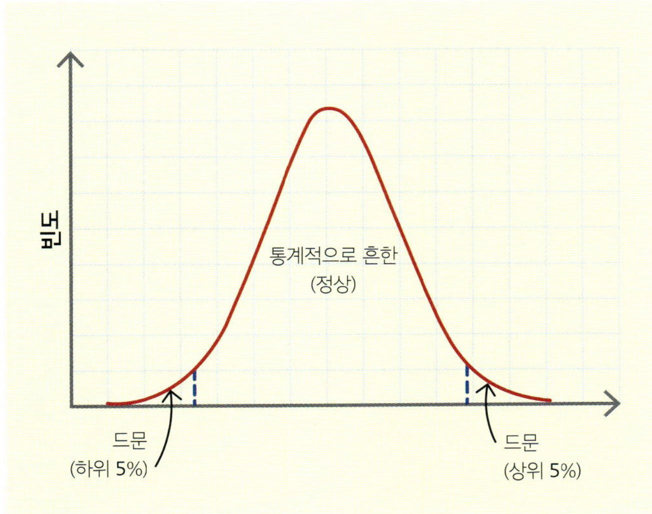

로젠한 실험

1973년, 로젠한은 정신 질환 진단이 얼마나 어려운지를 보여 주기 위해 유명한 실험을 실시했다. 로젠한과 다른 여덟 명의 정상인은 정신병원에 입원하기 위해 환각을 보는 것처럼 가장했고, 입원 후에는 정상적인 행동을 했다. 이들은 모두 조현병으로 진단받고, 환각이 보이지 않는다고 말한 후에도 약물을 처방받았다. 일부 실제 환자들은 가짜 환자들을 알아챘지만 병원 직원들은 그렇지 못했다.

공포증

공포증은 실제 위협이나 위험에 비해 과도하게 비합리적이며 극단적인 두려움이 지속되는 것이다. 공포증을 가지면 두려움이 비합리적이라는 것을 알고 있어도 이를 통제할 수 없다.

증상

공포증은 흔하게 나타나지만, 그로 인해 일상생활에 미치는 영향은 두려움의 원인과 중증도에 따라 매우 다를 수 있다. 증상을 관리하지 못하게 되면 도움을 구하는 것이 좋다.

통제할 수 없는 지속적인 두려움
어린 시절부터 나타나는 극단적이고 지속적인 두려움으로, 나이가 들면 개선되기도 하지만 혹은 악화될 수도 있다.

신체적 반응
심박수 증가, 땀, 메스꺼움, 떨림, 호흡 곤란, 어지러움과 같은 비자발적인 신체 변화가 나타난다.

기능 장애
두려움에 압도되어 정상적인 일상생활을 이어 가지 못한다.

행동적 특징
두려운 자극을 피하기 위해 상황을 회피하고, 이로 인해 일상생활이 제한된다. 자극이 있을 때 공황 상태에 빠지며, 소리를 지르고 울거나 도망치려고 한다.

인지적 특징
비합리적인 사고와 선택적 주의력으로 인해 다른 것에 집중할 수 없다. 두려움이 과도하다는 것을 알면서도 통제하지 못한다.

정서적 특징
극단적이고 불쾌한 두려움과 불안을 경험하며, 죄책감, 수치심, 또는 당혹감을 느낄 수 있다.

핵심 요약

- 공포증은 특정 자극(사물, 감정, 상황 등)에 대한 강한 두려움으로 특징지어진다.
- 증상에 따라 정도는 다양할 수 있다.
- 행동주의 심리학자들은 공포증이 고전적 조건형성에 의해 형성되고 조작적 조건형성에 의해 유지된다고 본다.

공포증의 유형

단순(특정) 공포증	복합 공포증	
	사회 공포증	**광장 공포증**
특정 사물이나 환경에 대한 두려움. 예를 들어 거미에 대한 두려움(거미 공포증), 물에 대한 두려움(물 공포증), 좁은 공간에 대한 두려움(폐쇄 공포증) 등이 있다. 두려운 자극과 자주 접촉하지 않는 경우에는 일상생활에 미치는 영향이 크지 않을 수도 있다.	사회적 상호작용이나 대중 앞에서의 행동에 대한 두려움(사람 만나기, 전화 통화). 일상생활을 제한하지 않고는 사회적 상황을 피할 수 없기 때문에 관리하기가 매우 어렵다.	공공장소나 도움을 못 받는 상황에서 갇히는 것에 대한 두려움. 광장 공포증은 집 밖을 나가지 못하게 하거나 붐비는 장소를 두려워하게 만들어 일상생활에 심각한 영향을 미칠 수 있다.

이중과정 모델

행동심리학자들에 따르면, 공포증은 이중과정 모델을 통해 형성되고 유지된다. 공포증은 먼저 고전적 조건형성(연합 학습)을 통해 학습되고, 이후 조작적 조건형성(보상 학습)을 통해 유지된다.

과정 1: 고전적 조건형성

행동심리학자들은 공포증이 연합을 통해 학습된다고 생각한다. 1920년 미국의 심리학자 존 B. 왓슨과 로절리 레이너는 꼬마 앨버트로 알려진 11개월 된 유아를 대상으로 비윤리적인 실험을 수행했다. 그들은 앨버트가 흰 쥐(중립자극)를 불쾌한 큰 소리(무조건자극)와 연합하여 두려움을 학습할 수 있는지 확인하였다.

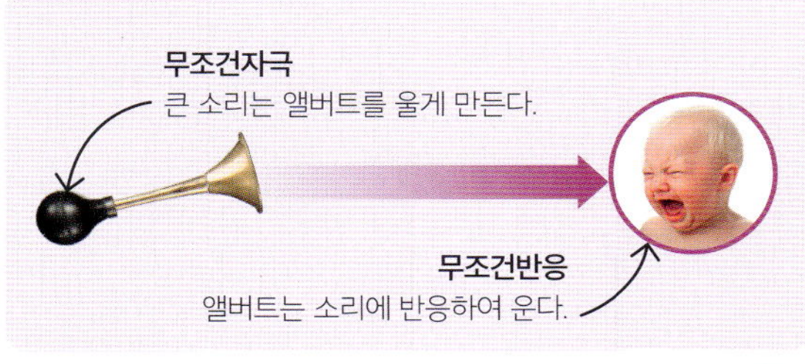

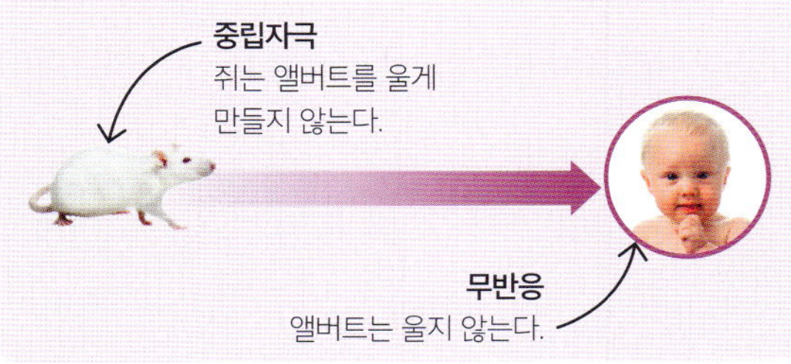

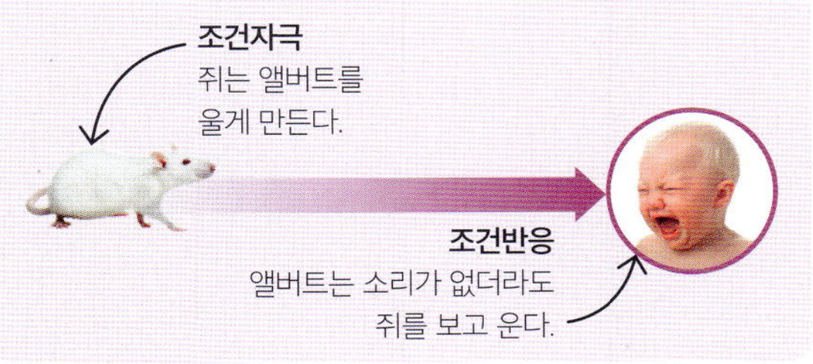

과정 2: 조작적 조건형성

공포증이 형성된 후에는 조작적 조건형성(82쪽 참조)에 의해 유지된다. 두려운 자극을 피하거나 도망치는 것은 안도감을 주며, 이는 부적 강화(불쾌한 자극의 제거)로 작용한다. 부적 강화는 다시 자극을 피할 가능성을 높여 공포증이 계속 유지된다.

불안 장애

상황에 비해 과도한 두려움과 걱정을 느끼는 것을 불안 장애라고 한다. 불안 장애에는 여러 유형이 있으며, 가슴이 두근거리고, 속이 울렁거리며, 땀을 흘리는 등과 같은 신체적 증상이 동반될 수 있다. 명백한 위협에 대해서는 누구든지 짧은 시간 동안 불안을 경험할 수 있다. 그러나 불안 장애는 불안의 원인이 무엇인지 확인하기 어려우며 장기간 지속된다.

핵심 요약

✓ 불안은 정상적인 경험이지만, 불안 장애는 장기적이며 특정한 유발 요인이 없을 수도 있다.

✓ 불안 장애는 여러 유형이 있으며 각각 다른 증상을 보인다.

✓ 불안 장애는 안녕감에 부정적인 영향을 미칠 수 있다.

범불안 장애(GAD)

범불안 장애는 특정 사건이나 자극과 관련이 없다. GAD가 있는 사람들은 오랜 기간(며칠, 몇 주, 몇 달) 동안 불안과 두려움을 느낄 수 있다. 이들은 일상 생활에는 별 문제가 없지만, 긴장을 풀지 못하고 자주 초조해한다.

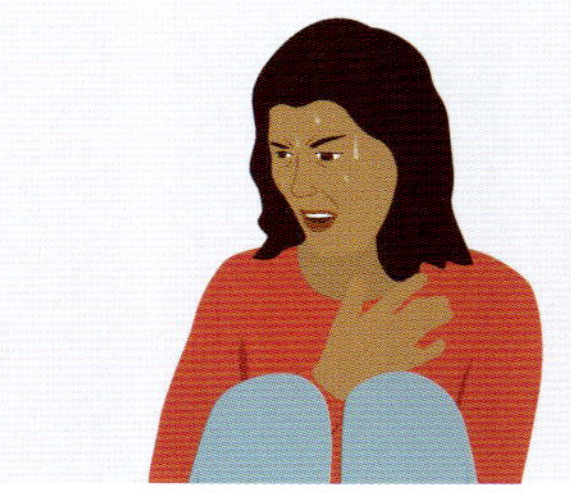

공황 장애

공황 장애를 가진 사람들은 예상치 못한 공황 발작을 자주 일으키며, 이는 추가 공황 발작에 대한 불안을 유발한다. 이러한 두려움은 정상적인 사회 활동을 방해하고 장기적인 불안으로 이어질 수 있다.

사회 불안 장애

사회 불안 장애는 사회적 상황에서 평가를 받거나, 당황하거나, 비판을 받거나 수치심을 느낄 것에 대한 과도한 두려움에서 비롯된다. 이는 사회적 상황을 피하게 만들고, 대인관계에 영향을 미치며, 대개 우울증으로 이어진다.

🔍 일상적인 정서 대 불안 장애

불안과 스트레스는 특정 상황에서 누구나 경험하는 정상적인 감정이다. 하지만 이러한 감정이 과도해진 나머지 삶 전반에 영향을 미쳐 일상 기능을 어렵게 만든다면, 전문적인 도움을 받을 필요가 있다. 불안 장애를 위한 의학적 및 심리적 치료는 삶의 질을 효과적으로 개선할 수 있다.

일상적인 불안
- **외부** 자극(예: 직장, 이별, 재정 문제)에서 유발된다.
- 자극이 없어지면 **해소된다**.
- 자극에 **비례한다**.
- 사회적 상황에서 **자의식을** 느낀다.

공통 증상
- 과도한 걱정
- 수면 부족
- 두통

불안 장애
- **내부**에서 유발되며 특정한 요인이 없다.
- 일상생활에 영향을 미치는 감정이 **지속된다**.
- 상황이 바뀌어도 **사라지지 않는다**.
- 자극에 **비례하지 않고** 과도하다.
- 사회적 상황에 **참여할 수 없다는 느낌이 든다**.

강박 및 관련 장애

강박 및 관련 장애(OCD)는 반복되는 침습적 생각(강박사고)과 반복적인 행동(강박행동)이 주로 나타나는 불안 장애다. OCD를 가진 사람들은 불안을 줄이기 위해 충동적인 행동을 하며, 여기에는 의례적인 손 씻기, 문이 잠겼는지 확인하기, 정리정돈하기 등이 포함될 수 있다.

핵심 요약

- ✓ OCD는 반복적이고 침습적인 강박사고와 강박행동을 특징으로 하는 불안 장애다.
- ✓ OCD에 대한 유전적 및 신경학적 원인이 제시되지만, 아직 증명되지 않았다.

OCD 주기

OCD는 반복되는 주기를 따르며, 강박행동은 일시적으로 안도감을 주어 스스로 강화됨으로써 보상을 제공한다.

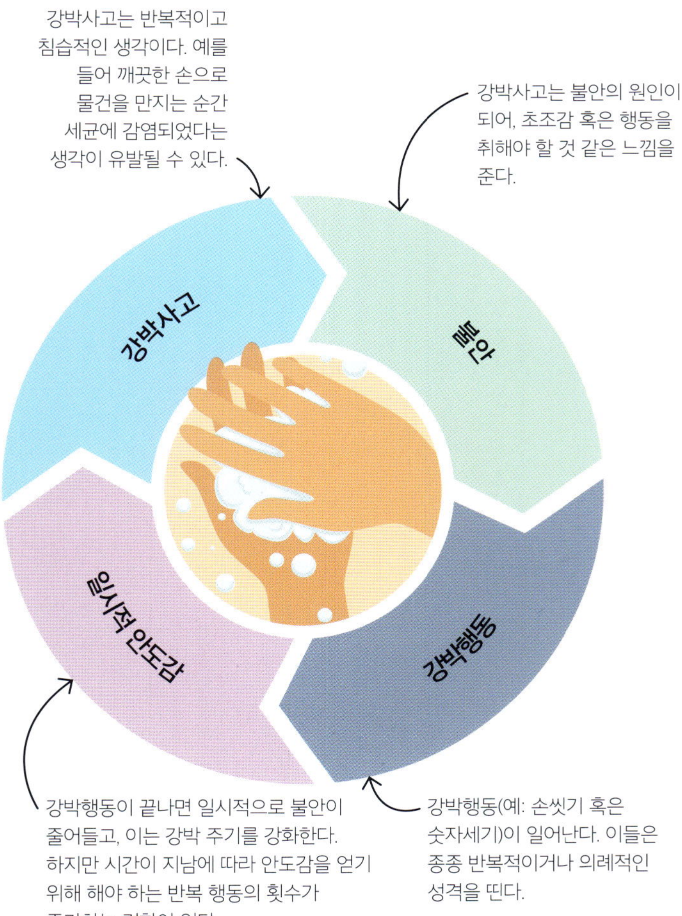

강박사고는 반복적이고 침습적인 생각이다. 예를 들어 깨끗한 손으로 물건을 만지는 순간 세균에 감염되었다는 생각이 유발될 수 있다.

강박사고는 불안의 원인이 되어, 초조감 혹은 행동을 취해야 할 것 같은 느낌을 준다.

강박행동이 끝나면 일시적으로 불안이 줄어들고, 이는 강박 주기를 강화한다. 하지만 시간이 지남에 따라 안도감을 얻기 위해 해야 하는 반복 행동의 횟수가 증가하는 경향이 있다.

강박행동(예: 손씻기 혹은 숫자세기)이 일어난다. 이들은 종종 반복적이거나 의례적인 성격을 띤다.

생물학적 설명

OCD는 생물학적 원인이 있지만, 아직 증명되지 않았다. 적어도 하나의 유전자가 관련되어 있으며, 충동 조절을 담당하는 뇌의 전두피질에 문제가 있을 가능성이 있다.

신경학적 설명

기능성 뇌 스캔(46~47쪽 참조) 결과 일부 OCD 환자의 뇌에서는 비정상적인 활동이 나타난다. 특히 충동 조절과 관련된 안와전두피질에서 비정상적 활동이 발견되었다.

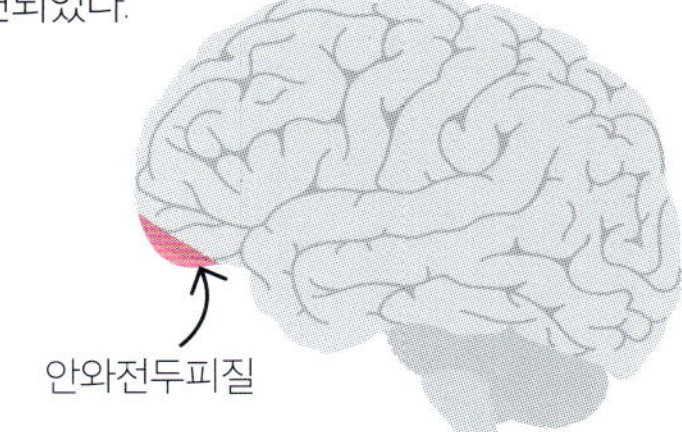

유전적 설명

COMT 유전자는 도파민이라는 신경전달물질을 분해하는 효소를 생성한다. OCD는 이 유전자의 변형과 관련될 가능성이 있지만, 다른 유전자도 관련이 있을 수 있다.

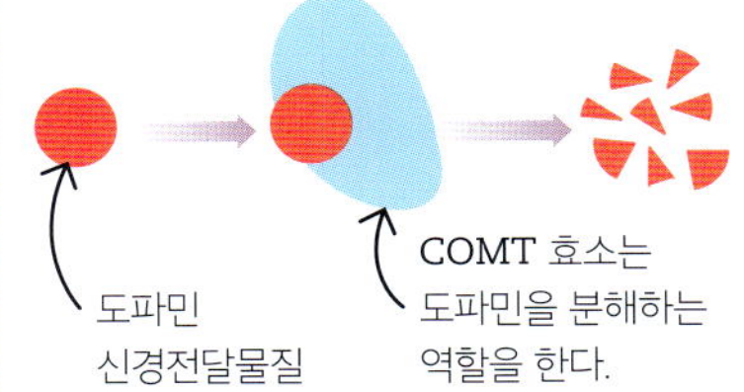

우울증

주요 우울 장애로 알려진 우울증은 극도로 저조한 기분 또는 무감각, 그리고 이전에 즐기던 활동에 대한 흥미 상실을 특징으로 한다. 삶의 상황과는 무관하게 이러한 저조한 기분이 계속된 나머지 일상생활에 지장을 주는 경우 우울증으로 간주된다.

핵심 요약

✓ 우울증, 즉 주요 우울 장애는 기분 장애의 한 유형이다.

✓ 우울증 진단을 위해서는 적어도 2주간 다섯 가지 이상의 증상이 지속되어야 한다.

✓ 인지심리학자들은 우울증이 잘못된 사고 패턴에서 비롯된다고 주장한다.

✓ 엘리스의 ABC 모델에 따르면, 부정적인 사건에 대한 신념은 그 사건이 영향을 주는 방식을 결정한다.

우울증의 특징

우울증의 증상은 정서적, 행동적, 인지적 측면에서 나타나며, 우리가 느끼고, 행동하고, 생각하는 방식에 영향을 미친다. 진단을 위해서는 2주 동안 매일 다섯 가지 이상의 증상이 나타나야 하며, 증상 중에는 저조한 기분 또는 활동에 대한 흥미 상실이 포함되어야 한다.

감정적 특징	행동적 특징	인지적 특징
우울하고 저조한 기분	활동 수준 변화	자신에 대한 부정적 견해
낮은 에너지, 피로감	식욕 변화	세상에 대한 부정적 견해
활동에 대한 흥미 상실	느린 말과 움직임	미래에 대한 부정적 견해
무감각, 멍함	공격성	사고나 집중의 어려움
짜증 혹은 분노	자해	의사 결정의 어려움
낮은 자기가치감과 자존감	수면 장애(수면 부족 또는 과수면)	반복적인 자살 생각
무기력	초조한 행동(안절부절못하며 손을 만지작거리거나 서성거림)	
죄책감		

🔍 생물학적 및 환경적 요인

유전적 요인

가까운 가족 중 우울증을 겪은 사람이 있는 경우 우울증에 걸릴 확률이 높아진다는 증거는 유전적 연결성을 시사한다.

신경학적 요인

우울증 환자는 행복감을 느끼게 하는 신경전달물질인 세로토닌 수치가 낮게 나타난다. 호르몬 수치의 급격한 변화도 우울증을 유발할 수 있다.

환경적 요인

빈곤이나 외상과 같은 특정한 삶의 경험이 우울증 위험을 높일 수 있다는 증거가 있다.

벡의 부정적 삼제

인지심리학자들은 우울증이 잘못되었거나 체계적으로 편향된 사고방식에서 비롯된다고 믿는다. 미국의 인지심리학자 아론 T. 벡은 우울증 환자들이 상황에 관계없이 자동적으로 세 가지 부정적 사고를 보인다고 주장했다. 이 부정적 사고는 자신, 세상, 미래에 대한 부정적 견해로 이루어져 있으며, 이는 부정 정서를 악화시킬 수 있다.

자신에 대한 부정적 견해
"나는 가치가 없어."

미래에 대한 부정적 견해
"아무것도 변하지 않을 거야."

세상에 대한 부정적 견해
"모든 사람이 나를 무가치하다고 생각해."

엘리스의 ABC 모델

미국의 심리학자 알버트 엘리스가 말한 ABC 모델에 따르면 사건(A)이 우울증으로 이어지는 것은 사건 그 자체가 아니라, 그 사건에 대한 신념(B)이다. 이 신념은 우울증이라는 결과(C)로 이어진다.

사건(A)	신념(B)	결과(C)
시험에서 낙제	잘못된 사고 "나는 이걸 못해. 해봤자 소용없어."	동기 저하, 노력하지 않음
시험에서 낙제	합리적인 사고 "공부를 충분히 하지 않았어. 다음에 더 열심히 해야지."	동기 부여, 더 열심히 노력

🔍 설명 양식

에이브램스 등(1978)은 부정적인 사건을 어떻게 설명하는지가 우울증 여부를 결정한다고 주장했다. 자기 자신을 탓하는 사람은 우울증을 경험할 가능성이 더 높다. 부정적인 사건의 원인을 외부로 돌리는 사람은 우울증을 경험할 가능성이 낮다.

- **내적:** "내가 멍청해서 실패했어."
- **안정적:** "나는 절대 나아지지 않을 거야."
- **전반적:** "나는 모든 일을 잘 못해."
- **외적:** "시험이 너무 어려웠어."
- **불안정적:** "다음에는 더 잘할 거야."
- **구체적:** "다른 일들은 잘하고 있어."

외상 후 스트레스 장애

흔히 트라우마라고 불리는 극도로 스트레스를 받는 사건을 경험하면 정신 건강에 장기적인 영향을 미칠 수 있다. 한 번 또는 여러 번의 트라우마를 경험한 사람들은 외상 후 스트레스 장애(PTSD)를 겪는다. 어떤 사람들은 자연스럽게 회복되지만, 다른 사람들은 만성적(장기간) 상태가 지속되어 치료가 필요할 수 있다.

핵심 요약

✓ 한 번 또는 여러 번 극도로 스트레스가 높은 사건을 경험하면, 항상 그렇지는 않더라도, 외상 후 스트레스 장애(PTSD)를 겪을 수 있다.

✓ PTSD의 증상에는 플래시백, 부정 정서, 불안, 수면 장애, 약물 남용, 과잉 경계, 그리고 사건을 생각나게 하는 상황에서의 회피 등이 있다.

증상

PTSD는 다양한 증상으로 나타나며, 모두가 이 증상을 경험하는 것은 아니다.

회피
트라우마와 관련된 기억을 떠올릴 수 있는 상황을 회피함. 예를 들어 시끄럽고 붐비는 장소를 피하거나 사람들이 모이는 곳을 가지 않음.

플래시백
트라우마 사건을 생생하고 강렬하게 떠올리며, 마치 그 일이 다시 일어나는 것처럼 느끼는 경험.

부정 정서
우울함, 짜증, 또는 죄책감을 느끼며, 사랑하는 사람들로부터 단절감이나 고립감을 경험할 수 있음. 이전에 즐겼던 활동에서 흥미와 즐거움을 잃음.

가능한 원인

- 따돌림이나 학대 경험
- 신체적, 성적 폭력을 당한 경험
- 생명을 위협하는 질병 경험
- 교통사고 경험
- 외상적인 출산 경험
- 폭력이나 전쟁을 목격하거나 직접 경험
- 자연재해 경험

수면 문제
트라우마와 관련된 악몽으로 인해 수면에 방해를 받음. 잠들기 어렵거나 깨어 있음(불면증).

불안
현재 상황과 관련이 없는 일에도 지나치게 과장된 두려움과 걱정을 경험.

물질 남용
약물이나 알코올 남용 증가. 이는 다른 증상을 완화하거나 무감각하게 만들기 위한 수단으로 사용되며, 중독 문제로 이어질 수 있음.

과잉 경계
추가적인 위험에 대비해 주변 환경을 과도하게 경계함. 예상치 못한 소리나 냄새에 예민해짐.

양극성 장애

양극성 장애는 두 가지 상태를 말하는 '극', 즉 조증(극도로 높은 에너지와 고양된 기분, 혼란스러운 생각)과 우울증(극도로 낮은 에너지와 저조한 기분) 사이를 오가는 것을 특징으로 한다. 조증과 우울증 사이에는 안정된 기간이 존재하며, 양극성 장애의 증상과 조증 및 우울증의 지속, 빈도, 강도는 개인마다 다르다.

핵심 요약

✓ 양극성 장애는 조증(또는 경조증)과 우울증 사이를 오가며, 그 사이에 안정된 기간이 존재한다.

✓ 생물학적, 사회적, 환경적 요인의 결합에 의해 발생할 수 있다.

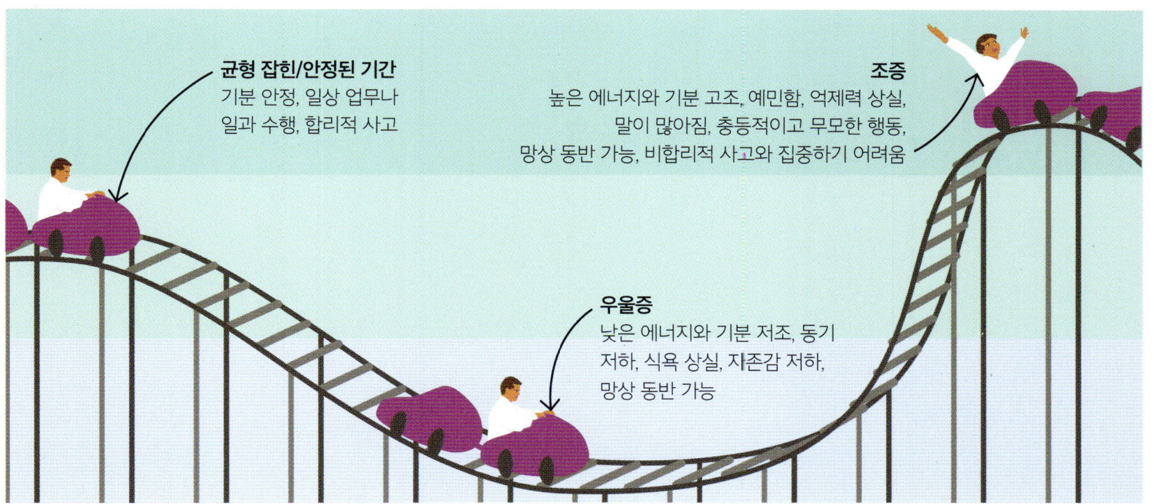

🔍 양극성 장애의 유형

양극성 I형 장애	조증이 1주 이상, 우울증이 2주 이상 지속된다.
양극성 II형 장애	경조증(경미한 조증)이 4일 이상, 우울증이 2주 이상 지속된다.
순환성 장애	덜 극단적이지만 더 빈번한 주기로 경미한 우울과 경조증이 적어도 2년 이상 반복된다.

🔍 가능한 원인

심리학자들은 생물학적, 사회적, 환경적 요인이 양극성 장애의 위험을 증가시킬 수 있다고 본다.

- 전전두피질의 회백질 감소가 관찰되었으나, 이것이 원인인지 결과인지는 불분명하다.

- 마찬가지로, 도파민과 세로토닌 같은 신경전달물질의 불균형이 관련될 수 있지만, 원인인지 결과인지는 아직 모른다.

- 양극성 장애는 가족력을 통해 알 수 있으며, 이는 유전적 그리고/혹은 사회적 연결성을 시사한다.

- 질병, 사별, 재정 문제 등과 같이 높은 스트레스를 주는 사건이 양극성 장애를 촉발할 수 있지만, 그 자체가 원인은 아니다.

신체증상 장애 및 관련 장애

어떤 사람들은 신체적으로 설명할 수 없는 통증이나 다른 증상 때문에 의료적 도움을 찾는다. 이러한 증상은 대부분 거짓이 아니며, 실제 질병이나 부상으로 고통받는 사람들만큼이나 고통을 느낀다. 이러한 장애는 흔하게 발생하며 심리적 원인이 있다고 여겨지기 때문에, 상담, 인지 행동 치료, 약물 치료 등이 사용된다.

핵심 요약

- ✓ 신체증상 장애 및 관련 장애는 신체적 원인을 찾을 수 없는 고통스러운 증상을 유발한다.
- ✓ 치료법으로는 상담, 인지 행동 치료, 약물 치료 등이 있다.

정신신체 의학

오랜 기간 동안 의료 전문가들은 마음가짐이 질병의 발생, 중증도, 진행 경과에 영향을 미칠 수 있다고 생각했다. 예를 들어 정신적 장애가 없는 사람은 자신이 복용하는 가짜 약(위약)이 효과가 있다고 믿을 경우 질병에서 더 빨리 회복한다. 정신신체 의학에서는 마음과 신체가 연결되어 있으며, 스트레스와 같은 심리적 요인이 관리되면 더 빨리 회복될 수 있다고 본다.

장애	증상	원인	치료
신체증상 장애	통증, 무력감, 피로, 숨가쁨	불안, 우울증, 어린 시절의 트라우마, 부정적 사고와 관련	항우울제와 인지 행동 치료
전환 장애	운동이나 보행의 어려움, 시력 상실	우울증 등 다른 정신 질환을 가진 경우, 스트레스에 의해 유발	상담, 인지 행동 치료, 심리 치료
질병불안 장애	신체 증상은 없으나 심각한 질병에 대한 과도한 불안	다른 불안 장애와 관련이 있으며, 종종 질병 후나 가까운 가족의 사망 이후 나타남	선택적 세로토닌 재흡수 억제제(SSRIs)와 같은 항우울제
허위성 장애	의료적 관심과 돌봄을 받기 위해 심각한 질병 증상을 고의로 꾸며냄	학대받았거나 불안정한 어린 시절, 낮은 자존감과 관련	심리 치료와 인지 행동 치료를 통해 대처 기술을 개발

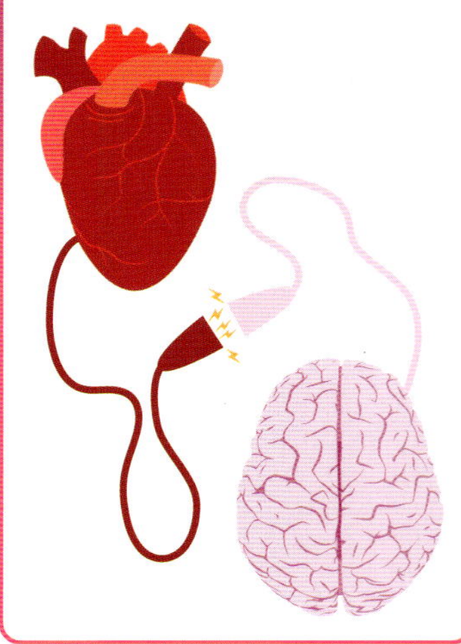

해리성 정체감 장애

해리성 정체감 장애(DID)는 한 명이 각기 다른 정체성을 가진 다중 성격의 모습을 보이는 상태를 말한다. DID는 주로 어린 시절의 심각하고 반복된 트라우마로 인해 발생한다. 극심한 고통을 겪는 경우, 뇌는 여러 성격을 형성하여 대처하도록 한다.

호스트와 알터

핵심 자아와 같은 정체성은 호스트라고 하며, 그 외 성별, 연령이 다른 각각의 성격들은 알터라고 한다. 알터들은 서로 번갈아 가며 호스트의 신체를 통제한다. 호스트는 알터의 존재를 인식하지 못해 기억의 공백을 겪을 수 있으며, 이는 고통을 초래할 수 있다.

핵심 요약

✓ DID는 한 사람(호스트)이 여러 개의 정체성을 가진 상태다.

✓ 추가된 정체성은 알터라고 불린다.

✓ 알터들은 서로의 존재를 인식하지 못할 수 있다.

✓ DID는 대개 심각하고 반복된 어린 시절의 트라우마로 인해 발생한다.

🔍 이브의 세 얼굴

1950년대 미국의 정신과 의사 C.H. 시그펜과 H.M. 클레클리가 연구한 사례로, 기혼 여성인 이브 화이트는 잦은 기억 끊김(블랙아웃)으로 도움을 요청했다. 치료 중, 이브 화이트는 자신도 인식하지 못한 두 개의 알터, 이브 블랙과 제인으로 바뀌게 되었다. 이브 화이트는 수줍음이 많고 내성적인 성격인 반면, 이브 블랙은 자신감 넘치고 외향적이었다. 제인은 두 이브보다 더 안정적인 성격을 보였다. 몇 년간의 치료 끝에 이브의 성격들은 하나로 통합되었다.

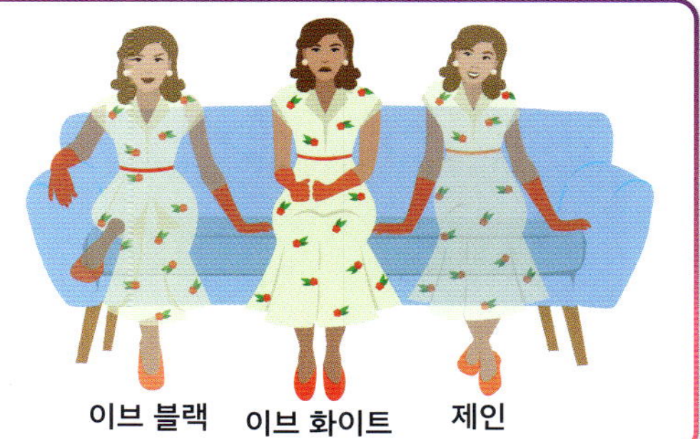

섭식 장애

섭식 장애를 가진 사람들은 힘든 감정을 극복하고 통제감을 느끼기 위해 음식과 관련된 특정한 행동을 보인다. 이들은 음식을 제한하거나, 극도로 많이 또는 적게 먹거나, 구토나 과도한 운동과 같은 방식으로 음식을 거부하기도 한다. 섭식 장애는 건강에 해를 끼치며 치료하지 않으면 생명을 위협할 수도 있다.

섭식 장애의 유형

신경성 식욕부진증, 신경성 폭식증, 폭식 장애는 각기 다른 유형의 섭식 장애이며, 증상에 몇 가지 공통점이 있다.

핵심 요약

- ✓ 섭식 장애는 건강하지 않은 음식 관련 행동을 특징으로 한다.
- ✓ 이러한 행동들은 감정을 관리하거나 자율성을 느끼기 위한 방법일 수 있다.
- ✓ 신경성 식욕부진증, 신경성 폭식증, 폭식 장애가 섭식 장애의 예이다.
- ✓ 섭식 장애가 발생하는 이유에 대해서는 여러 가지 설명이 있다.

신경성 식욕부진증
체중 증가에 대한 두려움과 체중 증가를 피하려는 노력을 보인다. 신경성 식욕부진증을 가진 사람들은 건강을 유지하는 데 필요한 양보다 음식을 적게 섭취하며, 평균 체중보다 최소 15% 적다.

신경성 폭식증
많은 양의 음식을 먹고 (폭식), 구토(배출 행동)나 심한 운동을 통해 위를 비우는 행동이 주기적으로 이루어진다. 폭식증을 가진 사람들이 반드시 과체중 또는 저체중인 것은 아니다.

폭식 장애
스트레스, 수치심 또는 혐오감에도 불구하고 짧은 시간 동안 많은 양의 음식을 먹는 것(폭식)을 말한다. 폭식 장애를 가진 사람들이 반드시 과체중인 것은 아니다.

🔍 가능한 설명

심리학자들은 섭식 장애가 왜 발생하는지에 대해 다양한 생물학적, 인지적, 환경적, 사회적 설명을 제시했다.

- **유전적 설명:** 섭식 장애가 가족 내에서 발생하는 경향이 있다는 일부 증거가 있으며, 이는 유전적 연관성을 시사한다.
- **신경학적 설명:** 도파민이나 세로토닌과 같은 보상 관련 신경전달물질의 수치가 높은 사람들은 섭식 장애를 겪을 위험이 더 높을 수 있다.
- **인지적 설명:** 음식과 신체 이미지에 대한 비합리적인 신념은 섭식과 관련된 부적응적(부적절한) 행동을 하게 만들 수 있다.

- **가족 체계 이론:** 가족 내의 역동, 특히 가족 구성원들이 서로의 삶에 지나치게 간섭하는 경우, 비정상적인 식습관이 나타날 수 있다. 자율성이 거의 없는 환경에서는 음식 섭취를 제한하여 통제감을 얻으려 할 수 있다.
- **사회 학습 이론:** 일상생활과 미디어를 통해 접하는 롤 모델과 사회적 기대가 섭식 장애에 영향을 미칠 수 있다. 외모에 대한 압박감을 느끼거나, 체중 감량 혹은 과도한 운동으로 칭찬받는 유명인이나 모델을 본 사람들은 그러한 행동을 모방할 수 있다.

중독

중독은 즉각적인 보상을 느끼게 하는 물질이나 행동에 강박적으로 몰두하게 되는 심리적 장애로, 장기적으로 심각한 피해를 초래할 수 있다. 중독이 되면 물질이나 행동에 의존하게 되며, 중단할 경우 불편함이나 심지어 신체적 질병(금단 증상)을 경험하게 된다.

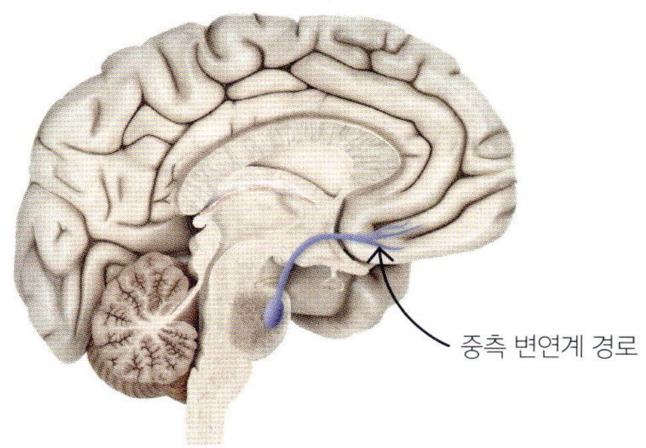

약물 중독

중독을 유발하는 약물에는 진정제(예: 알코올, 헤로인)와 각성제(예: 니코틴, 코카인)가 포함된다. 약물 중독은 조작적 조건형성으로 설명될 수 있다. 쾌락적 감각은 보상으로 작용하여 약물 복용 행동을 강화한다. 일부 약물은 행동을 강화하는 신경 경로에 직접 작용하여 빠르게 중독을 이끈다. 예를 들어 니코틴은 동기와 보상에 관여하는 뇌의 중측 변연계 경로에서 도파민 방출을 유발한다. 그 결과 니코틴은 갈망을 줄이는 것 외에는 큰 만족감을 주지 않음에도 불구하고 강한 중독성을 보인다.

도박 중독

도박 중독도 조작적 조건형성으로 설명될 수 있는데, 승리의 흥분이 행동을 강화하기 때문이다. 도박에서의 승리는 예측 불가능한 계획(84쪽 참조)에 따라 발생하며 강화를 더욱 효과적으로 만든다. 도박 중독은 또한 인지적 편향에 의해 설명될 수 있다. 예를 들어 도박사의 오류가 있다. 이는 동전을 연속해서 던질 때 앞면이 계속 나오게 되면, 다음에 뒷면이 나올 가능성이 더 높다고 잘못 믿는 것이다. 이러한 오류로 인해 도박꾼들은 연패가 지속될 때도 계속 베팅하게 된다.

슬롯 머신은 도박꾼에게 간헐적으로 보상을 제공하도록 설계되어, 베팅하려는 욕구를 강화한다.

핵심 요약

- ✓ 중독은 조작적 조건형성과 관련있으며, 중독적 행동은 보상에 의해 강화된다.
- ✓ 일부 중독성 물질은 행동을 강화하는 신경 경로에 직접 작용하여 빠르게 중독을 유발한다.
- ✓ 도박 중독은 간헐적인 보상과 인지적 편향에 의해 강화된다.
- ✓ 중독의 위험 요소로는 유전, 스트레스, 성격, 가족 영향, 또래 압력 등이 있다.

위험 요인

중독의 원인은 복잡하지만, 주요한 요인은 다섯 가지가 있다.

- 일란성 쌍둥이 연구에서 중독의 일치율이 더 높게 나타나 유전적 취약성이 있음을 시사한다. 하지만 특정 종류의 중독에서만 이러한 일치율이 나타나며, '중독 성격'에 대한 증거는 없다.
- 스트레스와 정신 질환이 있는 경우 기분이 나아지기 위해 자가 치료로 약물을 사용하며, 이로 인해 중독이 발생할 수 있다. 어린 시절의 스트레스는 이후 약물 중독 증가와도 연관된다.
- 중독성 물질을 사용하거나 이에 대해 긍정적인 태도를 보이는 가정의 자녀들은 중독에 걸릴 가능성이 더 높다.
- 청소년은 부모가 자신의 행동을 충분히 감독하지 않는다고 느낄 때 중독에 빠질 위험이 더 크다.
- 청소년은 또래 집단이 중독성 물질을 사용하거나 이에 대해 긍정적인 태도를 보일 때 중독에 빠질 위험이 더 크다.

반사회적 성격 장애

반사회적 성격장애(APD)는 타인의 권리를 지속적으로 무시하고 침해하며, 죄책감 없이 타인을 조종하고 위험한 행동을 하는 정신 건강 장애다. 유전적 요인, 즉 알코올 남용 이력이 있는 부모와, 환경적 요인, 즉 아동기의 방임과 학대, 빈곤, 취약한 대인관계 등이 APD 발병 위험을 높일 수 있다.

핵심 요약

- ✓ APD는 타인의 권리를 무시하고 침해하는 행동, 그리고 죄책감 없이 타인을 조종하거나 위험한 행동을 하는 것을 특징으로 한다.
- ✓ APD의 특성은 8세까지 행동 장애로 관찰되고 진단될 수 있다. 치료하지 않고 방치된 증상은 18세 무렵 APD 진단으로 이어질 수 있다.

APD 진단

APD는 공인된 정신 건강 전문가에 의해 증상을 평가받은 후 진단된다. APD 진단은 성인에게만 적용되지만, 아동의 경우 이러한 특성은 8세까지 행동 장애로 자주 관찰된다. 치료되지 않을 경우, 18세 무렵 APD로 진단받을 위험이 높아진다. APD는 반복적인 폭력 범죄나 연쇄 살인으로 유죄 판결을 받은 사람들에게 가장 흔하게 진단되는 정신 건강 장애다.

증상	행동
 타인에 대한 무시	타인의 권리를 반복적으로 침해하며 그들의 안녕에 관심이 없다.
 공감 부족	타인의 감정이나 정서 상태를 고려하는 능력이 부족하다.
 사회 규범에 대한 무시	법과 사회적 가치에 대한 존중이 없으며, 반사회적이고 불법적인 활동에 가담한다.
 충동적이고 위험한 행동	과도한 음주, 물질 남용, 도박, 위험한 성행위 등의 무모한 행동을 자주 한다.
  조종과 기만	자신의 이익을 추구하거나 벌을 피하기 위해 타인을 조종하고 거짓말하며 기만한다.
 죄책감의 부족	타인에게 고통이나 불쾌감을 주는 행동에 대해 후회나 죄책감을 느끼지 않으며, 자신의 행동을 정당화하기 위해 남들을 탓한다.

조현병

조현병은 가장 흔한 정신병적 장애 중 하나로, 전 세계적으로 약 2,400만 명이 영향을 받고 있다. 일반적으로 성인이 되어 발병하며, 남성은 18~25세, 여성은 25~35세 사이에 진단되는 경우가 많다.

조현병의 증상

조현병의 가장 흔한 증상은 망상과 환각이다. 비정상적인 행동이 더 많이 나타나는 증상은 '양성 증상'으로, 정상적인 행동이 줄어들거나 나타나지 않는 증상은 '음성 증상'으로 분류된다. 조현병은 급성적(갑작스럽고 심함), 삽화적, 또는 만성적(장기적)일 수 있다. 만성적인 경우 회복 가능성이 낮다.

핵심 요약

- ✓ 조현병은 성인 초기에 시작되는 정신병 장애다.
- ✓ 가장 흔한 증상은 망상과 환각이다.
- ✓ 양성 증상은 비정상적 행동이 늘어나는 것이고, 음성 증상은 정상적인 행동이 줄어드는 것이다.

조현병 진단

조현병은 불안이나 우울증과 공존(동시에 발생)하기 때문에 진단하기 어려울 수 있다. 진단의 신뢰성과 타당성을 보장하기 위해 (18~19쪽 참조), 전문가들은 DSM-5와 같은 공식 지침(178쪽 참조)에 따라 증상을 평가한다. 두 가지 이상의 증상이 한 달 이상 나타나야 하며, 그중 하나는 양성 증상이어야 한다. 일부 국가에서는 특정 인종이나 성별에서 진단률이 더 높은 것으로 나타나지만, 이것이 더 높은 발병률을 반영하는 것인지, 진단의 편향 때문인지, 또는 두 가지 요인이 모두 작용하는 것인지는 논란의 여지가 있다.

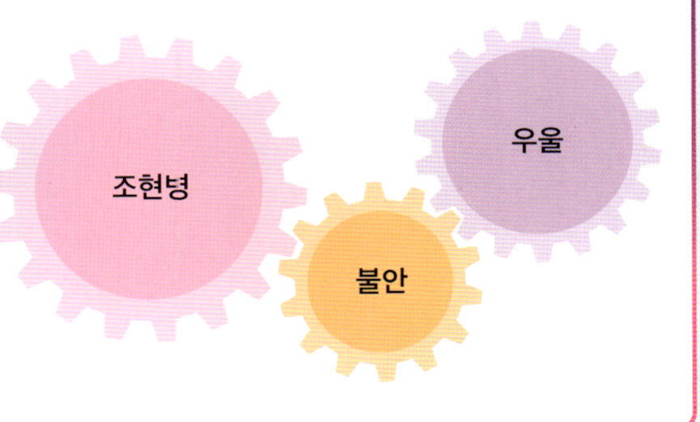

조현병: 뇌의 차이

조현병 환자와 일반인의 뇌에서는 수많은 해부학적, 화학적 차이가 발견된다. 이러한 특징들은 질환과 연관되기 때문에 '신경학적 상관'이라고 불리지만 원인인지 결과인지는 확실하지 않다.

핵심 요약

- ✓ 일부 조현병 환자는 뇌 해부학 측면에서 다르다.
- ✓ 일부 조현병 환자들은 높은 도파민 수치를 보인다.
- ✓ 도파민 가설이 조현병을 완전히 설명하는 것은 아니다.

해부학적 차이

항상 그렇지는 않으나, 조현병 환자의 뇌 스캔 및 부검에서는 액체로 차 있는 뇌실(강)이 확대되고, 전두엽과 측두엽, 해마, 뇌량, 시상 부위의 위축이 자주 발견된다. 이러한 변화는 주로 음성 증상과 관련이 있다. 기능성 뇌 스캔 상으로는 전두엽, 시상, 편도체, 베르니케 영역(측두엽에서 언어 기능을 담당)에서도 활동의 변화가 발견된다.

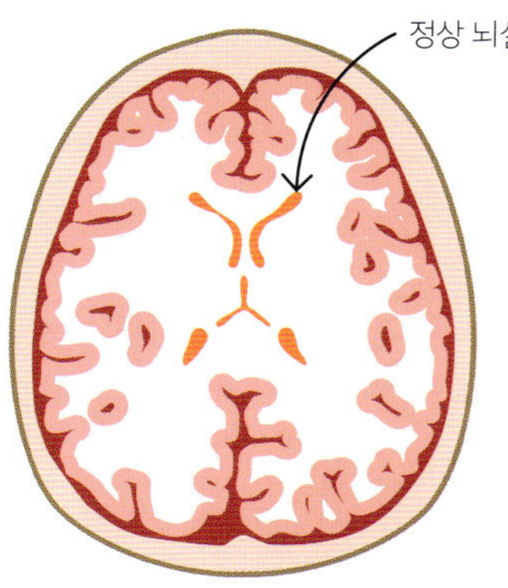
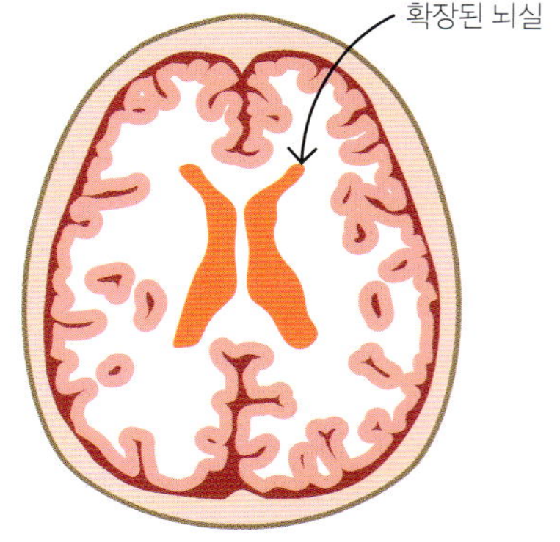

🔍 도파민 가설

조현병 환자의 부검 결과, 도파민과 도파민 수용체가 증가한 것이 발견되었다. 도파민을 차단하는 약물이 증상을 완화할 수 있고, 도파민을 높이는 약물은 조현병과 유사한 증상을 초래할 수 있다. 이러한 결과는 도파민 처리 결함이 조현병을 유발한다는 이론으로 이어졌다. 그러나 이 이론은 지나치게 단순화된 것이며, 도파민 차단제가 항상 효과가 있는 것은 아니다. 모든 환자에게서 도파민 수치가 높게 나타나지는 않으며, 세로토닌과 글루타메이트 같은 다른 신경전달물질도 관련이 있다.

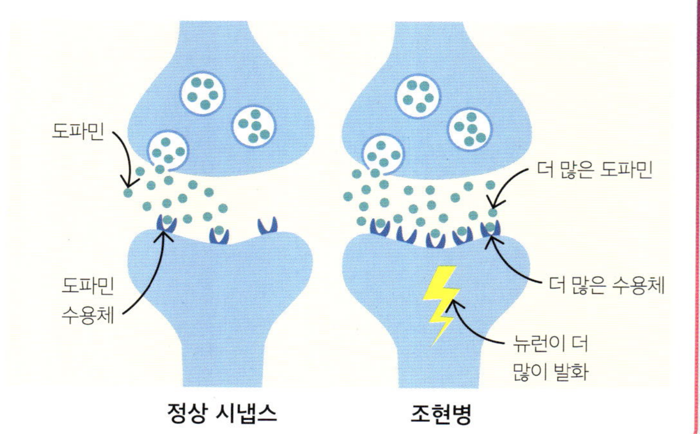

조현병: 유전적 요인

조현병의 원인은 완전히 밝혀지지 않았지만, 유전율(56쪽 참조) 연구에 의하면 유전자가 주 역할을 하고 있다는 것이 밝혀졌다. 그러나 조현병에는 단일 유전자가 아니라 여러 유전자가 영향을 미치며, 유전자만으로 질환이 유발되지는 않는다. 조현병에 대한 취약성은 다유전자적(여러 개의 유전자가 관여)이며 발병은 유전과 환경의 상호작용으로 인해 일어난다고 여겨진다.

핵심 요약

- ✓ 여러 유전자가 조현병의 위험에 영향을 준다.
- ✓ 발병은 유전-환경의 상호작용으로 촉발된다.
- ✓ 소인-스트레스 모델에 따르면, 유전적 취약성을 가진 사람이 스트레스나 외상에 노출될 때 질환이 발생한다.

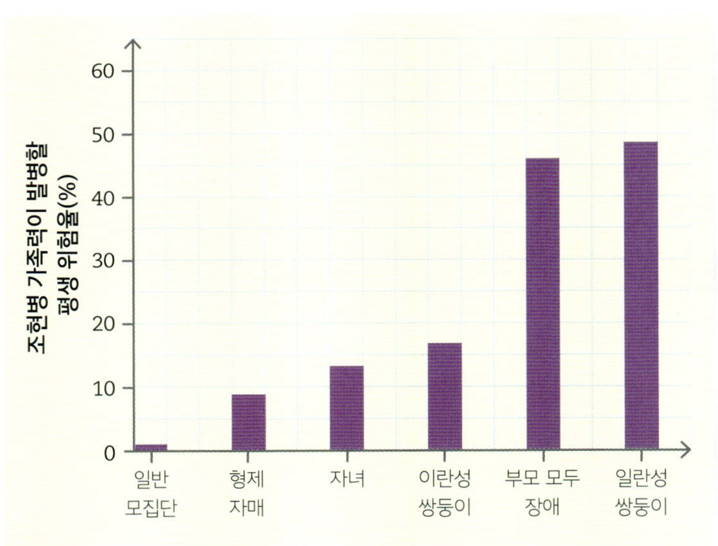

쌍둥이 및 가족 연구

유전자가 조현병 위험에 영향을 미친다는 증거는 쌍둥이 및 가족 연구에서 찾아볼 수 있다. 이 연구들은 유전적 관련성이 높을수록 조현병 발병률이 증가한다는 것을 보여 준다. 예를 들어 1991년의 연구에 따르면, 일란성 쌍둥이 중 한 명이 조현병에 걸리면 다른 쌍둥이가 발병할 확률은 48%였으며, 이란성 쌍둥이의 경우는 17%였다. 이러한 연구들은 취약성이 유전된다는 것을 보여 주지만, 질환이 필연적인 것은 아니기에 환경적 요인도 분명히 관여하고 있음을 알 수 있다.

🔍 소인-스트레스 모델

소인-스트레스 모델에서는 기저에 있는 취약성(소인)과 스트레스 간의 상호작용으로 인해 심리적 장애가 발생한다고 본다. 예를 들어 조현병(혹은 조현병 삽화)은 유전적 경향성과 심리적 유발 요인(예: 가족 갈등, 약물 남용 등)의 상호작용으로 인해 발생한다고 간주된다. 이러한 상호작용적 접근에 따라 생물학적 원인을 위해서는 항정신병 약물 치료를, 심리적 원인을 위해서는 인지 행동 치료를 병행한다.

소인 (유전적일 수도 있는 취약성)	+	스트레스 (예: 임신 중 트라우마, 학대, 가족 갈등, 약물 남용, 삶의 중대한 변화)	→	장애

조현병: 출생 전 위험 요인

조현병에는 환경적 요인과 유전적 요인이 모두 작용한다. 출생 전의 환경적 요인은 성인기 조현병 위험을 증가시킨다는 증거가 있다. 이러한 '출생 전 위험 요인'이 태아의 발달을 저해한다는 것이 알려졌지만, 이것이 정확히 어떻게 장애로 이어지는지는 밝혀지지 않았다.

핵심 요약

- ✓ 출생 전 위험 요인은 이후 조현병 발병 위험을 증가시킬 수 있다.
- ✓ 위험 요인에는 특정한 감염, 합병증, 영양실조, 스트레스 등이 있다.
- ✓ 출생 전 위험 요인은 태아의 뇌 발달에 영향을 미칠 수 있다.

태내에서의 요인

조현병과 관련된 요인으로는 임신 중 모체의 감염, 임신 또는 출산 합병증, 영양실조, 스트레스 등이 있다. 이 요인들 중 어느 것도 질환을 직접적으로 유발하지는 않지만, 각 요인은 질환의 위험을 높이는 것으로 보인다.

모체의 감염

임신 중 감염, 예를 들어 인플루엔자나 풍진 등은 조현병 발병 위험을 높인다. 과학자들은 감염 시 모체의 면역 반응이 태아의 뇌 발달에 영향을 미칠 수 있다고 본다.

모체의 영양실조

건강한 영양 섭취는 태아의 뇌 발달에 필수적이다. 과학자들은 임신 중 영양이 부족하거나 중요한 영양소가 결핍되면 성인기 조현병 발병 위험이 증가할 수 있다고 본다.

합병증

임신 및 출산 중 발생하는 합병증, 예를 들어 모체의 당뇨병, 자간전증, 조산 등은 조현병 발병 위험과 연관이 있다.

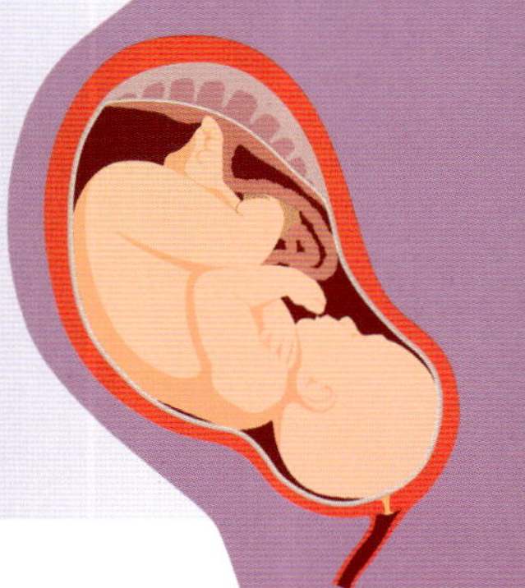

모체의 스트레스

모체의 스트레스 호르몬은 태반을 통과하여 태아에게 전달된다. 높은 호르몬 수치는 태아의 뇌 발달에 영향을 미쳐, 이후 조현병의 가능성을 높일 수 있다.

조현병: 심리학적 설명

조현병에 대한 심리학적 설명에서는 왜 장애가 발생하는지 또는 조현병 삽화가 왜 촉발되는지 설명한다. 이 이론들은 크게 가족 역기능에 대한 설명과 인지적 설명으로 나뉜다.

핵심 요약

- 이중구속 이론에 의하면 보호자로부터 상반된 정서적 신호를 받는 것이 조현병 위험을 높인다.
- 높은 수준의 표출된 감정은 조현병 재발 위험과 연관이 있다.
- 자기중심적 편향은 외부의 사건을 과도하게 해석하여 개인적 의미를 부여하는 경향으로, 망상으로 이어질 수 있다.
- 조현병 환자는 중앙 통제 능력이 부족하여 혼란스러운 사고를 보인다.

가족 역기능 설명

가족 내 비정상적인 의사소통 패턴이 조현병 위험을 높일 수 있다. 이중구속 이론과 표출된 감정은 그 두 가지 예이다.

이중구속 이론

보호자로부터 상반된 메시지를 받는 자녀일수록 조현병이 발병할 가능성이 높다. 예를 들어 아버지가 아들에게 말로는 사랑한다고 말하면서 적대적인 몸짓을 하는 것과 같이 이중 메시지를 보내면 혼란과 두려움으로 인해 이후 편집증적 망상이 생길 수 있다.

표출된 감정

보호자가 보이는 과도하게 표출된 감정, 즉 적대감, 비판, 정서적인 과잉 개입은 조현병 환자의 재발 위험과 연관이 있다. 그러나 이것이 조현병의 직접적인 원인은 아니다.

인지적 설명

역기능적인 사고는 증상을 유발하거나 강화할 수 있다. 인지 행동 치료는 이러한 역기능적인 사고를 다루어 증상을 줄이는 것을 목표로 한다.

자기중심적 편향

망상은 외부 사건을 과도하게 개인적으로 해석하는 경향과 관련 있다. 예를 들어 조현병 환자는 사람들이 웃는 소리를 들으면 자신을 비웃는 것이라고 생각한다.

중앙 통제

중앙 통제는 과제를 수행할 때 나타나는 자동 반응을 억제할 수 있는 능력이다. 스트룹 검사에서는 단어와 단어의 색깔이 상충할 때, 단어를 읽지 말고 색깔을 답해야 한다. 조현병 환자의 경우 이러한 중앙 통제 능력이 부족하여 혼란스러운 사고를 유발한다.

Chapter 14

임상심리학: 심리적 장애의 치료

증거 기반 개입

환자의 치료에 대한 결정을 내리기 전에 치료자는 환자의 상태에 대한 증거를 수집한다. 치료자는 환자의 선호를 고려하고, 환자의 상태에 대한 최신 임상 연구를 검토하며, 전문가로서의 경험을 바탕으로 증거에 기반하여 가장 효과적인 치료 계획을 세운다.

핵심 요약

- ✓ 증거 기반 개입은 환자, 치료자, 연구 증거를 포함한다.
- ✓ 치료적 동맹은 환자와 치료자 간의 유대감을 의미한다.
- ✓ 메타 분석은 이전 연구들을 평가한다.

증거 기반 개입
증거 기반 개입에는 세 가지 원칙이 있다.

환자의 선호
환자의 치료 선호도뿐만 아니라, 연령, 발달 단계, 사회적 및 문화적 정체성을 고려해야 한다.

치료자의 전문성
치료자의 자신의 전문성을 활용해 환자를 지도하고, 효과적인 치료적 동맹을 구축하며, 항상 새로운 연구 결과를 숙지하고 있어야 한다.

연구 증거
치료자는 관련된 임상적 연구를 참고하여 가장 적절하고 효과적인 치료 방법을 찾아야 한다.

치료적 동맹

치료자와 환자 사이의 협력적인 신뢰 관계를 치료적 동맹이라고 한다. 이러한 유대감은 치료의 성공에 중요한 역할을 한다. 동맹에는 상호 존중, 이해, 돌봄, 공감, 그리고 치료 목표에 대한 공유된 헌신이 포함되어야 한다.

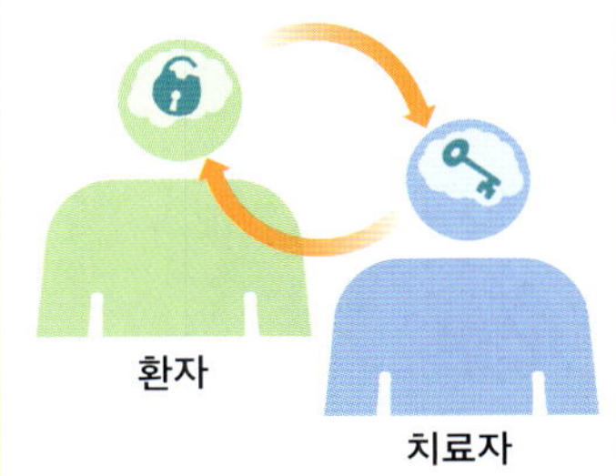

메타 분석

메타 분석은 여러 연구들과 그 자료를 종합하여 일반적인 결론에 도달한다. 메타 분석은 심리적 장애에 대한 가장 효과적인 치료 방법을 결정할 때 유용하다. 이는 많은 임상 시험의 자료를 수집하였기 때문에 단일 연구 결과보다 더 신뢰할 수 있다.

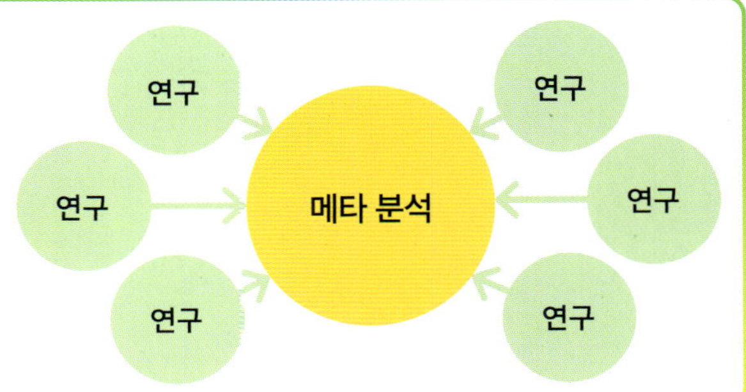

정신역동 치료

정신역동 치료는 사고, 감정, 행동을 만들어 내는 무의식적 과정을 탐구한다. 이는 오스트리아의 신경과 전문의 지그문트 프로이트의 이론에 기반하며, 그는 어린 시절의 경험이 성인의 행동에 영향을 미친다고 생각했다(156~157쪽 참조). 치료자는 다양한 기법을 사용하여 내담자가 자신에 대해 더 많이 알아감으로써 심리적 고통을 줄일 수 있도록 돕는다.

핵심 요약

✓ 정신역동 치료에서는 내담자의 행동 이유를 이해하기 위해 무의식적 과정을 탐색한다.

✓ 전이는 내담자가 무의식적으로 자신의 감정을 치료자에게 투사하는 것이다.

✓ 역전이는 치료자가 자신의 무의식적 반응을 내담자에게 투사하는 것이다.

해석
치료자는 내담자의 사고, 감정, 꿈을 분석하고 해석한다. 겉으로는 무의미해 보이는 패턴을 확인하여, 내담자가 자신의 행동에 대한 이유를 이해할 수 있도록 돕는다.

전이
내담자는 사랑, 증오와 같은 감정 혹은 어린 시절이나 관계에서 느꼈던 갈등이나 욕구를 치료자에게 투사할 수 있다. 이를 전이라고 하며, 치료자는 이를 내담자에게 확인시켜 자신의 관계 패턴을 자각할 수 있도록 돕는다.

저항
내담자는 방어기제를 통해 고통스러운 감정이나 기억을 탐색하는 것에 저항할 수 있다. 주제를 바꾸거나, 잊어버리거나, 농담을 하는 것 등이 그 예시다. 내담자는 방어기제를 사용하는 것을 인지하지 못할 수 있으며, 따라서 치료자는 이를 알려 주어야 한다.

통찰
내담자가 자신의 행동 이유를 자각하도록 하는 것을 통찰이라고 한다. 내담자는 스스로 돌파구를 마련해야 하며, 치료자가 이를 직접적으로 알려 주는 것은 아니다.

🔍 역전이

역전이는 치료자가 내담자에게 무의식적으로 가지는 반응을 의미한다. 이러한 반응은 긍정적일 수도 있고 부정적일 수도 있지만, 어느 쪽이든 치료자의 행동 혹은 그가 내담자를 이해하고 다루는 방식에 영향을 미친다. 치료자는 자신의 편견을 자각하는 것과 같이 자신의 반응을 스스로 관리하여 치료 과정을 방해하지 않도록 해야 한다.

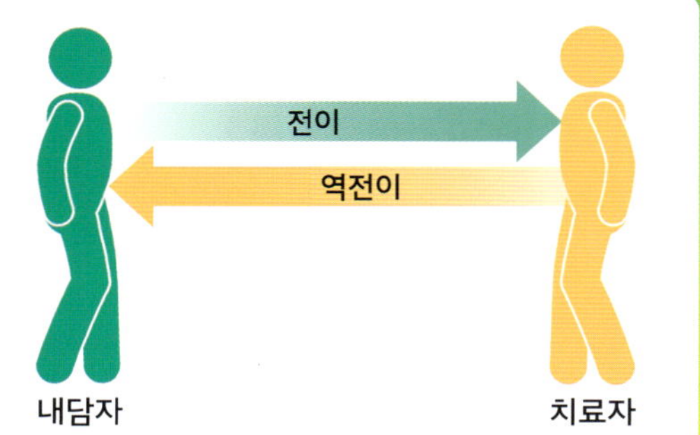

역조건형성

고전적 조건형성의 원리(81쪽 참조)에 기반한 역조건형성은 특정 자극에 의해 유발되는 정서 혹은 행동 반응을 변화시키는 것을 목표로 한다. 역조건형성에 의해 원치 않는 반응은 바람직한 반응으로 대체될 수 있다. 역조건형성의 종류에는 체계적 둔감화, 홍수법, 혐오 치료가 있다.

핵심 요약

- ✓ 역조건형성은 원치 않는 반응을 변화시키는 것을 목표로 한다.
- ✓ 체계적 둔감화와 홍수법은 공포증 치료에 사용된다.
- ✓ 혐오 치료는 바람직하지 않은 행동을 치료하는 데 사용된다.

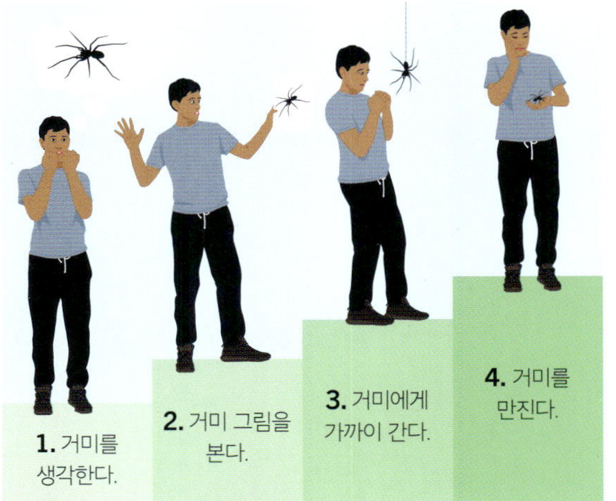

체계적 둔감화

두려움이나 공포증을 극복하는 데 사용된다. 이는 두려워하는 대상(예: 거미)에 점진적으로 노출시키는 동시에 이완 기법을 가르치는 것이다. 이를 통해 불안 위계, 즉 덜 무서운 상황에서 더 무서운 상황으로 이동한다. 환자들은 상상속의 두려운 결과가 실제로는 발생하지 않는다는 것을 학습하게 된다.

홍수법

이 치료는 불안 반응이 제한된 시간 동안만 지속된다는 아이디어에 기반한다. 즉 두려워하는 상황이나 대상에 점진적으로 노출되지 않고 최악의 상태로 장시간 노출되면, 결국 진정되기 시작한다. 홍수법은 체계적 둔감화보다 훨씬 빠르게 효과를 볼 수 있지만, 그 과정이 트라우마가 될 수 있다.

🔍 혐오 치료

혐오적 조건형성이라고도 알려진 이 치료법은 바람직하지 않은 행동(예: 과도한 음주)을 불쾌한 반응(예: 메스꺼움)과 연관시켜 그 행동을 억제시킨다. 치료의 목표는 행동에 혐오감을 느끼게 하여 행동을 덜 하도록 하는 것이다.

인지 행동 치료

인지 행동 치료(CBT)는 문제를 일으키는 사고와 행동 패턴을 확인하여 변화하도록 돕는 것을 목표로 한다. 1960년대 미국의 심리학자 아론 벡이 처음으로 개발하였으며, 오늘날에는 다양한 기법을 사용하는 넓은 분야로 발전했다. CBT는 강박 및 관련 장애(OCD), 불안, 우울증을 포함한 여러 심리적 장애를 치료하는 데 사용될 수 있다.

핵심 요약

- ✓ CBT는 사고, 감정, 행동의 연결에 초점을 맞춘다.
- ✓ 다양한 심리적 장애를 치료할 수 있다.
- ✓ 치료자는 내담자로 하여금 도움이 되지 않는 사고에 도전하도록 돕는다.
- ✓ CBT는 기분을 개선하기 위해 행동을 변화시킨다.

CBT의 원리

벡은 사고, 감정, 행동이 서로 연결되어 영향을 미친다는 아이디어를 바탕으로 CBT를 개발했다. 그는 부정적인 사고가 문제를 일으키는 감정과 행동을 유발한다고 믿었으며, 그 반대도 마찬가지라고 보았다. 벡에 따르면, 이 세 요소 중 하나를 변화시키면 나머지 요소들도 변화할 수 있다.

사고가 반드시 현실을 반영하는 것은 아니다.

사고
우리가 어떻게 사고하는지가 우리의 감정과 행동에 영향을 미친다.

감정
우리가 어떻게 느끼는지가 우리의 사고와 행동에 영향을 미친다.

행동
우리가 어떻게 행동하는지가 우리의 사고와 감정에 영향을 미친다.

🔍 비합리적 사고의 논박

CBT에서는 치료자가 내담자와 함께 부정적이고 비합리적인 사고를 확인하고, 이를 논박하는 방법을 찾는다. 이를 위해 세 가지 방법을 사용한다.

1. 경험적 논박
내담자의 부정적인 믿음에 대한 증거가 있는지 논박한다.

2. 논리적 논박
내담자의 부정적인 믿음이 이성적이고 합리적인지 논박한다.

3. 실용적 논박
부정적인 믿음이 문제를 해결하는 데 실제로 도움이 되는지 논박한다.

🔍 우울증을 위한 CBT

CBT는 우울증 치료에서 일상생활의 무기력이나 즐거움의 결핍을 줄이는 데 도움이 될 수 있다. 치료자는 먼저 내담자가 자신의 사고, 감정, 행동이 저조한 기분을 지속시키고 있는 과정을 이해하도록 한다. 이어 보다 도움이 되는 사고방식을 만들기 위한 CBT 전략을 사용하여 내담자의 마음 상태를 나아지도록 한다.

새로운 기술

정신역동 치료가 주로 과거 경험을 반성하면서 통찰을 얻는 것과 달리, CBT는 현재 겪고 있는 문제에 집중한다. CBT 치료자는 행동의 변화와 새로운 기술을 제안하여 내담자의 정서적 안녕과 일상적 기능을 향상시키려 한다. 구체적인 기법은 심리적 장애에 따라 다르지만, 다음과 같은 전략들이 포함된다.

인지 재구조화

CBT에서 가장 중요한 기술은 부정적이고 비합리적인 생각을 재평가하고 관리하는 것이다. 문제를 일으키는 사고 패턴을 인식하면, 이를 더 효과적인 사고방식으로 대체할 수 있다. 이는 항상 긍정적으로 생각하는 것이 아니라, 객관적이고 균형잡힌 사고방식을 배우는 것이다.

스트레스 관리

치료자는 명상, 심호흡, 근육 이완, 평화로운 장면의 시각화, 현재의 순간과 신체 감각에 집중하는 마음챙김 등의 스트레스 감소 기법을 제안할 수 있다. 신체를 진정시키면 마음을 진정시키는데 도움이 된다.

행동 활성화

활동에 참여하는 것은 기분에 긍정적 또는 부정적인 영향을 미친다. CBT는 행동적 활성화를 권장하는데, 이는 기분을 좋게 하는 행동을 의도적으로 선택하는 것이다. 치료자는 활동에 참여하지 못하게 하는 장애물들, 예를 들면 낮은 동기 등을 극복할 수 있도록 돕는다.

문제 해결

CBT에서는 내담자가 일상에서의 도전을 관리할 수 있도록 문제 해결 기술을 연습하도록 격려한다. 즉 해결 가능한 문제를 확인하고, 이를 해결하기 위해 작지만 실용적인 단계부터 시작하는 방법을 가르친다.

자기점검

CBT는 내담자가 치료 과정에 적극적이고 의욕적으로 참여할 때 효과를 보인다. 내담자는 회기 사이에 자신의 사고, 감정, 행동에 대한 일기를 쓰며 자기성찰을 실천해야 한다. 또한 CBT에서 배운 기술을 실제 상황에 적용하려 노력해야 한다.

합리적 정서 행동 치료

합리적 정서 행동 치료(REBT)는 1950년대 미국의 심리학자 앨버트 엘리스에 의해 개발되었다. 엘리스는 우울증이 비합리적인 신념과 건강하지 못한 사고방식에서 비롯될 수 있다고 주장했다. 그는 역기능적인 사고 패턴을 점검하고 관리함으로써 정서적 고통을 줄일 수 있다고 보았다.

핵심 요약

✓ 합리적 정서 행동 치료(REBT)에서는 비합리적인 신념과 역기능적인 사고 패턴을 확인하고, 이를 도움이 되는 사고방식으로 대체한다.

✓ REBT는 엘리스의 우울증 ABC 모델을 기반으로 하지만, 여기에 D(논박)와 E(효과)를 추가한다.

현실에 대한 인식을 도전하기

REBT는 엘리스의 우울증 ABC 모델에 기초한다. 엘리스에 따르면, 정서적 고통을 유발하는 것은 사건 자체(A)가 아니라 사건에 대한 그 사람의 신념(B)이다. 그는 사건을 바라보는 방식을 바꿈으로써 그 사건에 대한 정서 반응을 조절할 수 있다고 제안했다. REBT 과정을 설명하기 위해 엘리스는 ABC 모델에 D(논박)와 E(효과)라는 두 가지 단계를 추가했다.

비합리적인 생각에 도전하는 것은 어려울 수 있으며, REBT에서 치료자는 내담자가 왜 그런 신념을 가지고 있는지 적극적으로 질문한다(206쪽 참조)

비합리적인 신념을 긍정적인 신념으로 대체하는 것은 정서적 안녕에 큰 영향을 미칠 수 있다.

내담자 중심 치료

내담자 중심 치료는 개인-중심 접근법으로도 알려져 있으며, 1950년대 초 미국의 심리학자 칼 로저스에 의해 개발되었다. 로저스는 "환자" 대신 "내담자"라는 말을 사용하였는데, 이는 치료자가 개인을 '고치거나' '치료하는' 역할보다는 그와 파트너로서 관계를 맺고 협력하여 자기인식과 개인적 성장을 돕는 역할을 한다는 점을 강조한다.

핵심 요약

- ✓ 1950년대 로저스는 내담자 중심 치료를 개발했다.
- ✓ 로저스는 치료자가 내담자에게 비판적이지 않고 지지적인 환경을 조성해야한다고 강조했다.
- ✓ 내담자 중심 치료는 내담자의 자기인식을 돕는 것을 목표로 한다.

안전한 공간

치료자는 비판적이지 않고 지지적인 환경을 만들어 내담자 또한 자신의 삶에 대한 전문가로서 스스로의 사고, 감정, 경험을 안전하게 탐색할 수 있도록 한다.

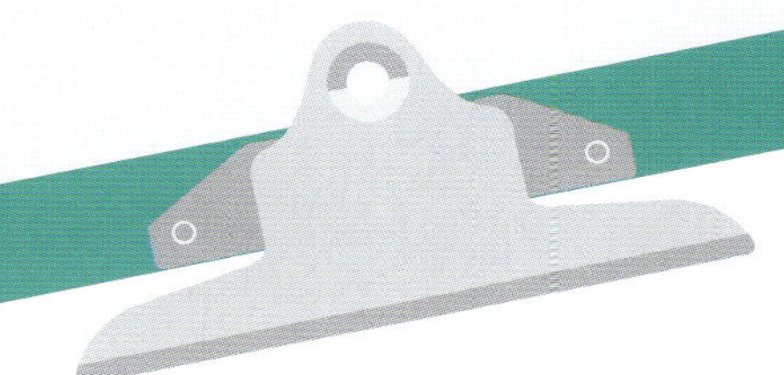

내담자 주도
치료자는 대화를 통제하려 하지 않는다. 내담자가 대화의 주제를 정한다.

공감 보여 주기
치료자는 이해, 배려, 존중을 보여 주되, 내담자가 비판이나 거절에 대한 두려움 없이 자신을 표현할 수 있도록 돕는다.

적극적 경청
치료자는 내담자가 한 말을 되짚어 확인한다. 내담자가 힘들어하는 것이 보이면 "그건 정말 힘드셨겠네요"와 같이 말하면서 그들의 반응을 인정해준다.

현재와 미래에 집중하기
치료자는 내담자가 지금 느끼는 감정을 이해하려 노력하며, 과거에 얽매이지 않는다.

무조건적 긍정적 존중
치료자는 내담자가 말한 것을 판단하지 않고 받아들인다. 이는 항상 내담자에게 동의한다는 의미는 아니다. 내담자가 수용되고 있다고 느끼게 되면 그들의 자기가치감이 향상된다.

계획된 행동 이론

어떤 사람들은 약물이나 도박을 끊는 데 성공하고, 다른 사람들은 실패하거나 재발한다. 계획된 행동 이론(TPB)에서는 개인의 의지가 얼마나 강한지를 평가함으로써 중독 치료의 성공 가능성을 예측한다.

핵심 요약

- ✓ TPB는 중독 치료의 성공을 예측하는 데 사용된다.
- ✓ 세 가지 요소가 금연 의지에 기여한다: 태도, 주관적 규범, 지각된 통제.
- ✓ 프로체스카의 행동 변화 모델에 따르면, 중독을 극복하는 것은 6단계를 거친다.

4요소 모델

폴란드의 심리학자 이첵 아이젠의 계획된 행동 이론(1991)에서는 금연 의지를 평가할 때 기여하는 세 가지 주요 요소인 태도, 주관적 규범, 지각된 통제를 분석한다. 금연 의지가 강할수록 성공 가능성이 높다. 이 이론은 이전의 합리적 행동 이론(1975)에서 고려하지 않았던 지각된 통제 요소를 보완한 것이다.

태도
중독에 대해 어떤 태도를 가지고 있는가? 자신의 문제를 인정하고 도움받기를 원하는가?

주관적 규범
금연의 사회적 결과를 어떻게 인식하는가? 금연을 지지해 줄 친구와 가족이 있는가? 아니면 다른 중독자들로부터의 압박이 금연을 어렵게 만드는가?

지각된 통제
자신의 금연 능력에 자신이 있는가? 아니면 자신의 행동을 통제할 수 없다는 패배주의적 믿음을 가지고 있는가?

의도
태도, 주관적 규범, 지각된 통제는 모두 중독자의 금연 동기에 기여한다.

행동

🔍 프로체스카의 6단계 모델

1977년 미국의 심리학자 제임스 프로체스카는 금연 연구를 통해 6단계 행동 변화 모델을 제안했다. 그는 중독에서 곧바로 건강한 상태로 전환되는 것이 아니라, 사고와 행동이 점차 변화하는 일련의 단계를 거친다는 것을 관찰했다. 각 단계는 고정적이지 않고, 종료 이전 어느 시점에서든 재발이 일어날 수 있으며, 대부분의 사람은 종료 단계에 도달하지 못한다.

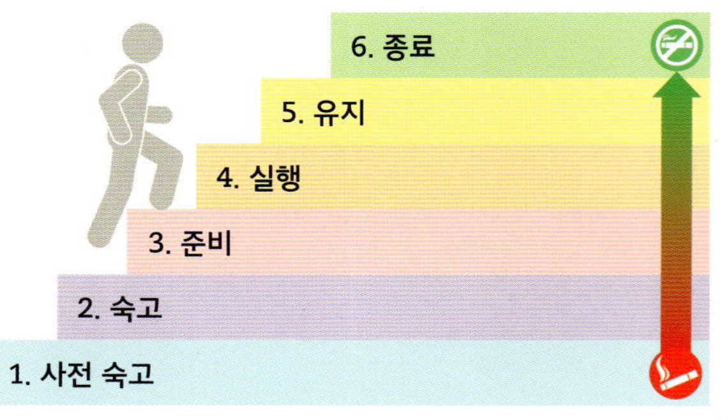

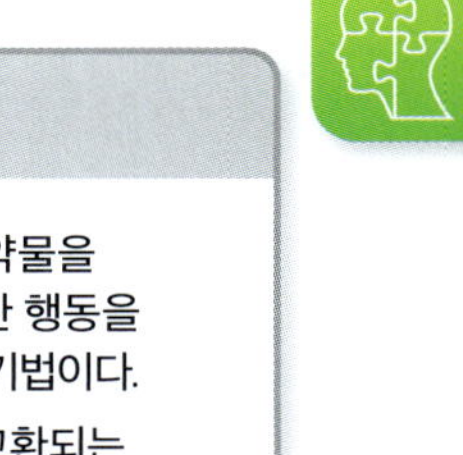

토큰 경제

토큰 경제에서는 바람직한 행동을 할 때 받은 토큰을 보상으로 교환할 수 있다. 이러한 행동 치료 기법은 조작적 조건형성(82쪽 참조)에 기초하며, 보상을 통한 강화를 제공한다. 정적 강화는 바람직한 행동이 다시 일어날 가능성을 높인다. 토큰 경제는 조현병 환자의 무의욕증(낮은 동기)과 사회적 위축과 같은 증상을 줄이기 위해 사용될 수 있다.

핵심 요약

- ✓ 토큰 경제는 조현병 환자가 약물을 복용하는 일과 같이 바람직한 행동을 하도록 격려하는 행동 치료 기법이다.
- ✓ 바람직한 행동에는 보상과 교환되는 토큰을 제공한다.
- ✓ 보상은 1차 강화물, 토큰은 2차 강화물이라고 불린다.

병원 상황에서의 토큰 경제

1. 환자는 토큰이 없다.
환자는 바람직한 행동을 하면 토큰을 받아 보상으로 교환할 수 있다는 것을 알고 있다. 보상은 환자가 동기를 가질 수 있는 것으로 선택한다.

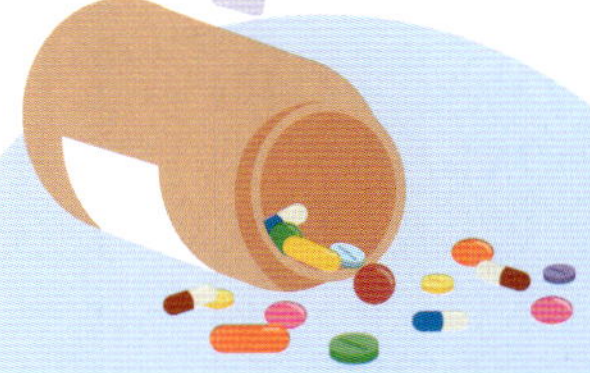

2. 환자가 바람직한 행동을 수행한다.
예를 들어 정시에 약을 복용하거나 사회적으로 상호작용한다. 환자는 이 행동을 하면 토큰을 받을 것이라는 것을 알고 행동한다.

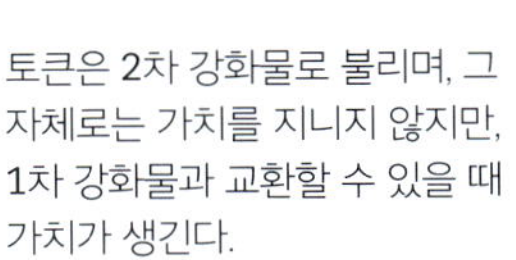

3. 환자는 토큰을 받는다.
이는 보상을 받을 수 있을 만큼 개선되었음을 나타낸다. 토큰을 모은 후에야만 보상이 주어지는 지연된 강화는 적절한 행동이 반복될 가능성을 높인다. 토큰을 얻지 못할 가능성이 있는 부적절한 행동은 줄어든다.

토큰은 2차 강화물로 불리며, 그 자체로는 가치를 지니지 않지만, 1차 강화물과 교환할 수 있을 때 가치가 생긴다.

4. 환자는 토큰을 자신이 선호하는 보상과 교환한다.
비디오 게임을 하는 것이 그 예시이다. 이러한 정적 강화를 통해 환자는 바람직한 행동을 반복하려는 동기를 가지게 된다.

보상은 1차 강화물로 불리며, 토큰 경제 외부에서도 가치를 지닌다.

가상현실 노출 치료

가상현실 노출 치료(VRET)에서는 가상현실 기술을 사용하여 두려운 상황을 실감 나게 재현한다. 이 치료법은 고소공포증, 비행공포증, 대중 연설 공포증 등과 같은 공포증을 치료하는 데 사용되며, 실시간으로 치료자의 도움을 받는다. 대상자는 3D 가상 환경에서 점진적으로 두려운 자극에 노출되며, 불안을 덜 유발하는 상황에서 점점 불안을 더 유발하는 상황으로 나아간다. 치료의 목표는 가상 환경과 실제 세계에서 대상자의 불안 반응을 감소시키는 것이다.

핵심 요약

- 가상현실 기술을 사용하여 공포증을 치료할 수 있는 기법을 가상현실 노출 치료(VRET)라고 한다.
- 가상 환경은 대상자의 특정 공포증에 맞추어 설정될 수 있다.
- 치료자는 회기 동안 도움을 제공한다.

치료자는 가상 환경을 대상자의 특정 공포증에 대해 맞춤 설정할 수 있다.

VR 헤드셋을 착용한 대상자는 가상 환경에 몰입하여 두려움의 원천을 안전하고 통제된 상태에서 마주할 수 있다.

약물 치료

심리적 장애를 치료하는 가장 일반적인 방법은 약물 치료이다. 정신과 약물은 심리적 안녕감을 향상시킬 수 있지만, 모든 약물이 그렇듯 부작용이 있을 수 있으며, 적절한 약물과 적정 용량을 찾는 것이 항상 용이한 것은 아니다. 대부분의 정신과 약물은 시냅스(뉴런 사이의 연결 부위)에서 신경전달물질의 활동을 변화시킴으로써 작용하지만, 일부는 아직 그 작용 방식이 명확하지 않다.

핵심 요약

- ✓ 약물 치료는 심리적 장애를 치료하는 가장 일반적인 방법이다.
- ✓ 정신과 약물은 부작용을 일으킬 수 있다.
- ✓ 대부분의 정신과 약물은 시냅스에서 신경전달물질의 활동을 변화시킴으로써 작용한다.

유형	예시	대상	증상	작용	부작용
전형적 항정신병제	클로르프로마진	조현병, 양극성 장애	환각, 망상, 편집증	도파민 수용체 차단	무기력, 떨림, 비자발적 움직임
비전형적 항정신병제	클로자핀	조현병, 양극성 장애, OCD	환각, 망상, 편집증, 우울 증상	도파민과 세로토닌 수용체 차단	체중 증가, 당뇨
항불안제	디아제팜	불안 장애	긴장, 스트레스, 초조, 공황 발작	억제성 신경전달물질인 GABA의 효과 강화	중독
항우울제	플루옥세틴	우울증, PTSD, OCD, 불안	슬픔, 피로, 식욕 부진	SSRI는 시냅스 내 세로토닌 수치를 높임	체중 증가, 불면증, 현기증, 혈압 상승
기분 안정제	리튬	양극성 장애	극단적인 기분 변화	미상	체중 증가, 신장 및 갑상선 문제

항우울제 SSRI

선택적 세로토닌 재흡수 억제제(SSRI)는 우울증과 강박 및 관련 장애(OCD) 같은 불안 장애를 치료하는 데 사용되는 약물군이다. SSRI는 가장 널리 처방되는 정신과 약물이며, 다른 항우울제나 항불안제에 비해 부작용이 적고 의존성이나 과다 복용의 위험이 낮다. 그러나 때로는 현기증, 체중 증가, 불면증, 성기능 장애와 같은 부작용을 유발할 수 있다.

핵심 요약

- ✓ SSRI는 우울증과 불안 장애를 치료하는 항우울제이다.
- ✓ 이 약물은 시냅스에서 세로토닌의 재흡수를 방지하여 시냅스 내 세로토닌 양을 증가시킨다.
- ✓ 부작용으로는 현기증, 체중 증가, 불면증, 성기능 장애가 있다.

SSRI의 작용 원리

SSRI는 세로토닌을 사용하는 시냅스에서 작용한다. 세로토닌은 기분, 수면, 식욕에 관여하는 신경전달물질이다. 보통 세로토닌은 시냅스를 통해 신호를 전달한 후 재사용하기 위해 다시 흡수된다. 그러나 SSRI는 재흡수 채널에 결합하여 이를 차단함으로써 시냅스 내 세로토닌 수치를 높인다. 세로토닌은 억제성 신경전달물질이기 때문에, 시냅스-후 뉴런이 신호를 덜 전달하게 만든다.

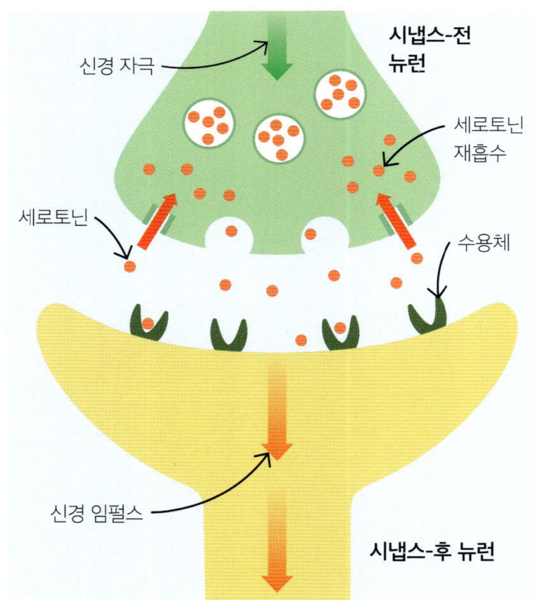

치료 전
세로토닌 분자(주황색)가 시냅스를 통해 신호를 전달한 후, 재흡수라 불리는 과정을 통해 시냅스-전 뉴런으로 재빨리 흡수된다.

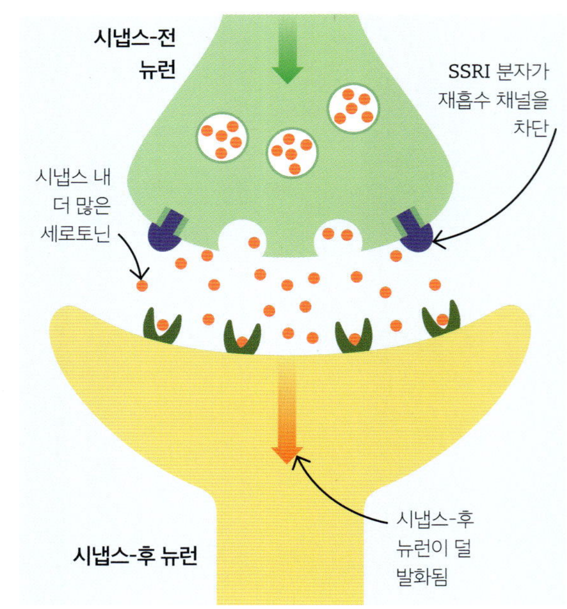

치료 후
SSRI 분자가 재흡수 채널을 차단하여 시냅스 내 세로토닌 수치를 높이고 시냅스-후 세포의 흥분을 감소시킨다.

뇌 자극 치료

뇌에 전기적 또는 자기적 자극을 주는 방법은 약물에 반응하지 않는 심한 우울증, 강박 및 관련 장애, 또는 파킨슨 질환을 치료하기 위해 사용된다. 뇌 자극 치료에는 네 가지 유형이 있으며, 전류 또는 자기 펄스로 뇌를 자극한다. 이 치료법은 장단점을 모두 가지고 있으며, 환자에 대한 장기적인 모니터링이 필요하다.

핵심 요약

- ✓ 약물이 효과가 없거나 증상이 심할 경우에는 전기 또는 자기 펄스로 뇌를 자극하여 치료한다.
- ✓ 뇌 자극의 유형에는 전기충격요법(ECT), 경두개 전기 자극(TES), 반복 경두개 자기 자극(rTMS), 그리고 심부 뇌 자극(DBS)이 있다.

전기충격요법(ECT)

마취된 환자의 뇌를 전류가 통과하면서 짧고 통제된 발작을 일으킨다. ECT는 심한 우울증을 치료하는 데 사용되지만, 단기 기억상실을 일으킬 수 있다. 1950년대에 널리 사용되었고 당시에는 의식이 있는 환자에게도 사용하였으나 현재는 그렇지 않다.

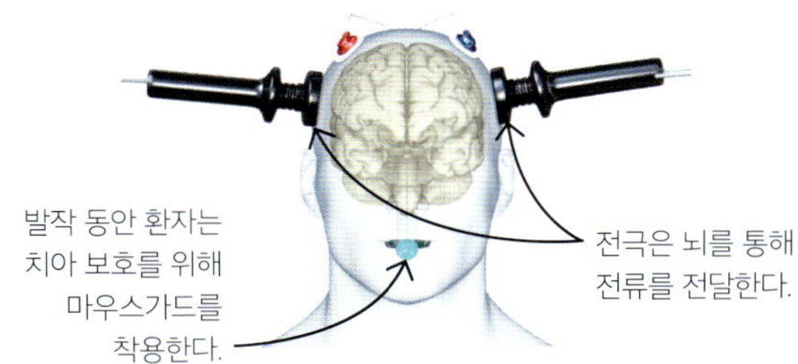

경두개 전기 자극(TES)

전극을 통한 약한 전류를 두피와 이마에 흐르게 하여 대뇌피질에 전달한다. TES는 우울증 및 불안에 대한 새로운 치료법이지만, 얼마나 효과적인지 확인하려면 더 많은 연구가 필요하다.

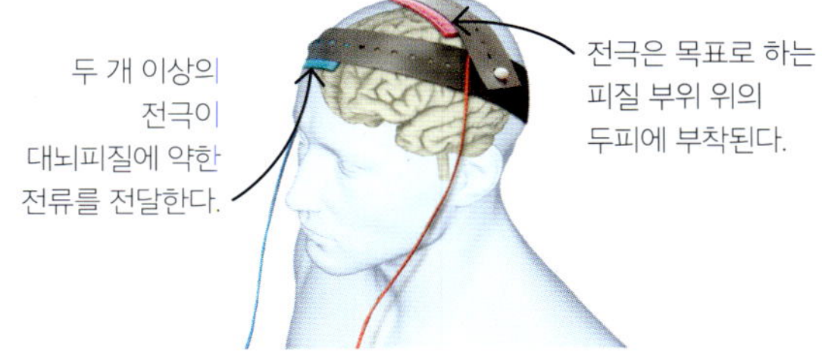

반복 경두개 자기 자극(rTMS)

뇌에 전달된 자기 펄스가 특정 영역의 활동을 방해한다. 반복적인 방해는 뇌 기능에 장기적인 변화를 유발한다. rTMS는 우울증 환자의 저활성 영역에서 신경 활동을 증가시키고, 강박 및 관련 장애 환자의 과활성 영역에서 활동을 감소시킬 수 있다. 이 방법은 일반적으로 안전하다고 여겨지지만 두통을 일으킬 수 있다.

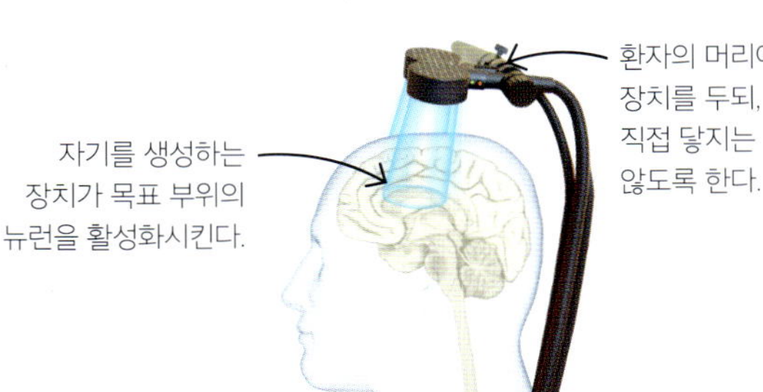

심부 뇌 자극(DBS)

뇌의 깊숙한 곳에 전극을 외과적으로 이식하고, 가슴에 삽입된 펄스 생성기와 연결시킨다. 펄스 생성기는 전극이 전류를 생성하는 시점을 조절한다. DBS는 강박 및 관련 장애와 파킨슨 질환에서 나타나는 비정상적인 뇌 활동을 조절할 수 있지만, 합병증의 위험이 있으므로 정기적인 모니터링이 필요하다.

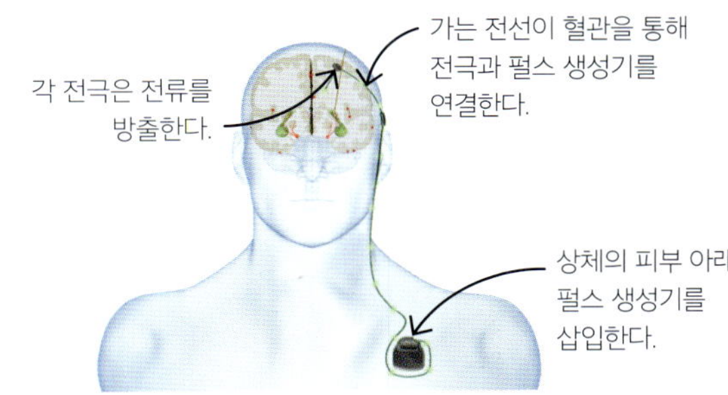

정신외과술

생의학 모델의 치료법 중 가장 극단적인 방법 중 하나는 정신외과술이다. 이는 심각한 강박 및 관련 장애, 조현병, 우울증, 그리고 만성 통증 장애 등의 질환을 치료하기 위해 뇌수술을 시행하는 것이다. 수술은 돌이킬 수 없으며, 뇌의 특정 부위를 제거하여 질환과 관련된 부분을 차단한다. 이 방법은 윤리적인 문제가 있을뿐더러 더 효과적인 대안도 존재하기 때문에 드물게 사용되며, 다른 치료법이 실패했을 때에만 시행된다.

핵심 요약

- ✓ 정신외과술은 다른 치료에 반응하지 않는 심각한 정신 질환을 완화하기 위해 뇌를 수술하는 것이다.
- ✓ 로보토미는 뇌의 특정 부위를 제거하거나 연결을 차단하는 극단적인 수술이며, 더 이상 시행되지 않는다.

수술 도중

미국 캘리포니아 대학교의 외과 의사들은 파킨슨 질환 치료를 위해 의식이 있는 환자에게 페이스메이커를 삽입하는 뇌수술을 시행했다. 환자는 음악가였으며, 수술 도중 기타를 연주하여 외과 팀이 뇌 활동을 모니터링함으로써 전극을 정확한 위치에 삽입할 수 있도록 도왔다.

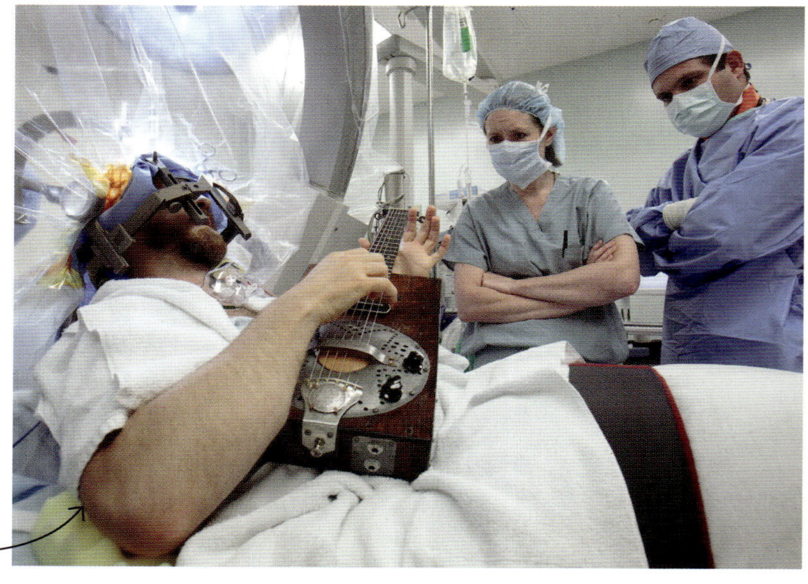

수술 전 환자는 손 떨림을 겪으면서 기타 연주를 할 수 없었다. 수술 후 환자는 떨림이 사라져 다시 공연할 수 있게 되었다.

🔍 로보토미

로보토미는 전전두백질절제술이라고도 불리는 극단적인 정신외과 수술이다. 이는 특정 뇌 영역 즉 로브(엽)라 불리는 부분을 제거하거나 차단하는 것으로(여기서 '로보토미'라는 이름이 붙여졌다), 특히 전전두피질에 시행한다. 이 수술은 성격 변화, 인지 장애, 정서적 둔화와 같은 심각한 부작용을 초래한다. 처음에는 심각한 조현병 치료법으로 개발되었으나, 20세기 중반에는 많은 질환에 무분별하게 사용되었다. 오늘날에는 약물 및 기타 치료법의 발전으로 인해 로보토미는 더 이상 사용되지 않는다.

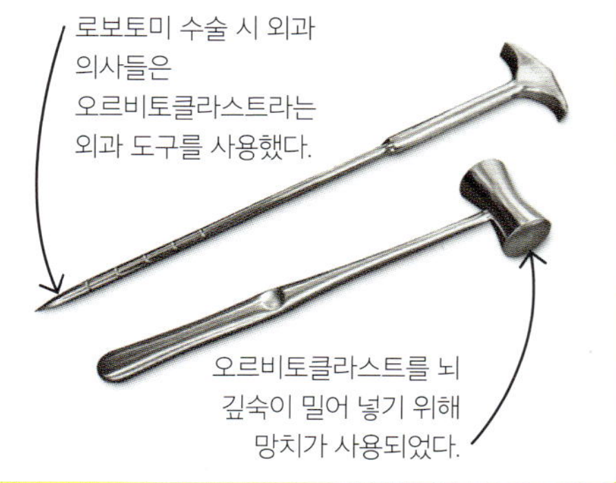

로보토미 수술 시 외과 의사들은 오르비토클라스트라는 외과 도구를 사용했다.

오르비토클라스트를 뇌 깊숙이 밀어 넣기 위해 망치가 사용되었다.

Chapter 15

사회심리학

동조

더 큰 집단의 영향을 받아 의견이나 행동을 바꾸는 경향을 동조 또
는 다수의 영향이라고 한다. 다수에 의한 사회적 압박이 실제든 상
상이든, 동조는 태도와 행동에 큰 변화를 일으킬 수 있다. 1951년
미국의 심리학자 솔로몬 애쉬는 동조 연구를 수행하였다.

애쉬의 선 길이 연구

애쉬는 단순한 과제에서 명백히 틀린
줄 알면서도 집단의 압력에 동조하는
현상을 알아보기 위해 학생들에게 네
개의 선을 보여 주고, 그중 기준선과
같은 것을 고르도록 하였다. 참가자들
은 한 명을 제외하고는 모두 의도적으
로 틀린 답을 말하도록 지시받은 실험
조력자들로 구성되었다.

핵심 요약

✓ 동조는 더 큰 집단에 맞추기
위해 의견과 행동을 바꾸는
경향이다.

✓ 애쉬의 동조 실험에서 사람들은
군중 속에서 두드러지지 않기
위해 명백하게 틀린 답을 기꺼이
내놓았다.

✓ 애쉬는 동조율에 영향을 미치는
변수를 조사했는데, 여기에는
만장일치(합의), 집단의 크기,
과제의 난이도가 포함된다.

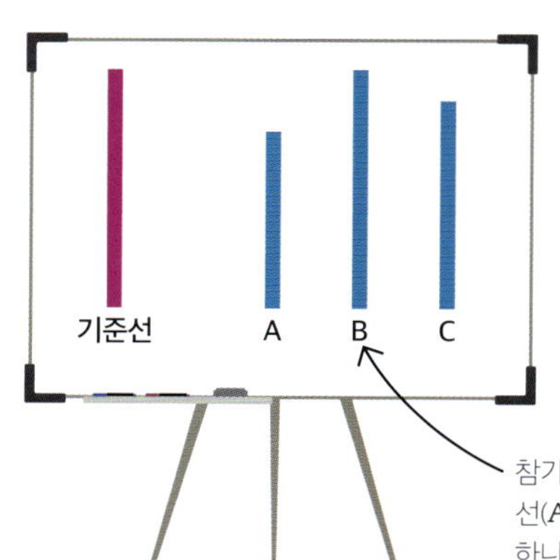

참가자들에게 기준선과 세 개의 비교
선(A, B, C)을 보여 주었다. 비교 선 중
하나는 기준선과 길이가 같았다.

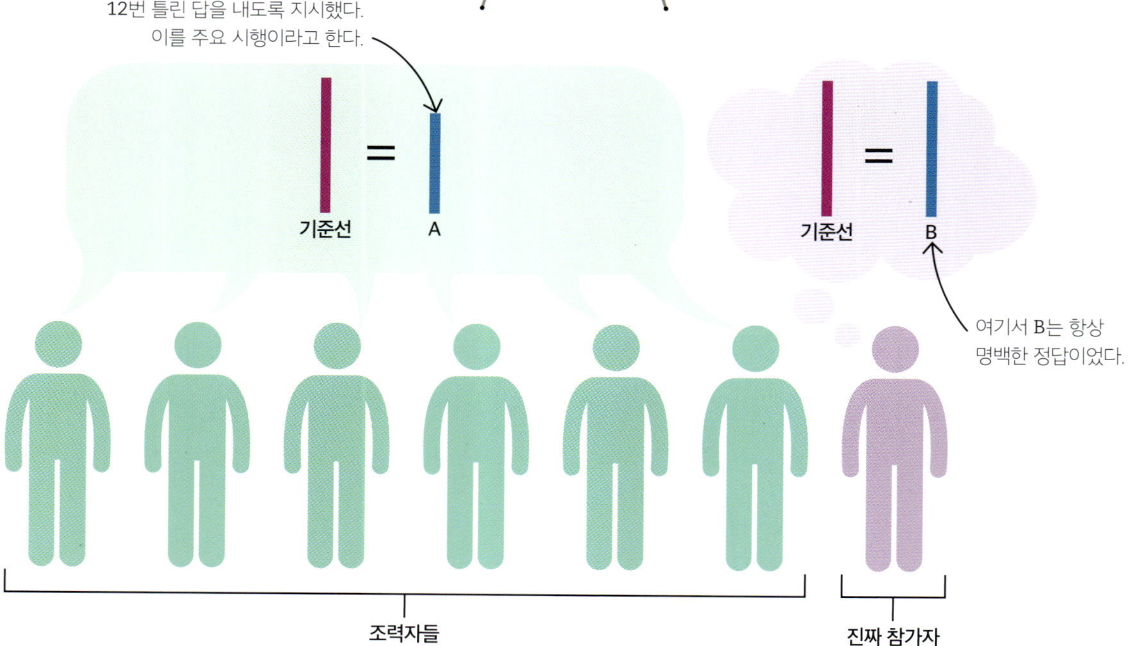

조력자들
참가자들 중 한 명을 제외한 모두는 애쉬와 협력하는
조력자들이었으며, 이들은 모두 만장일치로 틀린 답을 냈다.

진짜 참가자
매 실험에서 진짜 참가자는 한 명뿐이었다.
그는 항상 마지막에서 두 번째로 답변해야 했다.

동조에 영향을 미치는 변수들

애쉬는 시행에서 조력자에게 평균적으로 동조하는 비율이 37%임을 발견했다. 이는 참가자들이 주요 시행의 3분의 1 이상 다수의 틀린 답에 동의했다는 것을 의미한다. 애쉬는 동조율에 영향을 주는 변수를 조사하기 위해 실험을 변형하였다.

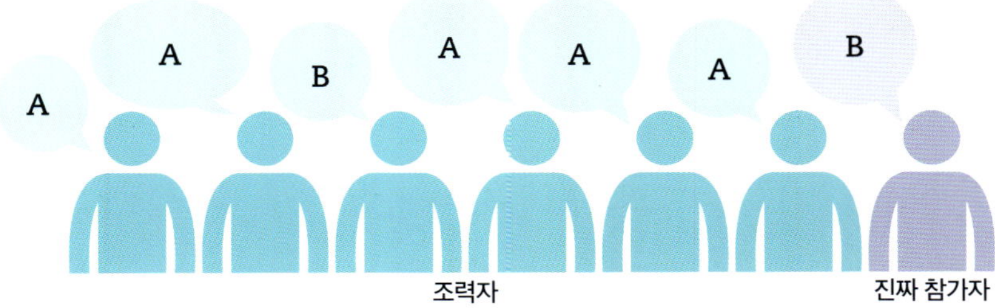

1. 만장일치

애쉬는 조력자 중 한 명에게 다른 조력자들과 다른 답을 내도록 지시했다. 그러자 동조율은 5.5%로 떨어졌다. 애쉬는 집단의 만장일치가 깨지면 동조 압박이 크게 줄어든다고 결론지었다.

2. 집단 크기

애쉬는 집단 크기를 변화시켰다. 조력자가 한두 명인 작은 집단에서는 동조율이 낮았으나, 세 명인 집단에서는 동조율이 32%로 증가했다. 그러나 조력자가 일곱 명 이상인 큰 집단에서는 동조율이 감소하기 시작했다. 애쉬는 다수의 크기가 중요하지만 일정 수준 이상에서는 중요하지 않다고 결론지었다.

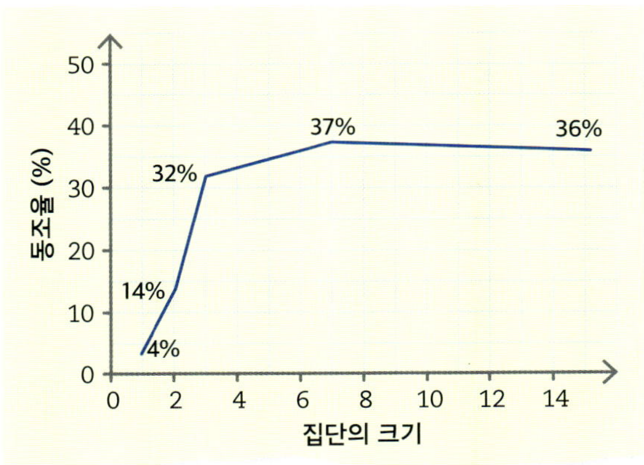

3. 과제 난이도

애쉬는 과제 난이도를 조작하여, 어려운 과제일수록 자신감이 떨어진 나머지 동조할 가능성이 높아지는지를 확인했다. 애쉬는 기준선과 비교 선의 길이를 비슷하게 만든 어려운 과제일수록 동조율이 증가하는 것을 발견했다.

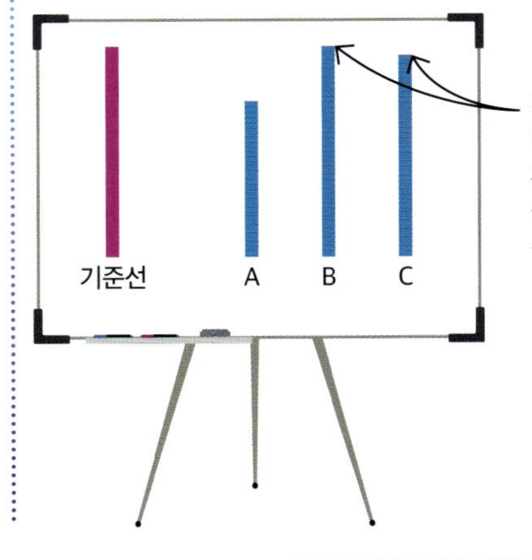

연구의 장점	연구의 단점
연구의 절차는 매우 통제되었고 쉽게 반복 가능해, 다른 심리학자들이 연구 결과를 재확인할 수 있었다.	과제가 비현실적이었다. 낯선 사람들과 함께 선의 길이를 판단하는 과제는 무의미하고 중요하지 않다. 실제 상황에서의 동조 행동은 연구 결과와 다를 수 있다.
만장일치, 집단 크기, 과제 난이도와 같은 변수를 조정하여 이들이 동조에 미치는 영향을 더 잘 이해할 수 있도록 연구를 반복하였다.	참가자들에게 선 길이 인식에 대한 실험이라고 속이고 조력자들이 그들과 같은 참가자라고 믿도록 했다는 점에서 비윤리적이다.

동조의 유형

다수의 영향이라고도 불리는 동조는 더 크고 지배적인 집단의 압력이나 영향에 따라 행동이나 신념을 조정하는 행위다. 동조는 일반적으로 긍정적인 결과(예: 사람들과 잘 어울리게 함)를 초래하지만, 부정적인 결과(예: 배척을 받을까 봐 두려워함)를 초래할 수 있다. 심리학자들은 세 가지 유형의 동조를 구분했다.

핵심 요약

- ✓ 동조는 지배적인 집단에 맞추기 위해 행동이나 신념을 바꾸는 것이다.
- ✓ 동조에는 순응, 동일시, 내면화가 있다.
- ✓ 순응은 가장 표면적인 유형인 반면, 내면화는 가장 심층적인 유형이다.

유형	설명	기간	예시
순응	순응은 집단에 수용될 수 있도록 행동하는 것이다. 공개적으로는 지배적인 집단의 신념과 행동을 받아들이지만, 개인적으로는 그렇지 않다.	단기	친구들에게 인정을 받기 위해 혹은 인정받지 못하는 것을 피하기 위해 특정 가수나 밴드를 좋아한다고 말하지만, 실제로는 다른 음악을 더 선호하는 경우.
동일시	동일시는 지배적인 집단의 일원이 되고자 하는 욕구로 인해 행동과 의견을 바꾸는 것이다. 공개적, 개인적으로 집단의 신념과 규범을 받아들이지만, 영구적이지 않다.	중기	룸메이트가 모두 채식주의자라서 집에서는 채식을 하지만, 집 밖에서나 친구들이 없을 때는 여전히 고기를 먹는 경우.
내면화	내면화는 지배적인 집단의 행동과 의견을 공개적, 개인적, 그리고 영구적으로 철저하게 받아들이는 것이다.	장기	친구들과 시위에 나가기로 한 후, 친구들이 가지 못하는 시위에도 자발적으로 나가는 경우.

가장 표면적인 동조

가장 심층적인 동조

동조에 대한 설명

심리학자들은 사람들이 동조하는 이유가 상황에 따라 다를 수 있다고 설명하였다. 동조의 영향에는 정보적 사회적 영향과 규범적 사회적 영향이 포함되며, 이는 동조의 다양한 유형(220쪽 참조)을 이해하는 데 도움을 준다.

핵심 요약

- ✓ 사람들이 동조하는 이유는 다양하다.
- ✓ 정보적 사회적 영향(ISI)은 확신이 없을 때 다른 사람들의 도움을 구하는 것이다.
- ✓ 규범적 사회적 영향(NSI)은 선호와 수용을 받고자 하는 욕구가 동조로 이어지는 것이다.

정보적 사회적 영향

정답이 없는 모호한 질문을 받으면 다른 사람들에게 도움을 구한다. 이렇게 다른 사람들의 지시를 따라 '옳은' 선택을 하고자 하는 욕구를 정보적 사회적 영향(ISI)이라고 한다. 이로써 더 많은 지식을 가지고 있다고 여겨지는 타인의 의견과 행동에 자신을 맞추려는 내면화 과정이 설명된다.

제네스의 1932년 연구에 따르면, 사람들은 다른 사람들의 답변을 들은 후 병 안에 있는 젤리의 수에 대해 자신이 예상한 답변을 수정했다. 이는 ISI의 한 예이다.

규범적 사회적 영향

집단의 선호를 받고 받아들여지고자 하는 욕구를 규범적 사회적 영향(NSI)이라고 한다. 이 욕구는 실제로 그 행동이나 태도를 믿지 않으면서도 다른 사람들과 맞추려 하는 순응을 설명할 수 있다. 어떤 사람들은 다른 사람들보다 더 선호를 받고 싶어 한다. 심리학자 맥기와 티번(1967)은 이러한 사람들을 '소속 욕구자'라고 부르며, 이들은 관계와 소속에 대해 더 큰 욕구를 가지고 있다고 설명했다. 소속 욕구가 높은 사람일수록 NSI에 더 강하게 영향을 받고 더 쉽게 동조한다.

사회적 역할에 대한 동조

사회적 역할이란 교사, 학생, 경찰과 같이 특정한 사회적 지위를 가진 사람에게 기대되는 행동을 의미한다. 사회적 역할에 대한 동조는 그 역할에게 기대되는 행동에 맞추기 위해 행동을 변화시키는 것이다. 예를 들어 경찰은 자신감과 권위를 나타내는 역할에 동조할 수 있다.

스탠퍼드 감옥 실험

1973년 미국의 심리학자 필립 짐바르도는 사회적 역할에 대한 동조 압력 때문에 행동이나 태도가 변화하는지 알아보기 위해 가짜 감옥을 설계했다. 그는 24명의 남학생을 교도관 또는 죄수 역할에 무작위로 배정했다. 실험 시작 후 몇 시간 만에 교도관들은 죄수들을 괴롭히기 시작했고, 공격적으로 변했다. 반항하던 죄수들은 무자비한 대우를 받으며 수동적으로 변했다. 모든 참가자들은 그들의 개인적 정체성을 잃은 대신 자신이 맡은 사회적 역할에 동조하게 되었다.

핵심 요약

- ✓ 짐바르도는 사회적 역할에 대한 동조를 연구하기 위해 가짜 감옥을 설계했다.
- ✓ 24명의 남학생 지원자들은 무작위로 교도관 또는 죄수 역할에 배정되었다.
- ✓ 교도관들은 점점 공격적으로 변했고 죄수들은 점점 수동적으로 변해 주어진 사회적 역할에 동조했다.
- ✓ 실험은 2주간 지속될 예정이었으나, 심리적 피해 때문에 6일 만에 종료되었다.

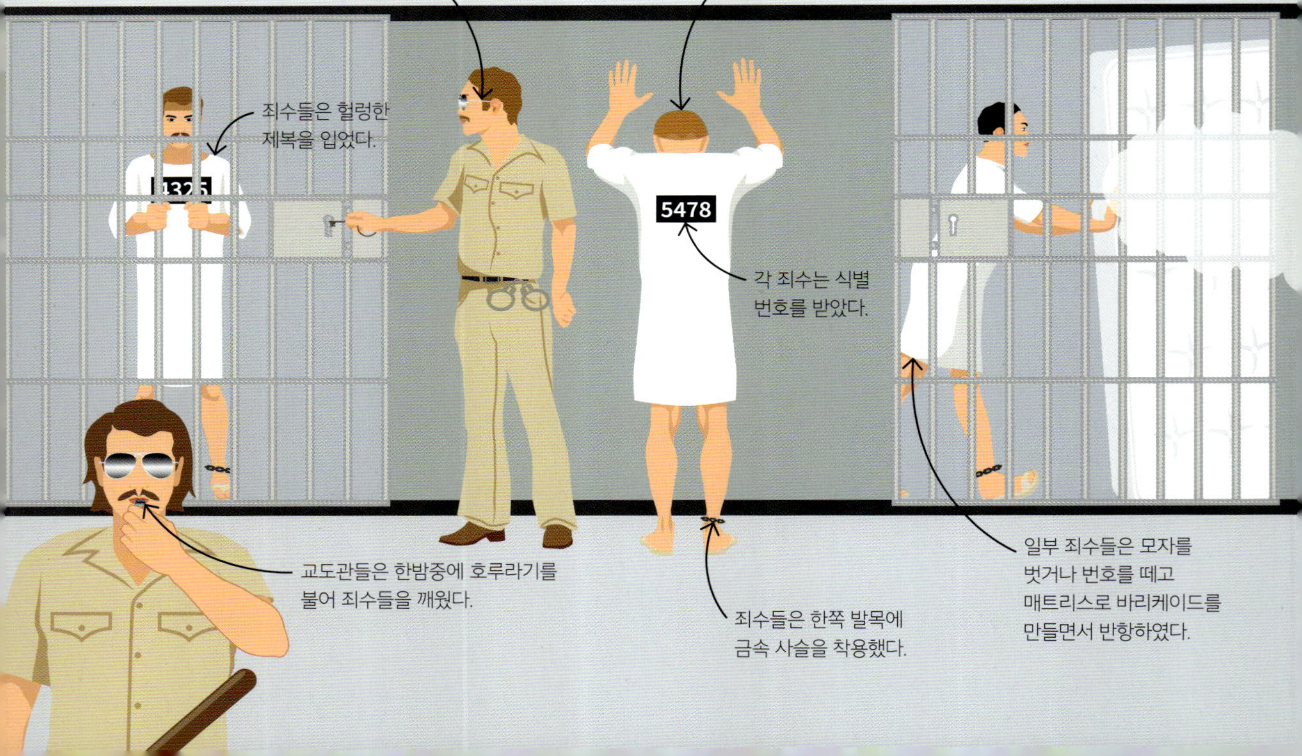

실험 종료

실험이 진행되면서 짐바르도는 다른 심리학자와 학부모들로부터 항의를 받았다. 죄수들은 문제 행동을 나타냈으며, 일부 교도관들은 가학적인 태도를 보였다. 짐바르도는 교도소장 역할을 맡으면서 옳지 못한 행동을 보여 비판을 받았다. 원래 2주간 진행될 예정이었던 실험은 결국 6일 만에 종료되었다.

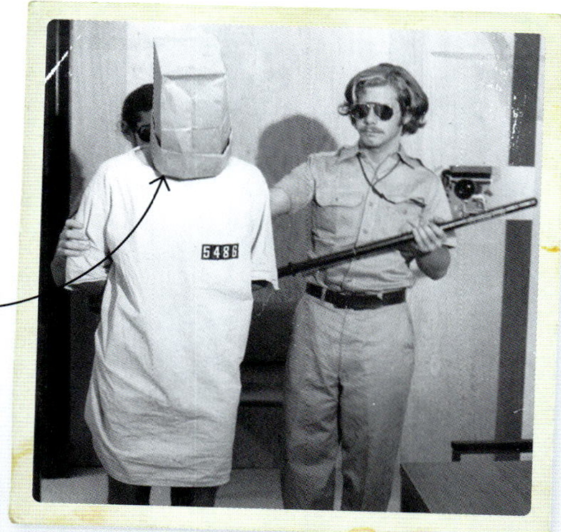

때때로 죄수들은 머리에 종이봉지를 쓰도록 강요받았다.

🔍 윤리적 문제

이 실험은 역사상 가장 비윤리적인 심리학 실험 중 하나로 꼽힌다. 죄수들이 겪은 피해는 심리학자들에게 더 엄격한 윤리 지침을 마련하게 했다. 짐바르도는 편향과 사기 혐의로 비판을 받았으며, 교도관들에게 일부러 공격적인 행동을 하도록 지시했다는 보고도 있다. 그러나 이 실험은 감옥이나 시설의 운영 방식에 대한 논의를 촉발시켰다.

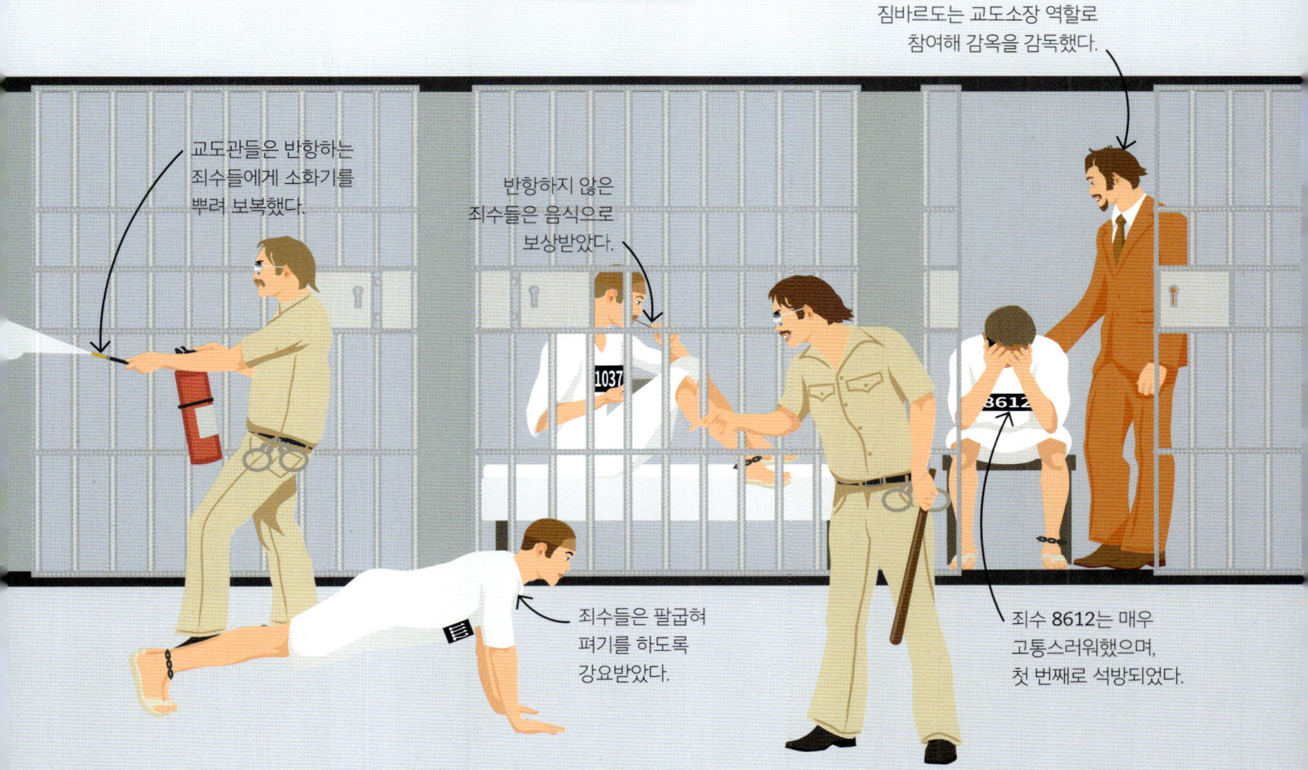

짐바르도는 교도소장 역할로 참여해 감옥을 감독했다.

교도관들은 반항하는 죄수들에게 소화기를 뿌려 보복했다.

반항하지 않은 죄수들은 음식으로 보상받았다.

죄수들은 팔굽혀펴기를 하도록 강요받았다.

죄수 8612는 매우 고통스러워했으며, 첫 번째로 석방되었다.

권위에 대한 복종

1963년, 미국의 심리학자 스탠리 밀그램은 다른 사람에게 해를 끼치더라도 권위자의 명령을 따르는지 알아보기 위한 실험을 실시하였다. 밀그램은 다른 방에 있는 사람에게 강한 전기 충격을 가하도록 명령하고, 참가자들이 어떻게 반응하는지 조사했다. 그는 60% 이상의 참가자들이 고통스러운 비명을 들으면서도 허용된 최대치의 전기 충격을 가한다는 사실을 발견했다.

핵심 요약

✓ 밀그램은 파괴적인 복종, 즉 다른 사람에게 해를 끼치는 명령에 복종할 것인지를 실험했다.

✓ '교사'(진짜 참가자)는 '학습자'(실험 조력자)에게 전기 충격을 가해야 했다.

✓ 대부분의 사람들은 권위자의 명령에 복종하며, 그들의 행동이 다른 사람에게 해를 끼치더라도 명령에 따를 가능성이 크다.

밀그램의 복종 실험

밀그램은 진짜 참가자에게 '교사' 역할을 맡기고, 조력자(배우)에게는 '학습자' 역할을 맡겼다. 연구자는 교사에게, 학습자가 단어 검사에서 틀린 답을 말할 때마다 더 강하게 전기 충격을 가하도록 지시했다. 교사는 학습자의 고통스러운 비명을 들을 수 있었지만, 그들을 볼 수는 없었다. 실제로 전기 충격은 가해지지 않았으나 교사는 실험이 끝날 때까지 이 사실을 알지 못했다.

실험 설정

실험은 미국 코네티컷주 예일대학교의 두 방에서 진행되었다. 교사와 연구자는 같은 방에 있었고, 학습자(조력자)는 가짜 전기 충격 기계에 연결된 다른 방에 있었다.

전기 충격 강도

전기 충격은 15볼트에서 시작하여 15볼트씩 증가하여, 최대 450볼트까지
올라갔다. 약 65%의 교사들은 최대치까지 충격을 가했다. 많은 참가자들이 심한
스트레스 징후를 보였으며, 몸을 떨거나 땀을 흘리고, 연구자에게 항의하기는
했어도 결국 명령에 복종했다.

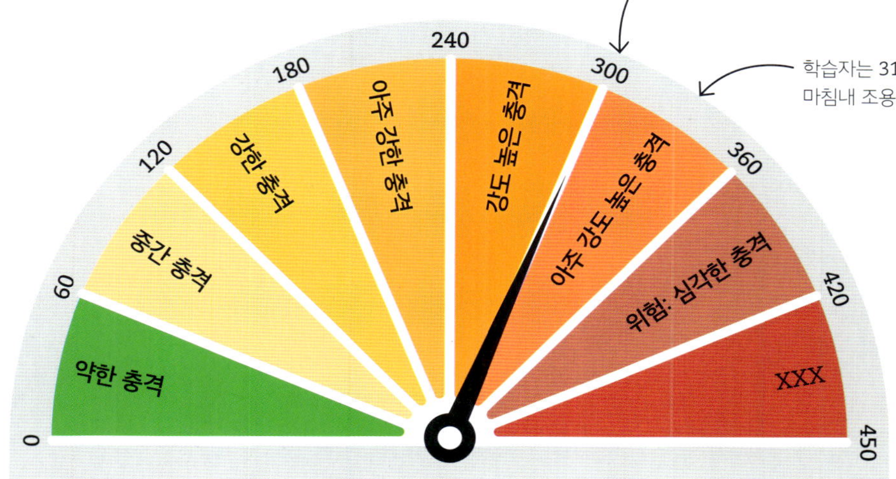

실험의 장점	실험의 단점
밀그램은 40명의 다른 참가자들에서도 유사한 결과를 얻었으며, 이는 어느 정도의 신뢰성을 준다.	실험 내용이 극단적이었기에 참가자들은 전기 충격이 실제라고 믿지 않았을 가능성이 있다. 그들은 자신이 실험에서 해야 할 행동을 하고 있다고 생각했을 수도 있다.
실험은 실험실 내에서 진행되어 쉽게 반복할 수 있었고, 밀그램은 다양한 변수의 효과를 확인할 수 있었다.	과제가 비현실적이었기 때문에, 전쟁 상황의 명령 같은 실제 복종 행동에 대해 많은 정보를 제공하지 못할 수 있다.
밀그램은 참가자들의 행동을 숫자로 비교할 수 있었고, 사용된 전압 수준은 복종의 척도로 사용될 수 있었다.	참가자들을 일부러 속였으며, 그 결과 이들은 큰 불안을 경험했다.

🔍 복종에 영향을 미치는 변수

근접성: 연구자가 직접 명령을 내리는 대신 전화로 명령했을 때, 복종률은 65%에서 21%로 떨어졌다.

장소: 권위 있는 대학 대신 낡은 사무실에서 실험했을 때, 복종률은 65%에서 48%로 떨어졌다.

유니폼: 흰 가운을 입은 연구자를 평상복을 입은 사람으로 교체했을 때, 복종률은 65%에서 20%로 떨어졌다.

복종에 대한 설명

심리학자들은 사람들이 복종하는 여러 가지 이유를 설명한다. 일부는 상황적 요인(명령을 받을 때 처한 환경과 관련)이며, 일부는 개인적 요인(명령을 받는 사람들의 정신 상태와 관련)이다. 사람들이 특정 명령에 복종하는 이유를 이해하기 위해서는 복합적인 설명이 필요하다.

핵심 요약

- ✓ 복종하는 이유는 사람들의 환경과 정신 상태와 관련이 있다.
- ✓ 어떤 사람들은 정당한 권위를 가진 것으로 보이는 개인에게 더 쉽게 복종한다.
- ✓ 어떤 사람들은 자신이 다른 사람을 대신해 행동한다고 믿으면 복종할 가능성이 높아진다.

대리 상태

복종할 때의 정신 상태가 어떻게 변하는지를 설명한다. 사람들은 자신의 생각과 행동을 통제할 수 있는 자율 상태에서, 권위자의 대리자로 행동하는 대리 상태(위임된 상태)가 된다. 대리 상태에서는 책임과 양심으로부터 벗어나 파괴적인 명령에도 복종하게 만든다.

권위의 정당성

정당한(실질적인) 권위를 가진 것으로 인식되는 사람의 명령에 복종하는 것이다. 제복을 입은 사람들은 사회적 권력을 가지며, 사람들은 그들이 권력을 가질 만하다고 믿고 복종하는 경향이 있다. 또한 사람들은 처벌할 권력을 가지고 있는 사람에게 복종하는 경향이 있다. 두 경우 모두 권위를 의심하지는 않는다.

🔍 권위주의적 성격

권위 있는 사람에게 쉽게 복종하는 성격 유형을 권위주의적 성격이라고 한다. 이러한 성격을 가진 사람들은 자신과 다른 사람들의 지위를 매우 의식한다. 그들은 지위가 낮은 사람들에게 적대감을 보이지만, 지위가 높은 사람들에게는 과도한 존경과 복종을 나타낸다. 이들은 자신의 신념과 의견을 잘 바꾸지 않으며, 전통과 관습을 고수한다. 일부에서는 이 성격 유형이 엄격한 부모의 양육 방식으로부터 비롯된다고 주장한다.

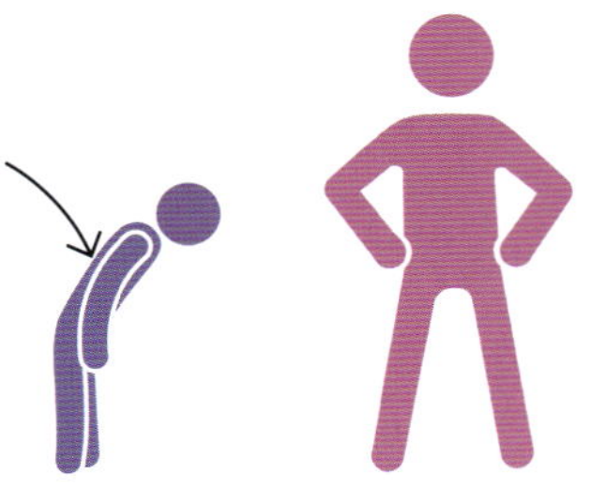

인지부조화

태도는 신념에 의해 부분적으로 형성된 감정이다. 태도와 행동이 일치하지 않으면 내적 긴장 상태를 초래하는데, 이를 인지부조화라고 한다. 1950년대 미국의 심리학자 레온 페스팅거가 제안한 인지부조화 이론은 내적 긴장을 해결하는 방식을 설명한다.

핵심 요약

- ✓ 태도는 신념에 의해 형성된 감정이다.
- ✓ 태도와 행동이 일치하지 않을 때 발생하는 내적 긴장을 인지부조화라고 한다.
- ✓ 인지부조화 이론은 내적 긴장을 해결하는 방식을 설명한다.

인지부조화 이론

어떤 사람이 시험을 앞두고 있다고 가정해 보자. 그는 자신을 성실한 학생이라고 생각하지만(신념), 공부 대신 게임을 한다(행동). 이러한 신념과 행동의 부조화, 즉 내적 긴장을 해결하기 위해 그는 기존의 신념을 정당화하거나, 신념을 바꾸거나, 문제의 중요성을 축소할 수 있다.

기존 신념을 바꾸기
"나는 그렇게 똑똑하지 않으니 공부해도 소용없어."

기존 신념을 정당화하기
"나는 공부하지 않아도 합격할 만큼 똑똑해."

문제의 중요성을 축소하기
"시험에서 떨어져도 상관없어."

부조화 상태

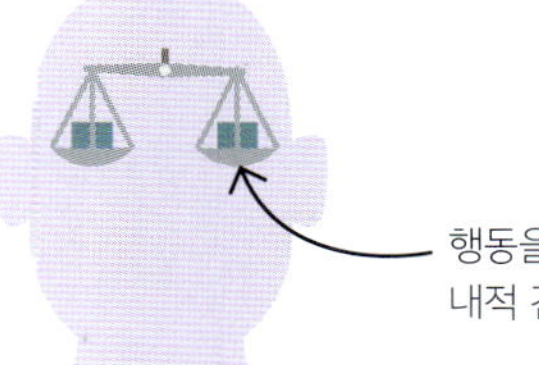

행동을 정당화함으로써 내적 긴장을 해소한다.

갈등 해결

🔍 페스팅거의 실험

1959년, 페스팅거는 사람들에게 지루한 과제를 준 뒤, 다음에 참가하는 사람들에게 이 과제가 재미있다고 말해 달라고 요청했다. 전체 인원 중 절반은 1달러를 받았고, 나머지 절반은 20달러를 받았다. 재미없었던 과제에 대해 거짓말을 함으로써 인지부조화를 겪은 사람들은 태도를 변화시켰다.

1달러 집단
1달러는 거짓말을 정당화하기에 충분하지 않았다. 인지부조화를 줄이기 위해, 이 집단의 많은 사람들은 실험이 재미있었다고 스스로를 설득하며 기존의 신념을 바꾸었다.

20달러 집단
이 집단은 과제가 지루하다는 것을 알고 있었지만, 20달러를 받았기 때문에 과제가 재미있다고 말할 충분한 정당성을 가졌다. 이들은 나중에 과제가 지루했다고 자유롭게 인정했다.

귀인 이론

우리는 다른 사람의 행동을 성향 또는 상황 중 하나로 설명한다. 성향 귀인은 개인의 내적 성향(개인적 특질)으로 행동을 설명하는 것이며, 상황 귀인은 외적 요인(환경이나 시간, 돈의 제약)으로 행동을 설명하는 것이다. 행동을 이해하기 위해서는 성향적 요인과 상황적 요인을 모두 고려해야 한다.

핵심 요약

✓ 인간은 다른 사람의 행동을 성향적 요인(개인적 특질)이나 상황적 요인(환경과 제약)으로 설명하려는 경향이 있다.

✓ 기본적 귀인 오류는 다른 사람의 행동을 설명할 때 성향적 요인을 과대평가하고, 상황적 요인을 과소평가하는 것을 의미한다.

기본적 귀인 오류

누군가가 약속 시간에 늦었을 때, 그 사람이 무책임하거나 예의가 없다고 판단한 적이 있는가? 기본적 귀인 오류는 다른 사람의 행동(예: 약속에 늦음)을 설명할 때 성향적 요인(예: 무책임함)을 과대평가하고, 상황적 요인(예: 교통체증)을 과소평가하는 경향을 말한다. 우리는 보통 다른 사람을 우리 자신보다 더 냉정하게 판단한다.

🔍 기본적 귀인 오류의 원인

• **인지적 편향**: 뇌에서는 정보를 빨리 처리하기 위해 '인지적 편향'이라는 사고의 지름길을 사용하는데, 이는 정신적 노력을 줄일 수 있다.

• **문화적 차이**: 문화적 차이는 오해와 불공정한 판단을 유발할 수 있다.

• **행위자-관찰자 편향**: 사람들은 다른 사람의 행동을 성향적 요인에 귀인하는 반면, 자신의 행동은 상황적 요인에 귀인하는 경향이 있다.

• **지각적 현저성**: 사람들은 자신의 주의를 끄는 것에 중요성을 부여하는 경향이 있다.

그들은 다른 사람의 행동에 매우 민감하고 이를 중요하게 여기는 반면 큰 그림을 놓치는 경우가 많다.

• **외집단 동질성 편향**: 사람들은 자신의 집단(내집단) 구성원은 다양하다고 생각하는 반면, 외집단 구성원은 비슷하다고 여기는 경향이 있다.

사회적 영향에 대한 저항

사회적 영향에 대한 연구의 대부분은 사람들이 사회적 압력으로 말미암아 자신의 의견과 행동을 어떻게 바꾸는지에 초점을 맞추었다. 미국의 심리학자 줄리안 B. 로터와 솔로몬 애쉬는 사회적 압력에 저항하는 데 관여하는 요인들을 설명하였다.

핵심 요약

- ✓ 사회적 영향에 대한 저항은 다른 사람들의 의견과 행동에 동조해야 한다는 압력을 견디는 능력이다.
- ✓ 통제 소재는 자신의 삶과 행동에 통제권을 가지고 있는 정도를 나타낸다.
- ✓ 사회적 지지는 다른 사람들과 맺고 있는 연대감의 정도를 말한다.

통제 소재

로터는 "통제 소재" 라는 개념을 제안했으며, 이는 자신의 삶과 행동에 대해 통제력을 가지고 있다고 생각하는 정도를 말한다. 일반적으로 설문지를 통해 측정되며, 높은 내적 통제에서부터 높은 외적 통제까지 일련의 점수로 평가된다.

내적 통제 소재

내적 통제 소재가 높은 사람들은 자신의 삶과 행동을 스스로 통제한다고 믿는다. 개인적 책임감이 높기에, 이들은 사회적 영향에 저항할 가능성이 높다.

외적 통제 소재

외적 통제 소재가 높은 사람들은 다른 사람이나 운과 같은 외적 요인이 자신의 삶을 결정한다고 믿는다. 개인적 책임감이 부족하기 때문에, 이들은 사회적 영향에 저항할 가능성이 낮다.

사회적 지지

사회적 영향에 대한 저항은 사회적 지지에 의해 좌우된다. 사람들은 다른 사람들이 저항할 때 같이 저항할 가능성이 높다. 동조 혹은 복종 압력은 집단이 만장일치를 할 때 그리고 권위를 가진 사람의 명령에 모두가 복종할 때 가장 강하다. 애쉬의 동조 연구(218~219쪽 참조)는 사회적 지지의 중요성을 보여 주었다.

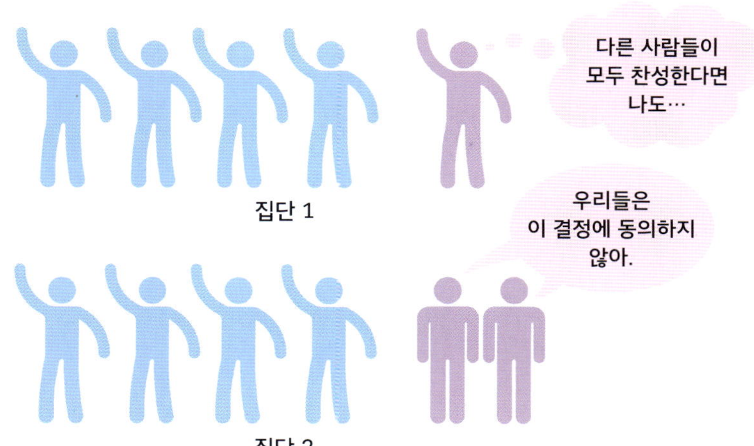

소수의 영향

소수의 영향은 소수자 집단이 다수자 집단의 신념과 행동을 변화시키는 능력을 말한다. 이는 다수가 영향을 미치는 동조와는 다르다. 소수의 영향은 공적 행동과 사적 신념을 모두 변화시키는 내면화로 이어질 가능성이 더 크다.

핵심 요약

- ✓ 소수도 다수의 행동을 변화시킬 수 있다.
- ✓ 소수의 의견이 일관성을 유지할 때 더 효과적이다.
- ✓ 유연성과 헌신 역시 소수의 의견이 다수에 더 큰 영향력을 미칠 수 있게 하는 요인이다.

소수의 영향에 대한 요인

소수가 다수를 설득하는 데 성공할 수 있는지는 일관성을 유지하고, 타협의 의지를 보이며, 의견을 전달하기 위해 어느 정도 희생을 하는지에 달려 있다.

일관성

1969년 프랑스의 심리학자 세르게 모스코비치는 소수가 다수에 영향을 미칠 수 있는지 알아보기 위한 실험을 고안했다. 집단에는 두 명의 조력자와 네 명의 진짜 참가자를 포함시켜, 각자가 36개 슬라이드의 색상을 말하도록 했다. 모든 슬라이드는 명백한 파란색이지만 다양한 음영을 띠고 있었다. 조력자(소수)가 '초록색'이라고 말할 때 진짜 참가자(다수)가 영향을 받는지 알아본 결과, 소수는 항상 설득할 수는 없었으나 일관성이 있을 때 더 큰 영향을 미쳤다.

	조력자 반응	진짜 참가자 반응
일관 조건	조력자는 36개의 슬라이드에 모두 초록색이라고 답했다 (오답).	전체 시행의 8.42%에서 초록색이라고 답했다. 조력자가 일관된 답변을 제공했을 때 진짜 참가자들은 오답에 동의할 가능성이 더 높았다.
비일관 조건	조력자는 24개의 슬라이드에 파란색(정답)이라고 답하고, 12개의 슬라이드에 초록색(오답)이라고 답했다.	전체 시행의 1.25%에서 초록색이라고 답했다. 조력자가 일관되지 않은 답변을 제공했을 때 진짜 참가자들은 오답에 동의할 가능성이 더 낮았다.

유연성

미국의 심리학자 샬런 니메스와 A. G. 브릴마이어(1987)는 소수의 영향에서 일관성보다 유연성이 더 중요할 수 있다고 보았다. 한 명의 조력자를 포함한 집단에게 스키 리프트 사고로 인한 보상금을 토론하게 했을 때, 조력자가 매우 낮은 금액을 주장하는 경우, 타협을 거부할 때는 집단의 의견을 바꾸는 데 실패했지만, 유연성을 보였을 때에는 집단의 의견을 바꾸는 데 성공했다.

헌신

소수는 대의를 위한 강한 헌신을 보일 때 더 큰 영향력을 발휘한다. 1955년 로자 파크스는 백인 승객에게 버스 좌석을 양보하라는 요구를 거부했다. 당시 미국 사회는 인종 차별이 심했으며, 로자 파크스는 그녀의 행동으로 인해 체포되었다. 파크스는 개인적인 희생을 통해 자신의 신념에 헌신하는 모습을 보여 주었고, 많은 사람들이 민권 운동을 지지하게 만드는 데 성공했다.

편견과 차별

사람들은 종종 불공정한 가정을 가지고 개인이나 집단에 대해 판단을 내린다. 이것을 편견이라고 한다. 성별, 성적 지향, 나이, 인종, 국적, 사회적 계층, 신체적 능력 때문에 특정한 사람들에게 편견을 가질 수 있다. 편견에 기반한 행동, 즉 사람들이 가졌거나 가졌을 것이라고 생각되는 특성 때문에 그들을 다르게 대우하는 것을 차별이라고 한다. 심리학자들은 차별과 갈등 같은 사회적 문제를 이해하기 위해 편견을 연구한다.

핵심 요약

- 편견은 성별, 성적 지향, 나이, 인종, 국적, 사회적 계층, 신체적 능력과 같은 특성을 바탕으로 고정된 선입견이 형성될 때 발생한다.
- 고정관념은 지나치게 단순화된 생각을 가지고 사람들을 범주화하는 것이다.
- 차별은 사람들이 가진 특성에 기반하여 그들을 불공정하게 대우하는 행동이다.

고정관념

고정관념은 개인이나 집단을 고정적이고 지나치게 단순화된 생각에 근거하여 범주화하는 것이다. 이러한 방식으로 사람들을 범주화하는 것은 뇌로 들어오는 정보를 단순화하는 데 도움을 주지만, 편견과 차별로 이어질 수 있다.

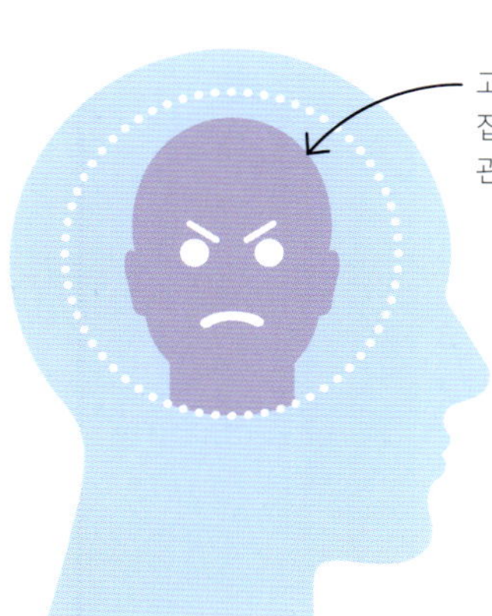

고정관념은 부정적인 인식을 주는 집단에 속한 사람들에 대해 적대적인 관점을 가지도록 만들 수 있다.

차별

차별은 지각된 차이에 기반해 개인이나 집단을 편향적으로 대우하는 것이다. 차별에는 배제, 불공정한 대우, 자원과 기회의 거부가 포함될 수 있다. 차별에 대한 연구는 차별이 개인과 사회에 미치는 피해를 밝혀내고, 보다 포용적인 공동체를 구축함으로써 피해를 줄이는 방법을 찾도록 돕는다.

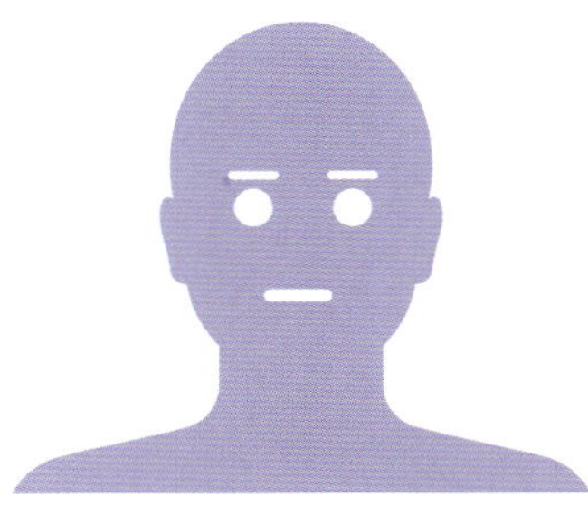

신체적 장애가 없는 사람은 장애가 있는 사람들이 일상에서 겪는 어려움을 모를 수 있다.

다양한 사람들의 요구를 고려하지 않으면 이들이 배제될 수 있다.

편견의 근원

인종적 편견이 생기는 것은 사람들이 자신의 인종에 속한 사람들을 다른 인종의 사람들보다 더 선호하는 경향이 있기 때문이다. 편견은 한정된 사회적 범위 밖으로 거의 노출되지 않았을 때 형성된다. 다른 배경을 가진 개인이나 공동체와의 접촉이 부족하면 고정관념이 형성될 수 있으며, 이는 차별로 이어질 수 있다.

핵심 요약

- 자신과 생각이 비슷한 사람들은 내집단, 그 외 모든 사람은 외집단에 속한다.
- 내집단은 외집단에 대해 편견, 편향, 피해자 비난 등의 태도를 보일 수 있다.
- 사람들은 자신의 인종에 속한 사람들의 얼굴을 더 잘 인식하는 경향이 있다.

내집단과 외집단

1970년대 폴란드의 심리학자 헨리 타지펠과 영국의 심리학자 존 터너는 사회적 정체성 이론에서 내집단과 외집단을 가지고 편견을 설명했다. 내집단은 한 개인이 속한 사회적 집단으로, 비슷한 생각을 가진 구성원들 간에는 정체성을 공유한다. 외집단은 나머지 모든 사람을 의미하며, 이들은 자신과 다른 '타인'으로 인식된다. 사람들은 내집단을 긍정적으로, 외집단을 부정적으로 평가한다. 이는 내집단의 정체성과 사회적 지위를 강화하기 위해서이다.

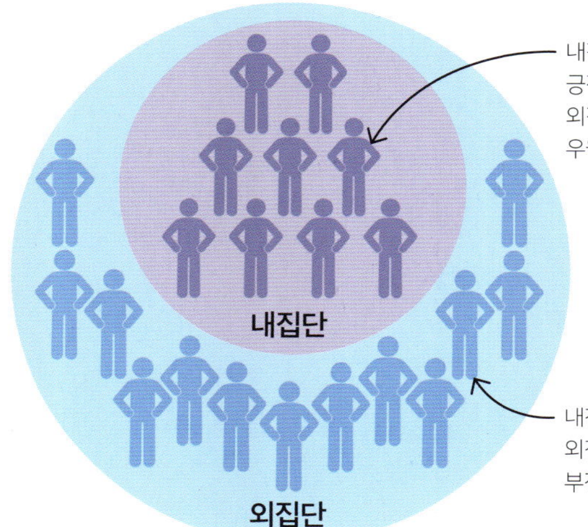

외집단 동질성 편향

사람들은 외집단 구성원들이 동질적이라고 생각하며, 내집단 구성원들보다 다양하지 않다고 인식한다. 이러한 편향은 외집단과의 접촉이 제한적이거나 고정관념에 의존하여 외집단 구성원들의 개인차를 무시할 때 발생한다.

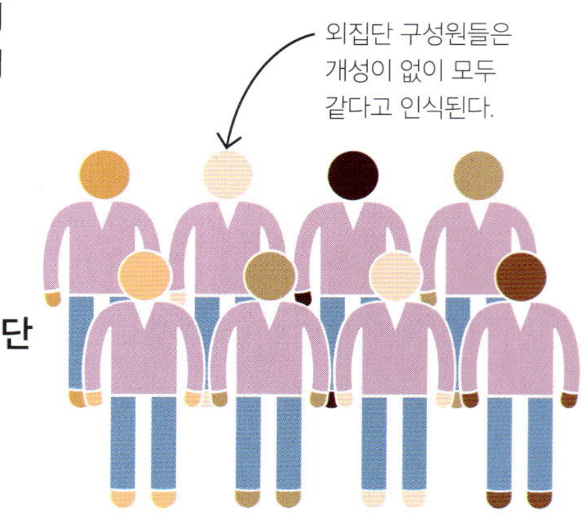

희생양

때때로 개인이나 집단은 더 큰 집단 내의 문제에 대해 부당한 비난을 받는 희생양이 된다. 이는 문제에 대한 책임을 회피한 채, 고정관념이나 편견에 의해 취약한 외집단을 선택하여 그들을 비난할 때 발생한다. 사람들은 종종 사회적으로 불안정한 시기에 불안이나 좌절을 느끼면 희생양을 만들려 한다.

피해자 비난 이론

편견을 가진 태도는 피해자가 스스로의 불행에 책임이 있다고 가정하게 만들 수 있다. 이 편향은 사람들에게 통제감을 주고, 자신에게는 나쁜 일이 일어나지 않을 것이라는 환상을 유지하게 돕는다. 피해자 비난 이론은 공정한 세상 가설에 기초하는데, 이는 사람들에게 닥친 결과는 그들이 자초한 것이라는 잘못된 가정이다.

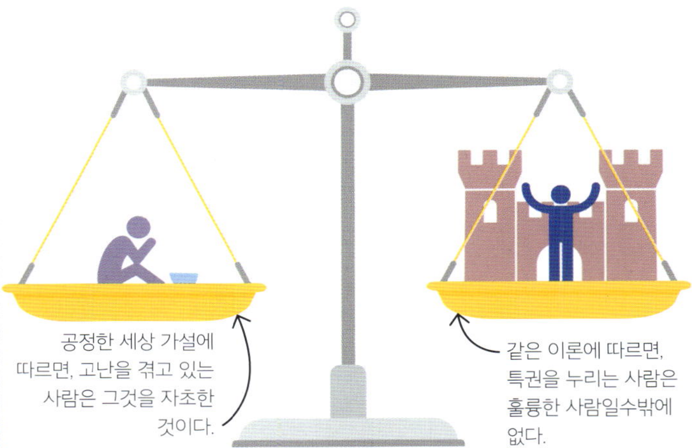

생생한 사례

강한 감정을 불러일으키게 하는 사건의 언론 보도는 사람들에게 인상을 남긴다. 생생한 사례들은 사실적인 정보보다 사람들의 태도에 더 큰 영향을 미치는 경향이 있다. 외집단의 한 명이 극단적으로 부정적인 행동을 보였던 사건은 그 집단 전체에 대한 일반화를 초래할 수 있다.

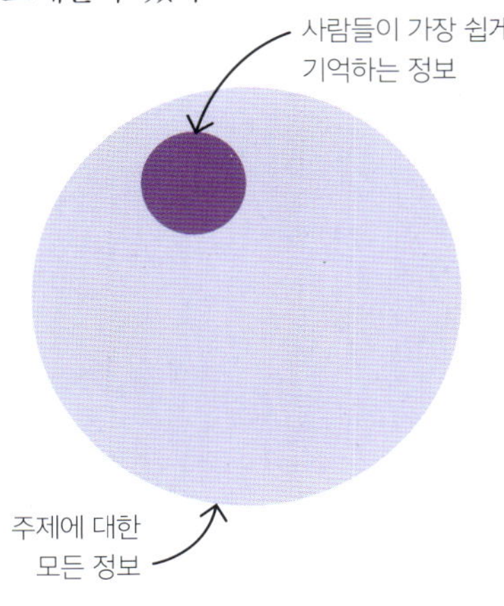

타인종 효과

연구에 따르면, 사람들은 같은 인종의 얼굴을 더 잘 인식하며, 다른 인종의 얼굴을 인식하는 데 어려움을 겪는다. 이는 사람들이 자신과 같은 인종의 사람들에게 더 우호적인 것을 의미한다. 사람들은 '익숙해보이는' 얼굴의 사람들을 선호하며 우정을 형성하려 한다.

집단의 영향

사람들은 혼자 있을 때와 집단 내에 있을 때 각각 다른 결정을 내리는 경향이 있다. 집단의 영향은 구성원들을 극단적인 견해로 이끌기도 하고(집단 극화), 모든 의견들을 충분히 평가하기보다 조화로운 관계를 우선시하는 방향으로 흐르게 할 수 있다(집단사고). 이러한 집단의 영향으로 인해, 과거 정부나 기업이 내린 중대한 결정이 치명적인 결과를 초래한 경우도 있었다.

집단 극화

생각이 비슷한 사람들끼리 토론할 때는 기존의 신념을 강화시키는 경향이 있다. 이로 인해 한층 더 극단적인 견해를 갖게 되는 현상을 집단 극화라고 한다. 집단 극화는 구성원들로 하여금 혼자일 때보다 더 극단적인 결정을 내리게 할 수 있다.

핵심 요약

- 집단 극화는 토론을 하고 난 뒤 의견이 극단적으로 변하는 현상이다.
- 집단사고는 비판적 사고보다 집단의 결속을 유지하는 것을 우선시한 나머지 부실한 의사 결정을 초래하는 현상이다.

집단 토론 전

집단 토론 후

집단사고

집단 내에서 구성원들은 결속과 조화를 위해 다수에게 동의하는 경향이 있다. 이에 따라 다른 의견을 충분히 고려하지 못한 결과 비합리적인 결정을 내릴 수 있다. 미국의 심리학자 어빙 재니스는 이러한 현상을 집단사고라고 명명했다. 집단사고는 특히 스트레스가 높은 상황 즉 동조 압력을 받거나, 강력한 리더가 있거나, 고립된 집단 내에서 발생하기 쉽다.

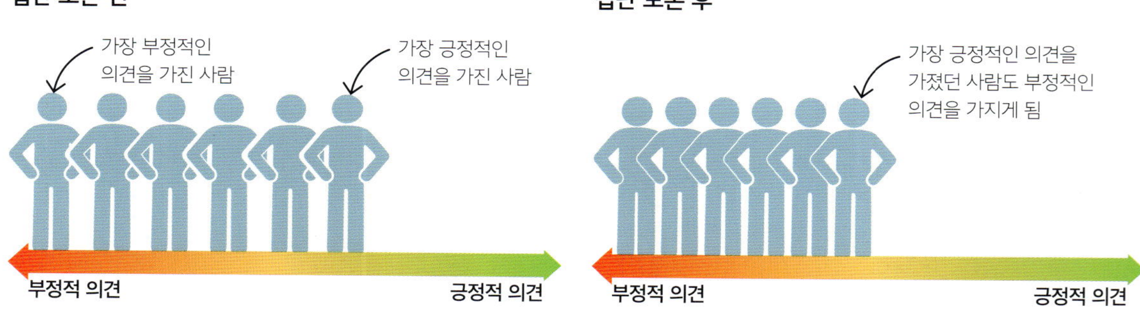

집단 역학

사회심리학자들은 사람들이 집단에 속해 있을 때 어떻게 행동하는지에 관심을 갖는다. 다른 사람들과 함께 있을 때는 혼자일 때와 다르게 행동하는 경우가 많으며, 이를 집단 역학이라 한다.

사회적 태만과 사회적 촉진

집단 과제가 주어졌을 때, 사람들은 혼자서 할 때보다 더 적은 노력을 기울이는 경향이 있는데, 이를 사회적 태만이라고 한다. 반면, 누군가 자신을 관찰하고 있다고 느낀다면 더 많은 노력을 기울이게 되는데, 이를 사회적 촉진이라고 한다. 사회적 촉진은 두 가지 결과를 낳을 수 있다. 해당 과제를 잘하는 사람은 더 높은 수행을, 과제를 못하는 사람은 더 낮은 수행을 보일 것이다.

핵심 요약

- ✓ 사람들은 군중 속에 있을 때 평소와는 다른 방식으로 행동한다.
- ✓ 사회적 태만은 혼자일 때보다 집단에 있을 때 더 적은 노력을 기울이는 경향이다.
- ✓ 사회적 촉진은 자신이 관찰되고 있다고 느낄 때 더 많은 노력을 기울이는 경향이다.
- ✓ 책임의 분산은 군중 속에 있을 때 개인적 책무감이 줄어드는 현상을 의미한다.

🔍 탈개인화

군중 속에서 익명성을 느끼는 것을 탈개인화라고 한다. 이는 개인이 평소와는 다른 방식으로 행동할 가능성을 높인다. 예를 들어 스포츠 경기에서 발생하는 폭력 사건에는 평소 공격적으로 행동하지 않던 사람들이 연루되는 경우가 많다. 개인은 군중 속에서 쉽게 식별되지 않기 때문에, 부적절한 행동에 대한 개인적 책무는 군중에게 전이되어 '책임의 분산'을 가져온다.

방관자 효과

누군가 도움이 필요한 상황에서 도움을 주는 행동을 할지의 여부는 그 상황을 목격한 사람들의 수에 따라 결정된다. 사람들은 주변에 다른 사람이 있을 때보다 혼자 있을 때 더 쉽게 도움을 주는 경향이 있다. 이러한 행동 부재는 "방관자 효과"라고 불리며, 자신이 아닌 다른 누군가가 도움을 줄 것이라고 생각하기 때문에 일어난다.

핵심 요약

- ✓ 방관자 효과는 다른 사람들이 행동할 것이라고 가정하고 도움을 주지 않는 현상이다.
- ✓ 주변에 다른 사람이 없을 때, 사람들은 도움을 줄 가능성이 더 높다.
- ✓ 주변에 다른 사람들이 있을 때, 사람들은 도움을 줄 가능성이 낮다.

지하철 연구

미국의 심리학자 제인 필리아빈, 주디스 로딘, 어빙 필리아빈(1969)은 뉴욕의 지하철에서 실험을 진행했다. 실험에서 조력자는 시각장애인 또는 술 취한 사람으로 가장하여 쓰러졌고, 관찰자는 승객들의 반응을 관찰했다. 시각장애인은 술 취한 사람보다 더 빨리 더 많은 도움을 받았고, 승객 중에서는 남성이 여성보다 더 자주 도움을 제공했다.

이타주의

일부 사회심리학자들은 다른 사람들을 돕는 동기에 대해 연구한다. 다른 사람을 위한 이타적 관심과 친절한 행동을 이타주의라고 한다. 이타적 행동을 설명하는 여러 이론에서는 자발적이고 친절한 행동, 즉 친사회적 행동에 대해 설명한다.

핵심 요약

- ✓ 이타주의는 다른 사람을 위한 이타적 관심을 말한다.
- ✓ 사회 교환 이론에서는 이타적 행동이 자신의 이익에 부합할 때 발생한다고 설명한다.
- ✓ 도움은 상호성 규범의 일부이다. 다른 사람을 돕는 이유는 자신이 도움을 받았기 때문이다.
- ✓ 사회적 책임 규범은 스스로 도울 수 없는 사람들을 도와야 한다는 기대를 말한다.

사회 교환 이론

이 이론에서는 이타적 행동을 하는 것이 자신에게 이익이 되기 때문이라고 설명한다. 도움을 제공함으로써 얻어지는 이익이 비용보다 크면 도움 행동으로 이어지고, 비용이 이익보다 크면 도움 행동으로 이어지지 않는다.

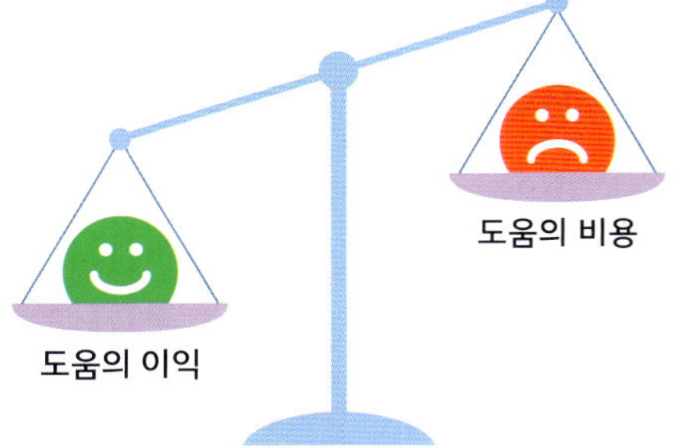

상호성 규범

이타주의는 상호성 규범에 의해 일어난다. 도움은 서로 주고받는 것이며, 다른 사람을 돕는 이유는 자신도 이전에 도움을 받았기 때문이다. "은혜를 갚는다"거나 "다음 사람에게 갚는다"는 말로 표현된다.

사회적 책임 규범

스스로 도울 수 없는 사람들을 도와야 한다는 기대를 사회적 책임 규범이라고 한다. 예를 들어 다리를 다친 아이를 보면 도와야 한다는 의무감을 느낀다. 아이는 어리고 약하며 스스로를 돌볼 수 없기 때문이다.

규범 이탈

사회적 규범은 사회에서 기대되는 행동의 틀을 제공한다. 예를 들어 지나치게 많은 도움을 주는 사람은 주변 사람을 불편하게 한다 마찬가지로, 도움이 기대되는 상황에서 돕지 않으면 주변 사람을 실망시킬 것이다.

공격성: 생물학적 원인

공격성은 다른 사람을 해치거나 위협하려는 의도를 가진 행동이다. 공격성은 동물 세계에서는 흔하게 나타나며 다양한 원인이 있다. 인간과 동물의 공격성에 가장 직접적으로 영향을 미치는 요인 중 하나는 생물학적 원인이다. 여기에는 뇌의 신경 과정, 유전자와 호르몬의 영향이 포함된다.

핵심 요약

- ✓ 공격성을 설명하는 생물학적 요인으로는 변연계, 유전자, 그리고 호르몬이 있다.
- ✓ MAOA 유전자 결함은 공격적인 행동으로 이어질 수 있다.
- ✓ 높은 테스토스테론 수치는 공격성과 상관이 있다.

공격성의 신경학적 원인

뇌 기저에 위치한 변연계는 공격성에 중요한 역할을 한다. 변연계는 화가 나거나 두려움을 느낄 때 투쟁-도피 반응을 촉발해 신체가 행동할 수 있도록 준비시킨다. 동물 연구에서는 변연계의 편도체를 제거했을 때 두려움이나 공격적인 행동이 사라졌다는 결과가 있다. 전두엽 또한 공격성에 관여하며, 이 영역의 손상은 충동적이거나 공격적인 행동을 증가시킬 수 있다.

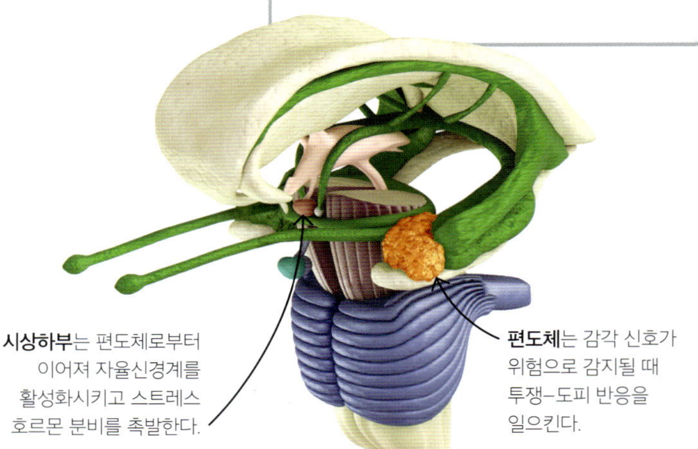

공격성의 유전적 원인

일부 유전자는 공격성에 영향을 미친다. MAOA(모노아민 산화효소 A) 유전자는 신경전달물질 세로토닌과 도파민의 수준을 조절하는 데 도움을 준다. MAOA 유전자에 결함이 생기면 편도체가 과활성화되고 전두엽 활동이 감소할 가능성이 높다. 이 유전자를 가진 아동이 트라우마를 경험하면 성인이 되었을 때 공격성을 보일 가능성이 크다.

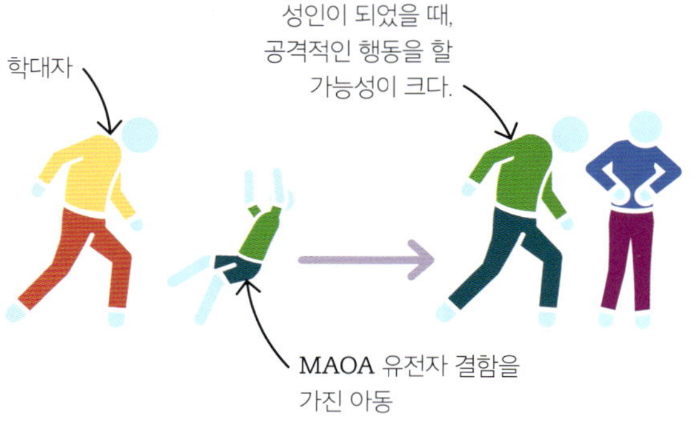

공격성의 호르몬적 원인

동물 연구에 의하면 남성 성호르몬인 테스토스테론 수치가 높아질수록 수컷들 간의 공격성이 증가한다. 인간의 경우, 테스토스테론 수치는 공격성, 지배력, 범죄성과 상관관계가 있지만, 인과관계는 명확하지 않다. 테스토스테론 수치는 경쟁 행동의 결과로 상승할 수도 있다. 테스토스테론은 범죄자 중 남성이 여성보다 많은 이유를 설명해 주기도 한다.

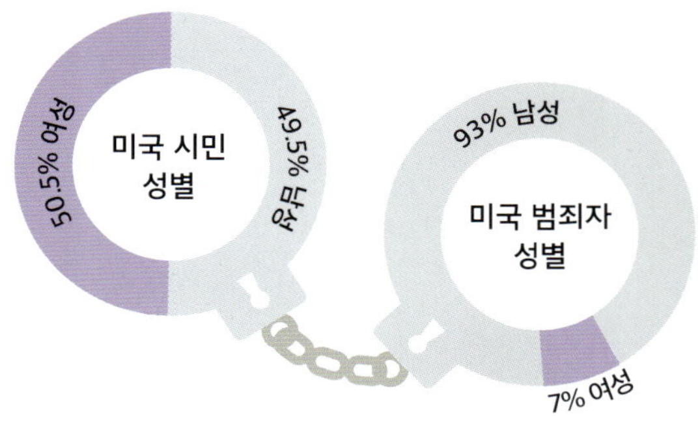

공격성:
사회적 및 심리적 원인

공격성에 대한 심리학의 이론에 따르면, 공격적인 행동은 종종 사회적 또는 심리적 맥락에서 설명된다.

핵심 요약

✓ 공격성은 사회적 및 심리적 원인을 가진다.

✓ 공격성에 대한 사회적 및 심리적 이론에는 좌절-공격성, 탈개인화, 사회 학습이 있다.

✓ 일부 심리학자들은 폭력적인 영화나 컴퓨터 게임이 공격성을 증가시킬 수 있다고 믿는다.

좌절-공격성 이론
목표가 좌절되면 공격성이 촉발된다. 목표에 가까울수록, 또는 더 큰 노력을 기울일수록 좌절에 따른 공격성이 더 커진다.

탈개인화 이론
자신이 익명이라고 느끼거나 더 큰 집단의 일원일 때, 개인적 정체성이 감소하며 공격적으로 행동할 가능성이 커진다.

사회 학습 이론
다른 사람의 공격적인 행동을 모방하여 더욱 공격적으로 변한다. 결과가 긍정적이라면 그 행동은 강화된다.

🔍 미디어 폭력

폭력적인 영화를 보거나 게임을 하는 것이 실제 폭력으로 이어지는지는 불분명하다. 일부 심리학자들은 미디어 폭력에 노출되는 것이 무해하거나 '카타르시스'라고 주장하지만, 다른 심리학자들은 이것이 공격적이거나 폭력적인 성향을 증가시킨다고 주장한다.

잠재적 영향	설명
둔감화	폭력에 반복적으로 노출되면 정서 반응이 감소하여 공격성의 위험이 증가한다.
탈억제	적절한 행동에 대한 인식이 바뀌면서 책임감이 줄어들고 공격성이 증가한다.
인지 점화	미디어 폭력데의 노출은 폭력에 대한 생각이나 아이디어를 떠올려 공격적인 반응을 더 쉽게 만든다.

공격성과 동물행동학

동물행동학자는 동물의 공격성을 진화 과정에서 나타난 적응적 특성으로 본다. 동물들의 공격적인 행동은 생존이나 번식 가능성을 높여 준다. 그러한 행동을 유발하는 유전자는 부모로부터 자손으로 이어져 개체군으로 퍼진다.

핵심 요약

- ✓ 공격성의 진화론에 따르면, 동물의 공격적 행동은 적응에 도움을 준다.
- ✓ 고정 행동 양식은 특정 자극에 대한 일련의 고정된 행동 패턴을 의미한다.
- ✓ 수컷 가시고기의 영토 공격성은 고정 행동 양식의 한 예다.

고정 행동 양식

일부 동물의 공격성은 고정 행동 양식으로 나타난다. 이는 특정 자극에 반응하여 나타나는 일련의 고정된 행동이다. 고정 행동 양식은 대체로 선천적이며 따라서 유전자에 각인되어 있다. 유명한 예로는 수컷 가시고기가 번식기에 보이는 영토 공격성이 있다.

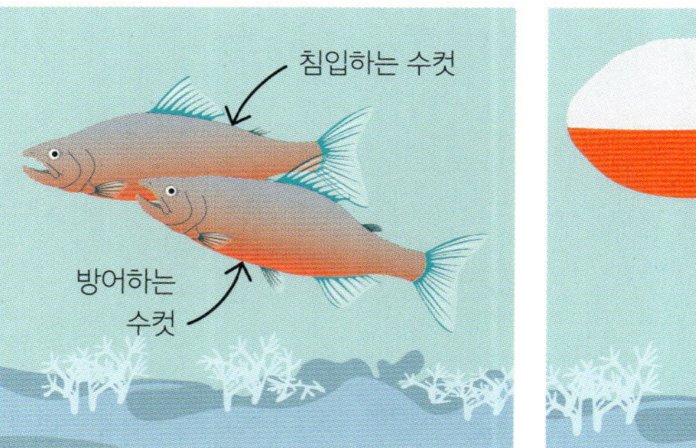

번식 준비가 된 수컷 가시고기는 배 쪽이 붉은색을 띠며 영토를 지킨다. 침입자를 보면, 고정 행동 양식이 촉발되어 등지느러미가 솟고 침입자를 향해 돌진하며 물어뜯는다.

네덜란드의 동물행동학자 니코 틴베르겐은 수컷 가시고기에게 다양한 색상의 모양을 제시했는데, 고정 행동 양식이 특정 자극, 즉 아래가 붉은색의 모양에 의해 촉발된다는 사실을 발견했다.

영토를 방어하는 데 성공한 수컷은 번식 가능성이 더 높으며, 따라서 고정 행동 양식을 일으키는 유전자가 이어진다. 이 공격적 행동은 자연 선택에 유리하게 작용한다.

🔍 생식 경쟁

동물 세계에서 수컷 간의 공격성은 광범위하게 나타난다. 예를 들어 수사슴은 암컷의 지배권을 두고 싸우며, 이긴 개체는 많은 자손을 낳는다. 인간의 행동도 동물의 행동과 마찬가지로 진화적 힘에 의해 형성되었다. 일부 심리학자들은 인간의 성적 질투심이 진화적 기원에 의한 적응적 특성이라고 주장한다.

갈등의 기원

갈등은 두 집단이 서로 상충하는 목표를 가질 때 발생한다. 어떤 상황에서는 집단끼리 서로 협력하지 않고 각자의 이익을 추구함에 따라 모두에게 더 나쁜 결과를 초래하기도 하는데, 이를 사회적 함정이라고 한다.

죄수의 딜레마

죄수의 딜레마는 사회적 함정의 예로, 합리적으로 행동할수록 최악의 결과가 초래된다. 두 공범자는 각각 심문을 받으며 침묵을 지킬지, 상대를 배신할지 선택할 수 있다. 자기 이익 관점에서 보면 상대를 배신하는 것이 항상 유리해 보이지만, 역설적으로 가장 좋은 결과는 두 사람 모두 배신하지 않을 경우에 발생한다.

핵심 요약

- 갈등은 두 집단이 상충하는 목표를 가질 때 발생한다.
- 사회적 함정은 자기 이익을 추구함으로써 협력보다 더 나쁜 결과를 가져오는 갈등이다.
- 죄수의 딜레마는 합리적으로 행동할수록 최악의 결과가 초래되는 이론적 시나리오다.
- 거울 이미지 지각은 두 집단이 서로를 적대적으로 바라보는 상호 인식이다.

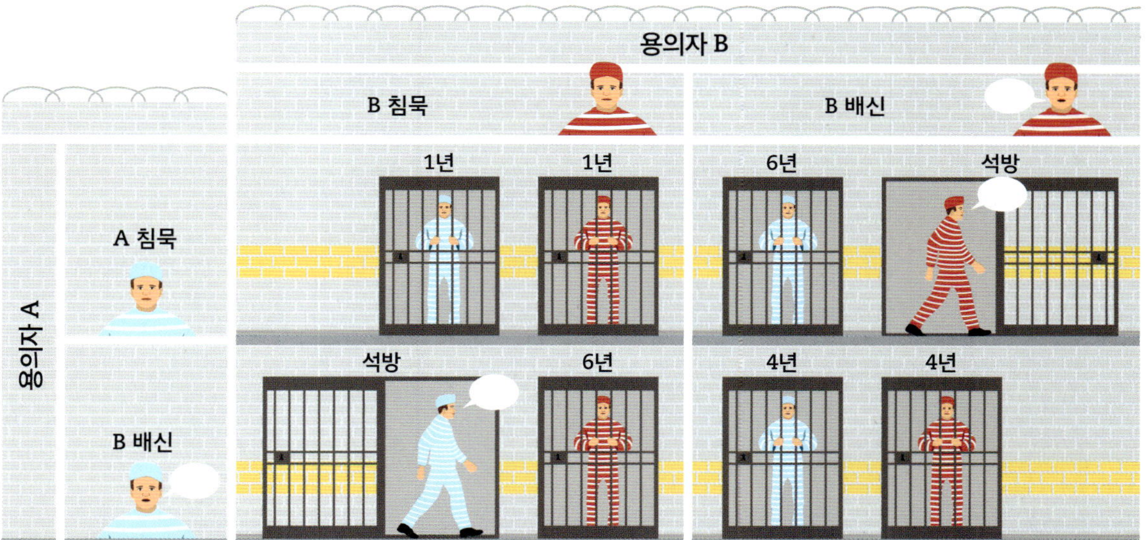

🔍 거울 이미지 지각

거울 이미지 지각은 두 개인이나 집단이 서로를 부정적인 방식으로 바라볼 때 만들어진다. 이러한 역동성은 적대적 순환을 초래한다. 양쪽은 서로를 신뢰할 수 없고 해를 끼치려는 상대로 인식한다. 갈등은 심해지고, 합의점이나 해결책을 도출하기가 더욱 어려워진다. 이 순환을 끊기 위해서는 갈등 상대와의 소통과 공감이 필수적이다.

사회적 시계

사회적 시계는 사람들이 적절한 나이에 달성해야 하는 주요 인생 사건(발달 이정표)의 일정을 나타낸다. 문화에 따라 중요한 이정표에는 졸업, 결혼, 취직, 출산, 은퇴 등이 포함될 수 있다. 이러한 규범(사회적 기대)은 때때로 사회가 개인에게 암묵적으로 가하는 압박으로 여겨진다. 사회적 시계에 맞추거나 맞추지 못하는 것은 자존감과 전반적인 정신 건강에 영향을 미칠 수 있다.

핵심 요약

- 사회적 시계는 주요 인생 사건에 대해 사회가 정한 일정이다.
- 이정표는 문화적으로 달라질 수 있다.
- 여기에는 졸업, 결혼, 취직, 출산, 은퇴 등이 포함될 수 있다.
- 사회적 기대는 규범으로도 알려져 있다.
- 규범에서 벗어날 경우, 압박감을 느낄 수 있다.

사회적 시계를 따르는 것은 개인의 자존감을 높일 수 있다.

사회적 시계를 따르지 않는 사람은 선택에 상관없이 사회로부터 비판받는다고 느낄 수 있다.

매력

대인관계에서 매력이란 사람들을 끄는 긍정적인 감정과 행동을 의미한다. 매력은 우정, 낭만적 관계, 심지어 직업적 관계를 형성하는 데에도 중요한 역할을 한다. 매력은 복합적인 개념으로, 개인의 선호와 문화적 규범을 포함한 다양한 요인의 영향을 받는다.

여과 이론

미국의 심리학자 앨런 커크호프와 키스 데이비스(1962)는 사람들이 어떻게 파트너를 찾고 선택하는지 설명하기 위해 여과 이론을 제안했다. 이 이론에 따르면, 가능한 파트너(가용 영역)의 수는 세 단계의 필터(요인)를 거치면서 줄어들며, 현실적으로 가장 적합한 파트너(바람직한 영역)만 남는다.

핵심 요약

- ✓ 매력은 사람들을 끄는 감정과 행동을 포함한다.
- ✓ 여과 이론에 따르면, 가능한 파트너의 수는 여러 요인에 의해 제한된다.

🔍 매력의 형성

매력은 다양한 방식으로 발생할 수 있으며, 심리학자들은 다음과 같은 요소를 제안했다.

- **신체적 매력**은 외모에 기반한 본능적인 반응이다. 사람들은 신체적 매력을 가진 사람이 친절함과 같은 바람직한 특성도 가졌다고 생각한다(후광 효과).

- **단순 노출 효과**에 의하면 짧은 시간이더라도 반복적으로 만남이 계속되는 사람에게 호감을 느끼게 된다. 사람들은 단순히 익숙하다는 이유만으로 상대에게 끌릴 수 있다.

- **근접성**(가까움)은 친근함을 촉진하며, 이는 매력으로 발전할 수 있다. 가까이 살거나 함께 일하는 사람들은 자주 만나 상호작용할 기회가 많다.

- **유사성**은 가치관, 관심사, 태도, 배경을 공유할 때 매력이 증가할 수 있으며, 서로를 더 잘 맞는 사람으로 인식하게 됨을 설명한다.

- **상호보완성**은 사람들이 자신의 특성을 보완하거나 강화해 줄 사람에게 끌린다는 개념이다. 예를 들어 돌봄을 필요로 하는 사람과 돌보는 것을 좋아하는 사람은 서로에게 매력을 느낀다.

- **매칭 가설**은 자신의 매력 수준과 비슷한 상대를 찾게 된다는 이론이다. 서로의 균형이 맞으면 파트너가 더 매력적인 상대를 찾아 떠날 것이라는 두려움을 줄여 준다.

낭만적 관계

사랑은 두 사람 사이의 강렬한 정서적 이끌림과 애정을 말한다. 사랑의 특징은 상대와 함께 있고 싶어 하는 강한 욕구를 가진다는 것이다. 낭만적 관계의 초기에는 열정이 핵심 요소이며, 관계가 지속되기 위해서는 친밀감이나 헌신과 같은 다른 요소들이 중요하다.

핵심 요약

- ✓ 스턴버그의 삼각 이론에 따르면, 사랑은 열정, 친밀감, 헌신의 세 요소로 구성된다.
- ✓ 러스볼트의 투자 모델에서는 관계의 안정성을 가져오는 요인들을 설명한다.
- ✓ 관계는 공정성과 자기 개방과 같은 요인들에 의해 유지된다.

사랑의 삼각 이론

미국의 심리학자 로버트 스턴버그(1986)의 삼각 이론에 따르면 사랑은 열정, 친밀감, 헌신의 세 요소로 이루어진다. 이 요소들의 다양한 조합에 따라 여덟 가지 사랑의 유형이 가능하다(세 요소 중 어느 것도 없는 비사랑 유형까지 포함). 열정, 친밀감, 헌신이 균형을 이루는 열정적 사랑은 이상적인 사랑으로 여겨진다.

낭만적 사랑은 강한 신체적, 정서적 끌림과 상대방에 대한 강한 몰입과 연관된다. 관계의 초기 단계에서 나타난다.

동반자적 사랑은 두 사람 사이의 깊은 애착을 의미하며, 친밀감과 헌신을 특징으로 한다. 낭만적 사랑보다 안정적이고 지속적이며, 관계가 성숙해질수록 발전한다.

어리석은 사랑은 열정적이지만 정서적 깊이가 부족한 관계를 말하며, 진정한 친밀감이 부족하다. 순간적인 열중과 헌신으로 이어지지만, 정서적 연결은 부족하다.

헌신의 투자 모델

미국의 심리학자 캐릴 러스볼트가 2011년에 제안한 투자 모델에 의하면 헌신은 만족도, 투자 크기, 대안(더 나은 파트너가 있는지 여부)과의 비교에 의해 영향을 받는다. 강한 헌신은 안정적이고 장기적인 관계의 가능성을 높인다.

만족도 수준

파트너가 당신의 요구를 충족시키고 있는가?

투자 크기

관계에 얼마나 많은 것을 투자했는가? 끝내는 데 얼마나 큰 비용이 들 것인가?

대안과의 비교

당신의 요구를 더 잘 충족시킬 수 있는 다른 사람이 있는가?

헌신

높은 만족도와 투자, 그리고 더 나은 파트너가 없을 때 헌신이 생긴다.

관계 안정성

강한 헌신이 있으면 관계에서 기복을 겪더라도 안정성을 유지할 수 있다.

🔍 사회적 교환 이론

사회적 교환 이론에서는 모든 관계를 이익과 비용의 교환으로 본다. 한 사람이 다른 사람에게 헌신할 의지는 그 관계에서 오는 이익(예: 파트너의 동반과 지지)이 비용(예: 관계를 유지하기 위한 노력)을 넘어서는지에 달려 있다.

관계에서 오는 이익이 비용보다 크면, 헌신을 지속하게 된다.

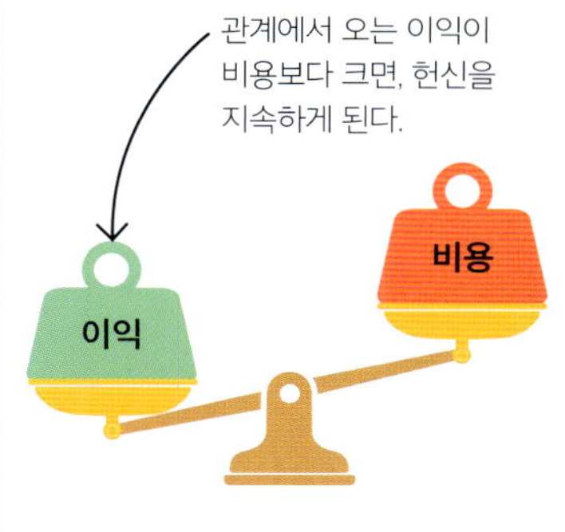

🔍 지속적인 관계

오랫동안 행복하게 지속되는 관계는 여러 요인의 영향을 받는다.

공정성

두 파트너가 각자 투입(노력)으로 얻는 산출(이익)이 균형적이라고 느끼면, 관계가 평등하다고 느끼고 만족감을 얻는다. 투입과 산출이 불균형적이라고 느끼면 불만이 생길 수 있다.

자기 개방

개인적인 생각, 감정, 경험을 파트너와 공유하면 친밀감이 생긴다. 파트너에게 마음을 열지 않으면 관계가 발전하지 못할 수 있다.

긍정적 지지

서로에게 친절하고 지지적이며, 상처 주는 말이나 경멸을 피하는 것은 관계가 지속되도록 돕는다. 이러한 행동은 긍정적인 환경을 조성하고 신뢰를 쌓는다.

사회적 지지

친구와 가족이 관계를 인정하고 도와주면, 어려운 시기가 오더라도 견딜 수 있다. 지지를 받지 못하는 커플일수록 어려움을 극복하는 것이 더 힘들 수 있다.

관계의 해체

심리학자들은 낭만적 관계가 어떻게 시작되고 끝나는지 연구한다. 대부분의 관계가 깨지는 과정에서 겪는 공통적인 단계가 있다. 1982년 영국의 심리학자 스티븐 덕은 관계가 해체되기까지의 네 단계를 제시하였고, 2001년에는 단계의 이유를 추가하여 관계 해체 모델을 설명하였다.

핵심 요약

- ✓ 관계가 끝나는 데는 공통적인 단계가 있다.
- ✓ 덕의 네 단계는 내적 단계, 관계적 단계, 사회적 단계, 그리고 관계 정리 단계이다.
- ✓ 이 단계들은 한쪽 혹은 양쪽 파트너가 모두 경험하며, 개인적인 의심에서 출발하여 상호 논의, 그리고 다음 관계를 준비하는 단계로 이어진다.
- ✓ 덕은 또한 세 가지 해체의 원인으로 선천적 실패, 기능적 실패, 급격한 해체를 제안했다.

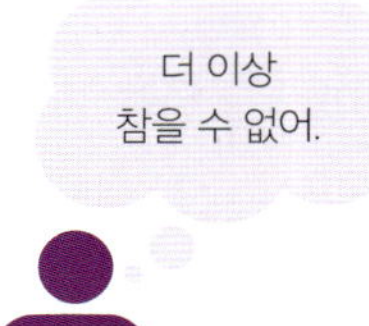

단계 1: 내적 단계

한 사람이 관계에 불만을 느끼기 시작하면 내적 단계가 시작된다. 왜 불만을 느끼는지 고민하고, 더 이상 참을 수 없다고 결론 내린다. 이 단계의 초점은 내적 사고 과정이다.

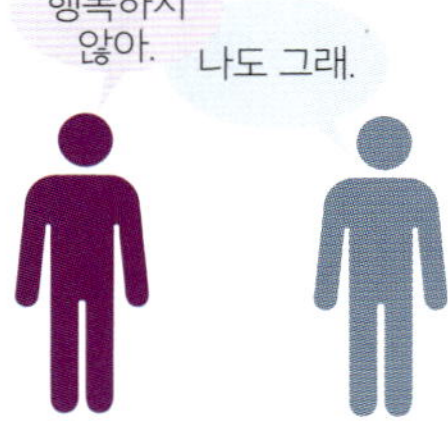

단계 2: 관계적 단계

이 단계는 한 사람이 관계를 끝내는 것이 정당하다고 느끼고, 파트너에게 불만을 토로하며 미래에 대해 논의할 때 시작된다. 이 단계의 초점은 두 파트너 사이의 대화와 상호작용이다.

단계 3: 사회적 단계

이 단계에서는 파트너 중 한 쪽 혹은 양쪽의 불만이 공론화된다. 이제 친구와 가족에게까지 확산되며, 이들은 관계를 중재하거나 어느 한쪽을 지지하게 된다. 이 단계의 초점은 사회적 네트워크와 관련된 광범위한 과정이다.

단계 4: 관계 정리 단계

관계가 끝난 후의 단계로, 파트너들은 자신의 행동을 정당화하고, 새로운 파트너에게 매력적으로 보이기 위해 자신을 포장한다. 이 단계의 초점은 관계의 후유증과 미래에 대한 전망이다.

🔍 덕의 관계 해체 원인

선천적 실패

두 사람이 처음부터 잘 맞지 않는 경우, 이러한 불일치는 결국 관계의 종말로 이어진다.

기능적 실패

가장 흔한 해체 원인이며, 처음에는 잘 맞던 커플이라도 점점 멀어지고 감정적으로 거리감이 생긴다.

급격한 해체

큰 싸움이나 파트너의 외도와 같은 충격적인 사건이 관계의 끝을 촉발할 수 있다.

Chapter 16

범죄심리학

범죄자 프로파일링

범죄와 범죄 현장을 조사하여 신원이 밝혀지지 않은 범죄자의 윤곽을 잡는 것을 범죄자 프로파일링이라 한다. 범죄자 프로파일을 구성하는 방법에는 여러 가지가 있으며, 미국에서 개발된 하향식 접근법과 영국에서 등장한 상향식 접근법이 있다.

하향식 접근법

하향식 접근법에서는 범죄 현장 분석을 바탕으로 범죄자를 조직적 또는 비조직적 범죄자로 분류한다. 각 범주에 속한 범죄자의 범행 방식은 사회적, 심리적 특성과 관련이 있다.

핵심 요약

✓ 범죄자 프로파일링은 범죄와 범죄 현장의 특성을 연구하여 범죄자를 확인하는 것이다.

✓ 하향식 접근법은 범죄 현장 분석을 통해 범죄자의 특성을 결정하고 범죄자를 범주화한다.

✓ 상향식 접근법은 유사한 범죄의 통계를 분석하여 범죄자의 프로파일을 작성한다.

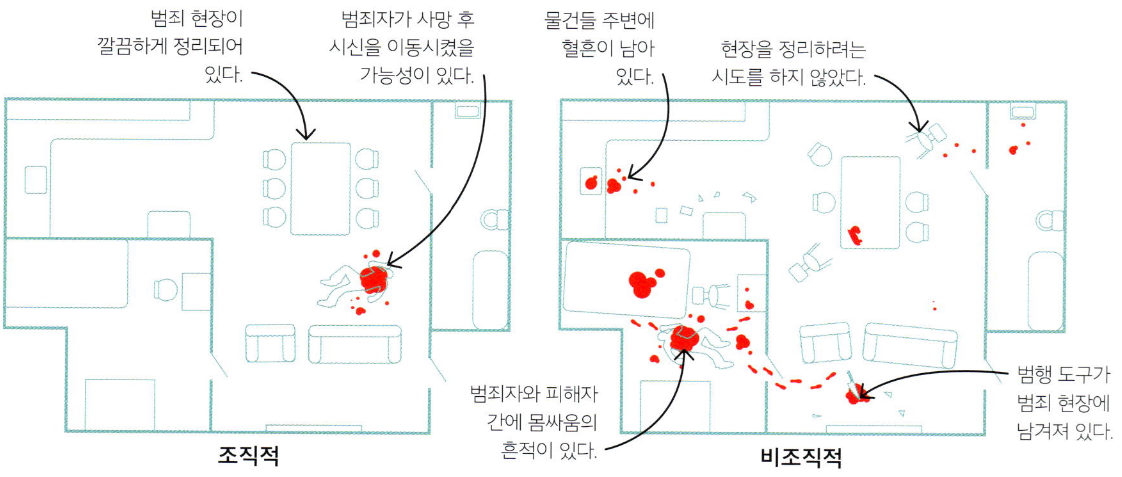

범죄자 유형	범죄자 특징	범죄 특징
조직적 범죄자	• 지능이 높고 계획을 잘 세움 • 숙련된 전문 직종 • 사회적, 성적으로 유능함 • 보통 파트너와 함께 살며, 범죄 현장에서 멀리 거주	• 계획된 범행 • 보통 흉기를 사용하여 피해자를 제압 • 현장에 남긴 단서가 거의 없음
비조직적 범죄자	• 낮은 지능 • 비숙련 직업 또는 실직 상태 • 사회적, 성적 능력 낮음 • 보통 혼자서 살며, 범죄 현장에 가까이 거주	• 계획이나 준비 부족 • 피해자를 제압하지 못하고, 종종 몸싸움의 흔적을 남김 • 증거를 숨기려는 시도가 거의 없음

상향식 접근법

상향식 접근법은 자료에 기반하여 범죄 현장과 증거에 대한 통계를 철저하게 분석하여 도출된다. 이 접근법에서는 여러 가지 기법이 사용된다.

최소 공간 분석

범죄 현장과 범죄자의 특성에 관한 자료를 통계 데이터베이스에 입력해 패턴을 확인한다. 이러한 패턴은 범죄 간의 연관성을 나타낼 수 있으며, 범죄자의 프로파일을 작성하는 데 도움이 된다.

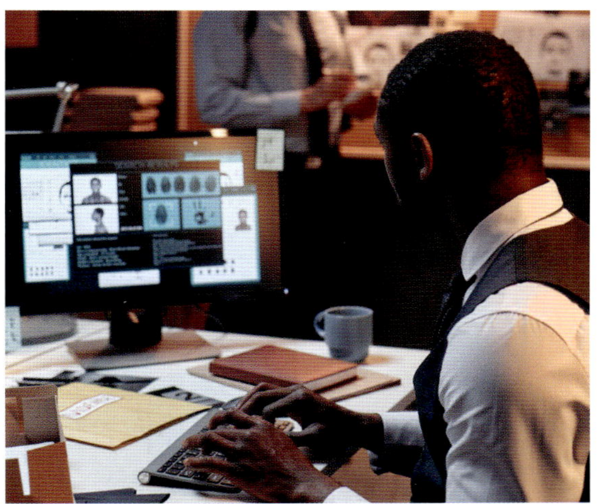

지리적 프로파일링

범죄 현장의 공간적 관계를 분석한다. 일련의 연관된 범죄 장소를 분석하여 범죄자의 거주지, 직장, 모임 장소에 대한 단서를 찾는다.

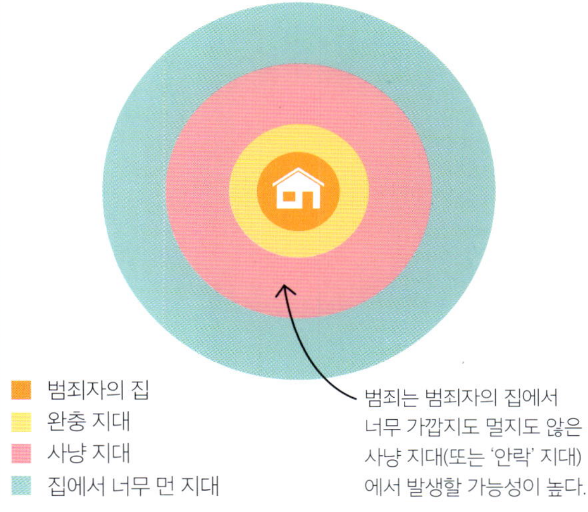

범죄는 범죄자의 집에서 너무 가깝지도 멀지도 않은 사냥 지대(또는 '안락' 지대)에서 발생할 가능성이 높다.

🔍 하향식 접근법의 평가

장점	단점
단순하고 사용이 용이하다.	36명의 연쇄 성범죄자와의 인터뷰에 기반한 것과 같은 경우, 다른 유형의 범죄자를 대표하지 않을 수 있다.
콥슨(1995)의 설문 연구에 따르면, 미국 경찰관의 82%가 이 접근법을 유용하다고 보고했다.	모든 범죄 현장이 조직적 또는 비조직적 범주에 정확하게 들어맞지 않으며, 이 구분은 지나치게 단순화될 수 있다.

🔍 상향식 접근법의 평가

장점	단점
객관적인 통계 분석을 사용함으로써, 범죄를 조직적 또는 비조직적이라고 범주화할 때 나타나는 프로파일러의 편향을 제거한다.	체포된 범죄자로부터만 자료를 도출할 수 있으며, 그렇지 않은 범죄자에 대해서는 거의 알 수 없다.
하향식 접근법이 강간이나 살인과 같은 중범죄에 국한되는 데 반해, 상향식 접근법은 더 다양한 범죄를 조사하는 데 유용하다.	콥슨(1995)에 따르면, 경찰관의 75% 이상이 이 접근법이 유용하다고 보고했지만, 범죄자 식별에 도움을 주었다고 답한 비율은 3%에 불과했다.

범죄 행동의 유전적 설명

유전이 범죄 행동의 원인이 될 수 있다는 가설은, 가족 내에서 범죄 성향이 유사하게 나타나는 경우가 많다는 사실에 근거한다. 쌍둥이 및 입양아 연구에는 이러한 이론을 지지하는 결과가 있다. 또한 범죄 성향을 보일 가능성이 높은 유전자적 결함에 대한 연구 결과가 있다.

핵심 요약

- ✓ 연구 결과에 따르면 유전이 범죄 행동에 영향을 미칠 수 있다.
- ✓ 쌍둥이와 입양아 연구는 유전이 범죄 성향에 미치는 영향을 보여 준다.
- ✓ 두 가지 유전자가 범죄 행동과 관련이 있는 것으로 밝혀졌다.

쌍둥이 연구

영국의 심리학자 에이드리언 레인(1993)은 쌍둥이의 비행 연구를 검토한 결과, 일란성 쌍둥이의 일치율이 52%인 반면 이란성 쌍둥이의 일치율은 21%에 불과하다는 사실을 발견했다. 일란성 쌍둥이의 더 높은 일치율은 유전이 비행 행동에 중요한 역할을 한다는 것을 보여 준다.

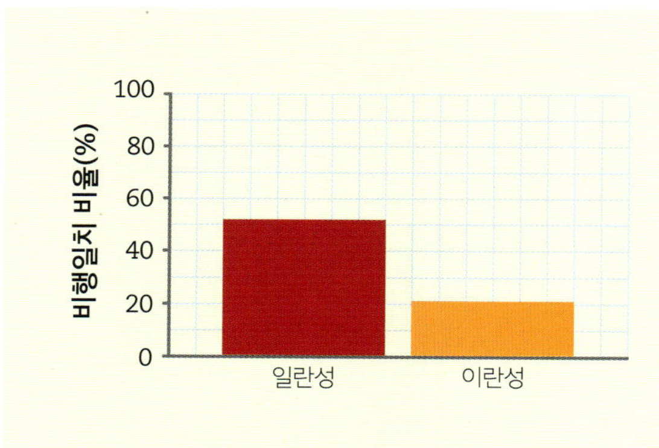

입양아 연구

미국의 심리학자 메드닉 등(1984)은 14,000명 이상의 입양아를 대상으로 입양아와 생물학적 부모 및 입양 부모 간의 범죄 기록 일치율을 조사했다. 입양아와 생물학적 부모 간의 일치율은 입양아와 입양 부모 간의 일치율보다 높았으며, 두 부모 모두 범죄 기록이 있을 때 일치율이 가장 높았다. 이는 범죄 행동에 있어 환경보다 유전이 더 중요한 역할을 한다는 것을 시사한다.

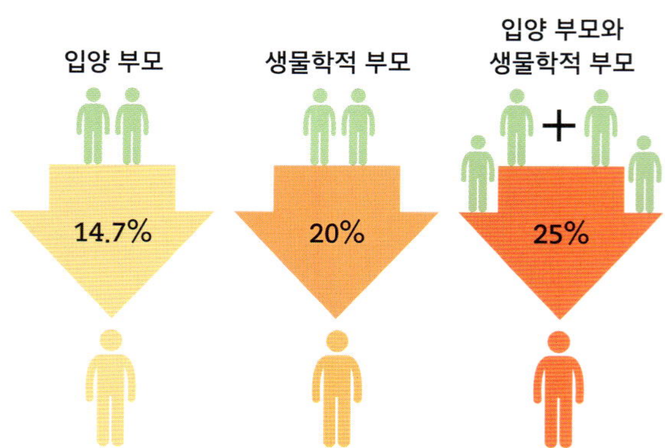

🔍 유전자와 범죄 행동

결함 있는 두 가지 유전자가 범죄 행동을 유발하는 경향이 있다. X 염색체에 있는 MAOA 유전자의 저활성은 억제되지 않은 공격적 행동을 유발할 수 있으며, 16번 염색체에 있는 CDH13 유전자의 저활성은 약물 남용 및 주의력 결핍 장애와 관련이 있다. 티호넨 등(2015)의 연구에 따르면, 두 유전자 모두에 결함이 있는 사람들은 공격적 행동을 보일 가능성이 훨씬 더 높아져 범죄 행동의 위험이 증가한다.

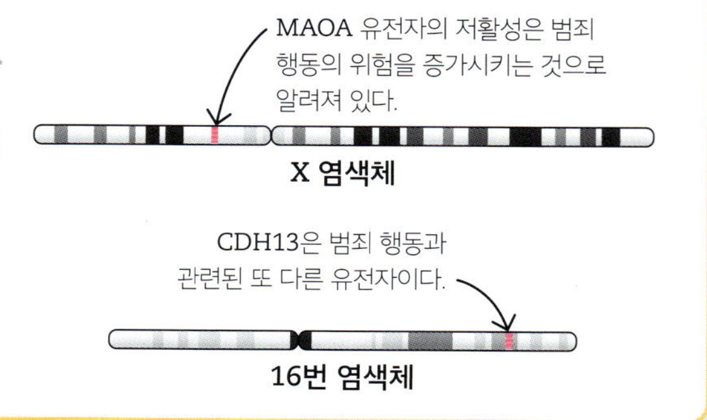

범죄 행동의 신경학적 설명

범죄자의 뇌 구조와 기능은 일반인과 다를 수 있다. 범죄 행위와 관련된 것으로 여겨지는 영역은 전전두피질과 편도체이다. 신경전달물질인 세로토닌도 범죄 행동과 관련이 있다.

핵심 요약

✓ 범죄성은 뇌 구조와 기능의 이상으로 인해 발생할 수 있다.

✓ 전전두피질의 활동 저하는 범죄 행위와 관련이 있다.

✓ 세로토닌 수치가 낮으면 공격적인 행동을 유발할 수 있다.

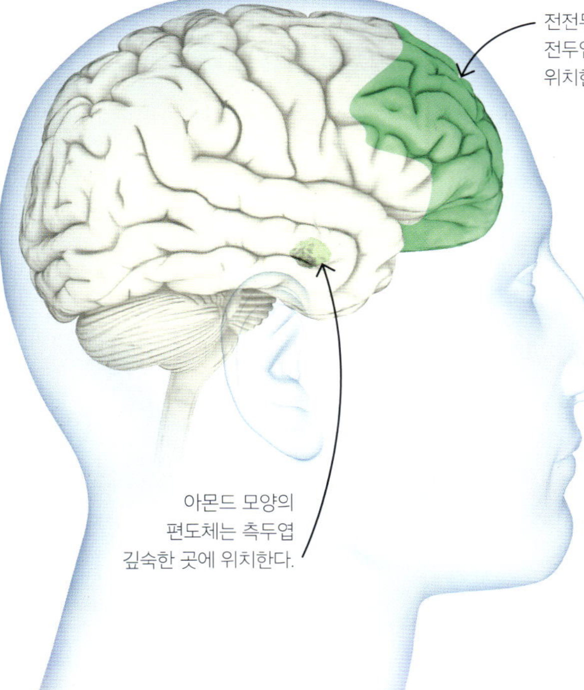

범죄 행동과 관련된 뇌 영역

전전두피질은 정서 조절 및 통제와 같은 여러 기능을 수행한다. 뇌 손상으로 인해 이 영역의 활동이 감소하면 행동을 통제하지 못하게 되어 범죄 가능성이 증가한다. 편도체는 위험에 어떻게 반응할지를 결정한다. 편도체가 활성화되면 공격적인 행동을 유발할 수 있다.

🔍 세로토닌

신경전달물질인 세로토닌의 활동 저하는 공격성 및 범죄 행동과 관련 있다. 이는 세로토닌이 억제 역할을 하기 때문이다. 충분한 세로토닌을 생성하지 못하면 편도체에서 생성되는 정서 반응을 억제하기 어려워, 충동적이고 공격적이며 범죄를 저지를 위험이 커진다.

🔍 PET 스캔 연구

레인(1994)은 살인 혐의로 유죄 판결을 받은 41명과 비슷한 나이와 프로필을 가진 '정상' 대조군 41명의 PET 스캔을 비교했다. 뇌의 대사 활동을 색상(빨강)으로 보여 주는 스캔 결과에 의하면 살인 혐의로 유죄 판결을 받은 사람들의 뇌는 자기통제를 담당하는 전전두피질의 활동이 현저히 감소한 것으로 나타났다.

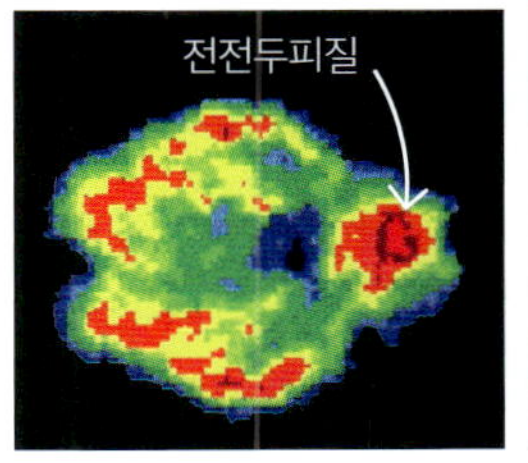

통제 집단 뇌

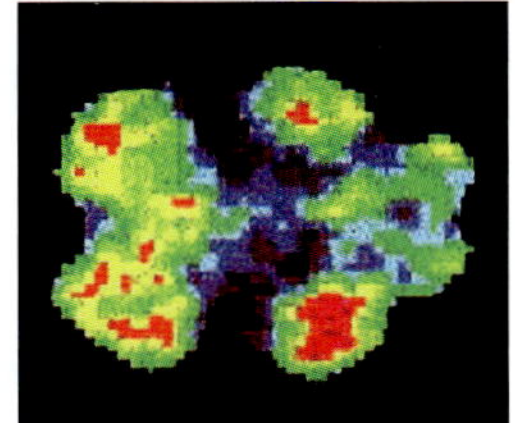

살인범의 뇌

범죄 행동의 인지적 설명

신념이나 사고 과정은 범죄를 저지를 가능성에 영향을 미친다. 이 분야의 연구는 자신, 타인, 그리고 세상에 대해 비합리적으로 사고하는 인지적 왜곡에 초점을 둔다. 범죄 행동을 설명할 수 있는 인지적 왜곡의 두 가지 예는 적대적 귀인 편향과 최소화이다.

핵심 요약

- ✓ 인지적 왜곡(비합리적인 사고방식)은 범죄 행동으로 이어질 수 있다.
- ✓ 적대적 귀인 편향은 상황을 위협적으로 해석하는 경향이다.
- ✓ 최소화는 사건, 특히 범죄 행동의 중요성을 축소하는 것이다.

적대적 귀인 편향

실제로 위협이 아닌 모호한 상황이나 타인의 행동을 위협적으로 해석하는 경향을 적대적 귀인 편향이라고 한다. 예를 들어 누군가 자신을 쳐다보는 것은 여러 가지 의미를 가지는데, 적대적 귀인 편향을 가진 사람들은 이를 부정적으로 해석할 가능성이 높아 공격적인 반응을 보인다.

적대적 귀인 편향을 가진 사람들은 중립적인 표정에 대해 적대감을 더 느낀다.

🔍 최소화

사건의 중요성을 축소하려는 경향을 최소화라고 한다. 범죄 행동과 관련된 최소화는 범죄자가 범죄를 저지르기 전이나 후에 자신의 행동에 대한 부정적인 해석을 줄이는 것이다. 이를 통해 범죄자는 자신의 행동에 대해 죄책감을 덜 느끼게 된다. 예를 들어 도둑들은 슈퍼마켓에서 물건을 훔치는 것이 사람을 해치지 않고 단지 회사에 피해를 줄 뿐이며, 가족을 부양하기 위해 하는 행동이라고 생각한다.

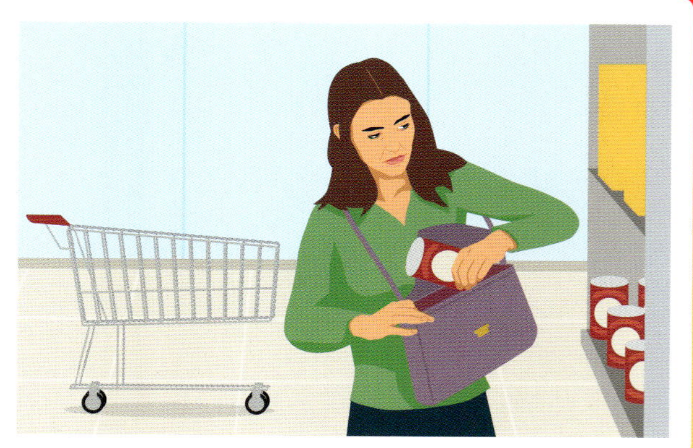

차별적 접촉 이론

미국의 사회학자 에드윈 서덜랜드의 차별적 접촉 이론(1939)에서는 범죄가 작지만 영향력 있는 사회 집단과의 상호작용을 통해 학습된 행동이라고 본다. 범죄 행동을 가치 있게 여기고 실행하는 집단과 교류하는 사람은 이러한 가치와 행동을 습득할 가능성이 높다.

핵심 요약

- ✓ 서덜랜드의 차별적 접촉 이론은 범죄가 학습된 행동이라고 주장한다.
- ✓ 범죄는 사회 집단, 특히 범죄 행동을 가치 있게 여기는 집단과의 상호작용을 통해 학습된다.
- ✓ 이 이론은 성별, 나이, 배경과 상관없이 다양한 범죄를 설명할 수 있다.

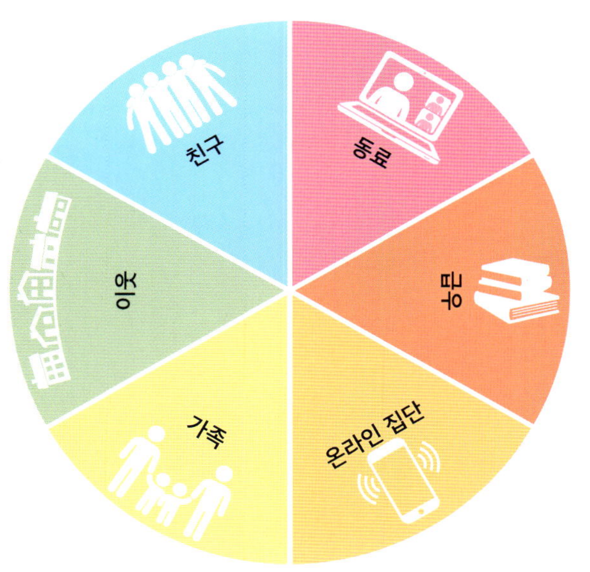

범죄의 학습

사람들은 동료, 친구, 온라인 집단 등 다양한 사회 집단과 상호작용한다. 특정 집단과 보내는 시간과 그 집단이 미치는 영향은 사람마다 다르다. 사회 집단마다 법에 대한 태도가 다르며, 만약 어떤 사람에게 큰 영향을 주는 집단이 범죄에 대해 긍정적인 태도를 갖고 있다면, 그 사람 역시 이러한 친범죄적 태도를 습득하고 범죄를 저지를 가능성이 높아진다.

차별적 접촉 이론의 평가

장점	단점
다른 이론들이 주로 폭력 범죄에 초점을 맞추는 것과 달리, 더 넓은 범위의 범죄를 설명할 수 있다.	모든 범죄를 설명할 수는 없다. 예를 들어 범죄의 영향을 전혀 받지 않은 사람들이 범죄를 저지르는 이유를 설명하지 못한다.
왜 특정 유형의 범죄가 특정 지역에 집중되는지, 그리고 왜 일부 지역(예: 도시 지역)이 다른 지역보다 더 높은 범죄율을 보이는지를 설명할 수 있다.	폭행이나 살인과 같은 충동적이고 폭력적인 범죄를 설명하는 데는 덜 효과적이다.

구금형의 심리학

구금형은 범죄로 유죄 판결을 받은 사람을 일정 기간 동안 교도소나 교정 시설, 정신병원과 같은 폐쇄된 기관에 수감하는 처벌이다. 심리학자들은 구금형이 범죄 행동을 다루는 데 얼마나 효과적인지, 그리고 수감자들에게 어떤 심리적 영향을 미치는지 연구한다.

핵심 요약

- ✓ 구금형은 교도소나 정신병원과 같은 시설에 수감되는 것이다.
- ✓ 구금형은 네 가지 주요 목표를 가진다: 재활, 억제, 응보, 그리고 무력화.
- ✓ 수감 생활이 미치는 심리적 영향에는 불안, 우울증, 제도화, 그리고 교도소화가 포함된다.

구금형의 목표

구금형에는 네 가지 목표가 있으나, 어떤 목표가 더 중요한지에 대해서는 논쟁이 있다. 목표가 달성되는지의 여부는 교도소와 수감자의 특성에 따라 다를 수 있다.

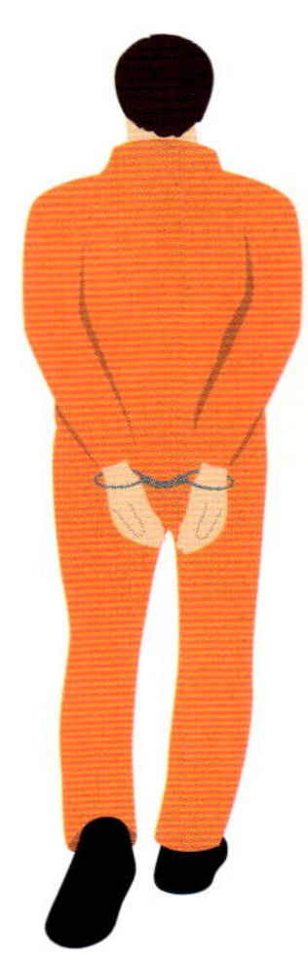

재활

교도소는 재범을 방지하기 위해 수감자를 재활시켜야 한다. 유죄 판결을 받은 사람들은 자신의 범죄를 반성할 기회를 제공받아야 하며, 교육과 치료 (예: 분노 조절 프로그램)를 받을 수 있어야 한다. 이를 통해 출소 후 사회에 다시 적응할 준비를 하게 된다.

응보

사회는 범죄자에게 그들이 저지른 범죄에 대한 대가로 고통을 주게 한다. 고통의 정도는 범죄의 심각성에 비례한다. 이 목표는 피해자와 가족 및 친구들에게 정의가 실현되었다고 느끼도록 할 수 있기 때문에 중요하다.

억제

교도소에서의 불쾌한 경험은 범죄를 저지르지 않도록 억제하는 역할을 한다. 일반적 억제는 범죄가 용납되지 않는다는 메시지를 사회에 전달하려는 목적이 있다. 개별적 억제는 수감되었던 범죄자의 재범 가능성을 줄이려는 목적이 있다.

무력화

범죄자를 사회로부터 격리하여, 일반인을 보호하고 재범을 방지하는 것을 목표로 한다. 무력화의 필요성은 범죄의 심각성에 따라 달라진다. 예를 들어 살인범은 세금 미납자보다 더 많은 구금형이 필요하다.

🔍 구금형의 심리적 영향

불안과 우울증은 교도소 안에서 더 증가하는 경향이 있다. 수감된 사람들의 자해 및 자살률은 일반인보다 높다.

시설화는 교도소 생활의 규범과 일상에 지나치게 익숙해져서 일반 사회로 복귀하기 어려워지는 과정을 말한다.

교도소화는 수감자가 교도소 내 문화에 동화되는 과정이다. 이 문화는 종종 '교도소 규범'을 따르며, 일반 사회에서는 용납되지 않는 행동이 장려되거나 보상받기도 한다.

분노 조절

분노 조절은 인지 행동 치료로, 분노를 유발하는 신호를 인식하고, 인지적, 행동적, 생리적 전략을 통해 감정을 통제하도록 가르친다. 분노 조절 프로그램은 교도소에서 가장 일반적인 재활 전략 중 하나이며, 일반적으로 세 단계를 따른다.

핵심 요약

- ✓ 분노 조절에서는 분노를 유발하는 신호를 인식하고 이를 통제하는 방법을 가르친다.
- ✓ 교도소에서 흔히 가르친다.
- ✓ 프로그램은 인지적 준비, 기술 습득, 적용 훈련의 세 단계로 진행된다.

1. 인지적 준비

수감자는 분노를 유발하는 상황에 대해 성찰하고, 자신의 생각이 합리적인지 아닌지를 고려한다. 치료자는 상황을 위협적이지 않은 것으로 재정의할 수 있도록 돕는다.

2. 기술 습득

수감자는 분노를 유발하는 상황에 대처할 수 있는 기술을 배운다. 기술은 인지적(예: 침착함을 유지하는 자기 대화) 혹은 행동적(예: 갈등을 평화롭게 해결하는 의사소통 기술)일 수 있다.

3. 적용 훈련

마지막으로, 수감자는 안전한 상황에서 새로 배운 기술을 적용한다. 예를 들어 이전에 분노를 유발했던 상황을 역할극을 통해 재현하고, 치료자와 참여자로부터 피드백을 받는다.

🔍 분노 조절 프로그램의 평가

장점	단점
분노 조절은 인지적, 행동적, 생리적 전략을 다양하게 사용하는 접근 방식으로 호평받고 있다.	운영 비용이 많이 들며, 많은 교도소들은 운영 자원이 없을 수 있다.
행동보다는 사고 과정을 다룸으로써 더 깊고 지속적인 변화를 이끌어 낼 수 있다.	협조적이지 않은 사람의 경우 변화하고자 하는 의지에 성패가 달려 있다.
테일러와 노바코(2006)는 프로그램이 효과적이라고 보고했으며, 75%의 개선율을 보였다.	모든 범죄가 분노에 의해 유발되는 것은 아니므로, 폭력을 보이지 않는 범죄자에게는 덜 적합하다.

도덕 발달

도덕적 추론은 무엇이 옳고 그른지에 대해 판단을 내리는 과정이다. 미국의 심리학자 로렌스 콜버그(1968)는 도덕 발달 이론에서 도덕적 추론의 다양한 수준을 설명했다. 콜버그는 범죄자들이 도덕적 추론의 가장 낮은 수준에 해당할 가능성이 높으며, 비범죄자들은 더 높은 수준으로 올라간다고 보았다. 가장 낮은 수준인 전인습적 단계의 특징은 처벌을 피하고 보상을 얻으려는 욕구를 가지는 것이다. 따라서 이 단계에 있는 사람들은 들키지 않을 경우 범죄를 저지를 수 있다.

핵심 요약

- ✓ 콜버그는 도덕 발달을 세 가지 수준(전인습적, 인습적, 후인습적)으로 나누었으며, 각 수준은 두 단계씩 나뉜다.
- ✓ 콜버그의 이론은 도덕 발달이 나이 및 경험과 관련이 있다고 설명했다.
- ✓ 콜버그는 범죄자들이 전인습적 수준을 넘어서지 못할 가능성이 있다고 보았다.

콜버그의 도덕적 추론 이론

콜버그는 유아기부터 성인기까지 도덕적 추론의 여섯 단계를 제안하고, 이를 세 가지 수준으로 나누었다. 사람들은 도덕적 딜레마에 직면하고 이를 해결하는 능력에 따라 단계를 이어 나간다. 콜버그는 범죄자들이 1단계를 넘어서지 못한다고 주장했다.

Chapter 17

쟁점과 논쟁

보편성

연구 결과가 성별, 젠더 정체성, 나이, 문화, 시대 등과 상관없이 모든 사람에게 일반화될 수 있을 때, 그 결과는 보편성을 가진다고 한다. 예를 들어 미국의 심리학자 폴 에크만은 기본 정서와 그에 따른 얼굴 표정은 모든 문화에 공통적이라고 보았다(167쪽 참조). 심리학자들은 보편적인 결론을 도출하려 하지만, 편향된 표본이나 태도는 그러한 결론을 내리기 어렵게 한다.

보편성의 확립

보편성을 입증하려면 표본의 대표성을 가진 전 세계 사람들을 대상으로 연구해야 하지만, 이는 매우 어렵다. 많은 심리학 연구가 서구의 대학생들을 대상으로 이루어지기 때문에 나이, 사회경제적 배경, 국적, 문화 등의 편향이 발생할 수 있다.

성별 편향을 막기 위해 남녀 학생을 고르게 표집해도, 문화나 연령에 대한 편향을 해결하지 못한다.

보편적 결론은 나이, 성별, 사회경제적 배경, 국적, 인종 등의 편향이 없는 표본을 기반으로 해야만 가능하다. 현실적으로 많은 연구가 특정 지역에서만 이루어지기 때문에 문화적 특수성을 피할 수 없다.

핵심 요약

- ✓ 보편성이란 연구 결과가 모든 사람에게 일반화될 수 있음을 의미한다.
- ✓ 편향된 표본은 보편성을 입증하기 어렵게 만든다.
- ✓ 보편성을 보여 주지 못하는 연구의 예로는 에인스워스의 "낯선 상황" 실험이 있다.

🔍 "낯선 상황"

에인스워스의 "낯선 상황" 실험(126쪽 참조)은 문화와 성별에 편파적이었음을 말해 준다. 에인스워스는 미국 아기들을 대상으로 어머니와 분리되었을 때의 반응을 연구했고, 대부분의 아기들이 "안정 애착" 유형을 보인다고 결론지었다. 그러나 독일과 일본에서 이루어진 연구에서는 더 많은 아기들이 "불안정 애착" 유형을 보였으며, 이는 그들의 어머니에 대한 부정적인 평가로 이어졌다. 그러나 이 연구는 문화적 차이를 고려하지 않았다. 예를 들어 일본 문화에서는 아기와 어머니가 분리되지 않는다.

에인스워스의 연구는 어머니들만을 대상으로 하였으며, 아버지들은 포함되지 않았다. 이는 성별 편향의 한 예이다.

젠더 편향

젠더 편향은 남성과 여성 간의 차이를 과장하거나 무시할 때 발생한다. 20세기 대부분의 심리학자는 남성이었고, 주요 연구들은 종종 남성만을 대상으로 이루어졌다. 이로 인해 남성중심주의가 나타났으며, 남성들의 행동이 기준이 된 나머지 여성의 차이는 기준에서 벗어난 것으로 간주되었다. 최근의 심리학자들은 젠더 편향을 줄이려는 노력을 하고 있다. 미국의 심리학자 레이첼 헤어-머스틴과 진 마레첵(1988)은 젠더 편향이 알파 편향과 베타 편향의 두 가지 형태로 나타난다고 보았다.

핵심 요약

- ✓ 젠더 편향은 남성과 여성 간의 유사성과 차별성을 잘못 표현하는 것이다.
- ✓ 남성중심주의는 남성들의 행동을 기준으로 보는 시각이다.
- ✓ 알파 편향은 성차를 과장하는 것이다.
- ✓ 베타 편향은 성차를 축소하는 것이다.

알파 편향

알파 편향은 남성과 여성 간의 차이를 과장하는 것을 말한다. 예를 들어 자폐 스펙트럼 장애는 때때로 남성 뇌의 극단적인 형태로 묘사된다. 자폐는 남성에게 훨씬 더 자주 진단되지만, 최근 연구에 따르면 이는 부분적으로는 알파 편향 때문이고, 부분적으로는 여성에게서 자폐 증상이 다르게 나타나기 때문인 것으로 보인다.

베타 편향

베타 편향은 성차를 무시하고 남성에게 해당하는 것이 여성에게도 동일하게 적용된다고 가정하는 것이다. 예를 들어 위협을 느끼면 투쟁-도피 스트레스 반응이 나타난다. 하지만 일부 연구에 따르면 여성은 사회적 갈등 상황에서 다르게 반응하는데, 이는 옥시토신과 같이 갈등을 평화적으로 해결하는 호르몬이 분비되기 때문이다.

🔍 젠더 편향 줄이기

서구 국가에서 나타난 기회균등법과 페미니즘 운동은 성별 편향을 줄이는 데 기여했다. 그러나 중요한 논쟁들은 여전히 존재한다.

- 일부 학자들은 성차는 사회적으로 만들어진 개념에 불과하며, 남성과 여성이 본질적으로 다르지 않다고 주장한다. 반면, 다른 학자들은 생물학에 기초한 실질적인 성차가 있다고 믿는다.

- 양적 연구를 중시하는 심리학의 역사적 전통은 체계화를 우선시함으로써 남성 편향을 반영한다는 비판을 받았다. 일부에서는 여성들이 사회적 기술이 필요한 질적 연구를 더 잘할 수 있다고 주장하지만, 이 주장 역시 남성이 수학에 더 유리하다는 성별 편향된 가정을 내포한다.

- 현대 사회에서는 젠더 정체성이 생물학적 성별과 구별되는 개념으로 여겨진다.

문화적 편향

문화적 편향은 심리학을 비롯한 기타 사회과학에서 문화나 국가 간의 차이를 고려하지 않을 때 발생한다. 문화적 편향의 흔한 원인은 편향된 표본으로, 대부분의 연구는 서구 국가에서 진행되며 특정 문화만을 반영할 수밖에 없다. 이러한 연구 결과는 다른 문화에 일반화될 수 없다. 또 다른 원인은 자문화중심주의로, 이는 자신의 문화 규범을 기준으로 타인의 신념과 행동을 판단한 결과, 다른 문화를 비정상적이거나 열등하게 인식하여 오해나 편견을 초래하는 것이다.

핵심 요약

- ✓ 문화적 편향은 연구자가 문화 차이를 고려하지 않을 때 발생한다.
- ✓ 문화적 편향의 원인으로는 표본 편향과 자문화중심주의가 있다.
- ✓ 자문화중심주의는 자신의 문화를 기준으로 다른 문화를 판단하는 시각이다.
- ✓ 문화 상대주의에 의하면 보편적인 가치는 없으며, 행동은 특정 문화의 맥락에서만 이해된다.

다양한 문화 연구

1950년대에 인류학자들은 문화를 연구하는 두 가지 접근법인 에틱과 에믹을 제안했다. 두 접근법 모두 문화적 편향을 피하는 것을 목표로 하며, 각 접근법마다 장단점이 있다.

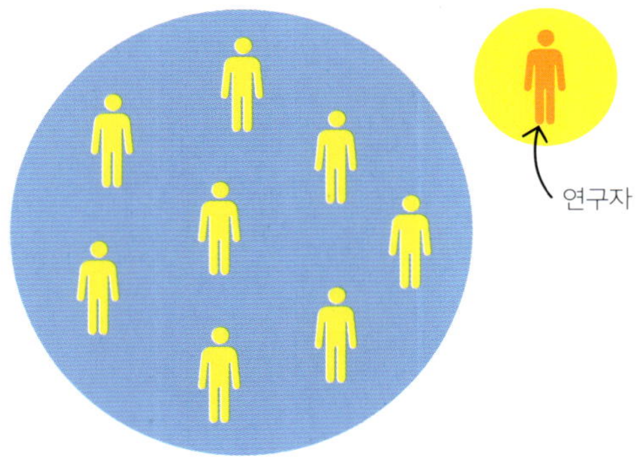

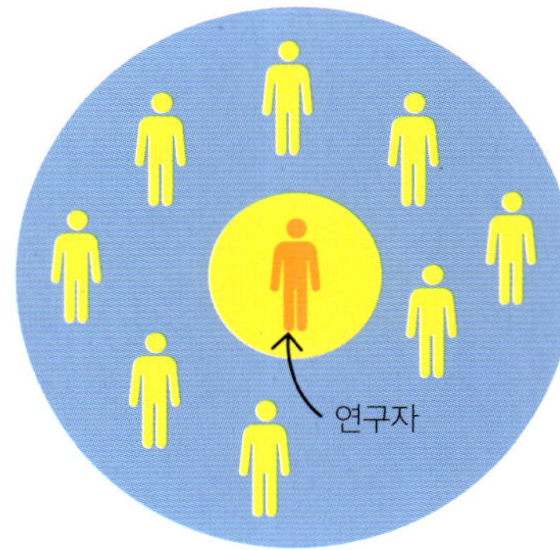

에틱 접근법

에틱 접근법은 외부인의 관점에서 문화를 객관적이고 과학적인 시각으로 연구하는 것이다. 이 접근법은 행동의 기능적 또는 진화적 의미를 설명하는 데 사용된다. 예를 들어 특정 음식을 금하는 문화는 해당 음식으로 인한 기생충이나 질병을 피하기 위한 결과에 의해 생긴 것으로 설명된다.

에믹 접근법

에믹 접근법은 내부인의 관점에서 특정 문화의 신념과 가치를 바탕으로 행동을 설명한다. 에믹 접근법은 문화적 편향을 피할 수 있지만, 특정 문화에만 적용된다는 한계가 있다. 예를 들어 특정 음식을 금하는 문화는 종교적 규칙과 관습을 따르기 위해 생겨난 것으로 설명된다.

🔍 문화 상대주의

문화 상대주의는 사람들이 판단할 수 있는 보편적인 가치가 없고, 각 개인의 신념과 행동은 특정 문화의 맥락에서만 이해될 수 있다고 보는 관점이다. 엄격한 문화 상대주의자들은 심리학의 모든 측면에 이 개념을 확장하며, 예를 들어 정신 질환도 문화의 특수한 현상이라고 주장한다. 그러나 많은 심리학자들은 정신의 핵심적인 속성들은 보편적이라고 믿는다.

유전 대 환경 논쟁

유전 대 환경 논쟁은 성격과 능력이 유전자(자연)에 의해 형성되는지, 아니면 환경(양육)에 의해 형성되는지에 대한 오랜 논쟁이다. 많은 심리학자들은 이 두 가지가 밀접하게 얽혀 있다고 믿는다.

핵심 요약

✓ 생득론자들은 성격과 능력이 주로 유전적(자연)이라고 주장한다.

✓ 경험론자들은 성격과 능력이 주로 환경적(양육)이라고 주장한다.

✓ 상호작용론자들은 자연과 양육이 모두 중요하며 서로 영향을 주고 받는다고 믿는다.

유전이 더 중요하다고 생각하는 과학자들(생득론자)은 대부분의 인간 본성은 유전적이며 유전과 진화적 힘에 의해 형성된다고 믿는다.

환경이 더 중요하다고 생각하는 과학자들(경험론자)은 출생할 당시의 마음은 백지 상태이며, 성격과 능력은 조건화와 사회 학습에 의해 형성된다고 주장한다.

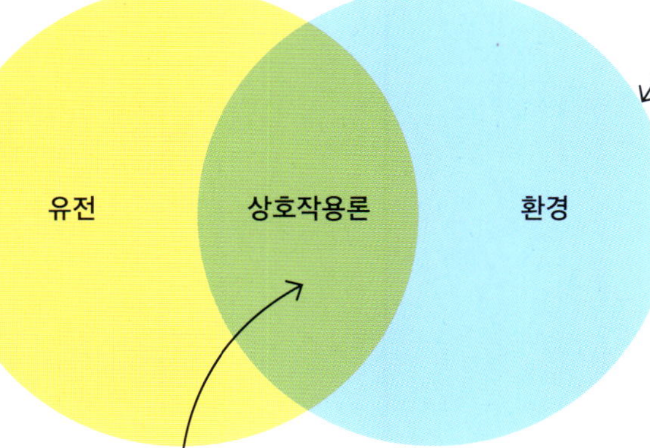

대부분의 심리학자들은 자연과 양육이 서로 영향을 줄 수 있다고 믿는다. 유전율 연구(56쪽 참조)는 유전과 환경의 상대적 중요성을 밝혀낼 수 있다.

상호작용론

유전이 환경에 미치는 영향

유전자는 환경에 영향을 줄 수 있다. 예를 들어 운동에 소질이 있는 아이는 운동을 좋아하는 친구들을 찾고 운동을 더 많이 하여 운동 기술이 향상된다. 이처럼 유전적으로 결정된 성격은 특정 환경을 선택하게 만든다.

환경이 유전에 미치는 영향

유전학 연구는 환경적 요인에 의해 유전자가 발현될 수 있음을 보여 준다. 예를 들어 만성 스트레스는 쥐의 뇌에서 유전자 발현을 변화시킨다. 환경적 변화에 따른 유전자 연구는 후성유전학으로 알려져 있다. 경험은 뇌의 구조를 바꿀 수도 있다. 런던 지도를 암기한 택시 운전사들의 뇌를 스캔한 결과 기억을 저장하는 뇌의 일부인 해마가 확장된 것으로 나타났다.

세 명의 동일한 낯선 사람

2018년 영화 《일란성 세 쌍둥이의 재회》는 출생 시 다른 가정에 입양되었던 일란성 세 쌍둥이가 19세에 우연히 만나게 된 실화를 다룬다. 이 소년들은 유전과 환경의 영향을 조사하는

과학자들에 의해 의도적으로 분리되었다는 점에서 논란의 여지가 있다. 이들은 서로 다른 사회경제적 배경을 가진 가정에 입양되었고, 부모의 동의 없이 비밀리에 연구되었다. 연구 결과는 전혀 발표되지 않았다.

자유의지 대 결정론

자유의지는 어떻게 행동할 것인가에 대해 의식적으로 선택할 수 있는 능력을 말하며, 생각하고 결정할 수 있는 강력하고 직관적인 의식이다. 그러나 결정론자들은 모든 생각과 선택에는 근본적인 원인이 존재하기 때문에 의식적으로 통제한다는 감각은 환상에 불과하다고 본다. 자유의지에 대한 견해는 연속선상에 걸쳐 다양한데, 일부 과학자와 철학자는 자유의지가 없다고 보는 반면, 일부는 좀 더 온건한 입장에 근거하여 자유의지가 개입하는 행동과 개입하지 않는 행동이 있다고 주장한다.

핵심 요약

- ✓ 자유의지는 행동을 의식적으로 통제할 수 있는 관념적 능력이다.
- ✓ 결정론은 행동이 자유의지 이외의 힘에 의해 결정된다는 생각이다.
- ✓ 결정론에는 생물학적, 환경적, 정신적 유형이 있다.

강경한 결정론

우리의 의도는 선택할 수 없는 내적 또는 외적 힘의 결과이다. 예를 들어 간식을 먹을지 말지 결정하는 것은 배고픔에 영향을 미치는 호르몬과 체중에 대한 사회적 압력에 달려 있다.

온건한 결정론

내적 또는 외적 힘이 행동에 영향을 미치지만, 우리는 여전히 의식적인 선택을 할 수 있다. 예를 들어 배고픔이 음식을 먹게 할 수는 있지만, 자유의지를 발휘하여 간식을 먹고 싶은 유혹을 거부할 수 있다.

자유의지론

생각하거나 행동하는 것을 아무런 제약 없이 의식적으로 통제할 수 있는 힘을 지니고 있다.

🔍 결정론의 유형

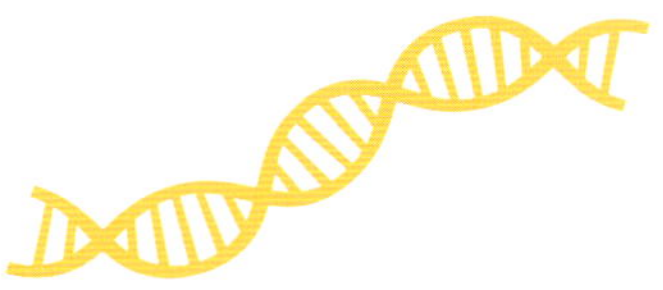

생물학적 결정론

생물학적 결정론은 행동이 생물학적 과정의 결과라고 설명한다. 예를 들어 남성 간의 경쟁적 또는 공격적 행동은 생물학적 성차나 성호르몬인 테스토스테론으로 설명될 수 있다.

환경적 결정론

행동주의 심리학자들은 행동이 고전적 조건형성 및 조작적 조건형성과 같은 학습 과정의 결과이며, 이는 환경 자극에 따라 달라진다고 본다. 자극-반응 학습은 애착에서 공포증까지 모든 것을 설명하는 데 사용되었다.

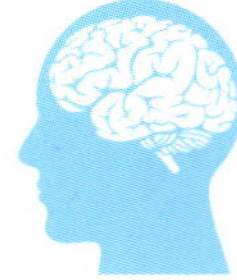

정신적 결정론

프로이트와 같은 치료자들은 행동이 통제할 수 없는 무의식적 원인에서 비롯된다고 주장한다. 프로이트에 따르면, 선천적 추동과 어린 시절의 경험은 성인의 행동에 큰 영향을 준다.

전체주의 대 환원주의

심리학자들은 행동을 설명할 때 전체주의적 관점과 환원주의적 관점 중 어느 것이 더 적절한지에 대해 논쟁한다. 전체주의는 행동과 그 맥락을 전체적으로 고려하며, 부분의 합이 전체와 같지 않다고 주장한다. 반면, 환원주의는 유전자나 뉴런과 같이 가장 기본적으로 구분되는 요소를 통해 행동을 과학적으로 설명한다.

핵심 요약

- ✓ 전체주의는 행동과 그 맥락을 전체로 이해한다.
- ✓ 환원주의는 행동을 전체보다는 부분으로 이해한다.
- ✓ 생물학적 환원주의는 유전자, 호르몬, 뇌에 초점을 맞춘다.
- ✓ 환경론적 환원주의는 자극-반응 학습에 초점을 맞춘다.

설명 수준

인간 심리의 여러 측면에 대해 전체주의부터 환원주의까지 다양한 수준의 설명이 가능하다. 전체주의적 설명에서는 사회적, 문화적 관점을 포함하며, 예를 들어 학습과 기억은 문화의 영향을 받는다고 본다. 심리학적 설명에서는 학습과 기억에 관한 다양한 유형의 기억(의미, 절차, 일화)이 처리되는 방식 등의 인지 과정을 다룬다. 환원주의적 설명에서는 생물학적 관점을 포함하며, 기억에 관한 뇌 구조, 뇌세포, 그리고 신경전달물질과 같은 화학적 요소를 다룬다.

사회적 및 문화적
문화는 우리가 성장하면서 학습하고 기억하는 것에 영향을 미친다.

심리학적
기억은 의미(사실), 절차(기술) 등의 다양한 유형으로 분류될 수 있다.

생물학적
기억은 세포와 신경전달물질의 관점에서 설명될 수 있다.

 **환원주의의 유형**

생물학적 환원주의	혼-경론적(자극-반응) 환원주의
이 유형의 환원주의는 유전자, 호르몬, 뇌세포, 뇌 영역에 중점을 두어 행동을 가장 낮은 수준에서 설명한다. 예를 들어 조현병의 도파민 이론에서는 높은 도파민 신경전달물질이 이 질병의 원인이라고 설명한다.	이 유형의 환원주의는 자극과 반응 간의 학습된 연합으로 행동을 설명한다. 예를 들어 아동기의 애착 이론에서는 양육자와 음식을 연합하는 학습 과정을 통해 애착이 형성된다고 설명된다.

개별사례적 접근과 법칙적 접근

한 번에 한 개인을 연구하여 그들의 독특한 이야기를 발견하는 것이 더 나을까, 아니면 대규모 집단을 연구하여 인간 행동의 일반적(보편적) 법칙을 발견하는 것이 더 나을까? 이 두 가지 대조적인 기법은 심리학 연구에서 각각 개별사례적 접근과 법칙적 접근으로 알려져 있다.

핵심 요약

- ✓ 개별사례적 접근은 개인에 초점을 맞추며, 질적 자료를 수집한다.
- ✓ 법칙적 접근은 다수를 대상으로 하며, 양적 자료를 사용하여 법칙을 수립한다.
- ✓ 두 접근은 상호 보완적이다.

개별사례적 접근

한 개인의 독특한 주관적 경험, 동기, 가치를 중시한다. 이 접근은 인터뷰, 사례 연구, 관찰과 같이 질적 자료를 만들어 내는 연구 방법이다. 실험(14쪽 참조)이 불가능하기 때문에, 원인과 결과에 대한 결론을 도출하기 어렵다.

법칙적 접근

이 접근은 인간 본성에 대한 일반적인 이론을 수립하는 것을 목표로 하며, 실험을 통해 여러 명으로부터 수집한 양적 자료를 주로 분석한다. 예를 들어 뇌 스캔 연구는 정신 기능이 뇌의 어느 영역에 위치하는지에 대한 일반화된 결론을 가능하게 한다. 법칙적 연구는 통계 분석을 포함하며, 원인과 결과에 대한 결론을 도출한다.

🔍 상호 보완적 접근

개별사례적 접근과 법칙적 접근은 종종 상호 보완적이다. 예를 들어 기억에 대한 이해는 수천 명의 건강한 지원자들에게 수행된 검사 결과와, 해마 제거 수술 후 기억을 형성할 수 없게 된 헨리 몰레이슨과 같은 한 명의 사례 연구를 통해 얻은 것이다. 현대 심리학의 목표는 인간 행동에 대한 풍부하고 자세하게 기술하는 동시에, 이러한 행동을 일반적인 법칙으로 설명하는 것이다.

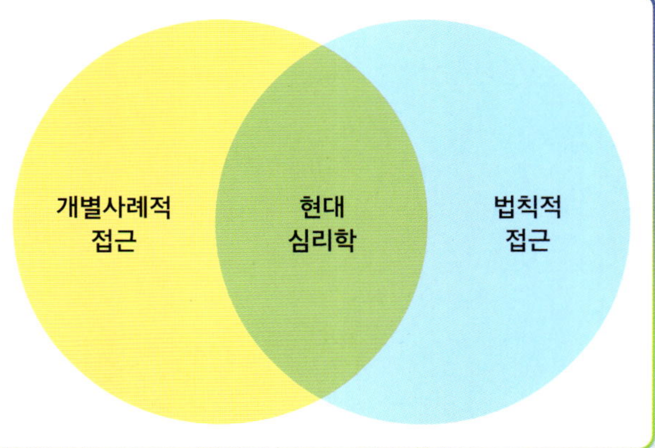

사회적으로 민감한 연구

일부 연구는 참가자나 그 가족, 또는 공동체에 불쾌감이나 심지어 해를 끼칠 가능성이 있다. 민감한 주제는 참가자나 그 가족이 비난받는다고 느끼게 할 수 있으며, 언론 보도로 인해 낙인이나 편견이 생길 수 있다. 과연 이러한 연구가 수행되어야 할까? 많은 심리학자들은 아무리 논란이 되는 주제라도 인간 본성의 모든 측면을 연구하는 것이 과학자로서의 의무라고 주장한다.

핵심 요약

- ✓ 사회적으로 민감한 연구는 참가자, 그 가족, 그리고 사회에 영향을 미칠 수 있다.
- ✓ 심리학자는 사회적으로 민감한 연구의 윤리적 위험을 고려해야 한다.

파급 효과

사회적으로 민감한 연구의 영향은 연못에 퍼지는 물결처럼 확산될 수 있다. 먼저 참가자에게 영향을 미치고, 다음으로 가족에게, 결국 더 넓은 사회에 영향을 미친다. 예를 들어 가족 역기능이 조현병의 원인일 수 있다는 연구는 조현병 환자의 가족이 자신들에게 책임이 있다고 느끼게 만들 수 있다. 이러한 결과가 언론에 보도되면, 조현병 환자 가족에게 낙인이 찍힐 수 있다.

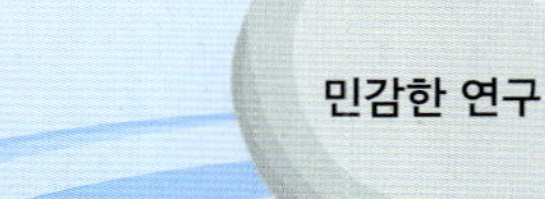

🔍 윤리적 위험

시버와 스탠리(1988)는 사회적으로 민감한 연구의 문제점을 강조하는 지침을 개발했다.

연구 목표	공공 정책	기관 맥락	잘못된 신념
연구 목표 자체가 민감한 주제일 수 있다. 예를 들어 인종에 따른 IQ의 차이 연구는 논란의 소지가 있으며, 언론 보도로 인해 편견을 초래할 수 있다.	연구 결과가 공공 정책에 어떤 영향을 미칠지 고려해야 한다. 예를 들어 과거 IQ의 유전율에 관한 연구는 일부 국가에서 지능검사를 가지고 선발하는 교육 제도를 만들게 하였다.	사적 기관에서 자료를 오용하거나 잘못 전달하거나 공개하지 않을 가능성이 있다. 예를 들어 제약 회사는 판매에 영향을 미칠 수 있는 연구 결과를 발표하지 않기로 결정할 수 있다.	연구 결과가 잘못된 신념을 형성하게 할 수 있다. 예를 들어 볼비의 모성 결핍 이론은 어린 시절 어머니의 돌봄을 받지 못한 사람들이 스스로 관계를 형성할 수 없다고 여기는 자기충족적 사고를 가지게 한다.

용어 풀이

가설(Hypothesis)　실험을 통해 검증되는 예측이나 진술

가설적 추론(Hypothetical reasoning)　다양한 결과를 고려하여 최적의 결과를 찾는 문제 해결 접근법

가소성(Plasticity)　뇌가 구조와 기능을 변화시킬 수 있는 능력

가용성 휴리스틱(Availability heuristic)　주제에 대한 의사 결정이나 평가를 할 때, 즉시 떠오르는 정보에 더 큰 중요성을 부여하는 정신적 지름길

가치(Values)　행동 기준 또는 삶에서 중요하다고 여기는 원칙이나 기준

가학적(Sadistic)　잔인함에서 쾌감을 얻는

각성(Arousal)　놀람, 두려움, 분노와 같은 정서 혹은 성적 자극에서 발생하는 경각심 또는 흥분 상태

각인(Imprinting)　동물이 태어난 직후 발생하는 빠른 학습의 선천적 시스템. 특정 개체나 사물과의 애착을 형성

간상세포(Rod cell)　망막의 외곽에 위치한 감각세포로, 어두운 빛에 민감하여 야간 시각에 특화됨

간성(Intersex)　모호한 생식기를 가지고 태어나거나 성염색체의 수가 비정상적인 경우, 혹은 성식기가 염색체상의 성별과 일치하지 않는 상태

간질(Epilepsy)　뇌의 비정상적 전기 활동과 관련해서 발작이 나타나는 장애

감각(Senses)　청각, 후각, 시각, 미각, 촉각을 포함하여 내부 및 외부 환경의 변화를 인식하는 능력

감각적(Sensory)　감각과 관련된

감각 적응(Sensory adaptation)　반복되거나 지속적인 자극 후 감각기관 또는 감각세포의 반응이 감소하는 것

강박(Obsession)　뇌를 지배하는 지속적이고 강력한 생각

강화(Reinforcement)　고전적 조건형성에서 반응의 발생 가능성을 높이는 절차

개별사례적 접근(Idiographic)　심리학 연구에서 개인의 고유한 주관적 경험, 동기, 가치를 중점으로 하는 접근법. 보통 질적 자료를 수집하는 연구 방법과 연관됨

개인차(Individual differences)　성격이나 지능과 같이 개인 간에 다를 수 있는 심리적 특성

결정론(Determinism)　모든 사건, 행동, 선택이 과거 사건에 의해 결정되며 자유의지에 의해 결정되지 않는다는 이론

결정적 시기(Critical period)　아동이나 동물의 발달에서 부모 또는 양육자와의 정서적 유대가 형성되는 시기

경두개 자기 자극(Transcranial magnetic stimulation, TMS)　두피 위에 놓은 자석봉에 의해 만들어진 뇌의 전기 활동을 알아보는 방법

고전적 조건형성(Classical conditioning)　중립 자극이 무조건자극과 결합하여 특정 반응을 유발할 수 있는 능력을 획득하는 학습의 한 유형

고정관념(Stereotype)　특정 유형의 사람이나 사물에 대한 고정된 이미지나 믿음

고착(Fixation)　새로운 문제에 대해 신선한 관점을 갖지 못하도록 방해하는 정신적 장애물. 또한 손톱 물어뜯기와 같이 심리성적 발달 단계 중의 과도한 또는 부족한 만족에서 비롯된 강박 행동을 의미하기도 함

공감(Empathy)　다른 사람의 감정이나 정서를 이해하는 능력

공감각(Synaesthesia)　감각이 혼합되는 현상. 예를 들어 어떤 소리를 특정한 색깔로 지각할 수 있음

공존(Comorbidity)　한 사람이 두 가지 이상의 의학적 상태를 동시에 가진 상태

공평성(Equity)　두 사람 사이에서 주고받는 것이 동등한 관계 상태

공포증(Phobia)　특정한 사물이나 상황에 대한 강렬하고 비합리적인 두려움을 특징으로 하는 불안 장애

과잉 일반화(Overgeneralization)　아동이 문법이나 단어 구조에 대한 추론 규칙을 적절하지 못하게 적용하는 언어 발달 단계

관찰(Observation)　자연스러운 환경에서 피험자의 행동을 관찰하는 심리학 연구 방법

교감신경계(Sympathetic nervous system)　심박수를 높이는 등의 반응을 하는 자율신경계의 일부로, 자극에 반응함. 부교감신경계 참조

교뇌(Pons)　뇌간의 중간 부분으로, 얼굴의 움직임, 청각 및 균형을 조정하는 데 도움을 줌

교도소화(Prisonization)　외부 세계와 다른 윤리 규범을 가지고 있는 수감자 문화에 수감자가 동화되는 과정

구금형(Custodial sentence)　징역 또는 정신병원과 같은 유사 시설에 구금되는 형벌

권위주의자(Authoritarian)　다른 사람들이 스스로 생각하고 행동하지 못하도록 통제하는 특성을 가진 사람을 기술하는 용어

권위주의적 성격(Authoritarian personality)　권위에 복종하려 하고, 자신보다 지위가 낮다고 생각하는 사람들에게 비우호적인 성격 유형

귀무가설(Null hypothesis)　과학 실험에서 연구 변수 간에 인과관계가 없음을 나타내는 가설

규범(Norm)　공동체의 행동이나 태도를 규제하는 규칙 및 기준

규범적(Normative)　행동 규범 등과 같은 기준과 관련된

규범적 사회적 영향(Normative social influence)　사회로부터 호감과 수용을 받으려는 욕망으로 동조를 유도

그렐린(Ghrelin)　위에서 분비되어 배고픔을 증가시키는 호르몬

근본적 귀인 오류(Fundamental attribution error)　다른 사람의 행동을 외부 상황 요인보다는 성격 특성으로 설명하려는 경향

근육(Muscle)　신체의 일부를 움직이기 위해 짧아지거나 길어질 수 있는 조직 다발

근접성(Proximity)　가까움

글루타메이트(Glutamate)　뇌에서 가장 흔한 흥분성 신경전달물질

급속 안구 운동(Rapid eye movement, REM)　빠른 안구 운동과 생생한 꿈이 특징인 수면 단계

긍정심리학(Positive psychology)　정신 질환이 있는 사람뿐만 아니라 모든 사람의 행복과 삶의 질을 향상시키는 데 중점을 두는 심리학 분야

긍정적 피드백(Positive feedback)　양육자의 칭찬과 같이 특정 사고나 행동 패턴을 강화하는 보상

기관(Organ)　심장, 눈, 뇌와 같이 특정 작업을 수행하기 위해 함께 기능하는 세포 집단

기능적 가소성(Functional plasticity)　뇌가 한 영역에서 다른 영역으로 인지 기능을 재배치할 수 있는 능력

기능적 영상(Functional imaging)　신경 활동을 측정하고 시각화할 수 있는 다양한 기술

기능적 자기공명영상(Functional magnetic resonance imaging, fMRI)　혈류 증가를 감지하여 뇌에서 가장 활동적인 영역을 드러내 주는 뇌 스캐닝 기술

기억상실(Amnesia)　기억을 잃는 것을 의미하는 일반적인 용어

기저핵(Basal ganglia)　전두엽 기저부에 위치한 신경핵 집합체로, 줄무늬체와 창백핵을 포함. 주로 동작을 선택하고 조절하는 것과 관련됨

기질적(Dispositional)　개인의 감정이나 행동 방식과 관련된

긴장(Tension)　불편, 불안, 적대감을 느끼는 상태

길항제(Antagonist)　수용체 활성화를 차단하거나 억제하는 분자

낙관 편향(Optimism bias)　위험을 과소평가하는 경향. 낙관 편향은 인지 편향 (체계적인 추론의 오류)의 한 유형임

남성중심주의(Androcentrism)　남성의 행동을 기준으로 여기고, 여성의 차이를 기준에서 벗어난 것으로 간주하는 관점

내담자 중심 치료(client-centred therapy)　인간 중심 치료라고도 알려져 있으며, 미국의 심리학자 칼 로저스가 개발한 인본주의적 상담 접근법. 치료자가 내담자와 협력하여 자기 인식 및 개인적 성장을 도모함

내면화(Internalization)　동조의 한 유형. 지배적인 집단의 행동과 의견을 공적, 사적, 그리고 대체로 영구적으로 수용하는 것

내성(Introspection)　자기 스스로의 내적 상태와 사고를 조사하는 것

내재 동기(Intrinsic motivation)　활동 자체의 관심과 만족감에 의해 참여하는 동기

내적 타당도(Internal validity)　과학적 연구가 엄격하게 통제된 조건하에서 수행되는 정도

내집단(In-group)　개인이 속한 집단. 구성원들은 종종 다른 집단(외집단)보다 자신의 집단을 더 호의적으로 평가함

내향성(Introversion)　주로 내적 사고와 감정에 에너지를 집중하는 성격 유형. 외향성 참조

노르에피네프린(Norepinephrine)　흥분성 신경전달물질로, 노르아드레날린으로도 알려져 있음. 아드레날린 참조

뇌간(Brainstem)　심박수 및 호흡과 같은 필수 기능을 조절하는 뇌의 기저부 영역

뇌구(Sulcus, 복수형 sulci)　뇌 표면의 골짜기나 홈

뇌량(Corpus callosum)　좌우 뇌 반구를 연결하고 정보를 전달하는 두꺼운 신경 조직

뇌 분리(Split brain)　뇌의 두 반구를 외과적으로 분리한 상태. 원래는 간질 치료를 위해 사용됨

뇌실(Ventricle)　뇌 안에 있는 뇌척수액이 포함된 공간

뇌전도(Electroencephalograph, EEG) 두피에 전극을 붙여 뇌파를 감지하고 뇌의 전기 활동을 그래프로 기록하는 장치

뇌파(Brainwaves) 뇌의 신경 자극에 의해 발생하는 리듬 패턴의 전기 활동으로, EEG 장치로 감지됨. 서로 다른 정신 상태는 고유한 뇌파를 가짐

뇌하수체(Pituitary gland) 옥시토신을 포함한 호르몬을 생성하는 시상하부의 핵

뉴런(Neuron) 뉴런은 전기 신호의 형태로 정보를 전달함

니코틴(Nicotine) 담배에 포함된 중독성 화합물로, 약한 자극제로 작용하며 뇌에서 신경전달물질인 도파민의 방출을 유발함

다유전자성(Polygenic) 많은 유전자에 의해 통제 혹은 영향을 받는 것

단기 기억(Short-term memory) 몇 초에서 몇 분 동안 제한된 양의 정보를 저장할 수 있는 기억 저장소. 작업 기억 참조

달팽이관(Cochlea) 내이의 나선형 뼈 관으로, 소리를 전기 신호로 변환하는 유모세포를 포함

대뇌(Cerebrum) 소뇌 및 뇌간을 제외한 뇌의 주요 부분

대뇌 반구(Cerebral hemispheres) 대뇌가 거의 대칭적으로 나뉘어 있는 두 부분

대뇌피질(Cerebral cortex) 대뇌의 깊게 주름 접힌 외부 표면

대리 상태(Agentic state) 권위자의 명령이 불편함에도 불구하고 따르는 상태로, 개인은 권위자의 대리인으로서 책임을 회피하려 함

대상 영속성(Object permanence) 아동 발달 단계 중 영아가 시야 밖에도 사물이 존재한다는 것을 이해하는 시기

대측성(Contralateral) 몸이나 뇌의 반대편. 뇌 손상은 종종 대측성의 신체 문제로 이어짐

도덕성(Morality) 옳고 그름에 대해 공동체가 가진 가치와 신념의 집합

도파민(Dopamine) 동기와 관련된 신경전달물질. 보상이나 목표에 대한 기대 시 뇌에서 방출됨

독립변수(Independent variable) 실험에서 조작되는 변수

동기(Motivation) 목표를 추구하기 위해 행동을 유도하는 내적 상태

동기부여 요소(Motivator) 목표 추구에서 일련의 행동을 따르도록 결정하게 만드는 것

동료 심사(Peer review) 연구 보고서가 발표되기 전에 해당 분야의 전문가에 의해 평가받는 과정

동물행동학(Ethology) 동물 행동을 과학적으로 연구하는 학문

동성애(Homosexual) 같은 성별의 사람에게 끌리는 사람

동일시(Identification) 동조의 한 유형으로, 현재 지배적인 집단의 일원이 되고자 하는 욕구로 인해 행동과 의견을 바꾸는 것

동조(Conformity) 집단이나 권위자의 행동, 태도, 가치를 채택하려는 경향

두개골(Cranium) 뇌를 보호하는 뼈의 둥근 상단 부분

두정엽(Parietal lobe) 대뇌피질의 상부 후방에 위치한 부분으로, 주로 공간 계산, 신체 방향 감지 및 주의력과 관련 있음

둔감화(Desensitize) 특정 자극에 반복적으로 노출되어 사건이나 사물에 대한 강한 반응이 약해지는 과정

딜레마(Dilemma) 두 가지 이상의 대안 중에서 하나를 선택해야 하는 어려운 상황

또래 압력(Peer pressure) 친구나 지인으로부터 특정 방식으로 행동하거나 생각하도록 요구받는 사회적 압력

렘수면(REM sleep) 급속 안구 운동이 발생하는 수면 단계. 꿈은 주로 렘수면 동안 발생

렙틴(Leptin) 지방세포가 커질 때 분비되는 호르몬으로, 배고픔을 줄이고 체중을 조절하는 데 도움을 줌

로보토미(Lobotomy) 일부 뇌 영역을 제거하거나 절단하는 극단적이고 시대에 뒤떨어진 정신 외과적 수술

리비도(Libido) 프로이트가 만든 용어로, 개인의 성욕을 의미함

마음(Mind) 사고, 감정, 신념, 의도 등 뇌의 과정에서 발생하는 정신 활동

마음챙김(Mindfulness) 현재에 집중하고 신체와 마음에 대해 자각하는 것

만장일치(Unanimity) 집단의 모든 구성원이 완전하게 동의하는 것

말초신경계(Peripheral nervous system, PNS) 뇌와 척수를 제외한 모든 신경과 뉴런을 포함하는 신경계의 일부

망막(Retina) 빛에 민감한 세포들이 포함된 눈의 부분, 망막세포는 시각 정보를 이미지로 처리하기 위해 뇌의 시각 영역으로 전기 신호를 보냄

망상(Delusion) 명백히 잘못되었다는 증거를 보아도 사라지지 않는 허위 신념

메타 분석(Meta-analysis) 여러 연구에서의 자료를 통계적으로 결합하여 전체적인 결론에 도달하는 방법

멜라토닌(Melatonin) 수면-각성 주기를 조절하는 데 도움을 주는 호르몬으로, 송과샘에서 생성됨

명시적 기억(Explicit memory) 의식적으로 인출되고 보고될 수 있는 기억

모성 결핍(Maternal deprivation) 유아가 어머니 혹은 주 양육자와 장기간 분리되어 이후 지적, 정서적 문제를 초래할 수 있는 상황

모집단 타당도(Population validity) 연구 결과가 표본이 추출된 더 큰 모집단에 일반화될 수 있을 때 집단 타당도가 있음

무력화(Incapacitation) 대중을 보호하기 위해 범죄자를 사회와 격리, 수감하는 행위

무의식(Unconscious) 의식하지 못하는 상태. 또는 정신분석에서 의식적인 마음이 접근할 수 없는 부분

무조건반응(Unconditioned response) 고전적 조건형성에서 특정 자극에 의한 자연적이거나 반사적인 반응

무조건자극(Unconditioned stimulus) 고전적 조건형성에서 반사적인(무조건적, 자연적) 반응을 유발하는 자극

문법(Grammar) 문장 형성에 대한 규칙과 구조의 체계

문화 상대주의(Cultural relativism) 보편적 가치는 없으며, 특정 문화의 맥락에서만 행동을 이해할 수 있다는 관점

문화적 편향(Cultural bias) 심리학 연구에서 문화나 민족 간 차이를 고려하지 않는 것

물질 남용(Substance abuse) 유해하거나 중독을 유발할 수 있는 방식으로 쾌락적 약물을 사용하는 것

미상핵(Caudate nucleus) 운동 처리, 학습 및 충동 억제와 관련된 뇌의 C자형 피질 하부 구조

미엘린(Myelin) 뉴런 섬유 주위에 형성되는 지방이 풍부한 절연 물질로, 신경 자극의 전달 속도를 증가시킴

반구(Hemisphere) 뇌의 두 반쪽 중 하나

반복되는(Recurring) 다시 발생하는

반사행동(Reflex action) 물체가 눈에 접근할 때 눈을 깜빡이는 것과 같이 자동적이고 불수의적인 움직임

반사회적 행동(Antisocial behaviour) 비우호적이거나 적대적이고 사회의 규범을 위반하는 행동

발견법(Heuristic) 문제를 해결하기 위한 경험적 규칙이나 일반적인 지침

발달심리학(Developmental psychology) 연령과 관련된 행동과 시간에 따른 변화에 초점을 맞추는 심리학의 한 분야

발작(Seizure) 갑작스런 질병 발작. 간질성 발작은 과도한 신경 발화로 인해 발생하며, 떨림과 의식 상실을 유발

방관자 효과(Bystander effect) 주변에 많은 사람이 있을수록 어려움에 처한 사람을 돕는 확률이 낮아지는 현상

방향가설(Directional hypothesis) 일방가설이라고도 함. 한 방향으로의 변화를 예측하는 실험가설

배척(Ostracism) 사회나 사회적 집단에서 누군가를 고의로 배제하는 행위로, 종종 찬성하지 않거나 편견을 가진 것으로 인함

백질(White matter) 다른 뉴런으로 신호를 전달하는 축삭이 밀집된 뇌 조직 유형. 피질을 형성하는 회백질 아래에 위치함

범죄성(Criminality) 법에 위배되는 행동

범죄자 프로파일링(Offender profiling) 범죄 현장의 증거를 통해 용의자의 심리적 특성을 추론하여 신원을 파악하는 수사 전략

법의학적(Forensic) 범죄 해결에 도움이 되는 과학적 작업을 설명하는 용어

법칙적 접근법(Nomothetic approach) 심리에 대한 일반적인 이론을 밝히기 위해 실험에서 수집된 양적 자료를 주로 분석하는 연구 방법

변수(Variable) 과학에서 측정 가능하며 변화할 수 있는 양

변연계(Limbic system) 편도체, 시상하부, 해마를 포함하여 정서와 기억에 관여하는 뇌 구조 집합체

보다 유능한 타인(More knowledgeable other, MKO) 아동이 사회적 상호작용을 통해 지식을 얻을 수 있는 사람

보존(Conservation) 어떤 사물의 외적 형태가 변하더라도 그 양은 동일하게 유지될 수 있다는 이해

보편적(Universal) 문화와 관계없이 모든 사람에게 적용되는

본능(Instincts) 동물이나 인간에게 자연적으로 나타나는 선천적인 행동 패턴

부교감신경계(Parasympathetic nervous system) 자율신경계의 한 요소로, 에너지를 보존하여 신체를 진정시키는 효과를 가짐. 교감신경계를 억제함

부작용(Side-effect) 약물의 의도치 않은, 보통 원치 않는 효과

부적 강화(Negative reinforcement) 조작적 조건화에서 부적 자극을 제거하여 반응을 강화하는 과정

부호화(Coding) 감각 정보를 기억으로 처리하는 과정

분노 조절(Anger management) 화를 피하거나 제어하는 데 도움을 주는 인지 행동 치료의 한 형태

분비(Secretion) 세포나 샘이 물질을 생성하고 방출하는 것

브로카 영역(Broca's area) 전두엽의 한 영역으로, 언어 이해 및 발화에 관련된 뇌 부위

비급속안구운동 수면(Non-rapid-eye-movement sleep, NREM sleep) 근육이 이완되고 뇌 활동, 호흡 및 심박수가 감소하는 수면 단계

비방향성 또는 양방 가설(Non-directional or two-tailed hypothesis) 종속변수의 변화를 예측하되, 증가 또는 감소 여부는 명시하지 않는 실험가설

비윤리적(Unethical) 도덕적으로 옳지 않은

비합리적(Irrational) 합리적(논리적) 추론에 기반하지 않는

비행(Delinquency) 특히 청소년이 저지르는 범죄 행위

사례 연구(Case study) 개인, 집단, 기관 또는 사건에 대한 심층적 조사

사춘기(Puberty) 아동기와 성인기 사이의 발달 단계

사혈(Bloodletting) 구식의 해로운 의료 관행으로, 질병 치료를 위해 환자의 혈액을 빼내는 방식

사회(Society) 하나의 공동체로 여겨지거나 동일한 사회 체계 안에 함께 사는 사람들의 집단

사회경제적 지위(Socio-economic status) 부, 교육 수준, 직업에 따라 사회적 지위를 측정하는 척도

사회 규범(Social norms) 공동체의 행동이나 태도를 규제하는 규칙과 기준

사회적 구성물(Social construct) 자연적으로 혹은 인간 사회와 독립적으로 존재하는 것이 아니라, 화폐와 같이 오직 집단의 합의에 의해서 존재하는 개념

사회적 영향(Social influence) 같은 사회에 사는 다른 사람들의 관점이나 행동에 따르도록 압박을 받는 것

사회적 태만(Social loafing) 집단의 목표를 달성하는 과정에서 혼자 일할 때보다 덜 노력하는 현상

사회 학습 이론(Social learning theory) 타인의 행동과 그 결과를 관찰하여 학습한다는 이론으로, 앨버트 반듀라가 대표적인 이론의 제안자임

상관(Correlation) 특정 상황에서 두 세트의 자료 또는 변수가 유사하게 변하는 경향을 나타내는 통계 용어. 흔히 인과와 혼동됨

상담(Counselling) 심리적 문제를 가진 사람들에게 도움과 지도를 제공하는 것

상징적 사고(Symbolic thinking) 생각이나 사물을 대신하여 단어나 숫자와 같은 상징을 사용하는 사고방식

상향식 접근법(Bottom-up approach) 범죄자 프로파일링에 있어서 유사한 범죄들의 통계 분석을 사용해 범죄자의 프로필을 작성하는 접근법

상호작용론(Interactionism) 성격과 능력에 있어서 유전(본성)과 환경(양육)이 모두 중요하며 상호 연결되어 있다고 보는 관점

상황적(Situational) 개인이 처한 환경, 상황 또는 사회적 맥락과 관련된 것

생득주의(Nativism) 능력과 성격이 출생 시부터 유전자에 의해 뇌에 '내재되어' 있다고 보는 관점

생리적(Physiological) 인체의 다양한 부분이 어떻게 기능하는지에 대한 과학적 연구와 관련된 것

생리 주기(Menstrual cycle) 여성의 신체에서 매달 일어나는 변화 주기로, 임신 가능성에 대비하는 과정

생물학적 환원주의(Biological reductionism) 유전자, 호르몬, 뇌 세포, 뇌 영역과 같은 가장 단순한 구성 요소로 행동을 이해하려는 접근법

생생한(Vivid) 선명하고 상세하거나 강렬한

생태학적 타당성(Ecological validity) 심리학 연구 결과를 실제 생활에 일반화할 수 있는 정도.

선입견(Preconceived) 증거를 가지고 고려하기 전에 이미 만들어진 의견이나 판단

선천적(Innate) 경험에 의해 획득된 것이 아니라 출생 시부터 있었던 특성. 유전일 수도 있고 아닐 수도 있음

선택적 세로토닌 재흡수 억제제(SSRI) 세로토닌이 시냅스로부터 다시 흡수되는 속도를 늦춤으로써 작용하는 항우울제

선택 편향(Selection bias) 모집단을 대표하지 못하는 연구 대상자가 선정되는 것. 편향의 원인에는 편향된 표집, 참가자의 이탈, 비응답이 포함됨

설문 조사(Survey) 질문지 등을 통해 대표적인 표본으로부터 자료를 수집하는 방법

설정점 이론(Set point theory) 체중이 감소하거나 증가한 뒤, 안정적인 지점 또는 범위로 되돌아간다는 이론

섬광 기억(Flashbulb memory)　정서적 사건과 관련된 생생한 기억

섬피질(Insular cortex)　분노, 두려움, 혐오감, 행복, 슬픔을 느낄 때 활성화되는 대뇌피질의 일부

성격(Personality)　시간이 지나면서 비교적 일관된 방식으로 행동하게 만드는 개인의 안정적이고 지속적인 정신 및 행동 특성

성 정체성(Gender identity)　자신의 성에 대한 개인적인 느낌

성취 욕구(Need for achievement)　기술의 숙달이나 인정을 이끄는 도전적인 과제나 목표를 성취하고자 하는 욕구

세로토닌(Serotonin)　기분, 식욕 및 감각 지각 등 여러 기능을 조절하는 신경전달물질

세포(Cell)　신체의 가장 작은 생명체 부분. 각 사람은 수백만 개의 세포로 구성됨

세포체(Cell body)　뉴런의 중심 구조. 소마(soma)라고도 불림

소뇌(Cerebellum)　대뇌 아래의 두개골 뒷부분에 위치하며, 움직임과 균형을 조정하는 데 중요한 역할을 함

소속 욕구(Affiliation need)　집단이나 공동체에 속하고자 하는 기본적인 인간 욕구

소수의 영향력(Minority influence)　작은 집단(소수집단)이 더 큰 집단(다수집단)의 신념과 행동을 변화시킬 수 있는 능력

소인(Diathesis)　정신 장애에 대한 취약성

소포(Vesicle)　세포 안에서 막으로 둘러싸인 작은 구조물

송과샘(Pineal gland)　시상 근처에 위치한 콩알 크기의 선으로, 수면-각성 주기를 조절하는 멜라토닌을 생성함

수상돌기(Dendrite)　뉴런의 세포체에서 뻗어 나와 다른 뉴런으로부터 신호를 받는 가지

수용체(Receptor)　빛과 접촉 같은 감각 정보를 감지하는 세포 내 작은 구조

순응(Compliance)　적절하게 행동하여 수용되고자 하는 동조의 유형. 지배 집단의 신념과 행동을 공식적으로는 따르지만 사적으로는 수용하지 않을 때도 포함함

스트레서(Stressor)　정신적 스트레스를 유발하는 자극

스트레스(Stress)　도전적이거나 위협적인 자극이나 상황에 대한 신체적, 정신적 반응으로, 종종 아드레날린과 코르티솔 호르몬이 분비됨

스키마(Schema)　도식이라고도 부르며, 세상을 이해하는 데 도움을 주는 정신적 틀

습관화(Habituation)　특정 자극에 대한 반응이 감소하는 과정

시각 교차(Optic chiasm)　시각신경이 만나서 교차하는 위치

시각신경(Optic nerve)　망막 신경절 세포에서 생성된 신호를 처리하기 위해 뇌의 주요 부분으로 전달하는 신경섬유 다발

시각피질(Visual cortex)　후두엽의 표면으로, 시각 정보를 처리하는 곳

시나리오(Scenario)　이론적 또는 가상의 상황

시냅스(Synapse)　뉴런 간에 신경전달물질이 이동하는 연결부

시냅스 가지치기(Synaptic pruning)　사용되지 않는 시냅스(뉴런 간의 연결부)를 제거하는 과정

시냅스-전 뉴런(Pre-synaptic neuron)　다른 뉴런으로 신호를 전달하기 위해 신경전달물질을 방출하는 뉴런. 시냅스-후 뉴런 참조

시냅스-후 뉴런(Post-synaptic neuron)　다른 뉴런으로부터 신호를 받는 뉴런. 시냅스-전 뉴런 참조

시상(Thalamus)　감각기관에서 대뇌피질로 감각 정보를 전달하는 데 중요한 뇌 구조

시상하부(Hypothalamus)　뇌의 작은 구조로, 섭식, 음주, 여러 호르몬 방출을 포함한 신체 기능을 조절함

시설화(Institutionalization)　감옥 혹은 다른 시설의 규범과 일상에 익숙해져서 일반 사회로 돌아가기가 어려워지는 과정

시야(Visual field)　한쪽 또는 양쪽 눈으로 포착한 이미지의 전체 범위

신경(Nerve)　뇌와 연결되어 신체를 관통하는 긴 섬유로, 환경을 감지하고 근육을 제어함

신경가소성(Neuroplasticity)　뇌가 새로운 신경 네트워크를 형성하여 변화에 적응하는 능력

신경계(Nervous system)　뇌, 척수, 신경 및 모든 연결된 뉴런으로 구성되며, 감각 정보를 처리하고 신체에 운동 신호를 보내 반응을 생성

신경과 전문의(Neurologist)　신경계에 영향을 미치는 질환 치료를 전문으로 하는 의사

신경과학자(Neuroscientist)　뇌 또는 신경계를 연구하는 사람

신경망(Neural network)　시냅스에 의해 연결된 뉴런들의 네트워크

신경발달 장애(Neurodevelopmental disorder) 어린 시절에 발생하는 인지 및 행동 장애. 예를 들어 자폐 및 ADHD가 포함됨

신경 발생(Neurogenesis) 뇌에서 새로운 뉴런들이 생성되는 과정

신경심리학(Neuropsychology) 심리학과 신경학의 하위 학문으로, 뇌의 구조와 기능을 연구하며 뇌 장애가 행동 및 인지에 미치는 영향을 탐구함

신경의(Neural) 뉴런과 관련된

신경전달물질(Neurotransmitter) 뉴런이 신호를 다른 세포로 전달하기 위해 시냅스에서 방출하는 화학물질

신경증(Neurosis) 명확한 신체적 원인이 없는 정신 장애

신경증 성격(Neuroticism) 불안, 과민성 및 기분 변화를 특징으로 하는 성격 특성

신경퇴행성 질환(Neurodegenerative disease) 뉴런의 손실로 인해 뇌 또는 신경계에 점진적인 손상을 초래하는 질환

신경학적(Neurological) 신경계와 관련된

신뢰성(Reliability) 반복되는 검사에서 일관된 결과를 제공하는 정도

신체 이미지(Body image) 자신의 신체에 대한 정신적 이미지

신체증상 장애(Psychosomatic disorder) 심리적 요인에 의해 유발되거나 악화되는 의료 질환

신피질(Neocortex) 뇌의 주름진 외층으로, 대뇌피질이라고도 불림

실증주의(Empiricism) 모든 지식의 근원을 경험으로 귀인하는 철학적, 심리학적 접근

실험(Experiment) 가설(예측)을 검증하기 위해 수행되는 과학적 절차

실험 가설(Experimental hypothesis) 과학적 절차의 결과에 대한 예측

심동(Psychomotor) 신체 움직임과 관련된 정신 활동

심리성적 발달 단계(Psychosexual stages) 어린 시절의 발달 단계로, 쾌락을 유발하는 신체 부위에 초점을 맞춤

심리측정 검사(Psychometric test) 지능이나 성격 등 심리적 측면을 측정하는 검사

심리 치료(Psychotherapy) 의학적 방법이 아닌 심리적 방법을 통해 정신 질환을 치료하는 것

아드레날린(Adrenaline) 에피네프린이라고도 불리며, 위험하거나 흥분된 상황에서 신체를 행동 준비 상태로 만드는 호르몬

아세틸콜린(Acetylcholine) 학습과 기억에서 중요한 역할을 하며, 운동신경에서 내장 근육으로 메시지를 전달하는 신경전달물질

아편계 약물(Opiate) 양귀비에서 추출한 중독성 진통제

안녕감(Wellbeing) 삶에 있어서 만족하고 건강하며 성공적인 상태

안드로겐(Androgens) 성 스테로이드 호르몬(테스토스테론 포함)으로, 남성 성숙과 전형적인 남성적 행동 특성과 관련이 있음

안와전두피질(Orbitofrontal cortex) 눈이 위치한 안와 바로 위에 있는 전두엽의 일부

알고리즘(Algorithm) 문제 해결에 사용되는 단계별 논리적 절차

알츠하이머 질환(Alzheimer's disease) 특정 단백질이 뉴런 안팎에 축적되어 기억력 저하, 집중력 문제, 심각한 인지 장애, 신체 조정 문제를 유발하는 진행성 뇌 질환

암묵적 기억(Implicit memory) 의식적으로 인출할 수 없지만 특정한 기술이나 행동, 또는 무의식적 사건에 대한 정서와 관련된 형태로 활성화되는 기억. 공놀이와 같은 신체적 기술을 학습하는 기초가 됨

애착(Attachment) 아동과 성인 양육자 사이에 형성되는 중요한 정서적 유대, 아동의 초기 생애에서 형성됨

약물(Drug) 질병을 치료하거나 예방하기 위해 체내에 섭취되는 화학물질

양극성 장애(Bipolar disorder) 극심한 기분 변화를 특징으로 하는 질환

양안 시각(Binocular vision) 두 눈의 시각 영역을 결합하여 3차원 이미지를 생성하는 시각

양적 자료(Quantitative data) 측정값이나 개수를 포함하는 수치 자료로, 주로 과학적 실험으로 얻어짐

양전자 방출 단층 촬영(Positron emission tomography, PET) 방사성 표지된 포도당을 감지하여 뇌의 활성화된 영역을 보여 주는 뇌 스캔 기법

어리석은(Fatuous) 바보 같거나 우스운

억압(Repression) 정신분석 이론에서, 용납할 수 없는 사고, 기억, 충동 또는 욕망을 의식의 바깥으로 밀어내는 자아의 방어기제

억제(Deterrence) 징역과 같은 처벌에 대한 두려움이 범죄를 억제하고 범죄 발생을 줄인다는 개념

억제성 신경전달물질(Inhibitory neurotransmitter)　뉴런의 발화를 멈추는 신경전달물질. 흥분성 신경전달물질 참조

언어결정론(Linguistic determinism)　벤저민 워프가 제안한 개념으로, 언어가 사고 과정을 결정한다는 이론

언어상대성(Linguistic relativity)　언어가 사고를 결정하지는 않지만, 영향은 줄 수 있다는 이론

에스트로겐(Oestrogen)　암컷 동물의 난소에서 생성되는 성호르몬. 인간의 경우 생식 주기를 조절하고 임신 준비를 돕는 역할을 함

에피네프린(Epinephrine)　아드레날린 참조

엑스레이(X-ray)　인체를 투과할 수 있는 눈에 보이지 않는 전자기 복사선으로, 내부 장기의 이미지를 만드는 데 사용됨

엔도르핀(Endorphins)　행복감을 유발하는 신경전달물질

역경(Adversity)　고통스럽거나 어려운 상황

역기능적(Dysfunctional)　비정상적이거나 제대로 기능하지 못하는 상태

역조건형성(Counterconditioning)　특정 자극에 의해 유발된 바람직하지 않은 정서 혹은 행동 반응을 바꾸기 위해 고전적 조건형성을 사용하는 행동 치료

역치(Threshold)　변화가 일어나는 한계 또는 수준

연구자 편향(Researcher bias)　연구자의 선입견이나 기대에 의해 연구 과정이나 자료 해석에서 발생하는 오류

연수(Medulla)　뇌간의 하부로 '숨뇌', 혹은 '수뇌'로도 알려져 있음. 호흡과 심박수와 같은 중요한 생명 유지 기능을 담당

연합(Association)　과거의 경험에서 형성된 두 가지 심리적 과정 간의 연결

염색체(Chromosome)　단백질과 DNA로 이루어진 미세한 실 모양 구조로, 유전 정보를 담고 있다. 인간의 세포핵에는 각각 46개의 염색체가 있음

엽(Lobe)　대뇌피질의 네 가지 큰 영역 중 하나로, 후두엽, 전두엽, 두정엽, 측두엽으로 구성됨

예비 연구(Pilot study)　대규모 또는 복잡한 연구 프로젝트의 실행 가능성이나 설계를 검증하기 위해 수행되는 소규모 연구

오르가즘(Orgasm)　성적 활동의 절정에서 느끼는 강렬한 쾌감의 순간

오이디푸스 콤플렉스(Oedipus complex)　정신분석 이론에서 약 5세 경 발생하는 발달 단계로, 남아는 어머니에 대한 무의식적인 욕망을 느끼고 아버지를 대체하거나 제거하고 싶어 함

오피오이드(Opioid)　아편계 약물과 같은 방식으로 작용하는 합성 진통제

옥시토신(Oxytocin)　사회적 유대 형성에 관여하는 신경전달물질

외상 후 스트레스 장애(Post-traumatic stress disorder, PTSD)　교통사고, 전쟁, 생명을 위협하는 질병과 같은 강한 외상 경험으로 인해 생생하고 침습적인 기억(플래시백)을 지니는 불안 장애

외생변수(Extraneous variable)　실험에서 독립변수나 종속변수가 아닌 변수. 실험 결과에 영향을 미치지 않도록 통제해야 함

외재동기(Extrinsic motivation)　돈과 같은 외적 보상 때문에 무언가를 하게 만드는 동기

외적 타당도(External validity)　심리학의 연구를 다른 상황에 일반화할 수 있는 정도

외집단(Out-group)　개인이 소속되지 않는 집단으로, 때로는 부정적으로 여겨질 수 있음

외향성(Extroversion)　에너지를 주로 외부 세계와 타인들에게 집중하는 것. 내향성 참조

외향형(Extrovert)　에너지를 외부 세계에 집중하는 사람. 외향형은 사교적이고 대화를 즐기며, 다른 사람과 어울리기를 좋아함

요구 특성(Demand characteristics)　실험 환경에서 참가자가 연구 목적을 파악하게 하여, 연구에 도움을 주거나 방해하려는 방식으로 반응하도록 유도하는 무의도적 단서. 참가자 편향 참조

우울증(Depression)　무력감과 낮은 자존감이 특징인 기분 장애

운동 기술(Motor skills)　걷기나 등산과 같이 신체가 수행하는 특정 움직임

운동뉴런(Motor neuron)　근육 안에서 수축 또는 신장을 일으키는 뉴런

운동피질(Motor cortex)　근육에 신호를 직간접적으로 보내는 뉴런을 포함한 뇌의 영역. 뇌를 머리띠처럼 둘러싸고 있음

원형(Prototype)　더 넓은 범주나 개념을 대표하는 단순한 정신 이미지 또는 가장 좋은 예. 예를 들어 다리가 네 개인 단순한 의자의 이미지가 '의자' 개념의 원형이 될 수 있음

위반(Violation)　윤리적 원칙이나 법을 어기는 것

유동적 지능(Fluid intelligence)　획득한 지식과 무관하게 추론을 통해 문제를 해결할 수 있는 능력

유발 자극(Trigger)　외상적 감정이나 기억을 불러일으키는 자극

유병률(Prevalence)　집단에서 특정한 의학적 상태를 보이는 비율

유의성 검정(Significance test) 실험에서 수집된 자료가 검증하고자 하는 가설을 지지하는지 평가하는 통계 기법

유전율(Heritability) 한 집단에서 특정 특성의 변동이 환경보다는 유전자에 기인할 수 있는 비율

유전자(Genes) DNA에 암호화되어 부모로부터 자녀에게 전달되는 지시. 유전자는 신체가 발달하고 기능하는 방식을 통제함

유전형(Genotype) 특정 특성에 영향을 미치는 유전자의 조합

윤리(Ethics) 인간의 행동을 규제하는 도덕적 규칙과 원칙

음소(Phoneme) 가장 작은 변별적 음성 단위

음운 루프(Phonological loop) 배들리와 히치가 말한 작업 기억 모델의 일부로, 방금 들은 소리 또는 말하려고 하는 단어를 짧게 저장함

의미 기억(Semantic memory) 사실과 지식에 관한 기억

의식(Consciousness) 깨어 있는 동안 외부 세계와 내부의 사고 및 감정을 인식하는 상태

의존(Dependence) 약물이나 행동에 중독되어 신체적 또는 심리적으로 필요로 하는 상태

이드(Id) 정신역동적 접근에서 본능적 충동과 신체적 욕구와 관련된 무의식적인 마음의 부분

이란성 쌍둥이(Dizygotic twins) 두 개의 독립적으로 수정된 난자에서 태어난 쌍둥이. 약 절반의 유전자를 공유하며 비일란성 또는 형제 쌍둥이로도 불림. 일란성 쌍둥이 참조

이론(Theory) 실험 또는 관찰을 통해 반복적으로 검증된 과학적 설명이나 아이디어의 집합

이벤트 관련 전위(Event-related potential) 특정 자극에 대한 뇌파 측정 장치(EEG)에 의해 기록된 신경 활동

이상(Abnormality) 정상적인 정신 건강에서 벗어난 사고 또는 행동. 일반적이지 않거나 결함이 있는 신체 구조나 과정

이성애(Heterosexual) 반대 성별의 사람에게 끌리는 사람

이시하라 검사(Ishihara test) 색깔이 있는 점들의 패턴에서 숫자를 식별하여 적녹 색맹을 진단하는 검사

이중구속 이론(Double-bind theory) 양육자로부터 상반된 정서적 신호를 받는 것이 정신분열증 발병 위험을 높인다는 이론

이중과정 이론(Dual-process theory) 의사 결정을 내릴 때 빠르고 직관적 사고와 느리고 분석적인 사고의 두 가지 체계를 사용한다는 이론

이타심(Altruism) 타인의 안녕을 위한 이타적인 관심

인본주의 심리학(Humanistic psychology) 정신 건강을 결정함에 있어서 자유의지와 자아실현의 중요성을 강조하는 심리적 접근법

인지(Cognition) 지각, 사고, 학습, 정보 기억 등 의식적 혹은 무의식적 뇌 과정

인지부조화(Cognitive dissonance) 자신의 신념이나 태도가 행동과 일치하지 않을 때 느끼는 불편한 느낌

인지심리학(Cognitive psychology) 학습, 기억, 지각, 주의와 같은 정신 과정을 중심으로 연구하는 심리학적 접근

인지적(Cognitive) 지각, 기억, 사고와 같은 정신적 과정과 관련된 것

인지적 면담(Cognitive interview) 다양한 기억 회상 경로를 자극하는 기법을 사용하여 목격자 진술의 정확성을 높이기 위한 과정

인지적 왜곡(Cognitive distortion) 자신이나 타인, 또는 주변 세계에 대해 비합리적인 생각을 하는 것

인지적 편향(Cognitive bias) 의사 결정에 영향을 미쳐 종종 잘못된 판단을 내리게 하는 비논리적인 가정

인지 행동 치료(Cognitive behavioural therapy, CBT) 환자가 자신의 사고와 행동을 변화시켜 문제를 관리하도록 격려하는 치료 유형

일란성 쌍둥이(Monozygotic twins) 수정란이 분열하여 형성된 쌍둥이로, 동일한 유전자를 가짐. 동일 쌍둥이라고도 함

일반 지능(General intelligence) 찰스 스피어만이 제안한, 모든 지적 행동의 기반이 되는 능력

일반화(Generalization) 심리학의 연구가 더 광범위한 대상에게 적용될 수 있는 정도

일주기 리듬(Circadian rhythm) 약 24시간 동안 지속되는 행동 또는 생리적 변화의 주기

일치성(Congruence) 실제 자아 또는 지각된 자아가 이상적 자아와 일치하는 상태

일치율(Concordance rate) 한 사람이 어떤 특성을 가지고 있을 때, 짝을 이루는 다른 사람들이 같은 특성을 공유하는 비율

일화 기억(Episodic memory) 사건과 경험을 기록하는 기억 저장소

임상 시험(Clinical trial) 질병에 대한 진단, 치료, 예방을 위한 새로운 방법을 검증하기 위해 인간을 대상으로 하는 연구

임상심리학(Clinical psychology)   심리적 장애를 가진 사람들을 연구하고 평가하며 치료를 제공하는 심리학의 한 분야

입원 환자(Inpatient)   의료 치료를 받는 동안 병원에 머무르는 사람

자극(Stimulus)   감각기관에서 감지되어 인간이나 동물에게 반응을 유발하는 것

자극제(Stimulant)   중추신경계를 활성화하여 각성과 경계를 높이는 약물

자기공명영상(Magnetic resonance imaging, MRI)   자성을 이용하여 연조직의 이미지를 생성하는 뇌 영상 기법

자기수용(Proprioception)   균형 및 신체 위치에 관련된 감각 정보

자기중심적 편향(Egocentric bias)   외부 사건을 지나치게 해석하여 개인적 관련성을 부여하려는 경향으로, 망상으로 이어짐

자문화중심주의(Ethnocentrism)   타인의 신념과 행동을 자신의 문화적 규범을 기준으로 판단하는 경향

자아(Ego)   정신분석에서 의식적이고 합리적인 마음의 부분

자아실현(Self-actualization)   고유한 잠재력을 완전히 발휘하는 것. 매슬로의 욕구 단계 이론에 따르면 가장 높은 단계의 욕구

자유의지(Free will)   행동을 의식적으로 통제할 수 있는 능력

자율신경계(Autonomic nervous system)   말초신경계의 요소로, 내부 장기의 활동을 조절하는 역할을 담당. 교감신경계와 부교감신경계를 포함함

자율적 상태(Autonomous state)   개인이 자신의 생각과 행동을 스스로 통제할 수 있는 상태

자의식(Self-consciousness)   누군가 자신을 관찰하거나 평가한다고 느낄 때 발생하는 고양된 자기인식

자제(Continence)   방광 및 장을 조절할 수 있는 능력

자존감(Self-esteem)   타인에 비해 자신의 가치, 성취, 능력 및 가치를 긍정적 또는 부정적으로 평가하는 감정

자폐(Autism)   자폐 스펙트럼 장애(autistic spectrum disorder)의 비공식적 용어로, 사회적 기술 부족, 반복적 행동, 감각 처리 문제를 포함하는 증상 클러스터

작업 기억(Working memory)   정보가 망각되거나 장기 기억으로 부호화되기 전까지 활성화된 보유 상태로 있는 과정

작업 치료자(Occupational therapist)   다른 사람들이 일상 활동을 수행하는 데 필요한 기술을 개발하거나 개선할 수 있도록 돕는 사람

작용제(Agonist)   수용체에 결합하여 세포를 활성화하는 분자. 길항제 참조. 자연 신경전달물질의 효과를 모방하는 화학물질인 경우가 많음

작화(False memory)   실제로 일어나지 않은 사건에 대한 기억이 복원된 것

잔상 효과(Afterimage effect)   색깔 패턴을 응시한 후 반대의 색상이 잠깐 지각되는 현상

잠재의식의(Subconscious)   의식적 인식 없이 일어나는

잠재적 자극(Subliminal stimuli)   감각기관에서 감지되지만 거의 지각되지 않거나 아예 지각되지 않는 자극

장기 강화(Long-term potentiation)   반복적인 자극 후 뉴런 간 시냅스가 강화되는 현상으로, 기억과 학습에 관여한다고 여겨짐

장기 기억(Long-term memory)   몇 시간에서 평생 동안 정보가 저장될 수 있는 기억의 마지막 단계

장소 이론(Place theory)   음높이가 다른 소리는 내이의 달팽이관 안의 서로 다른 위치에서 감지된다는 이론

장애(Disorder)   정신이나 신체에 영향을 미쳐 의료적 치료가 필요한 문제나 질병

재현(Replication)   연구나 실험을 반복하여 동일한 결과를 얻는 것. 연구 결과의 타당성을 입증하는 데 필수적임

재활(Rehabilitation)   정신 건강과 능력을 회복하여 정상적인 생활을 할 수 있게 하는 치료

적극적 경청(Active listening)   화자의 말을 재진술하고 반영하는 주의 깊은 경청. 내담자 중심 치료의 중요한 부분

적대적 귀인 편향(Hostile attribution bias)   애매한 상황이나 타인의 행동을 경험할 때, 실제로는 위협적이지 않음에도 위협적으로 판단하는 경향

적응(Adaptation)   새로운 상황에 맞게 행동을 변화시키는 것. 생존에 유리하기 때문에 널리 전파되는 유전적 특성

적응 수준 현상(Adaptation-level phenomenon)   새로운 상황이나 자극에 적응하여 그것들이 정상적인 것이 되고 더 이상 주의를 기울이지 않는 경향

적합성(Compatibility)   공통적인 관심사와 의견으로 인해 누군가와 잘 어울릴 수 있는 능력

전기 경련 요법(Electroconvulsive therapy, ECT)   정신 장애 치료법으로, 뇌에 전류를 흘려 발작을 유도함

전두엽(Frontal lobe) 뇌의 앞쪽 영역으로 사고, 판단, 계획, 의사 결정, 의식적 정서 등을 담당함

전의식(Preconscious) 지그문트 프로이트의 세 가지 의식 수준 중 하나로, 약간의 노력을 기울이면 기억을 인출할 수 있는 영역

전이(Transference) 정신분석에서 환자가 과거 관계(특히 부모 관계)에서의 정서 반응을 치료자에게 전이하는 경향

전전두피질(Prefrontal cortex) 계획이나 고차원적인 인지와 관련된 뇌의 전두피질 중 가장 앞쪽 부분

전정계(Vestibular system) 내이의 감각 구조로, 동작과 중력을 감지하고 균형을 유지하는 데 도움을 줌

전체론(Holism) 행동과 그 맥락을 개별 요소들의 합이 아닌 전체로 보는 관점

전파(Radio waves) 긴 파장을 가진 보이지 않는 전자기파로, 통신 및 기타 용도로 사용됨

전환(Transduction) 빛이나 소리와 같은 감각 자극이 감각기관의 뉴런에 의해 전기 신호로 변환되는 과정

절차 기억(Procedural memory) 자전거 타기처럼 학습된 동작과 관련된 기억 형태

점화(Priming) 특정 자극에 노출된 후 다음 자극에 특정 방식으로 반응하게 되는 무의식적 학습 형태

접합자(Zygote) 정자와 난자가 결합하여 만들어지는 하나의 세포로, 성적 재생산 과정에서 형성됨

정규분포(Normal distribution) 자료의 빈도 그래프에서 종 모양으로 나타나는 곡선으로, x축에는 측정값, y축에는 빈도가 표시됨. 중앙의 평균을 기준으로 대칭적 형태를 띰

정보적 사회적 영향(Informational social influence) 동조하기 위해 타인의 지침을 따르고자 하는 의지

정서(Emotions) 좋은 일이 생겼을 때 행복을 느끼는 것처럼, 무언가를 느끼는 감정

정신병(Psychosis) 현실과의 접촉을 잃고 망상이나 환각을 경험하는 정신 질환의 증상

정신병리학(Psychopathology) 정신 질환의 이해, 진단 및 치료를 다루는 심리학 분야. 임상심리학이나 이상심리학이라고도 함

정신병 수용소(Asylum) 정신 질환 환자를 위한 초기 병원. 정신병원이라고도 함

정신병질(Psychopathy) 공감이나 후회가 부족하고 반사회적 행동을 특징으로 하는 성격 장애

정신분석학(Psychoanalysis) 무의식적 사고를 해제하여 정신 질환을 치료하려는 지그문트 프로이트가 개척한 이론과 치료 방법

정신역동(Psychodynamics) 정서, 동기, 행동의 기저에 있는 심리적 역동을 연구하는 분야. 정신역동의 선구자 지그문트 프로이트가 만든 용어

정신 연령(Mental age) 표준화 검사의 성취 수준을 통해 평균 능력을 가진 아동이 특정 작업을 수행할 수 있는 연령

정신의학(Psychiatry) 정신 질환의 연구, 진단 및 치료를 다루는 의학 분야

정신 질환(Mental illness) 상당한 고통을 초래하는 정서, 사고 또는 행동을 특징으로 하는 심리적 장애

정신 활성(Psychoactive) 주로 약물에 의해 뇌 기능을 변화시키는 것

정적 강화(Positive reinforcement) 행동주의의 핵심 개념으로, 요구된 반응에 즉각적인 보상이나 정적 자극을 제공하여 반응이 발생할 확률을 높이는 과정

젠더(Gender) 문화적 규범에 따른 남성성 또는 여성성의 상태

젠더 불쾌감(Gender dysphoria) 생물학적 성과 성 정체성의 불일치로 인해 발생하는 정신 건강 상태

젠더 편향(Gender bias) 심리학 연구에서 남성과 여성 간의 차이를 과장하거나 무시하는 것

조건반응(Conditioned response) 고전적 조건형성에서 특정 자극과 연합하여 학습되거나 형성된 반응

조력자(Confederate) 연구에서 다른 참가자들이 모르게 참가자 역할을 하는 사람

조작적 조건형성(Operant conditioning) 동물이나 사람의 의도적 행동이 보상이나 처벌과의 연합에 의해 수정되는 학습의 유형

조작화(Operationalizing) 측정할 수 없는 변수를 관련된 더 쉽게 정량화할 수 있는 변수로 대체하는 것. 예를 들어 사회경제적 지위를 소득액으로 조작화할 수 있음

조증(Mania) 과잉 활동, 고양, 과민성, 충동적 행동, 또는 망상을 특징으로 하는 심리 장애. 보통 양극성 장애의 일부

조직(Tissue) 동일한 기능을 수행하는 유사한 세포들

조현병(Schizophrenia) 왜곡된 현실 인식, 환각, 불규칙한 행동, 감정 결여 등을 특징으로 하는 심각한 정신 질환

종단 연구(Longitudinal study) 오랜 기간 동일인의 변화를 측정하는 연구

종속변수(Dependent variable) 실험의 효과가 나타나는지 측정되는 변수. 변수와 독립변수 참조

주 양육자(Primary caregiver) 스스로 완전히 돌볼 수 없는 사람을 돌보는 책임을 지는 사람

주의(Attention) 환경 내의 한 요소에 지각을 집중하고 다른 요소는 무시하는 과정

주의력 결핍 과잉 행동 장애(Attention deficit hyperactivity disorder, ADHD) 짧은 주의 지속성과 부적절하게 높은 에너지 또는 산만한 행동이 특징인 학습 및 행동 문제 증후군. 일반적으로 아동기에 처음 나타남

중뇌(Midbrain) 뇌간의 상부로, 안구 운동, 신체 운동, 청각에 관여하며 기저핵을 포함함

중독(Addiction) 약물과 같은 물질이나 도박과 같은 활동에 대한 의존

중심 특질(Central traits) 고든 올포트의 이론에서, '수줍음' 또는 '친절함'과 같이 사람을 묘사하는 데 사용되는 주요 성격 특질

중앙값(Median) 값들을 순서대로 배열한 후 중간에 위치한 값을 선택하여 구하는 평균값

중요 사건(Milestone) 졸업과 같은 삶에서의 주요 사건

중추신경계(Central nervous system, CNS) 뇌와 척수

중측 변연계 경로(Mesolimbic pathway) 중뇌에서 전뇌로 연결되는 뇌의 일부로, 동기부여와 보상에 관여함

증상(Symptom) 특정한 질병을 나타낼 가능성이 있는 신체적 또는 정신적 문제

지각(Perception) 환경을 이해하기 위해 감각으로부터 정보를 조직하고 확인하며 해석하는 방식

지능(Intelligence) 경험을 통해 학습하고, 문제를 해결하며, 새로운 상황에 적응하는 능력

지능지수(Intelligence quotient, IQ) 다양한 검사에 기반한 지능 측정치. 평균 IQ는 100임

지리적 프로파일링(Geographical profiling) 관련 범죄의 위치를 연구하여 범죄자의 거주지를 추정하는 것

직관(Intuition) 의식적인 사고 없이 결정을 내릴 수 있는 능력

진정제(Depressant) 중추신경계의 활동을 감소시키는 물질

질적 자료(Qualitative data) 비수치적 자료로, 인터뷰 전사본이나 현장 관찰과 같은 형태를 가짐

집단 사고(Groupthink) 집단 내에서 독립적인 비판적 사고보다 동조하려는 욕구가 우선시되어 잘못된 의사 결정을 내리게 되는 현상

차별(Discrimination) 개인의 특성 때문에 공정하지 않게 대우하는 행동

착각(Illusion) 감각의 왜곡이나 잘못된 지각으로, 종종 무의식적인 뇌 과정에 의해 발생함

참가자 편향(Participant bias) 참가자가 연구자에게 호감을 사거나 불쾌감을 주고자 하는 방식으로 행동한 결과, 자료 수집에서 발생하는 체계적인 오류. 요구 특성 참조

척수(Spinal cord) 척추 안을 따라 뇌와 신체 사이의 정보를 전달하는 신경계의 주요 부분

척추(Spine) 등을 따라 있는 뼈. 등뼈라고도 알려짐

체성(Somatic) 신체와 관련된 것으로, 체성신경계는 신체의 자발적 움직임을 조절함

체성감각피질(Somatosensory cortex) 통증과 촉각 같은 신체 감각 정보를 받고 처리하는 뇌의 영역

초일주기 리듬(Ultradian rhythm) 24시간보다 짧은 생체 주기

초자아(Superego) 정신분석에서 부모나 사회의 가치와 기준을 내면화한 심리 구조의 일부. 도덕적 억제에 의해 지배됨

최빈값(Mode) 통계에서, 자료의 집단 내에서 가장 자주 나타나는 값

최소화(Minimalization) 범죄 행위 등의 사건의 중요성을 축소하는 것

추동(Drive) 생리적 필요를 충족시키려는 자극. 예를 들어 배고픔의 추동은 식사를 하도록 유도함

추동 감소 이론(Drive reduction theory) 행동이 불쾌한 긴장 상태(추동)를 줄이려는 필요에 의해 동기를 가지게 된다는 이론

추론(Reasoning) 체계적이고 논리적으로 사고하여 결론에 도달하는 과정

추상세포(Cone cell) 주로 낮 동안의 시력을 위해 사용되며 색상에 민감한 망막 수용기 세포

추상적 사고(Abstract thinking) 행복, 질투, 지능과 같은 구체적인 사물과 연결되지 않은 개념을 이해하고 생각하는 능력. 문제 해결과 창의적 사고에서 중요한 요소

추세(Trend) 자료들이 그래프에 표시될 때 나타나는 패턴. 예를 들어 시간에 따라 증가 또는 감소하는 경향

축삭돌기(Axon) 뉴런에서 전기 신호를 다른 세포로 전달하는 섬유 모양의 돌기. 대부분의 뉴런에는 하나의 축삭돌기만 있음

취약한(Vulnerable) 보호 부족, 장애, 정신 건강 문제 등으로 인해 신체적 또는 정신적 위험에 처한

측두엽(Temporal lobe) 청각, 언어, 기억과 관련된 대뇌피질의 한 영역

측면(Lateral) 옆쪽 또는 옆에 위치한 것

치료(Therapy) 의학적 상태의 처치

치매(Dementia) 노화나 축적된 뇌 손상으로 인한 뇌 기능 상실

치우친(Skewed) 비대칭적인. 치우친 분포는 한쪽에 긴 꼬리가 있음

친사회적(Prosocial) 긍정적이고 건설적이며 도움이 되는 행동(반사회적의 반대)

컴퓨터 단층 촬영(Computed tomography, CT) X-선과 컴퓨터를 사용하여 신체 장기의 단면 이미지를 생성하는 뇌 스캔 기법

코르티솔(Cortisol) 스트레스를 받을 때 부신에서 생성되는 호르몬. 혈당 수치를 올리고 백혈구 생성을 제한하는 등의 효과가 있음

쾌락 적응(Hedonic adaptation) 긍정적 혹은 부정적인 정서적 사건 후에 '행복 기준점'으로 빠르게 되돌아가는 경향

클라인펠터 증후군(Klinefelter syndrome) 남성이 추가 X 염색체를 가지고 태어나는 간성 상태로. 불임, 얼굴 및 신체의 모발 감소, 성인이 되면 유방 확대 등이 나타날 수 있음

타당도(Validity) 검사가 측정해야 하는 대상을 제대로 측정하고 있는 정도

탈억제(Dishabituation) 습관화(적응된) 자극을 다시 인지하는 과정. 습관화 참조

탯줄(Umbilical cord) 태아를 모체와 연결해 영양소와 산소를 공급하고 노폐물을 제거하는 튜브

터너 증후군(Turner syndrome) 여성이 하나의 X 염색체만 가지고 태어나 작은 키와 불임을 유발하는 상태

테스토스테론(Testosterone) 남성호르몬으로, 체모와 같은 2차 성징 발달에 관여함. 남녀 모두에게서 생성되지만 남성에게 더 높은 수준으로 나타남

통각수용기(Nociceptor) 조직 손상을 감지하여 통증 감각을 일으키는 감각수용기

통제 소재(Locus of control) 자신의 삶과 행동에 대해 가지고 있는 통제 수준

통제 집단(Control group) 연구에서 실험 조건에 노출되지 않은 참가자 집단

통찰(Insight) 문제 해결에 대한 갑작스러운 깨달음 혹은 정신역동 치료에서 특정 행동의 원인을 이해하는 것

통합(Summation) 가중. 흥분성 및 억제성 신호를 시냅스로부터 추가하여 잠재적으로 시냅스-후 뉴런에서 새로운 신경 자극을 유도할 수 있는 과정

투사 검사(Projective test) 모호한 자극을 사용하여 잠재의식을 드러내는 심리검사

트라우마(Trauma) 심각한 충격이나 괴로운 경험으로 인해 발생할 수 있는 심리적 손상

트랜스젠더(Transgender) 생물학적 성과 다른 젠더 정체성을 가진 사람

특질(Trait) 다양한 상황에서 행동에 영향을 미치는 일관적인 개인 특성

파장(Wavelength) 파동으로 전달되는 빛이나 다른 형태의 에너지의 특성. 가시광선의 서로 다른 파장은 다양한 색으로 인식됨

파킨슨 질환(Parkinson's disease) 떨림과 느린 행동을 보이는 질병. 도파민 생성 세포의 퇴행에 의해 발생하는 것으로 추정됨

파형(Waveform) 음파를 그래프에 표시한 것과 같이, 파동의 모양을 나타내는 것

패턴 인식(Pattern recognition) 감각 정보를 기억에 저장된 정보와 일치시켜 범주화하고 예측할 수 있게 하는 것

펩타이드(Peptides) 아미노산 사슬로, 신경전달물질이나 호르몬으로 기능할 수 있음

편견(Prejudice) 성별, 사회적 계급, 나이, 종교, 인종 또는 다른 개인적 특성에 의해 선입견을 가지고 형성된 대체로 부정적인 판단

편도체(Amygdala) 특히 두려움과 관련된 정서를 느끼는 데 중요한 뇌의 작은 영역

편집증(Paranoia) 타인이 해를 가하려 한다는 망상적 신념. 불안과 관련이 있으며 조현병과 같은 일부 정신 질환의 증상임

평균(Mean) 일련의 값들을 합산한 후 값의 개수로 나누어 얻는 평균값

포도당(Glucose) 신체의 주요 에너지원인 단당류

표본 편향(Sampling bias) 무작위성을 가지지 못함으로 인해 모집단을 대표할 수 없는 표본

표준편차(Standard deviation) 자료의 흩어진 정도를 측정하는 것. 정규분포(종 모양)에서는 평균으로부터 1 표준편차 이내에 68%의 값이 있음

표현형(Phenotype) 특정 유전자 또는 유전자 조합(유전자형)에 의해 조절되는 관찰 가능한 특성

프로이트적 실수(Freudian slip)   의도한 것과 비슷하지만 실제로는 다른 단어 또는 행동이 나타나는 것으로, 무의식적 사고를 반영함

프로토콜(Protocol)   따라야 할 공식적인 규칙이나 절차

플라시보(Placebo)   약물 실험에서 대조군에 제공되는 불활성 물질로, 종종 가짜 알약 형태임

피질(Cortex)   대뇌피질 참조

하향식 접근법(Top-down approach)   범죄 현장 분석을 통해 살인범을 조직적 또는 비조직적으로 분류하는 범죄자 프로파일링 접근법

항상성(Homeostasis)   체내 환경을 일정하게 유지하는 자기 조절

해마(Hippocampus)   양쪽 측두엽 안에 위치한 변연계의 일부. 공간 탐색과 장기 기억의 부호화 및 인출에 필수적임

핵(Nucleus)   DNA가 저장된 세포의 통제 센터 또는 특정 기능을 가진 뉴런의 군집

행동주의자(Behaviourist)   사고, 정서와 같은 내적 과정보다 관찰 가능한 행동을 연구하는 심리학자

현장 실험(Field experiment)   실세계 실험이라고도 하며, 일상 환경에서 수행되는 연구

혐오 치료(Aversion therapy)   혐오적 조건형성이라고도 함. 바람직하지 않은 행동(과도한 음주)을 불쾌한 반응(메스꺼움)과 연합시켜 행동을 억제하는 치료법

형태소(Morpheme)   언어에서 의미를 가진 가장 작은 단위. 예를 들어 'submarines (잠수함)'이라는 단어는 'sub(아래)', 'marine (바다)'으로 되어 있으며, 복수일 때 's'가 붙는 세 가지 형태소로 구성

호르몬(Hormone)   몸의 일부가 기능하는 방식을 변화시키기 위해 혈액에 방출되는 화학물질

혼재변수(Confounding variable)   실험에서 통제되지 않아 결과에 영향을 미칠 수 있는 외생변수. 외생변수 및 변수 참조

홍수 요법(Flooding)   두려워하는 상황에 장기간 노출시켜 진정을 유도하고, 결국 공포증이 없어지도록 하는 역조건형성의 일종

확률(Probability)   사건 발생 가능성을 다루는 수학의 한 분야. 실험 자료의 통계적 분석에 사용됨

환각(Hallucination)   감각 자극 없이 발생하는 잘못된 지각

활동 전위(Action potential)   뉴런이 생성하는 짧은 전류의 펄스로 인접한 세포에 전달될 수 있음. 신경 임펄스라고도 불림

회백질(Grey matter)   피질에서 볼 수 있는 밀집된 세포체로 이루어진 뇌의 어두운 조직

횡단 연구(Cross-sectional study)   한 시점에서 다양한 연령대의 사람들을 비교하는 연구

효소(Enzyme)   화학반응을 촉진하는 세포가 생성하는 단백질

후각(Olfactory)   냄새와 관련된

후각구(Olfactory bulb)   코 바로 위에 위치한 뇌의 일부. 후각세포와 연결되어 냄새를 처리함

후광 효과(Halo effect)   사람(혹은 사물)의 한 가지 특징에 집중하여 다른 특징들에 대해 긍정적인 판단을 내리는 경향

후뇌(Hindbrain)   뇌의 뒤쪽 부분으로, 척수와 인접해 있으며 소뇌, 뇌교, 연수 등을 포함함

후방(Posterior)   신체의 뒷부분이나 꼬리 쪽을 향한

후성유전학(Epigenetics)   유전자에 대한 환경적 변화 연구

흥분성 신경전달물질(Excitatory neurotransmitter)   뉴런이 발화하도록 유도하는 신경전달물질. 억제성 신경전달물질 참조

힘줄(Tendon)   근육을 뼈에 고정시키는 단단한 결합 세포의 띠

DNA   세포 내 유전 물질을 저장하는 화학물질인 디옥시리보핵산

fMRI   기능적 자기공명영상 참조

GABA   감마아미노부티르산으로, 뇌의 주요 억제성 신경전달물질

IQ   지능지수(IQ) 참조

찾아보기

감사의 말

The publisher would like to thank the following people for their assistance in the preparation of this book:
Sarosh Arif and Orso Publishing for editorial help; Smiljka Surla for design help; Steve Crozier for picture retouching; Manpreet Kaur and Aditya Katyal for picture research assistance; Victoria Pyke for proofreading; Helen Peters for indexing; Sreshtha Bhattacharya, Shreya Anand, Anastasia Baliyan, Neha Samuel, and Heena Sharma in the DK Delhi office for editorial and design work.

The publisher would like to thank the following for their kind permission to reproduce their photographs:
(Key: a-above; b-below/bottom; c-centre; f-far; l-left; r-right; t-top)

3 Alamy Stock Photo: The History Collection (bl, br). 9-288 Shutterstock.com: gabydesign. 11 Alamy Stock Photo: © Fine Art Images / Heritage Images (tr); A fred Pasieka / Science Photo Library (bc/MRI scan). Dorling Kindersley: Egle Kazdailyte (cr). Shutterstock.com: piggu (bc). 15 Shutterstock.com: stas11 (cr). 22 Shutterstock.com: Leremy. 24 Lawrence, D., Mitrou, F. & Zubrick, S.R. Smoking and mental illness: results from population surveys in Australia and the United States. BMC Public Health 9, 285 (2009). : (br/Illustration adapted from). 27 Shutterstock.com: katsuba_art (crb/smileyx5). 29 Alamy Stock Photo: Everett Collection Historical (clb/skullx2); IanDagnall Computing (c-). Shutterstock.com: photastic (br) SKT Studio (cb/paperx2); David Smart (c); pics five (cra/crb). 33 Shutterstock.com: smx12 (cb/bottles). 34 Dreamstime.com: Rudmer Zwerver (br). Shutterstock.com: NVRs (cla); Yesaulov Vadym (clb); tatianasun (clb/Magnifying); tabako_ua (bl). 35 123RF.com: Mikhail Ryabtsev (bl). Shutterstock.com: Rauf Aliyev (cb/laptop); katsuba_art (cla); Icon Craft Studio (cl); Ps_Ai (clb/Home); Blan-k (clb); Vdant85 (cr); Arcady (cb); tatianasun (crb); Rvector (br). 37 Science Photo Library: PIXOLOGICSTUDIO (c). 39 123RF.com: Alfio Scisetti (oc). 46 Science Photo Library: Dr John Mazziotta Et Al (cr); LIVING ART ENTERPRISES, LLC (cl); SOVEREIGN, ISM (bl); Zephyr (br). 47 Science Photo Library: CENTRE JEAN PERRIN, ISM (br); Cordelia Molloy (tr/Illustration adapted from). 52 Alamy Stock Photo: Phanie - Sipa Press / BURGER (cr). 61 Simons, D. J., & Chabris, C. F. (1999). Gorillas in our midst: Sustained inattentional blindness for dynamic events. Perception, 28, 1059-1074.: (br). 64 Getty Images / iStock: Gal_Istvan (br). 65 Dorling Kindersley: The Flag Institute (b). 68 Science Photo Library: Steve Gschmeissner (cr). 74 123RF.com:

petkov (clb). Dreamstime.com: Tonny Anwar (cb); Anatoliy Sadovskiy (clb/Sugar); Christophe Avril (crb/Coffee); Elenadesigner (crb). 75 Dreamstime.com: Unique93 (cr). 90 Alamy Stock Photo: Jakub Krechowicz (cr). 97 Shutterstock.com: HSSstudio (cb/Butterfly); Na_Studio (cb). 99 123RF.com: pashabo (c). Alamy Stock Photo: Mikael Karlsson (br). Shutterstock.com: Lyudmyla Kharlamova (sticky notes); rvlsoft (cb/pins). 102 Dreamstime.com: Jedendva (cr). Getty Images / iStock: 3dalia (cl/chair); Azat_ajphotos (cla/bench); venusphoto (ca); shutswis (cl); MarkSwallow (c); AlexLMX (clb/wheelchair); E+ / dogayusufdokdok (clb). Shutterstock.com: Denis Polikarpov (cla). 105 Dreamstime.com: Yuri Arcurs (cr). 106 Dreamstime.com: Esviesa (cr); Konstantin Iuganov (clb). Getty Images / iStock: vladoskan (c). 111 Shutterstock.com: BaLL LunLa (clb); EgudinKa (cb). 116 Getty Images: Science & Society Picture Library (cr). London School of Hygiene & Tropical Medicine: (cla). 117 National Archives (111-SC-387): (ca). © Science Museum / Science & Society Picture Library -- All rights reserved: (bc). Shutterstock.com: photolinc (ca/border). 118 Shutterstock.com: AnyaPL (crb/Stopwatchx3). 129 Alamy Stock Photo: Mike Abrahams (cra). 138 Gogtay, N., Giedd, J.N., Lusk, L., Hayashi, K.M., Greenstein, D., Vaituzis, A.C., et al., 2004. Dynamic mapping of human cortical development during childhood through early adulthood. Proc. Natl. Acad. Sci. U.S.A. 101 (21), 8174—8179. Copyright (2004) National Academy of Sciences, U.S.A..: (cb). 140 Dreamstime.com: Elaelo (crb/cake). Shutterstock.com: macrojobs (br/heart); rehab-icons (br); maglyvi (crb/brain); Katerina Primula (crb). 145 Dreamstime.com: Leremy (crb/human Icons). 146 Dreamstime.com: Jovanmandic (br). 150 Shutterstock.com: Kolonko (cb/clock). 154 Myers/DeWall, Psychology in Everyday Life, 4e, © Worth Publishers: (br/Illustration adapted from). 157 Shutterstock.com: devankastudio (clb). 158 Dreamstime.com: Desislava Vasileva (br/Illustration adapted from). 160 Alamy Stock Photo: The History Collection (cb, cr). National Museum of American History / Smithsonian Institution: (br/x2). Shutterstock.com: Carolyn Franks (br/borderx2). 162 Shutterstock.com: Na_Studio (crb). 163 Shutterstock.com: katsuba_art (crb/smileyx2); James Weston (cra/silhouette); Irina Strelnikova (br); Sylverarts Vectors (cra/spot light). 165 Getty Images / iStock: GlobalP (br). 167 Getty Images / iStock: E+ / ozgurdonmaz (x5); ozgurdonmaz (cr/x2). 170 Shutterstock.com: IanL twerhsg ewges (b/Illustration adapted from). 175 Getty Images / iStock: borisz (br/Illustration adapted from - woman); lioputra (br/Illustration adapted from - man). 177 Getty Images: Premium Archive / MUUS

Collection / Fred W. McDarrah (br). 180 Bridgeman Images: © Archives Charmet (bl); Stanley B. Burns, MD & The Burns Archive (c). Getty Images: Bettmann (tr). Science Photo Library: NATIONAL LIBRARY OF MEDICINE (br). Shutterstock.com: photolinc (r/framex2); TR STOK (bl/frame). 181 Alamy Stock Photo: History and Art Collection (crb). National Museum of American History / Smithsonian Institution: (bc). Shutterstock.com: photolinc (crb/frame). 183 Shutterstock.com: lemono (br/x4). 185 Shutterstock.com: donatas1205 (cla/clb); Jjustas (crying babyx3, c); Rosa Jay (l/ratx3). 187 Shutterstock.com: NotionPic (clb). 192 Shutterstock.com: Knotnoi (crb). 200 Getty Images / iStock: Dumitru Ochievschi (bc). 204 Getty Images / iStock: undefined undefined (br). 207 Shutterstock.com: Mironov Konstantin (tc). 210 Shutterstock.com: IanL twerhsg ewges (bc); Katerina Primula (br). 212 Alamy Stock Photo: Elvira Gomolach (cb/TV frame). Getty Images: Moment / © Marco Bottigelli (cb); Westend61 (br). 216 Darren Leis / A-1 Medical Integration: (br). Reed Hutchinson: (cr). 221 Shutterstock.com: Marcelo Trad (c). 223 Getty Images: San Francisco Chronicle / Hearst Newspapers / Duke Downey (ca, tr). Shutterstock.com: photolinc (ca/frame). 226 Shutterstock.com: Alexandros Michailidis (cra). 228 Getty Images / iStock: Artis777 (cr/Illustration adapted from); S-S-S (cl/Illustration adapted from). 229 Getty Images / iStock: cherstva (b); undefined undefined (ca, cra). 230 Alamy Stock Photo: GRANGER - Historical Picture Archive (br). Shutterstock.com: photolinc (br/frame); WDnet Creation (bc). 231 Shutterstock.com: bsd studio (c/x2); Leremy (bc); IanL twerhsg ewges (crb). 232 Getty Images / iStock: undefined undefined (c). 233 Dreamstime.com: Dmitrii Luchinovich (cra/scales). Getty Images / iStock: cherstva (cra); DigitalVision Vectors / bubaone (ca); merteren (2.2/cb, 4/crb); E+ / Juanmonino (1.2/cb); Juanmonino (3/cb). Shutterstock.com: AYO Production (1/cb); Icon Craft Studio (cra/castle); Cookie Studio (6/br); oneinchpunch (1/bc); Lunov Mykola (3/bc); Daniel M Ernst (6.2/crb, 5/crb); MM_photos (br/paper); Fluke Samed (2/bc); Daxiao Productions (3.2/cb, 5/br, 2/cb, 4/br); Robert Kneschke (5.2/crb); lil-mo (4.2/crb); PeopleImages.com - Yuri A (6/crb). 234 Getty Images / iStock: undefined undefined (cb). 235 Getty Images: Stefano Montesi - Corbis (br). 240 Alamy Stock Photo: Dominic Robinson (br). Dorling Kindersley: Rohan M. Brooker (cl). 242 123RF.com: Diana Johanna Velasquez (crb/ring). 245 Shutterstock.com: 4zevar (cr); Leremy (crb/couplex2, crb). 249 123RF.com: axsimen (cra). Dreamstime.com: Seventyfourimages (cla). 251 Adrian

Raine: (br/x2). 252 Shutterstock.com: IKO-studio (cb/x5); katsuba_art (c/smileyx5). 253 Shutterstock.com: bioraven (c); Leremy (cla); VoodooDot (cl); musicman (ca); Ste studio (cb); Sudowoodo (clb). 261 Alamy Stock Photo: A. Astes (br); Album / RAW (cb). Getty Images: DigitalVision / Thomas Barwick (crb). 262 Dreamstime.com: Lefttime (crb). Shutterstock.com: maglyvi (crb/brain)

All other images © Dorling Kindersley Limited